회사에서
자주 쓰는
인포그래픽
PATTERN
31

회사에서 자주 쓰는
인포그래픽 PATTERN 31

1판 1쇄 발행 2016년 10월 10일
1판 2쇄 발행 2019년 11월 05일

지은이 : 우석진·김미리
펴낸이 : 우석진
편집 디자인 : 김효정

펴낸곳
샌들코어
출판신고 제 2017-000004호(2012년 6월 26일)
경기도 여주시 신단1길 46
홈페이지 www.sandalcore.com
전 화 02)569-8741
팩 스 02)6442-5013
도서문의 dalgonas@gmail.com

ⓒ 우석진·김미리
ISBN 978-89-98001-09-4 13320

이 책은 저작권법에 따라 보호받는 저작물이므로 무단전재와 무단복제를 금지합니다.
이 책 내용의 전부 또는 일부를 이용하려면 반드시 저작권자와 샌들코어의 서면동의를 받아야 합니다.

⦿ 잘못된 책은 구입처에서 바꿔 드립니다.
⦿ 책값은 뒤표지에 있습니다.

이 도서의 국립중앙도서관 출판예정도서목록(CIP)은 서지정보유통지원시스템 홈페이지(http://seoji.nl.go.kr)와
국가자료공동목록시스템(http://www.nl.go.kr/kolisnet)에서 이용하실 수 있습니다.
(CIP제어번호: CIP2016022389)

회사에서 자주 쓰는 인포그래픽 PATTERN 31

우석진·김미리 지음

헝클어진 실의 첫머리

'회자쓰 인포그래픽 패턴 31'은 나의 두 번째 책입니다. 많은 사랑을 한 몸에 받았던 첫 책, 'One Page 인포그래픽스'는 오랜 시간 꿈꾸고 좋아하던 분야로 몸을 던지게 된 첫발이었다면 이번 책은 그로부터 5년간, 새로운 도전의 연속이었던 강의 경험을 토대로 시행착오를 거쳐 만든 정산과도 같은 것입니다. 숱한 프로젝트를 진행하면서도 내 머릿속의 생각들이 어떤 프로세스를 거쳐 결과물에 이르는지 굳이 파헤칠 필요가 없었으나 다양한 분야의 사람들을 만나 함께 해답을 찾아가다 보니 천천히 단계와 표준을 만드는 미션이 조금씩 책임감처럼 불어났습니다. 처음에는 불가능할 거라고 여겼던 다양한 시도들이 강의로, 책으로 옮길 수 있을 만큼의 모양새가 되었다는 것은 놀라운 일이 아닐 수 없습니다. 하지만 여전히 업무 현장의 사람들이 겪는 고충이나 어려움에는 완전히 다가갈 수 없다는 것을 잘 알고 있습니다. 제각각의 분야와 현실, 환경은 수천, 수만 가지일 것이고, 그것을 모두 아우르는 솔루션이란 세상에 존재하지 않기 때문입니다. 다만 우리의 노력이 핵심을 찾아 헤매고 소통에 목마른 사람들에게 작은 실마리가 될 수는 있으리라 생각합니다.

불규칙한 강의 일정과 복잡한 일과들이 가능했던 것은 평생 나를 따라다니는 인복 덕분일 것이라 늘 믿고 있습니다. 가족들의 응원과 도움이 아니었다면 할 수 없었던 일임을 너무나 잘 알고 있지요. 가까이에서 지원의 눈빛을 쏘아주는 남편 권헌걸과 가장 힘든 시간을 보내면서도 불평 하나 없는 큰딸 세린, 엄마를 실제보다 너무 대단하게 여겨주는 작은딸 윤, 그리고 '언제든 도와줄게'라며 응원 나팔을 불어주시는 우리 구름가족들과 소울 메이트들에게 가슴 찌르르한 감사를 보냅니다.

이번엔 멋지고 **빠르게** 원고를 마감하고 싶었지만 역시나 오래 기다리게 만들어 너무 죄송한 우석진 저자님께는 꾸벅 인사로 감사를 대신합니다.

인포그래픽 퍼실리테이터 김미리
www.kimmiri.com
misshaema@gmail.com

해결의
실마리

빛나는 정보와 최소한의 그래픽

이른 아침 카페에 들러 따뜻한 커피를 주문했더니 영수증과 함께 어김없이 진동벨을 줍니다. 이제 저의 할 일은 편안한 의자에 앉아 개인 업무를 보면서 벨이 '징~~~' 울리면 커피를 가지러 가는 것입니다. 그런데 점점 짜증이 밀려옵니다. 그 원인을 찾아보니 좀 전에 받은 진동벨에서 인포그래픽으로 만든 영상이 계속해서 시끄럽게 리플레이 되고 있었습니다.

인포그래픽의 시대적 역할은 분명합니다. 넘쳐나는 데이터와 복잡한 사실 속에서 빛나는 정보를 찾아 모두의 이익이 될 수 있도록 정보화 - 구조화 - 시각화를 하는 것입니다. 현재 방향은 보여주기 위한 쪽으로 자꾸만 기울어 '더 멋지고 화려하게'라는 구호 아래 표현의 수위를 높입니다. 그 이유를 따져보니 남보다 더 차별화되고 더 근사해 보여야만 경쟁에서 이기는 치열한 현실 때문이라 마음이 아픕니다. 그래서일까요? 이제 사람들은 기업과 기관이 열심히 만들어 SNS에 공유하는 인포그래픽을 보지 않습니다. 정확히 말하면 지적 과시형으로 선전하는 정보 따위엔 관심도 감동도 없습니다. 어쩌면 인포그래픽이라는 수단 때문에 더 많은 데이터 정크(JUNK)가 만들어지고 있다고 생각할지 모릅니다.

사람을 위한 인포그래픽 레시피는 '훌륭한 정보 + 모자란 시각화'로 만들어집니다. 조금 투박하더라도 재료 본질의 맛을 추구하는 쪽은 자꾸만 손이 갑니다. 하지만 '모자란 정보 + 훌륭한 시각화' 레시피는 멋을 부리는데 많은 시간을 투자한 탓에 재료의 맛이 부족하거나 조미료 때문에 자극적입니다. 디자이너가 아닌 이상 시각화가 조금 어색하고 부족한 것은 잘못된 것이 아닙니다. 하지만 자신이 다루는 업무를 보고하고 발표하는 데 있어서 정보가 부실하다면 그것은 이상한 것을 넘어 절대 있어서는 안 될 최악의 상황입니다. 업무에서 훌륭한 정보는 몸에 좋은 소중한 음식 재료와 같습니다. 조금 모양이 서툴러도 상관없습니다. 결국, 우리가 추구할 인포그래픽은 멋진 디자인이 아니라 빛나는 정보를 위한 노력입니다. 그리고 최소한의 구조를 짜는 기술과 시각화를 이루는 표준화된 방법이 더해지면 됩니다.

이 책은 정보 디자이너로서 5년 넘게 많은 회사와 함께 인포그래픽을 고민하면서 다루었던 결실을 빼곡하게 담았습니다. 결국, 회사에서는 화려한 인포그래픽보다는 치드의 핵심을 찾고 전달하는 것이 중요하고, 스토리가 풍부한 인포그래픽이 아니라 짧은 시간 내에 주장을 담아내는 단순 명료한 인포그래픽이 필요한 이유이기도 합니다. 아무쪼록 '빛나는 정보와 최소한의 그래픽'이라는 균형을 통해 기본을 지키는 요리를 완성하길 희망합니다.

정보 디자이너 우석진
www.wooseokjin.com
post.naver.com/wooseokjin
2tokki@gmail.com

PATTERN 01
데이터를 정보로 바꾸는
인포그래픽 정보화 패턴

01

선의 굵기와 그리드로 핵심을 강조하는
표(테이블) 인포그래픽   18p

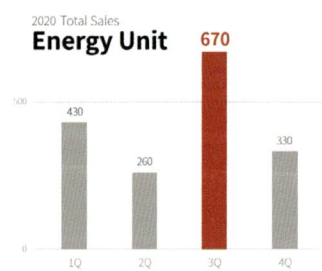

02

차트의 시작은 항상 키를 잴 수 있는 막대로
기본 세로 막대형 차트   26p

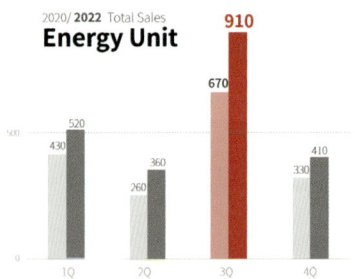

03

차이, 상승 값을 강조해서 말해주는
도형 치환형 막대 차트   34p

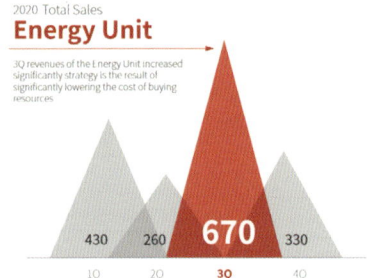

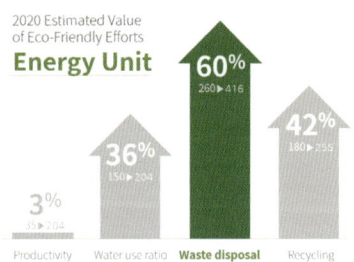

04

선택과 집중으로 핵심 의도를 보여주는
Two-컬러 파이 차트   40p

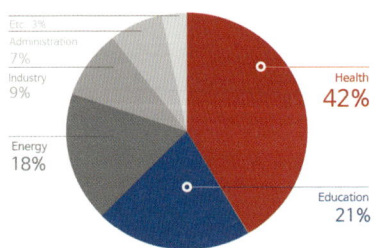

회사에서 자주 쓰는 인포그래픽 PATTERN 31

CONTENTS

tip
파워포인트에서 간단하게 해결하는
도형으로 만드는 파이 차트 46p

05
2개의 파이 차트를 직관적으로 비교하는
파이 변형 도넛 차트 48p

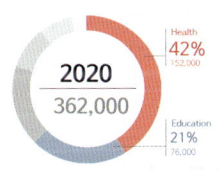
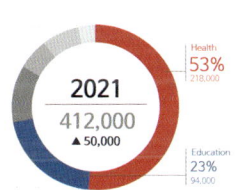

06
핵심과 추이가 모두 뚜렷해지는
강약 대비 꺾은 선형 차트 56p

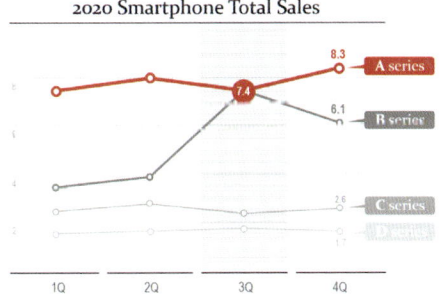

07
많은 항목을 더 직관적으로 비교하는
심벌 아이콘 병합 차트 64p

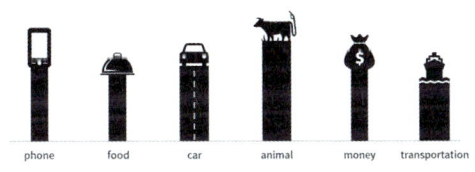

tip
그래픽 요소 검색시간을 절약해 주는
키워드 Collection 활용법 74p

08
복잡하고 많은 항목을 한눈에 보여주는
가로·세로형 누적 막대 차트 76p

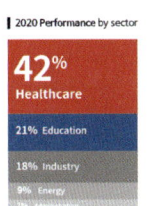
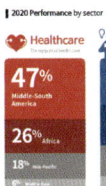

09

차트를 상징으로 치환하여 제시하는
메타포 누적형 차트 84p

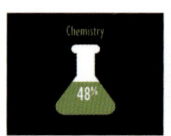
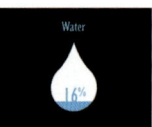

10

데이터를 넘어 강한 인상을 남기는
사진 트리밍 그래픽 차트 94p

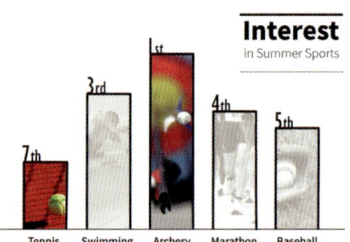

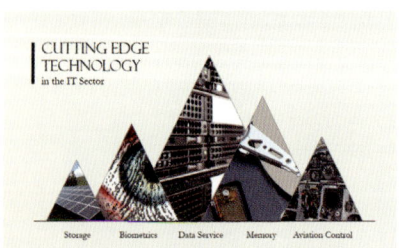

tip
사용자의 시선을 사로잡는 정보 디자인
시각적 동선에 따른 범례 설정법 104p

11

정보 판단은 쉬워지고 공감은 높아지는
비중 치환 인포그래픽 106p

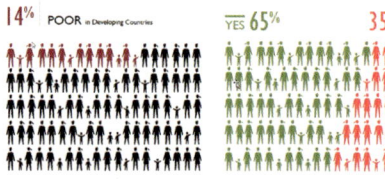

12

부모와 자식으로 구분하여 값을 제시하는
영역 + 선 콤보 차트 114p

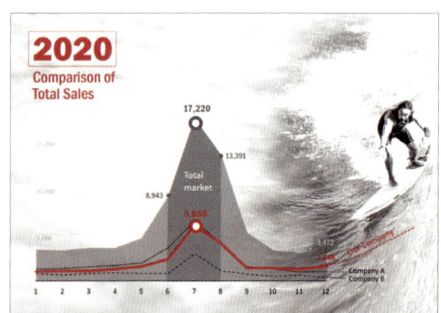

PATTERN 02
정보를 직관적으로 설계하는 인포그래픽 구조화 패턴

13 도형 병합으로 연결형 도해를 만드는
정보 BOX 인포그래픽 126p

14 정보를 조합하고 연결할 수 있는
Puzzle 인포그래픽 134p

tip 웹상의 그래픽 파일을 파워포인트 도형으로 바꿔주는
Inkscape 사용하기 142p

15 차트를 분해해서 다이어그램으로 만드는
파이 분할 인포그래픽 144p

tip 인포그래픽 픽토그램을 제대로 찾는
공감형 키워드 도출법 154p

16 상승과 하락을 비교하는
계단 인포그래픽 156p

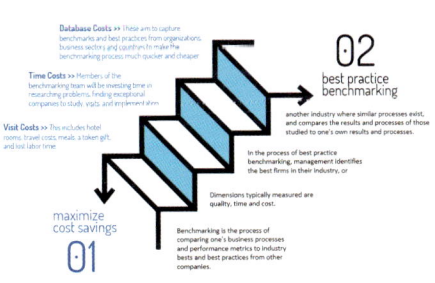

17
중요도를 누세로 달아서 비교하는
양팔 저울 인포그래픽　164p

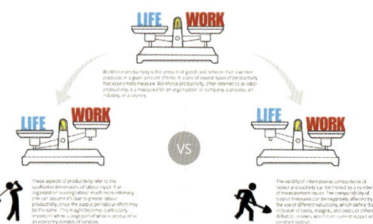

tip

인포그래픽에 공감각을 더하는
공감각 연상 컬러 선정하기　188p

19
전체 중에서 부분의 크기를 비교하는
트리맵 인포그래픽　190p

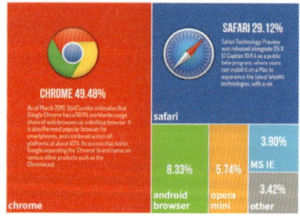

tip

무료로 배포하는 이미지, 폰트, 픽토그램을
저작권 Free 콘텐츠로 사용하기　174p

18
핵심 정보를 상대적으로 비교하는
올림픽 단상 인포그래픽　178p

20
집중, 분산, 연계를 자유롭게 설계하는
Hexagon 인포그래픽　200p

회사에서 자주 쓰는 인포그래픽 PATTERN 31

CONTENTS

tip

내가 만들 인포그래픽을 도와주는
구글에서 인포그래픽 아이디어 찾기   210p

21

지역별로 구부하여 정부를 제공하는
지도 패턴 인포그래픽   212p

22

상대적인 차이를 극대화하는
면적 치환 인포그래픽   222p

tip

인포그래픽에 제법 잘 어울리는
가독성 높은 무료 폰트 사용법   232p

23

계층 구조와 원인 결과를 알 수 있는
이슈 트리 인포그래픽   234p

24

시간의 흐름 위에서 이야기를 펼치는
타임라인 인포그래픽   246p

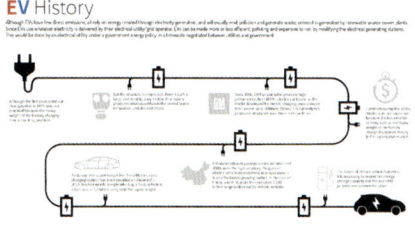

10 _ 11

25

프로세스를 시간, 단계로 구조화하는
모듈 타임라인 인포그래픽 258p

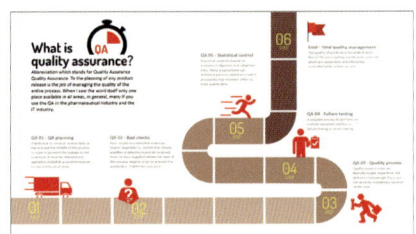

tip

복잡하고 많은 내용을 깔끔하게 정리해주는
숫자 키워드
인포그래픽의 비밀 280p

27

아이콘과 그래프를 혼합해서 사용하는
뉴스 그래프 인포그래픽 282p

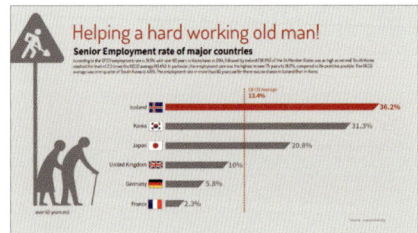

tip

언제 어디서나 직관적인 설득이 가능한
인포그래픽 숫자 123의 마법 268p

PATTERN 03
메시지와 주장을
돋보이게 만드는
인포그래픽 시각화 패턴

28

제목과 키워드로 큰 그림을 그려내는
Headline 인포그래픽 290p

26

복잡한 내용에서 하이라이트만 뽑아내는
숫자 키워드 인포그래픽 272p

tip

스마트폰에서 인포그래픽 아이디어를 모으는 방법
핀터레스트로 찾는
인포그래픽 298p

회사에서 자주 쓰는 인포그래픽 PATTERN 31

CONTENTS

29
One Page 위에 직관적인 정보를 만드는
메타포 차트 인포그래픽 300p

tip
직관적인 정보에 메시지와 감정까지 담아내는
인포그래픽 사진 선별 기준 320p

30
숨어있는 위험과 가능성을 알리는
빙하 인포그래픽 310p

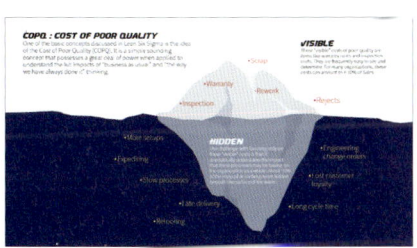

31
배경이 투명한 이미지로 시각화하는
PNG 도해 인포그래픽 322p

tip
인포그래픽에 자유롭게 사용 가능한
PNG 이미지 검색하기 330p

12 _ 13

책 사용을 위한 일러두기

01. 도서에 사용된 용어
- 차트 : 차트와 그래프는 같은 의미로 자주 사용되고 있습니다. 책에서는 더 큰 개념인 차트로 사용했습니다.
- 실무 용어 : 회사 업무와 비즈니스에서 사용되는 용어들이 곳곳에 등장합니다. 책의 취지도 회사에서 자주 사용되거나 꼭 필요한 인포그래픽을 다루기 때문입니다. 대학생들은 조금 불편하겠지만, 미리 업무를 공부한다고 생각해주세요.
- 외래어 : 인포그래픽, 컬러, 심벌, 폰트 등 아쉽게도 도서에는 참 많은 외래어가 사용되고 있습니다. 하지만 한글이 더 어색하거나 외래어 자체가 뜻을 잘 전달하는 경우이니 양해 부탁드립니다.

02. 파워포인트 버전
책에서 소개하는 인포그래픽 제작 방법은 파워포인트 2016 버전(2013 포함)과 오피스 365를 기본으로 설명하고 있습니다. 간혹 필요에 따라서는 2010 버전의 사용법을 설명하고 있으며, 기본 기능 위주로 따라 하는 것은 어렵지 않습니다.

03. 제작 방법의 설명
책은 파워포인트 중급 사용자이면서 인포그래픽 입문자 대상입니다. 그래서 문서 열기와 불러오기 등 초급 수준의 설명은 기록하지 않고 있습니다. 하지만 파일 형식을 변경하거나 차트를 분해하는 중요한 작업 단계는 중복되더라도 계속해서 설명을 달아 놓았습니다. 자칫 지루할 수 있지만, 고급 실력자들은 조금 참아 주셨으면 합니다. 또한, 오히려 자세한 설명이 필요한 부분에서는 참조 기능을 넣어 세부 페이지를 확인하도록 안내하였습니다.

04. 예제에 사용된 폰트와 프로그램
책 예제를 위한 폰트와 프로그램은 개인과 기업이 상업용으로 모두 자유롭게 사용 가능한 무료 폰트만을 사용했습니다. 웹 상에서 다운로드할 수 있도록 안내했으니 예제를 따라 하기 전에 설치하면 됩니다.

05. 소스 다운로드와 포스트 활용
책의 예제에 사용된 소스와 그래픽 요소들은 저작권이 자유로우며, 일부는 비용이 지급된 것입니다. 두 경우 모두 저작권은 자유롭지만 그렇다고 파일을 공유하거나 배포하는 행위까지 자유로울 수는 없습니다. 이런 부분이 지켜져야 하는 관계로 이 책은 CD를 제공하지 않고 온라인상에서 링크를 통해 사용자가 직접 다운로드할 수 있도록 하였습니다. 포스트를 통해 우석진·김미리 두 저자의 [회자쓰] 실무 팁과 노하우를 추가로 만나 볼 수 있습니다.

포스팅 주소 : post.naver.com/wooseokjin

고마운 무료 도움 사이트

인포그래픽에 도움을 주는 사이트들은 많지만, 너무 많이 알고 있어도 불편할 때가 있죠. 책에서는 저작권이 자유로운 무료 사이트를 선별하여 사용하고 있는데 무료 브라우저(구글 크롬, 사파리, 파이어폭스 등)로 접속했을 때 좀 더 원활하게 사용 가능합니다. 빛나는 콘텐츠를 공유해 준 모든 사이트 운영자와 디자이너들에게 감사를 표합니다.

thenounproject.com / flaticon.com
픽토그램을 자유롭게 사용할 수 있는 큰 매력을 지녔으며 SVG, PNG, EPS 파일을 얻을 수 있습니다.

iconfinder.com / iconarchive.com
배경이 투명한 PNG 아이콘 이미지를 많이 확보하고 있어 도움을 받을 수 있습니다.

pngimg.com / pngall.com
사진 이미지의 배경을 깨끗하게 처리한 PNG 이미지를 제공합니다.

pixabay.com / pexels.com
저작권이 완전 자유로운 고해상도 사진들을 마음껏 사용할 수 있습니다.

openclipart.org / clker.com
무료 클립아트를 마음껏 사용할 수 있습니다. SVG, WMF, PNG 등 파일 형식도 다양하게 제공됩니다.

en.wikipedia.org / commons.wikimedia.org
온라인 백과사전으로 심벌, 로고, 지도, 국기, 사진, 소리 등의 무료 자료를 얻을 수 있습니다.

google.com / bing.com / pinterest.com
일반 사진과 아이콘을 빠르게 검색하거나 전문가들이 선정한 아이디어 넘치는 인포그래픽을 엿볼 수 있습니다.

software.naver.com
벡터 프로그램인 잉크스케이프를 포함하여 무료 프로그램과 폰트 등을 다운로드하여 사용 가능합니다.

inkscape.org / cloudconvert.com
프로그램, 또는 웹상에서 SVG 파일을 파워포인트에서 사용 가능한 도형으로 변환할 수 있습니다.

colourlovers.com / color.adobe.com
전문가들이 만들어 놓은 컬러 배색 템플릿을 참고할 수 있고 검색하여 응용할 수 있습니다.

PATTERN 01

데이터를 정보로 바꾸는
인포그래픽 정보화 패턴

01 선의 굵기와 그리드로 핵심을 강조하는
표(테이블) 인포그래픽

인포그래픽에서 중요한 요소인 표(테이블)는 정보를 담아내는 모든 문서작성의 기본이며 일목요연하게 생각과 정보를 정리하는 소중한 도구다. 그런데 정작 실무에서는 문서와 슬라이드에 표가 들어가는 순간 답답하고 복잡해져 버린다. 정보보다 표에 담긴 많은 데이터와 시각적인 난해함이 한몫을 하기 때문이다. 그렇다면 소중하게 모은 데이터를 좀 더 값지고 의미 있게 보이는 방법은 없을까? 이때는 기업들의 지속가능보고서와 연차보고서에 사용되는 단순하면서도 핵심이 잘 두드러지는 표를 작성해 보면 가독성 기본 원리와 정보 디자인의 힌트를 발견할 수 있다.

01 자꾸만 복잡해지는 표의 원인 찾기

표 바탕에 컬러를 적용하는 것은 행과 열에서 시선을 잃지 않도록 하는 좋은 수단이다. 즉 그룹으로 묶인 값이 잘 보이도록 하는 것이다. 하지만 표가 놓이는 전체 공간으로 볼 때 바탕에 묵직한 색을 가득 채우는 것은 오히려 전체의 흐름을 방해하고 내용 이해와 판단을 어렵게 만들곤 한다. 또한, 표의 내용을 구분하는 제목 행과 열을 자꾸만 장식하려고 하지만 그럴수록 더 어지럽혀진다. 그러니 장식하겠다는 마음을 버리고 소중한 시간을 중요한 데이터와 문구를 강조하는 작업에 할애하여 상대 입장에서 무엇을 먼저 봐야 하는지 길라잡이가 필요하다.

"도대체 무엇을 먼저 봐야 합니까?"

	Healthcare	Education	Industry
Asia-Pacific	18%	36%	56%
Middle-South America	47%	21%	23%
Africa	26%	31%	11%
Middle-East	6%	9%	6%
Others	5%	3%	4%

표에는 컬러를 적용한다는 생각부터 버려야 한다. 흑백으로 만들고 중요한 숫자와 단어만 컬러로 강조해야 정보가 잘 보인다. 행과 열의 배치도 중요한데 위의 표는 지역 구분을 먼저 본 후 3가지 부문을 나누어 보도록 순서를 정한 경우이다.

2020 Performance by sector

(unit : %)

	Healthcare	Industry	Education
Asia-Pacific	18	56	36
Middle-South America	47	23	21
Africa	26	11	31
Middle-East	6	6	9
Others	3	4	3

표는 정보를 보는 관객 시선으로 만들어져야 한다. 선을 최소화하여 바탕이나 다른 요소들과 벽을 만들지 말고 시원하게 흐름이 유지 되도록 정리한다. 선의 굵기는 관계가 밀집일 수록 가늘게 적용한나.

2020 Performance by sector

(unit : %)

	Healthcare	Education	Industry
Asia-Pacific	18	36	56
Middle-South America	47	21	23
Africa	26	31	11
Middle-East	6	9	6
Others	5	3	4

표의 정보 중에서 핵심 정보는 2개 이하로 결정한다. 강조할 것은 반드시 표시해 준다. 낯선 표를 보여주면서 핵심을 알아서 파악하 도록 놔두는 것은 서로에게 시간 낭비일 뿐이다.

※ 회자쓰 포스트(post.naver.com/wooseokjin)에서 예제 다운로드와 동영상, 실전 팁까지 저자들이 꼼꼼히 알려드립니다.

02 바탕색 없는 깔끔한 표에서 시작하기

표는 본문을 흐르는 텍스트 중 구분이 명확하고 그룹으로 묶어 일목요연하게 제시하는 매트릭스 형식이라고 할 수 있다. 정보 덩어리를 선과 면으로 구조화하여 분리한 것일 뿐 텍스트와 같다고 봐야 한다. 그러므로 너무 과한 컬러와 선을 적용하는 것은 위험하다. 즉 과도한 장식과 효과 없이 내용 정보가 잘 보이도록 하는 것이 표의 목표가 되어야 한다. 정보는 필요 없는 것을 모두 제거하여 더 이상 버릴 것이 없는 상태라고 생각하자.

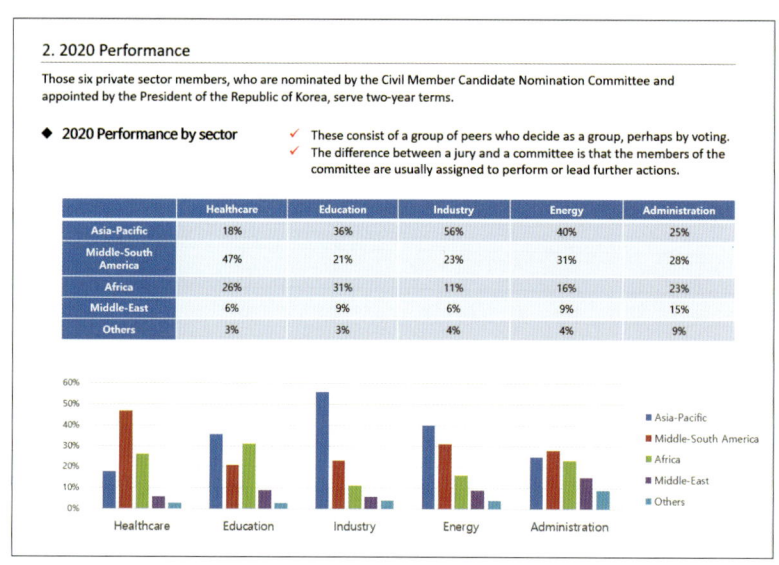

가장 먼저 할 일은 바탕을 없애고 깔끔한 표에서 시작하는 일이다. 표 전체를 선택하여 바탕은 [채우기 없음]으로 설정하고 [표 도구] - [테두리 그리기]에서 두께를 0.25pt로 설정한 후 [표 도구] - [디자인] - [테두리] - [모든 테두리]를 적용한다.

2020 Performance by sector			
	Healthcare	Education	Industry
Asia-Pacific	18%	36%	56%
Middle-South America	47%	21%	23%
Africa	26%	31%	11%
Middle-East	6%	9%	6%
Others	3%	3%	4%

03 선 두께만으로 덩어리 구분 짓기

기존의 표를 보면서 작은 덩어리부터 큰 덩어리로 그룹을 지어보자. 3개 정도의 두께로 된 선으로 구분한다고 생각하면 쉽다. 작은 덩어리 즉, 친한 사이일수록 가는 선으로, 멀어질수록 굵은 선으로 경계를 지어주면 된다.

2020 Performance by sector

	Healthcare	Education	Industry
Asia-Pacific	18%	36%	56%
Middle-South America	47%	21%	23%
Africa	26%	31%	11%
Middle-East	6%	9%	6%
Others	3%	3%	4%

- 2pt
- 0.75pt
- 0.25pt
- 0pt로 뚫어준다.

Infographic TIP — 표에서 양쪽 가로의 세로 선을 삭제해주면 답답함이 없어지고 가독성과 집중도가 상승한다. 모든 테두리를 적용한 후 [표 도구] - [레이아웃]에서 지우개를 이용하여 양쪽 테두리 라인을 드래그하여 지우면 된다.

표의 세로 제목(행)과 가로 제목(열)에 해당하는 항목(셀)은 조금 두꺼운 서체를 적용하되 상대적으로 중요한 부분을 더 굵은 서체로 처리한다. 예제에서는 부문에 대한 데이터를 강조하여 말하려 했기 때문에 열 제목 행을 더 강조했다. *폰트 활용에 대한 자세한 사항은 232~233쪽을 참조.

2020 Performance by sector

	Healthcare	Education	Industry
Asia-Pacific	18%	36%	56%
Middle-South America	47%	21%	23%
Africa	26%	31%	11%
Middle-East	6%	9%	6%
Others	3%	3%	4%

- Calibri(Bold 적용)
- Calibri Light
- Calibri

Infographic TIP — 표에서 제목 행은 작게 하고 강조할 셀의 숫자만 크고 화려한 색으로 처리하는 때도 있지만, 표를 보는 사람들은 어떤 제목에 어떤 값인지를 궁금해하기 때문에 제목 행과 셀 내용과의 구분은 기본적으로 설정해 주어야 한다. 예를 들어 어떤 지역, 어떤 부분의 값인지 파악하는 것이다.

04 말하려는 메시지를 중심으로 데이터 정비하기

최종 결과는 언제나 메시지에 따라 더 좋은 방향으로 조정되어야 한다. 기본적인 정리 후에는 발표를 한다고 생각하며 말해보면 표가 어떻게 조정되어야 할지 선명해진다. 예를 들어 부문마다 최댓값을 말하고 싶다면 글씨를 크게, 진하게, 배경에 색을 넣는 방법 등으로 충분하다.

▌2020 Performance by sector

(unit : %)

	Healthcare	Education	Industry
Asia-Pacific	18	36	56
Middle-South America	47	21	23
Africa	26	31	11
Middle-East	6	9	6
Others	3	3	4

단순한 부문별 실적이 아닌 특정 지역에 대한 값을 말하고 싶다면 차례로 강조 색 넣기, 강조 데이터 중심으로 정렬하기, 본문에 눈길이 머물도록 제목 행과 열에 음영 넣기를 순차적으로 적용한다.

▌2020 Performance by sector

(unit : %)

	Healthcare	Education	Industry
Asia-Pacific	18	36	56
Middle-South America	**47**	**21**	**23**
Africa	26	31	11
Middle-East	6	9	6
Others	3	3	4

▌2020 Performance by sector

(unit : %)

	Healthcare	Industry	Education
Asia-Pacific	18	56	36
Middle-South America	**47**	**23**	**21**
Africa	26	11	31
Middle-East	6	6	9
Others	3	4	3

05 최소한의 요소로 만드는 미니멀 표

표에서 세로 열과 열 사이를 막는 선만 없애도 시각적인 장애물이 사라져서 표가 더 시원해지고 깔끔해진다. [지우개]를 선택하여 열과 열 사이의 세로 선을 드래그하여 모두 지운다.

▌2020 Performance by sector

(unit : %)

	Healthcare	Industry	Education
Asia-Pacific	18	56	36
Middle-South America	47	23	21
Africa	26	11	31
Middle-East	6	6	9
Others	3	4	3

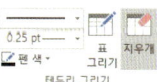

표의 구분을 위해서 꼭 색이 있는 선이 필요한 것은 아니다. 오히려 행의 흐름을 끊지 않으면서 구분이 되도록 하려면 흰색 선으로 살짝 선을 단절시키는 방법도 좋다. 아래는 흰색 윤곽선 8pt를 적용한 것이다. 제목의 높이를 다른 행보다 높게 적용하면 표가 주변의 영향을 덜 받도록 시각적 울타리 기능을 하게 된다. 아래의 경우 높이를 1.5cm에서 2cm로 조정한 제목 부분 [텍스트 맞춤]을 [아래쪽]으로 지정한 것이다.

	Healthcare	Industry	Education
Asia-Pacific	18	56	36
Middle-South America	47	23	21
Africa	26	11	31
Middle-East	6	6	9
Others	3	4	3

(unit : %)

	Healthcare	Industry	Education
Asia-Pacific	18	56	36
Middle-South America	47	23	21
Africa	26	11	31
Middle-East	6	6	9
Others	3	4	3

06 최종적으로 강조 포인트 확인하기

중요하게 제시되는 데이터는 기업 컬러를 적용하거나 정보를 상징하는 컬러를 적용하면 효과적이다. 강조할 때는 강한 컬러를 적용하는 방법도 있지만 적당한 두께의 테두리 박스를 적용하는 것만으로 충분할 때가 있다.

■ 2020 Performance by sector

(unit : %)

	Healthcare	Industry	Education
Asia-Pacific	18	56	36
Middle-South America	47	23	21
Africa	26	11	31
Middle-East	6	6	9
Others	3	4	3

컬러 박스를 만든 후 투명도를 적용하여 자연스럽게 강조하는 방법도 자주 사용된다. 이처럼 데이터 시각화와 인포그래픽에서 표를 작성할 때는 주어진 템플릿과 파워포인트에서 제공하는 샘플을 그대로 사용하는 습관부터 내려놓자. 그리고 제시하는 정보 중에서 무엇이 우선이고 어떤 것이 더 강조되어야 하는지를 늘 생각하자.

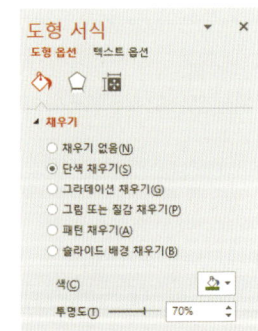

■ 2020 Performance by sector

(unit : %)

	Healthcare	Industry	Education
Asia-Pacific	18	56	36
Middle-South America	47	23	21
Africa	26	11	31
Middle-East	6	6	9
Others	3	4	3

공간이 없어 고민하다가 꾸역꾸역 넣던 표와 차트를 수정하고 싶다면 데이터를 선별해 양을 조절하는 것이 우선이다. 그 다음 강조 포인트를 정확히 짚어내어 보자. 직관적인 표현 방법을 찾아 노력한다면 전과 달리 메시지가 잘 드러나는 표가 완성될 것이다. 컬러는 되도록 2가지 이내로 사용해야 좋다는 것도 꼭 기억해 두자.

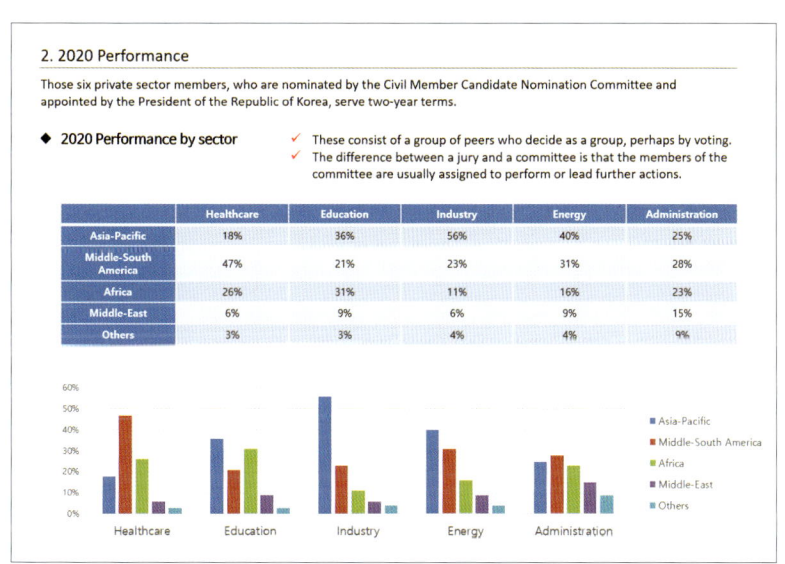

도출 항목 (정보의 오류 찾기, 불필요한 요소 버리기, 효과 삭제하기, 컬러 줄이기, 핵심 추리기)

사용자를 위한 핵심 중심으로

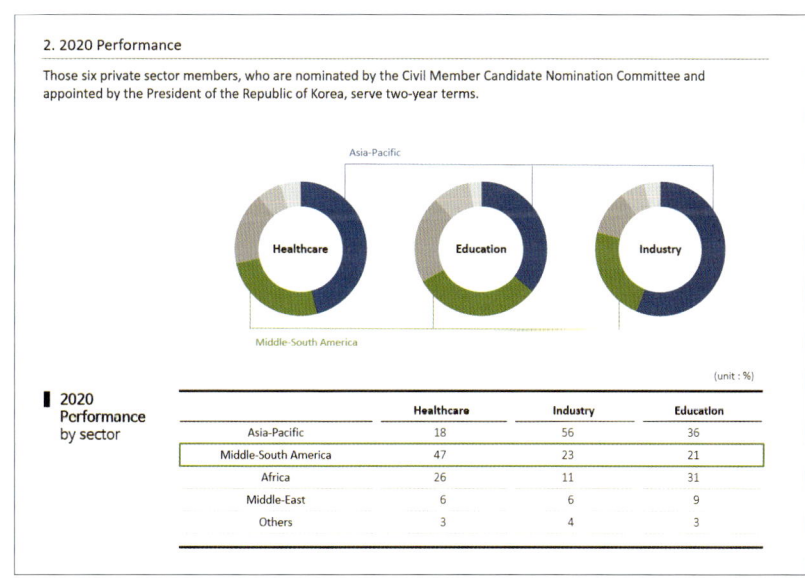

개선 항목 (주연과 조연 나누기, 대중소 구분하기, 시각적인 동선 만들기, 최소한으로 표현하기)

02 기본 세로 막대형 차트
차트의 시작은 항상 키를 잴 수 있는 막대로

가장 많이 쓰는 기본형 차트인 세로 막대형 차트는 초등학교 시절 새 학년 첫날 번호를 부여받기 위해 키를 재던 것처럼 절댓값 비교를 위함이다. 막대로 키를 재는 것은 모든 비교의 기본이 되므로 항상 차트의 시작이 되곤 한다. 하지만 아무리 기본 차트라고 해도 마구잡이식 사용은 청중에게 불쾌함을 주므로 데이터를 통해 전달하려는 메시지를 담는 과정은 반드시 거쳐야 한다. 특히 엑셀이나 파워포인트에서 제공하는 자동으로 만들어지는 차트는 범례와 항목, 계열, 수치 등이 너무 분산되어 있기 때문에 그대로 사용했다가는 낭패를 보기 쉽다. 그러므로 프로그램에서 제공하는 많은 요소 중 필요한 부분을 추출하고 편집하는 능력이 필요하다.

01 단순한 차트라도 뭘 말하고 싶은지 먼저 결정하기

복잡한 표나 차트가 화면 또는 자료에 나타나는 순간 보는 사람들은 팩트에서 핵심을 발견하려고 애쓰는 동시에 잠시 두려워한다. '나만 내용 파악이 어렵나?', '나만 복잡하게 눈을 여기저기 굴리고 있나?'라고 생각하게 된다. 정보전달에서 핵심을 이해시키는 것은 전달자의 몫이며 보는 사람이 찾아낼 몫은 아니다. 아주 단순한 차트라도 시간이 없는 사람들에게 빨리 무엇을 말하려는지 제시하고 이해를 구하는 편이 옳다. 정보를 잘 다루는 사람은 발표자가 없는 비대면 PT에서도 차트가 무슨 의도인지, 무엇이 핵심인지 알아차릴 수 있게 한다.

데이터가 아무리 단순해도 강조해야 할 3가지 기준
1. 가장 큰(높은) 값이나 변화 값
2. 가장 중요한 지점
3. 꼭 말해야 하는 항목

source : by Jared Fanning

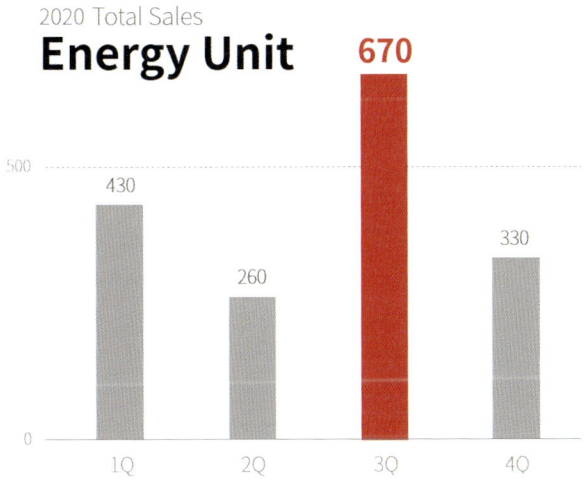

차트 중에서 가장 중요한 하나의 핵심에 먼저 눈길이 가도록 정해주면 보는 사람들도 정보를 쉽게 전달받는다.

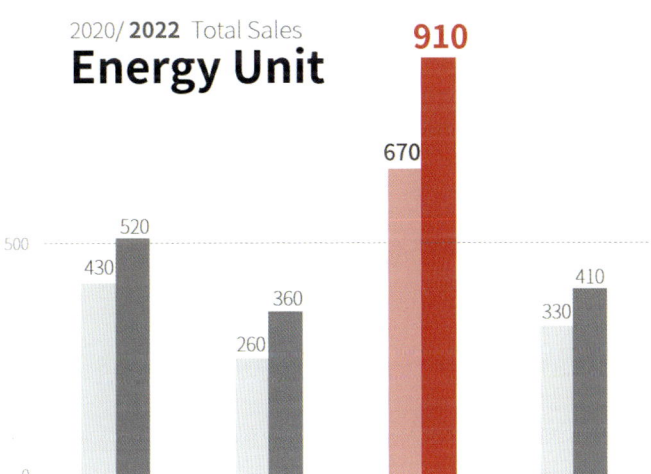

서로 그룹이라는 것을 나타내려면 테두리 박스를 치는 것보다 컬러를 동일하게 적용하고 밝기를 조정하는 편이 낫다.

※ 회자쓰 포스트(post.naver.com/wooseokjin)에서 예제 다운로드와 동영상, 실전 팁까지 저자들이 꼼꼼히 알려드립니다.

02 세로 막대 차트 준비하기

대부분 기본의 차트에 항목과 숫자를 변경해서 얻은 차트를 그대로 쓰게 되는데 이럴 경우 정보를 전달받는 사람은 어려운 정보를 파악하기 위해서 너무 많은 에너지를 사용하게 된다. 파워포인트에서 만들어주는 차트는 정답이 아니라 가장 기본임을 명심해야 한다. '기본 차트 위에 당신의 메시지를 입혀라!' 라고 받아들여야 한다.

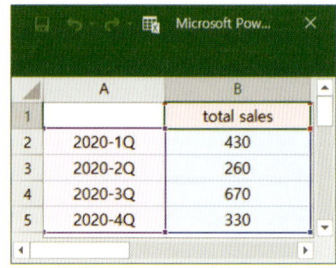 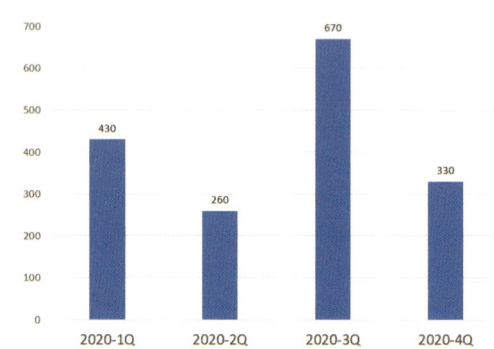

03 꼭 필요한 최소한의 요소로 정리하기

보여주고 싶은 것을 강조하고 싶다면 없어도 되는 것을 판단해서 지우는 작업이 우선되어야 한다. 축 제목, 눈금선, 범례, 레이블(차트 위에 데이터를 기입하는 것)까지, 모든 요소를 검토한 후 불필요한 것을 삭제하자. 반복되는 것은 최대한 구분만 되도록 하고 눈금선은 의미 있는 최소한의 선만 남겨둔다.

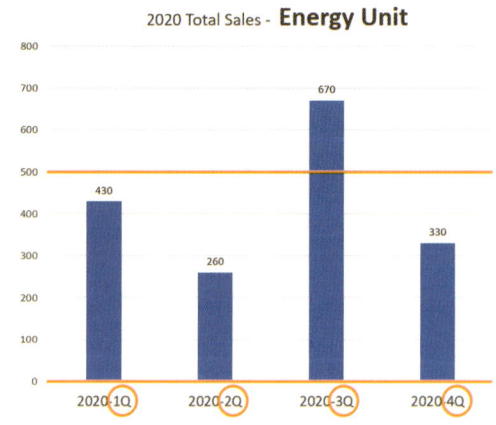

Infographic TIP
요소를 버리려고 하면 혹시나 하는 마음에 주저하게 되지만 오히려 직접 그려 넣거나 입력하면서 꼭 필요한 것인가에 대한 적극적 고민을 해야 한다. 결국 정보를 최소화하는 것은 아무리 강조해도 지나침이 없다.

04 차트 분해하여 도형으로 변경하기

자동으로 만들어진 차트를 일일이 손 보는 것은 쉬운 일이 아니다. 특히 삭제하고 수정하는 작업은 수작업으로 만드는 차트보다 더 까다롭게 느껴진다. 이때는 기존의 차트를 모두 도형으로 분해하는 과정을 통해 수정 편집을 가능하도록 해야 한다. 기본차트에서는 같은 열의 막대를 모두 하나의 도형으로 인식하므로 각 막대의 컬러를 바꿔줘야 하는데 강조하고 싶은 정보를 강조색으로, 나머지는 회색으로 바꾼다. 해당 막대를 두 번 클릭하면 각각의 컬러를 바꿀 수 있다.

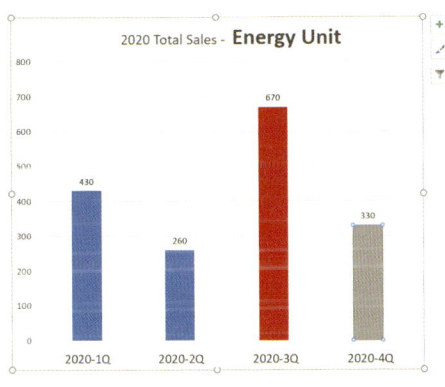 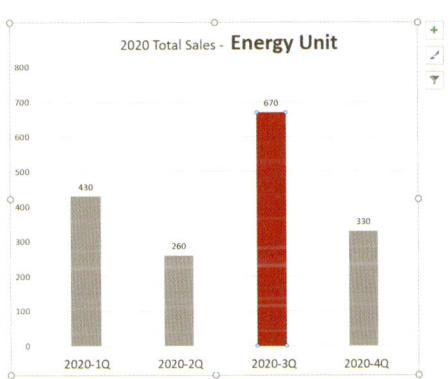

파워포인트에서 차트를 도형으로 분해하기 위해서는 복사하여 강제로 파일 형식을 바꿔 붙여넣는 방법을 사용해야 한다. 차트 전체를 복사하고 [홈] - [붙여넣기] - [선택하여 붙여넣기] [그림 - 확장 메타 파일]을 선택한다.

 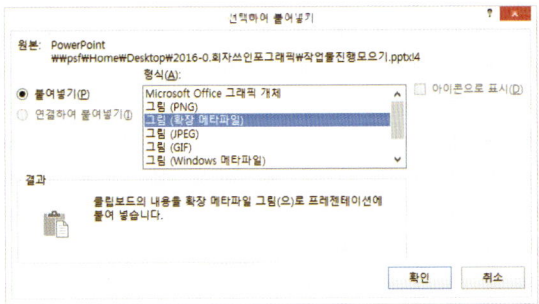

Infographic TIP

차트를 도형과 같은 메타 파일 형식이 아닌 픽셀 이미지 형식으로 붙여넣고 싶다면 항목에서 그림(PNG, JPG 등)을 선택하자. 파일 형식이 바뀌면서 파워포인트에 그림으로 붙여지게 된다. 이처럼 파워포인트의 [선택하여 붙여넣기] 기능은 개체의 형식을 강제로 바꿔서 작업할 수 있도록 도와준다.

그냥 볼 때는 별다른 변화가 없는 것처럼 보이지만 대상을 선택한 후 상단 메뉴를 확인해 보면 [차트 도구]가 [그리기 도구]로 바뀌면서 선택된 박스 모양도 달라진다.

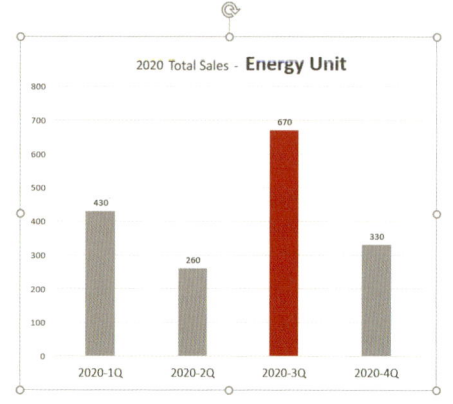

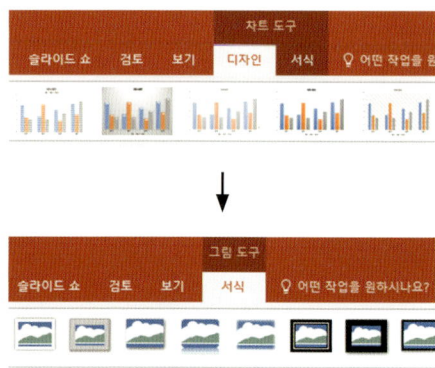

Infographic TIP

차트를 버리고 확장 메타 파일로 바꾸고 나면 더 이상 데이터를 수정할 수 없다.
반드시 원본을 보관하고 복제된 슬라이드에서 작업해야 나중에 수정작업 시 수고를 덜 수 있다.

확장 메타 파일(EMF)은 두 번의 [그룹 해제]를 거쳐야 그래픽 개체로 모두 분해된다. 마우스 오른쪽 버튼을 눌러서 빠른 실행 메뉴에서 [그룹] - [그룹 해제]를 두 번 실행하면 된다. 분해했다면 필요한 요소만 선택 복사하여 다른 슬라이드에 붙여넣는다.

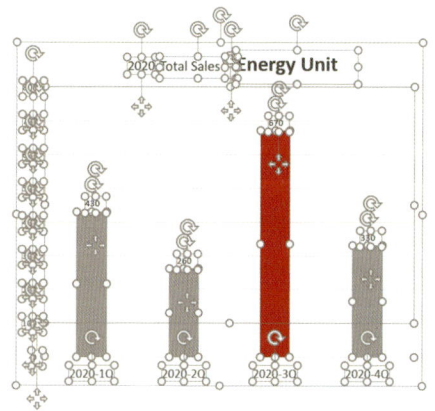

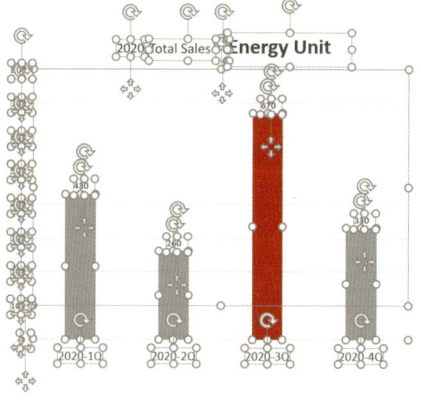

Infographic TIP

차트를 분해하면 바깥쪽 테두리는 투명한 박스로 바뀐다. 보이지 않지만 선택해서 제거해야 작업이 편하다. 또한, 모두 개별적으로 분해가 되었으므로 소그룹으로 묶어 놓아야 할 요소들은 다시 그룹을 적용해 두어야 따로 움직여서 낭패를 보는 일이 없다.

05 필수 요소로 강약을 조율한 차트 만들기

불필요한 요소들을 모두 제거했다면 다시 필요한 요소들은 추가하여 핵심이 잘 드러나는 차트를 만들어야 한다. 필요한 눈금선(0과 500)을 넣고 요소를 최대한 정리한다. 상대적으로 덜 드러나야 하는 눈금선은 회색, 0.5pt, 점선으로 처리한다.

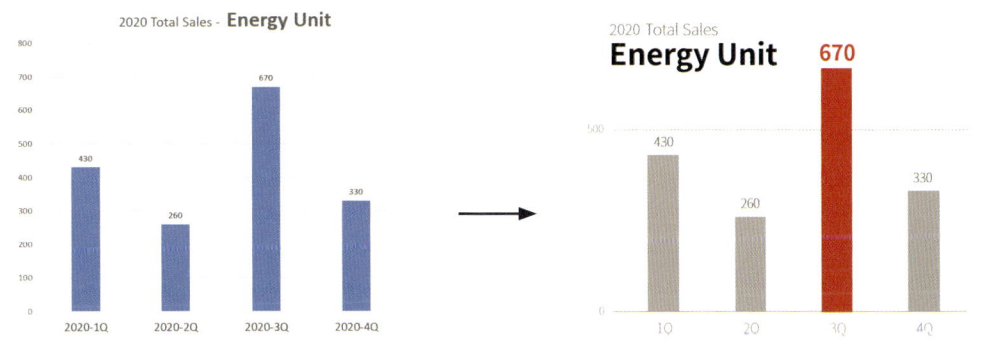

컬러나 크기, 패턴 등으로 강약을 표현할 때는 상대적인 강도에 주의해야 한다. 강조색이라도 차등을 두고 싶다면 투명도를 조절하거나 밀도(패턴 적용)를 낮추고 선은 굵기 변화와 점선을 활용하는 것이다. 강도의 차를 크게 하면 핵심은 돋보이고, 메시지를 더욱 선명하게 만든다.

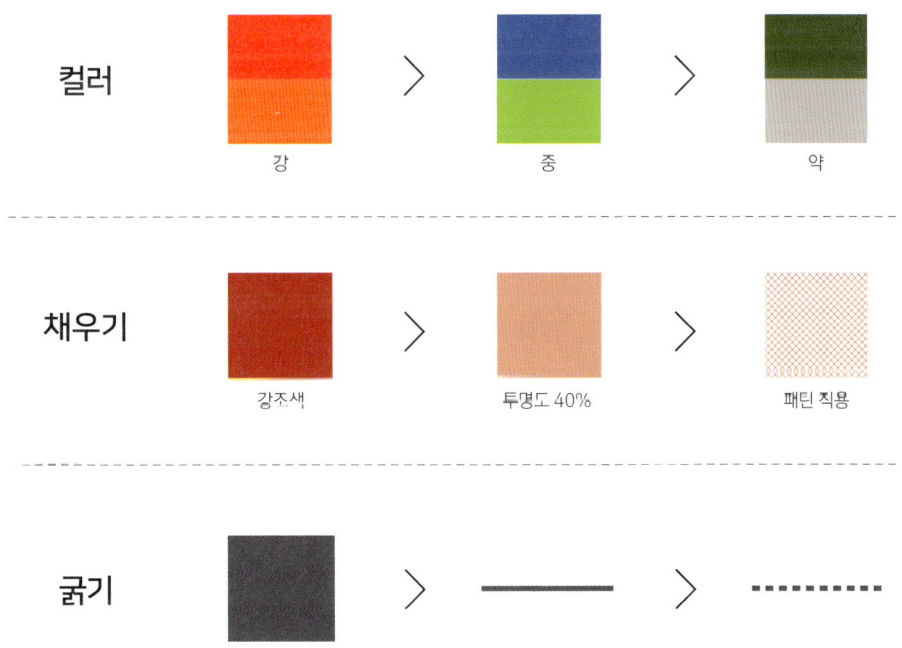

06 비교할 데이터에 유사 대비 적용하기

현재의 데이터를 다른 연도와 비교하고 싶다면 지금까지의 원리를 그대로 적용하면 된다. 비교할 값들은 서로 가까이 배치하고 시간(월, 분기, 년)은 상대적으로 멀리 배치한다. 강조할 값은 강조색을, 나머지는 그레이스케일(회색 음영)을 적용한다.

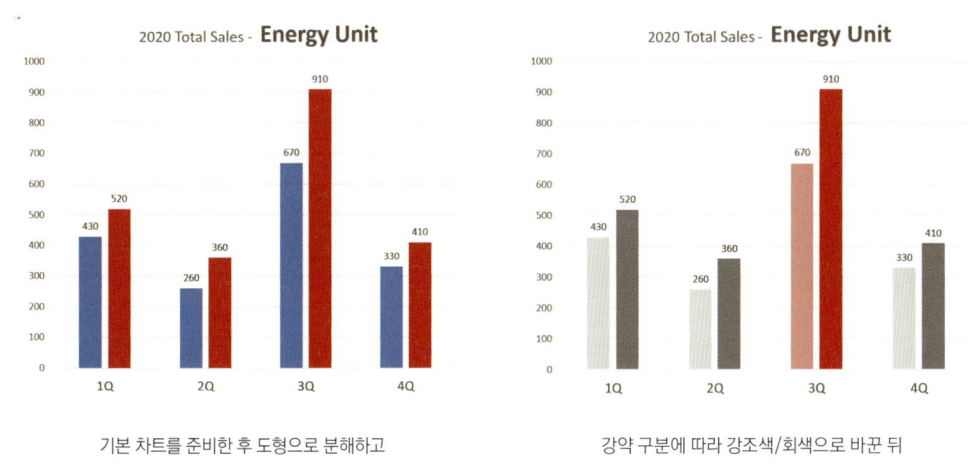

기본 차트를 준비한 후 도형으로 분해하고 · 강약 구분에 따라 강조색/회색으로 바꾼 뒤

데이터 값을 동시에 보여주고 싶거나 밀착해서 비교하고 싶을 때는 요소의 거리로 표현해야 한다. 각 연도의 막대를 완전히 붙여서 거리를 없애면 비교의 의지가 강조되어 더 강한 비교가 만들어진다. 차트는 오류를 찾아내고 수정하면서 핵심을 강조하는 반복적이며 지루한 작업과정이다. 단순하고 명확한 차트는 이런 노력으로 완성된다.

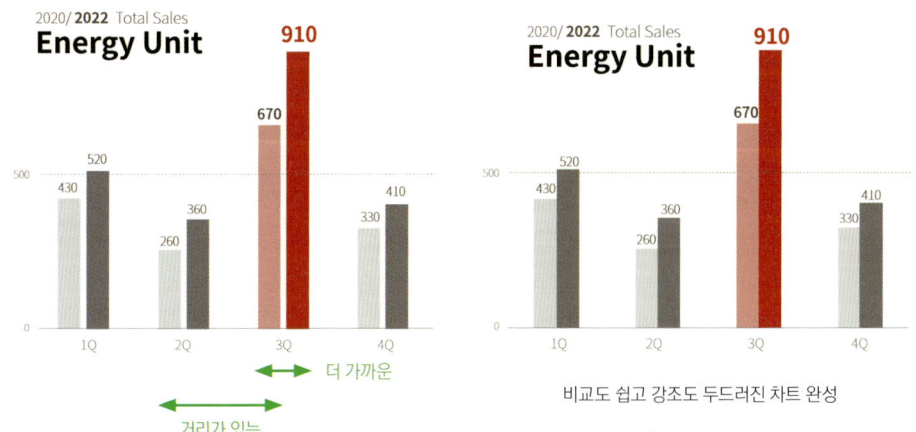

비교도 쉽고 강조도 두드러진 차트 완성

막대 차트는 단순하고 명확할수록 좋다. 숫자를 비교하려는지, 올해를 돋보이려는지 아니면 1등이 추종을 허용하지 않는다는 내용인지 선명하게 보여 줄 수만 있다면 성공적이다.

source : by Jared Fanning

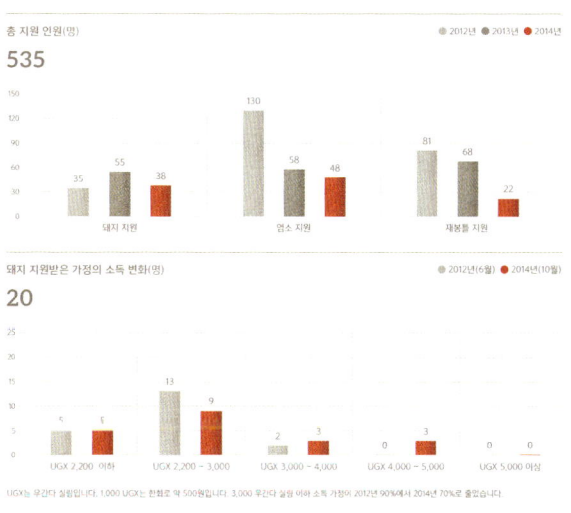

source : Angels' Haven AR 2014

축을 잘 설정함과 동시에 여러 정보를 부여줄 수 있는 것도 막대 차트의 큰 힘이다. 결국, 정보 전달자 스스로 데이터에서 추출한 의도를 명확히 하는 것이 관건이다. 핵심이 잘 보이는 차트를 많이 보고 따라 그려보자. 의외로 좋은 아이디어를 스스로 찾아낼 수 있다.

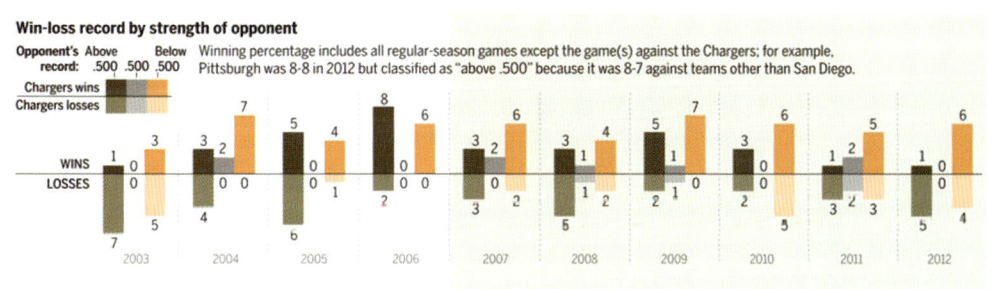

source : www.charlesapple.com

03 차이, 상승 값을 강조해서 말해주는 도형 치환형 막대 차트

데이터시각화의 범주에서 차트를 바라보면 기본 원칙을 적용하여 정보의 우선순위를 제대로 보여줄 수 있는 정도만으로도 충분하지만, 사람들이 궁금해하는 점, 즉 상승했는가, 주목할 만한 값이 무엇인가, 얼마나 차이가 나는가 등의 내용을 강조할 수 있다면 설득과 이해의 폭은 좀 더 확장된다. 이런 결과를 얻기 위해서는 데이터와 차트에 의미를 부여한 후 해당 속성과 상징을 지닌 도형으로 치환하여 정보를 제시하는 방법이 주로 사용되고 있다. 차트가 말을 한다고 상상하고 의미를 설정한 후 어울리는 도형으로 치환하는 노력만 있으면 충분하다.

01 차트를 단어로, 의도를 문장으로

밤을 새워가며 준비한 자랑스러운 결과들을 이해하기 어렵고 복잡한 차트로 보여줄 수밖에 없는 건 너무 억울한 일이지만 더 심각한 것은 문서 위의 차트와 데이터가 어떠한 말도 해주지 않는 경우일 것이다. 상대를 설득하고 싶다면 상대에게 어떤 말을 하고 싶어서 차트를 보여주는지 분명해야 한다. 그러므로 말하고자 하는 바를 몇 개의 단어로 정의해보고 의도를 담아 문장을 완성해야 한다. 최대한 구체적으로, 상황이 그려지도록, 쉽게 연상되는 문장일수록 효과는 높아진다.

높은 산과 같이 차이가 두드러진 3분기 실적

60% 이상 무섭도록 **치솟은** 에너지 사업 부문

경쟁사 대비 자사 시장 점유율이 **빠르게 감소**

물론 모든 차트를 이처럼 바꿀 수는 없지만, 높이의 차가 두드러지는 삼각형이나 성장을 나타내는 화살표 등은 매우 쉬운 치환방법으로 큰 효과를 볼 수 있으니 시도해 볼 만 하다.

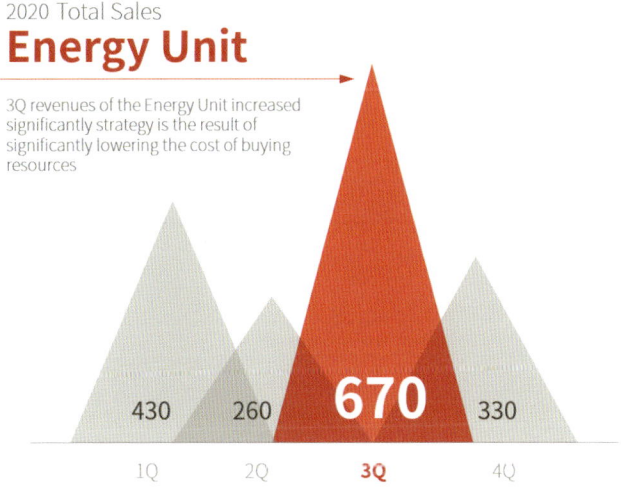

차이가 크다는 것을 강조하기 위해 가장 좋은 도형치환은 삼각형이다. 높이의 차가 사각형보다 더 극명하게 드러난다.

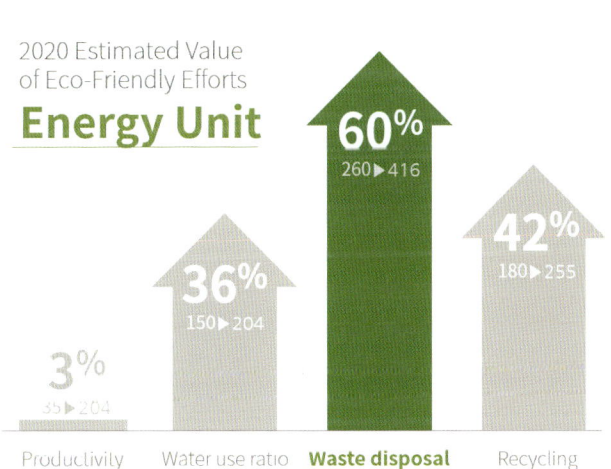

상승했다는 점을 보여주는 차트라면 화살표로 치환하자. 막대와 숫자, 화살표 등을 따로 사용해서 시선을 분산하지 말고 최대한 하나의 덩어리로 메시지의 힘을 모아야 한다.

※ 회자쓰 포스트(post.naver.com/wooseokjin)에서 예제 다운로드와 동영상, 실전 팁까지 저자들이 꼼꼼히 알려드립니다.

02 치환 가능한 상징 찾기

누적 막대 그래프를 책으로 바꾸거나 세로 막대 그래프를 삼각형과 산 이미지로 치환하는 것은 불가능한 것이 아니지만 우리는 시도를 해보기도 전에 어렵고 복잡한 것이라고 여긴다. 하지만 인포그래픽 전문가들은 어떻게든지 대체가 가능한 도형과 사진으로 치환하려고 애쓴다. 그래야 더 설득이 쉽기 때문이다.

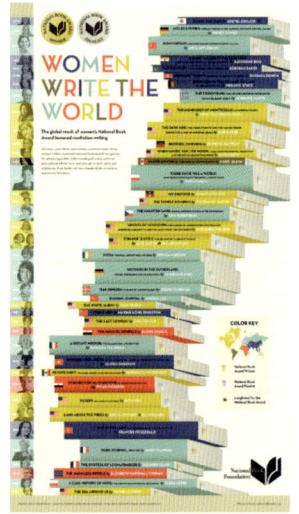

site : www.nationalbook.org   site : audreelapierre.com

03 '큰 차이가 납니다'라고 말하기

도형 치환은 차트가 말하고 싶은 의도를 담아낸다. 3분기의 매출이 크게 차이나는 차트를 가장 쉬운 치환 방법으로 강화해 보자. 현재 상태는 확장 메타파일(EMF)로 분해되어 사각형 도형으로 되어 있는 것을 알 수 있다.

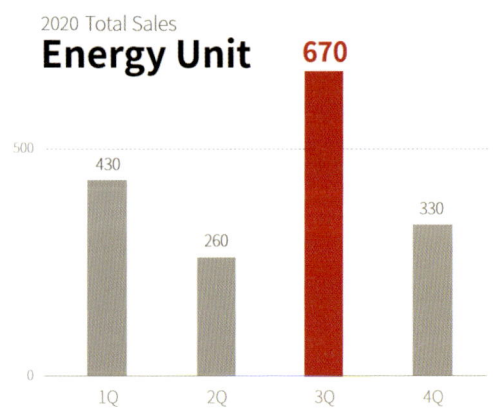
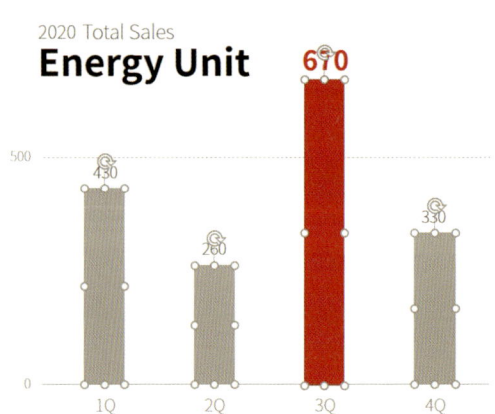

04 막대를 삼각형으로 치환하고 크기와 색상 조절하기

막대를 모두 선택한 후 [그리기 도구] - [서식]에 있는 [도형 모양 변경] - [기본 도형]에서 삼각형을 선택한다. 사각형 도형이 이등변 삼각형으로 바뀌면서 차트의 주장도 명확해지는데 이는 같은 밑변을 가진 삼각형은 높이에 따라 가파른 정도의 차가 극대화되는 성질을 이용한 결과다.

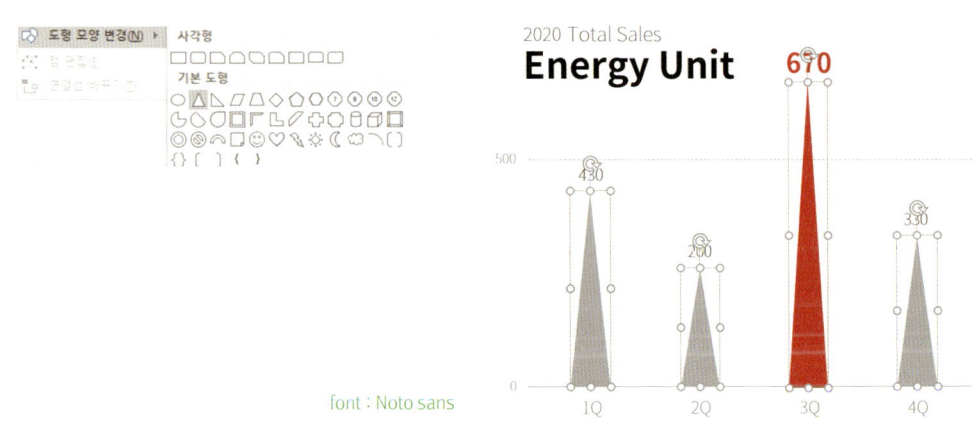

값을 비교하기나 연관성을 강조하기 위해서는 되도록 도형 간의 거리가 가까워야 한다. 삼각형을 모두 선택한 후 양쪽 조절점을 잡아당겨 삼각형이 겹치도록 한다. 모두 각자 조절되려면 그룹 되지 않은 상태에서 잡아당겨야 한다.

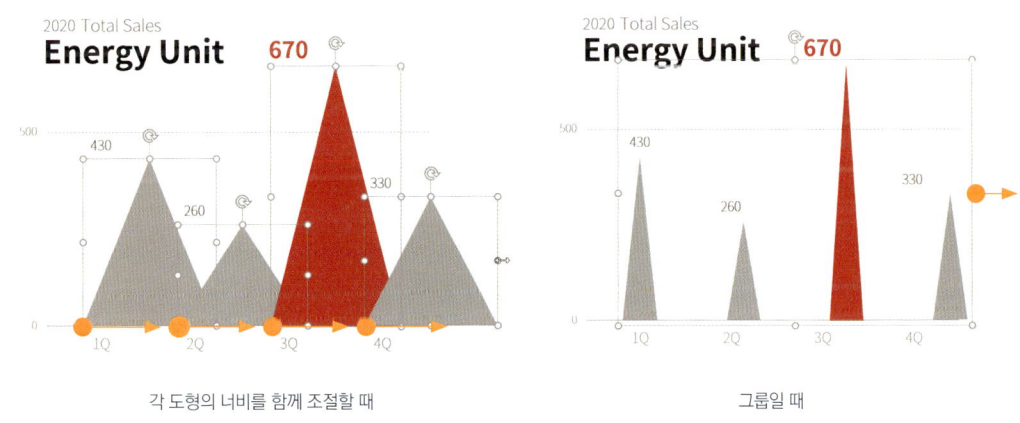

각 도형의 너비를 함께 조절할 때   그룹일 때

Infographic TIP
도형이 개체일 때는 각각의 도형 중심으로 크기가 변형되고, 그룹을 적용하면 전체가 하나의 도형을 기준으로 변형된다. 그림의 비례가 변형되어서는 안되는 도형이나 그림의 크기를 조절할 때는 반드시 Shift를 누르면서 대각선 조절점을 드래그해야 한다.

05 치환 결과에 따라 차트와 숫자 조절하기

밑변의 양쪽 꼭짓점이 옆 삼각형의 중앙에 위치하도록 조절하면 결과물이 깔끔하게 마무리된다. 이 상태에서 겹치는 부분이 투명하게 보이도록 [도형 채우기] - [다른 채우기 색] - [투명도]를 색에 따라 30~50% (불투명일 때가 0%) 가량 적용해 주면 자연스럽게 전체 값들이 보인다.

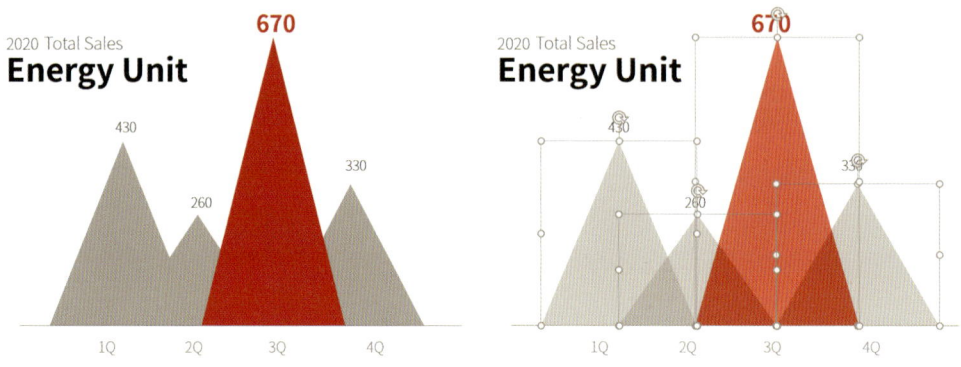

막대가 삼각형으로 강약이 적용되었으니 수치도 값에 따라서 강약을 조절하면 효과적이다. 흰색의 텍스트로 대비 값을 크게 높여 강조할 수 있는데 이때는 차트 속에 숫자를 넣고 핵심 내용을 가까이 배치하여 한 눈에 차트를 읽고 느끼게 해야 한다.

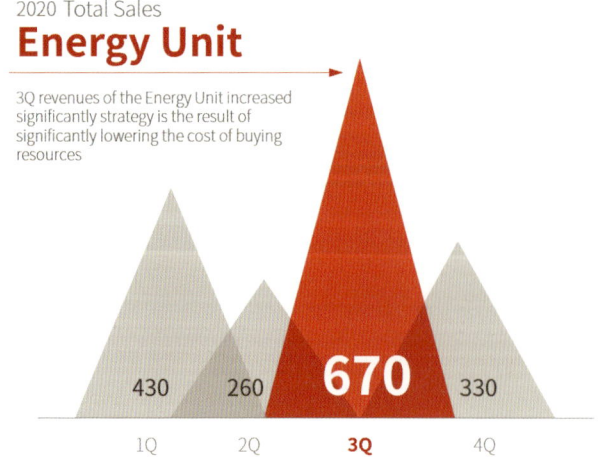

Infographic TIP

가장 위험한 차트는 상대가 차트를 오래 봐야 그 의미와 차이를 이해할 수 있는 차트다. 빠르게 분명한 차이를 알 수 있도록 이해하기 쉬운 차트가 가장 좋은 차트다. 그러므로 의도가 잘 드러나도록 다양한 시도가 필요하다.

06 상승/하락을 나타내는 화살표로 치환하기

상승/하락 폭을 비교하려면 화살표가 좋다. 같은 방법으로 [도형 편집] - [도형 모양 변경]에서 화살표를 선택한다. 강조하는 컬러를 적용하여 하나의 주인공을 내세우거나 비교 대상까지 보여줘야 할 때는 두 개의 컬러를 적용하고 나머지는 모두 회색 음영으로 처리해야 값의 대비가 확실해진다. 보고와 발표의 주제를 강조할 수 있는 컬러를 주인공 차트에 입히는 것도 좋은 방법이다. *컬러 선정에 대한 자세한 사항은 188~189쪽을 참조.

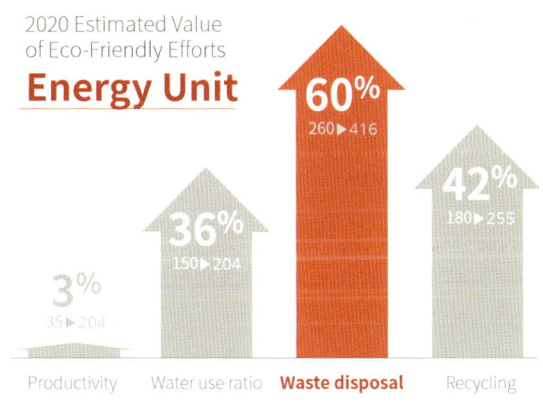

Infographic TIP

값이 너무 작은 경우 도형을 통일하려고 무리하다가 어색해지는 경우가 있다. 이 경우 화살표가 아니라 사각형 도형으로 처리해도 의미는 충분히 전달된다.

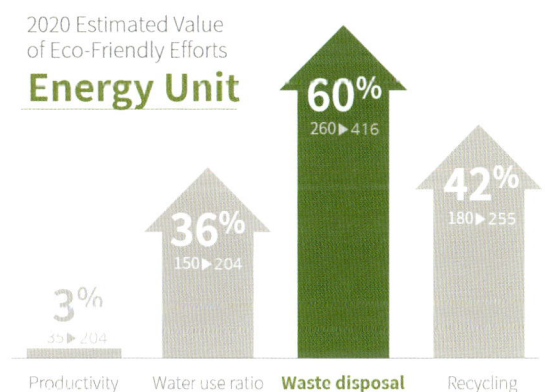

Infographic TIP

아무리 사소한 정보라도 언제나 우선순위에 따라 표시되어야 한다. % 값을 크게 할지, 변화 값을 크게 할지에 따라 크기와 굵기로 우선순위를 드러내야 한다. % 값을 표시할 때 숫자만큼이나 커 보이는 % 기호는 작게 또는 덜 눈에 띄게 표시해야 숫자가 잘 보인다. 해당 글자를 선택한 후 [글꼴] - [위 첨자] 기능을 적용하자.

04 Two-컬러 파이 차트
선택과 집중으로 핵심 의도를 보여주는

비중을 제대로 표현하고 싶다면 효과로나 빈도로나 단연 파이 차트가 으뜸이다. 여름방학 생활계획표를 시간순으로 막대를 나열하는 것보다 시계가 연상되는 24시를 나타내는 원 위에 파이 차트를 배열하면 '음, 이번 방학엔 스스로 공부를 좀 하겠다는 거군', '이번엔 학원을 전전하겠다는 건가?' 등의 전체 의도가 보이는 것처럼, 파이 차트는 비중을 통해 핵심의도를 보여주는 데 탁월하다. 막대 그래프와 함께 가장 많이 사용되는 파이 차트를 제대로 사용할 수 있다면 데이터 시각화와 인포그래픽을 작성에도 큰 도움이 된다.

01 핵심을 골라 제시하는 파이 차트

좋은 차트를 만들고 싶다면 '이 차트를 통해 말하고 싶은 요점 하나만 말하라고 한다면?'이라는 근본적인 질문에서 출발해야 한다. 파이차트는 전체 중 얼마만큼을 면적으로 바꾸어 보여주는 기본 차트이고 원의 반, 4분의 1 등의 크기가 쉽게 인식되기 때문에 비중의 어림값을 직관적으로 가늠할 수 있다. 문제는 이 중에서 무엇이 주인공인가를 결정하는 일이다. 처음 간 피자집에서 8가지 각각 다른 맛의 조각 피자가 주어진다면 무엇부터 먹을지 고민하는 데 너무 많은 시간을 써야 한다. 모든 선택을 소비자에게 주는 것 보다는 오히려 '우리 피자집에서는 이것부터 먹어봐야 합니다' 라는 의미의 숫자를 한 조각 위에 꽂아 놓는 편이 서로를 위하는 장치가 될 것이다.

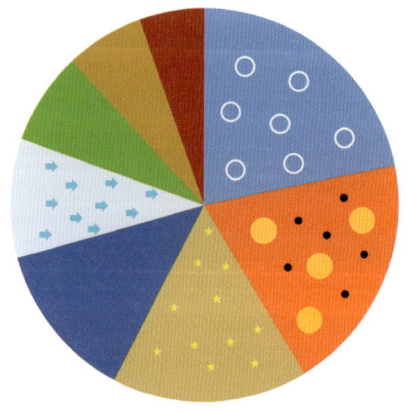

어떤 파이부터 먹으면 좋을까요?

많은 조각의 파이를 제시할 때는 우선순위에 따라 조각 한두 개를 추천하는 편이 더 낫다.

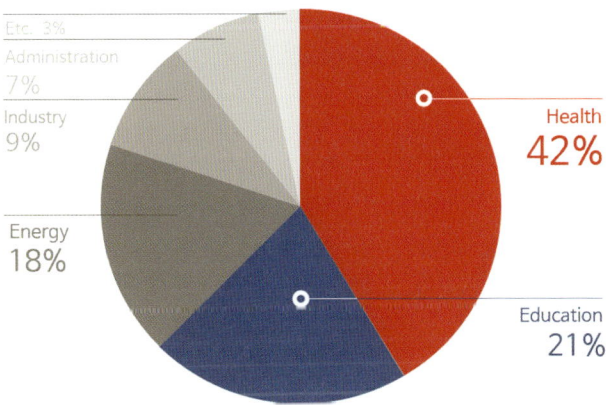

가장 이상적인 경우는 강조할 내용을 주/부로 나누어 2가지로 표시하고 나머지는 회색을 단계별로 적용하는 것이다.

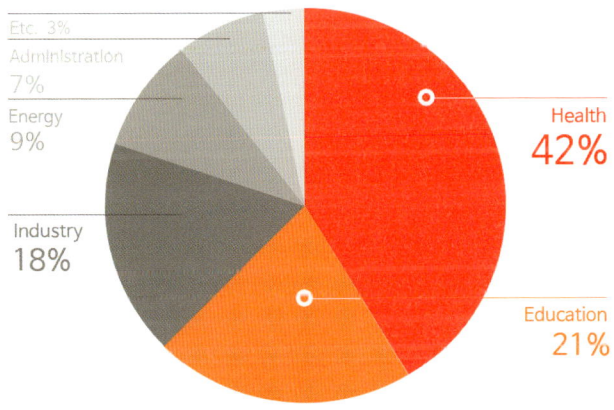

회사와 사업을 상징하는 컬러가 규정되어 있다면 차트에서도 일관되게 적용해야 한다.

※ 회자쓰 포스트(post.naver.com/wooseokjin)에서 예제 다운로드와 동영상, 실전 팁까지 저자들이 꼼꼼히 알려드립니다.

02 파이 차트 준비하기

말하려는 내용이 비중을 나타내는 것이라면 [삽입] - [차트] - [원형(파이)]을 선택해 기본형을 준비한다. 기본형은 서로의 항목 구분이 명확해지도록 각기 색상 차가 큰 컬러조합과 흰 윤곽선을 둘러 제공된다. 하지만 너무 많은 색으로 구분되어 있어서 이해도를 떨어뜨린다. 우선 파이 전체에 둘러있는 윤곽선을 없앤 후 앞에서 말한 원칙들을 적용해 본다.

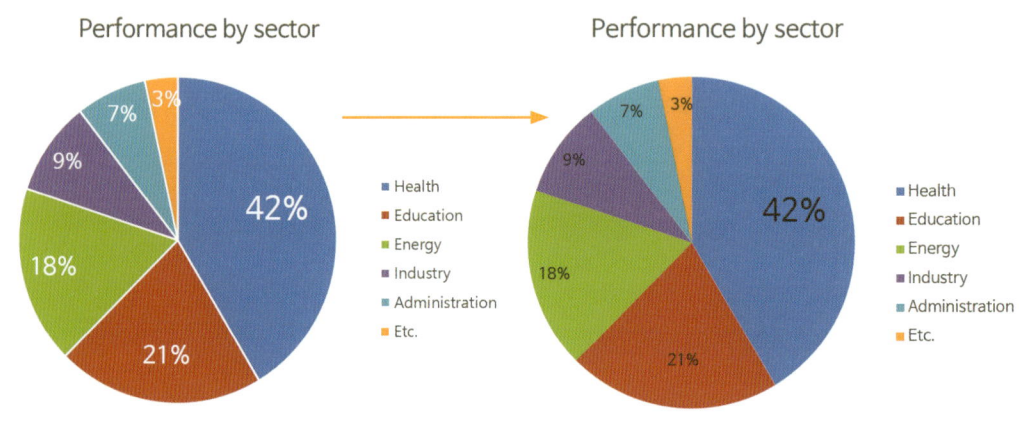

Infographic TIP 윤곽선도 하나의 요소이므로 정보가 컬러로 구분된 상태에서 선 구분을 추가하면 오히려 정보가 혼란스러워진다.

중요하게 전달하고자 하는 정보에는 강조색과 보조색을 적용하고 그 외에는 회색을 단계별로 적용해서 시선이 흘러가는 순서를 정한다. 이때는 그레이스케일 단계가 눈으로 구분될 정도면 된다.

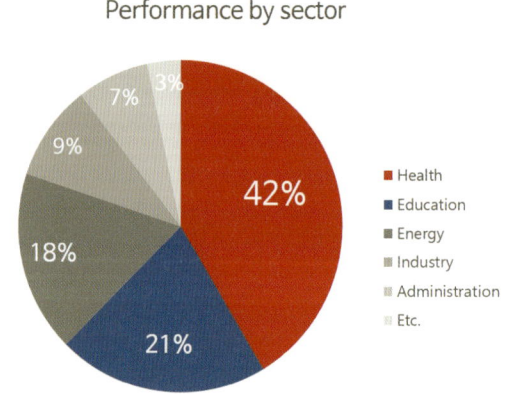 

03 개체로 분해한 후 정보와 범례 통합하기

범례를 자유롭게 병합하고 배치하기 위해서는 차트 형식을 버리고 도형으로 분해해야 한다. 차트 전체를 선택한 후 [잘라 내기] - [붙여 넣기] - [선택하여 붙여넣기] - [확장 메타파일]로 붙여넣은 후 [그룹 해제]를 두 번 적용하여 도형으로 만든다. 차트일 때는 범례와 정보를 함께 표기하기가 쉽지 않았지만 분해되고 나면 모든 요소가 내 맘대로 조절되니 번거로움을 감수할 만하다.

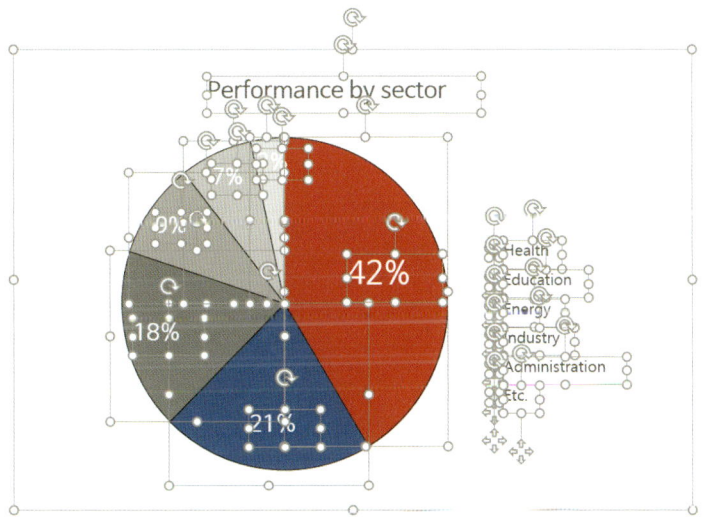

범례를 별도로 표기할 경우 보는 사람의 시선이 흐트러지거나 흐름을 놓쳐 차트의 의도와 내용을 제대로 파악할 수 없다. 가장 간단한 방법은 항목과 숫자를 합하는 것인데 숫자가 주인공이니 숫자를 상대적으로 크게 히여 규정을 민든 후 나머지 항목들노 일관뇌게 적용한다. 항목과 숫자는 가운데 정렬보다 왼쪽 정렬을 하는 편이 훨씬 정돈되어 보인다.

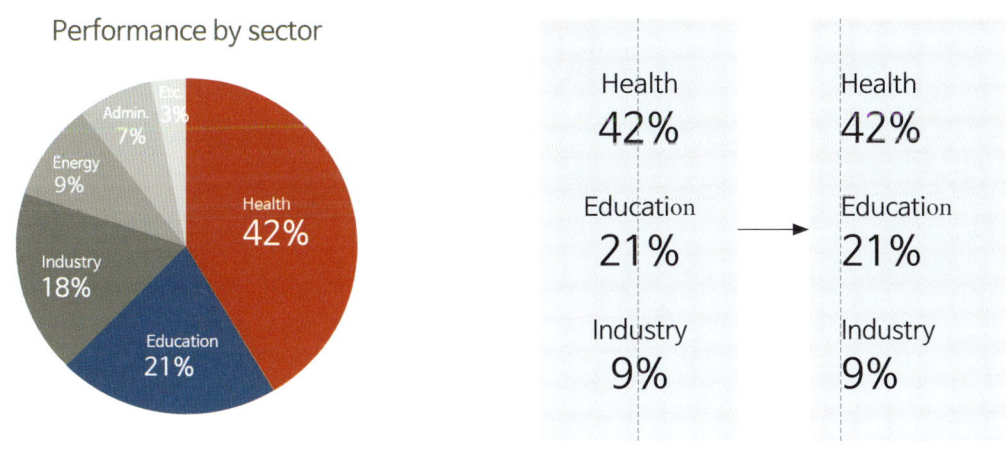

04 내용이 많은 경우 범례 만들기

표기할 내용이 많다면 선을 사용해 바깥으로 내용을 빼낸다. 범례를 따로 사용하지 않기 때문에 파이 도형과 숫자, 항목 등이 하나의 묶음으로 보여야 하는데 선, 숫자 등 모든 표기의 컬러를 통일하면 해결된다. 아래 그림처럼 기준선을 정해 정렬하면 훨씬 깔끔해지는데 여러 항목이므로 [정렬] - [개체 위치] - [맞춤] - [왼쪽 맞춤] 등을 적용하면 된다.

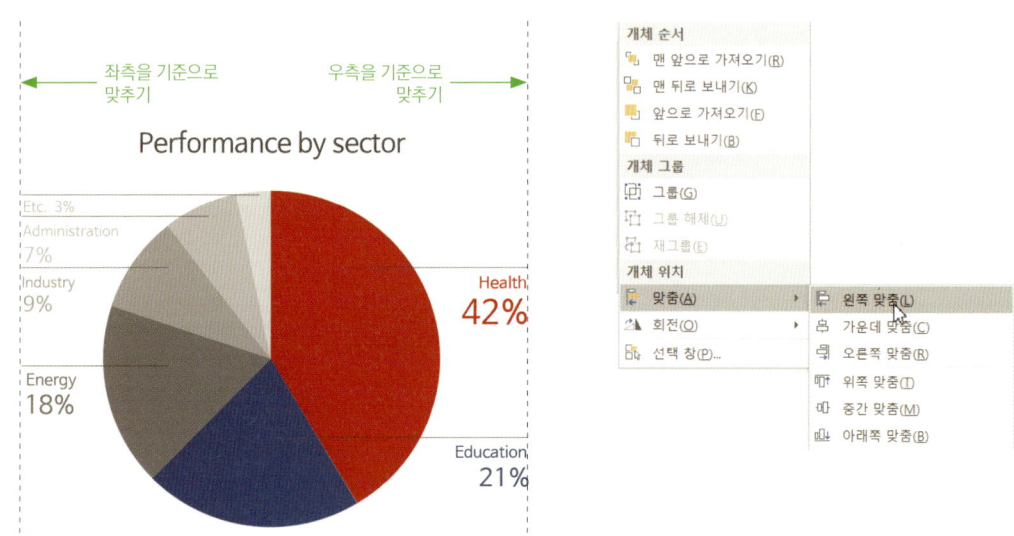

05 기업 컬러 적용하는 3가지 방법

우리 회사의 컬러를 적용하고 싶다면 홈페이지에서 기업 컬러규정을 찾아본다. 보통 회사소개나 홍보의 'CI 소개', '브랜드', '심벌마크' 등의 메뉴에 로고와 컬러규정이 있다. 화면 색상을 만드는 RGB 값이 표기되어 있다면 [도형 채우기] - [다른 채우기 색] - [사용자 지정]에 직접 입력한다.

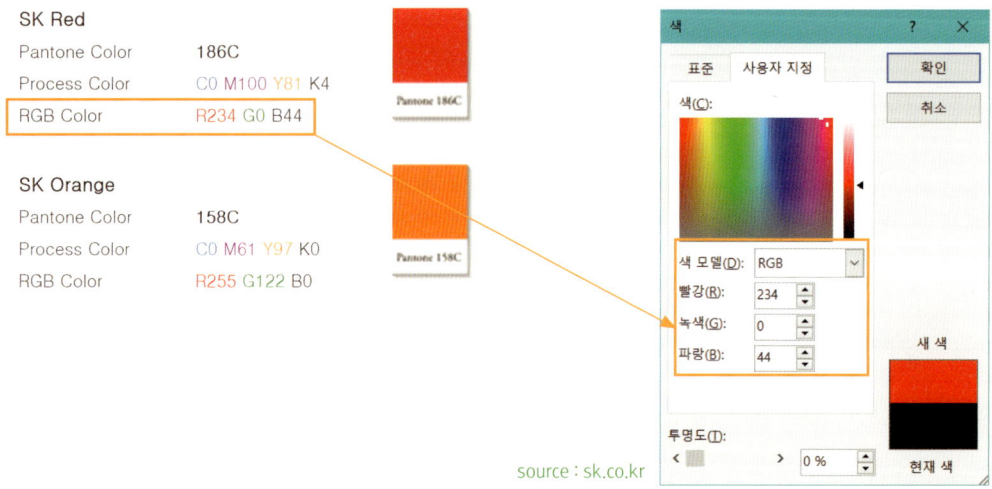

source : sk.co.kr

윈도우 기본 프로그램인 '그림판'도 스포이트 기능을 지원한다. 해당하는 사진이나 로고의 컬러 RGB 값을 추출하여 파워포인트에 입력하면 된다. 파워포인트 버전이 2013 이상이라면 가장 쉬운 방법은 [도형 채우기] - [스포이트]로 컬러를 추출하는 것이다. 도형에 바로 적용이 되는 것은 물론, 최근 사용한 색 목록에 추가되기 때문에 이후에도 계속 쉽게 사용할 수 있다.

그림판을 사용할 때

파워포인트의 스포이트 기능

컬러를 적용하고 범례와 값의 위치를 좀 더 정확히 하기 위하여 포인트 원을 넣어 완성한다. 좋은 차트와 나쁜 차트의 차이는 완성된 차트가 무슨 말을 하고 싶은지 다시 확인해 보면 그 수준을 판단할 수 있다.

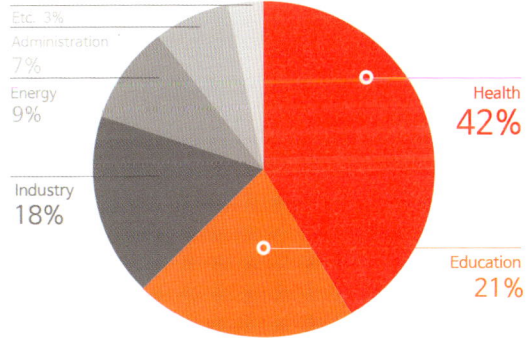

font : 나눔바른고딕

파워포인트에서 간단하게 해결하는
도형으로 만드는 파이 차트

데이터가 있다면 차트를 만드는 데 문제가 없지만, 이미지로 되어 있거나 이미 분해된 차트라면 골치가 아프다. 이런 경우에는 차트를 도형으로 따라 그리는 방법을 알면 부담을 덜 수 있다. 굳이 차트에 나와 있는 값을 스프레드시트에 일일이 넣지 않아도 되는, 도형으로 간단하게 그리는 파이 차트 방법을 알아보자.

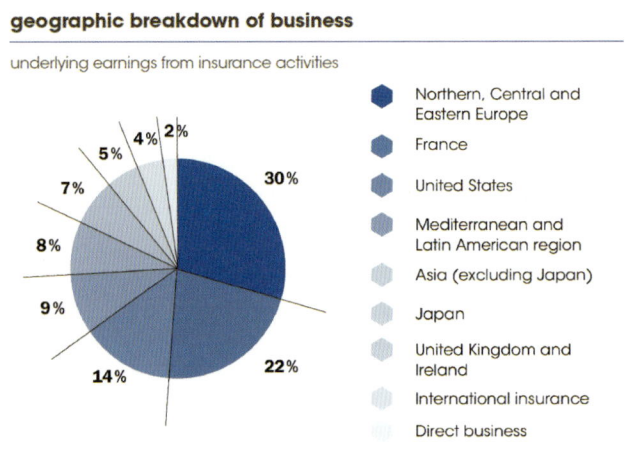

점차 어두워지거나 밝아지는 파이 차트는 수작업으로 작성하는 편이 낫다.
source : AXA AR 2014

파이 차트를 쉽게 그리고 값을 바꿀 수 있는 도구는 부분 원형이라는 도형인데 [도형] - [기본 도형] - [부분 원형]을 선택하면 된다. 양쪽의 조절점을 움직여 자유롭게 원하는 크기의 파이를 그려낼 수 있는데 정원을 그린 후 그 위에 같은 크기로 부분 원형을 그린 후 조절점을 움직여서 값을 정하면 된다. 제시할 값이 3개라면 하나 더 복사하여 중앙에 맞춰 배치한 후 조절점을 움직여서 원하는 값 위치에 놓고 수치를 입력하면 완성된다.

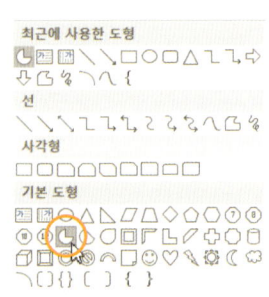
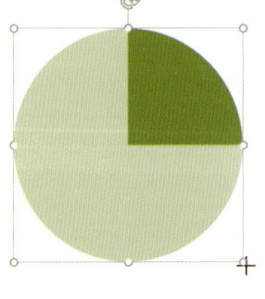
정원 위에 부분 원형을 겹치고
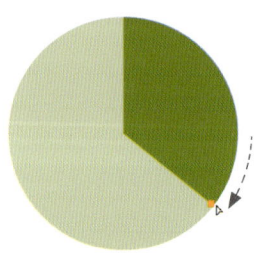
조절점을 움직여서 비중 표현

값이 작아질수록 밝아지거나 반대로 어두워지는 효과는 어떻게 하면 쉽게 표현할 수 있을까? 한두 개는 괜찮지만 7~8개의 단계라면 일일이 색을 밝게 만들 수는 없다. 각각의 파이가 경계선끼리 맞닿아 있는 것이 아니라 계속해서 겹쳐 있다면 투명도를 이용해 '점점 밝게'의 효과를 만들 수 있다. 나뉘는 개수에 따라 다르겠지만 100%에 가까울수록 밑바탕의 컬러가 훨씬 더 투영되므로 7~8개 파이의 경우 80% 정도의 흰색을 지정하여 계속 겹치면 될 것이다.

 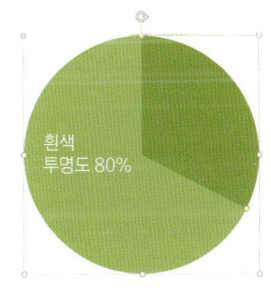 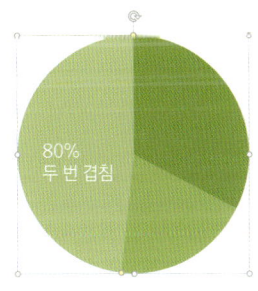

반복해서 겹치게 되면 결국 최종적으로 점차 흰색에 가까워질 것이고, 반대로 흰색을 모두 검은색으로 바꾸면 겹칠수록 검은 색에 가깝게 점점 어두워질 것이다. 하나 더 나아가 원의 중심이 일지하노녹 바탕과 같은 색을 적용한 원을 그리면 도넛 차트도 쉽게 만들 수 있다.

05 파이 변형 도넛 차트
2개의 파이 차트를 직관적으로 비교하는

프레젠테이션 슬라이드에 내용이 많아서 골치 아픈데 파이 차트까지 집어넣어야 하는 상황이라면 어떻게 해야 할까? 정보를 담아야 할 공간이 좁은 상태에서는 파이 차트를 도넛 차트로 변경하면 활용도가 높아진다. 파이 차트가 면적만으로 되어 있다면 좀 더 가벼운 라인 형태로 변형하여 활용하는 것이 바로 도넛 차트이기 때문이다. 도넛 중심에 뚫린 공간을 활용할 수 있고 복잡한 정보 제시가 가능하다는 장점도 지닌다. 파워포인트와 엑셀에서 제공하는 기본형 도넛 차트를 활용해도 좋지만, 기존 파이 차트를 목적에 맞게 변형하여 사용하는 것이 더 매력적이다.

01 파이 차트를 굳이 도넛으로 만드는 이유

피자와 도넛을 먹을 때의 차이는 무엇일까? 피자는 면적을 먹고 도넛은 띠를 먹는다는 것. 가운데 구멍을 뚫었을 뿐인데 하나는 여전히 판이고 하나는 선으로 바뀐 것이다. 즉, 파이 차트는 면적으로 비중을 극대화하지만, 도넛은 사실상 합해서 100을 만드는 막대를 구부려서 원을 만든 것과 같다. 형태뿐만 아니라 쓰임새도 달라진다. 파이 중앙을 뚫어 전체 값을 넣거나 비교가 되는 다른 값을 강조하는 공간으로 활용하면 매력 만점의 차트가 완성된다.

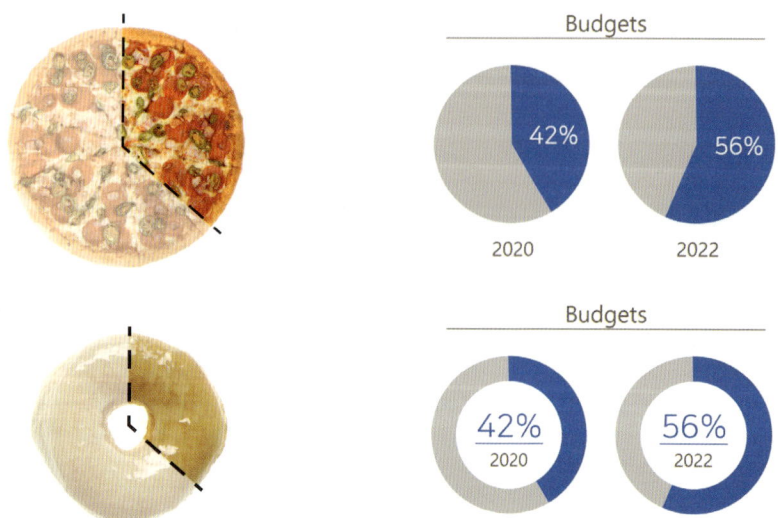

절대적으로 도넛 차트가 더 좋다라고 말할 수는 없지만 표시할 숫자가 많을 때 하나의 통합된 형태로 보여주는 데는 분명한 장점이 있다.

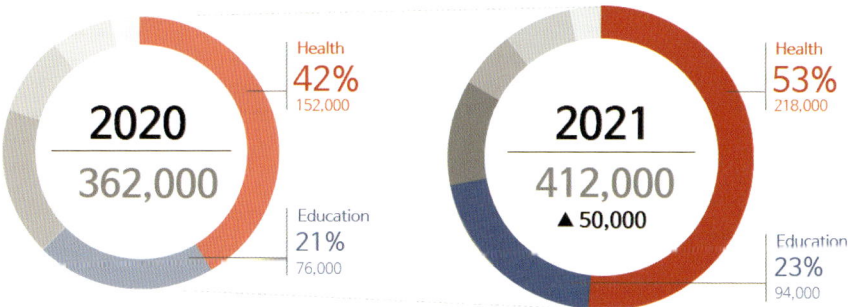

파이 차트 중앙에 원을 만들고 전체 값과 구분 값을 넣으면 핵심을 잘 드러낼 수 있다.

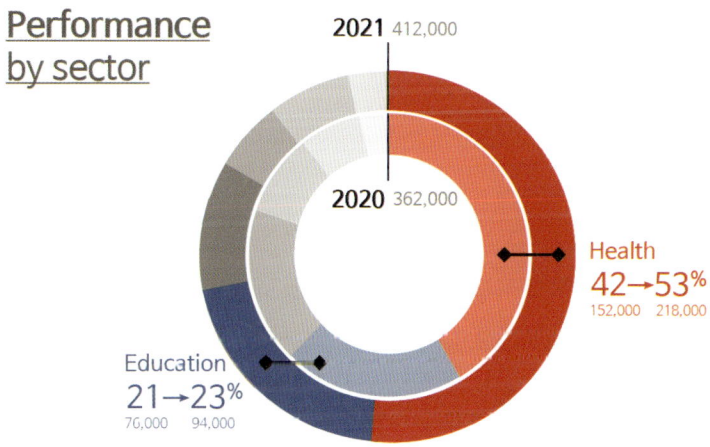

두 개의 값 차이를 확실하게 비교해주고 싶다면 파이 속 파이로 보여주자. 도넛을 밀착시킬수록 값의 비교 효과는 강화된다.

※ 회자쓰 포스트(post.naver.com/wooseokjin)에서 예제 다운로드와 동영상, 실전 팁까지 저자들이 꼼꼼히 알려드립니다.

02 준비된 파이 차트를 도넛으로

처음부터 도넛 차트를 작성하기로 했다면 다른 차트를 만들 때와 마찬가지로 [삽입] - [차트] - [원형] - [도넛형] 순으로 적용하면 된다.

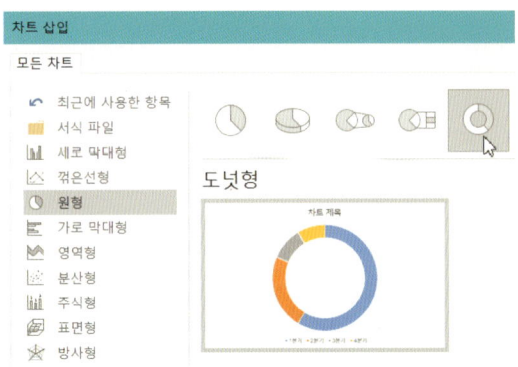

하지만 이미 제작해 놓은 파이 차트가 있는데 전체를 합하여 말하거나 두 개의 구분자에 의한 비교를 해야 하는 등의 특별한 요구가 생겼다면 도넛 차트로 변경하는 것이 좋다. 파이 차트 중심에서 시작하는 정원을 적당한 두께가 남을 때까지 그린 후 바탕색과 같은 색으로 채워준다.

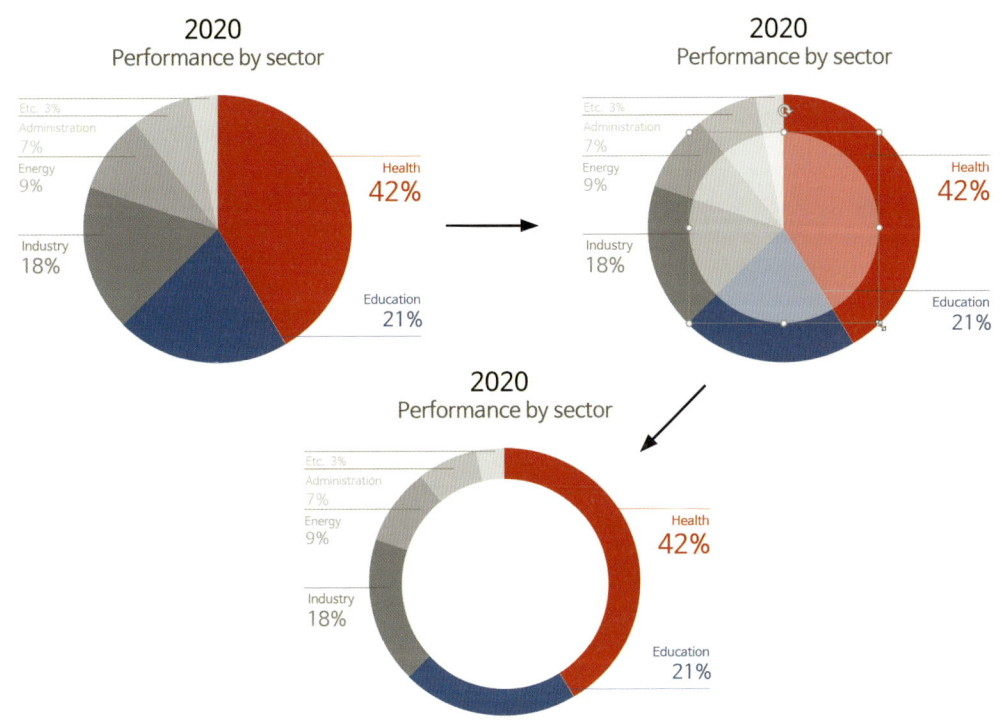

Infographic TIP

차트의 중심에 맞춰 원을 그리고 싶다면 원을 그릴 때 중심을 클릭하고 바깥으로 잡아당기면서 Ctrl + Shift를 누른다. Ctrl은 중심에서 시작하겠다는, Shift는 정원을 그리겠다는 의미로, 다른 도형을 그릴 때도 마찬가지로 적용된다.

03 도넛 차트에 데이터 추가하기

도넛 차트의 장점은 중앙에 만들어진 공간을 활용해서 전체 값을 넣을 수 있다는 것이다. 다만 항상 잊어서는 안 될 것은, 어떤 값이 들어가든 무엇이 더 중요하고 더 먼저 보여야 할 값인가를 정확히 파악하여 제대로 표시해 주어야 한다는 것이다.

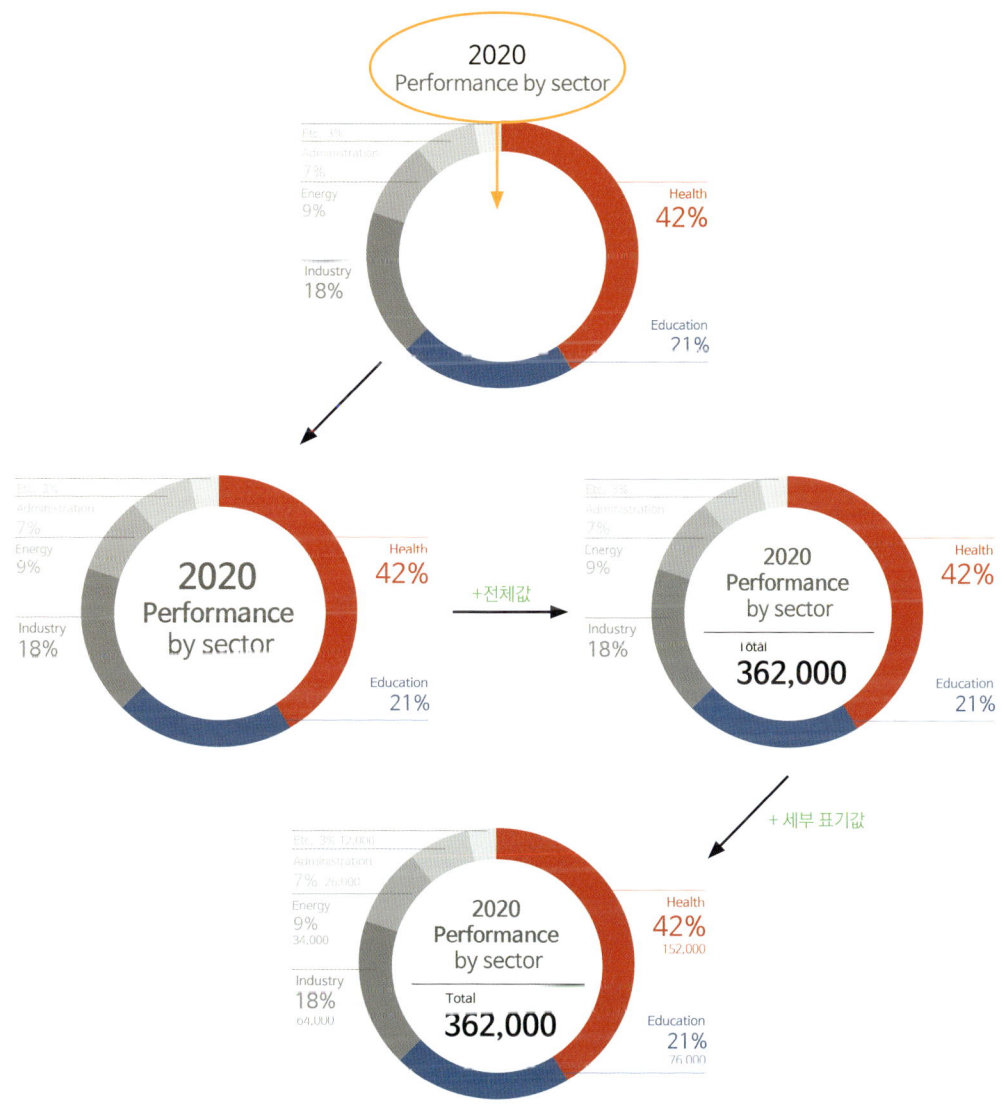

Infographic TIP

차트를 클릭 몇 번으로 쉽게 만들고 싶다는 생각은 좋은 차트를 만들겠다는 의지가 없는 것과 마찬가지다. 몇 번이 되었든지 수정하고 또 수정해서 가장 좋은 차트가 완성되도록 크기, 위치, 값, 중요도, 강약 등을 지속적으로 수정해 나가야 한다. 전달자(제안자)가 에너지를 많이 써야 수용자(청중)가 에너지를 덜 쓰게 됨을 잊지 말자.

04 두 개의 파이 차트로 비교하기

흔히 상황이나 결과를 제시하기 위해 2개 연도의 성과를 비교할 때가 있다. 비교 대상이 되는 해당 연도에서 각 부문의 비중도 보여주면서 2개 연도에 걸친 변화도 보여주고 싶다면 가장 기본적인 방법은 두 개의 파이 차트를 만들어서 제시하는 것이다. 하지만 한 눈에 확실하게 비교되지 않는 아쉬움이 생긴다.

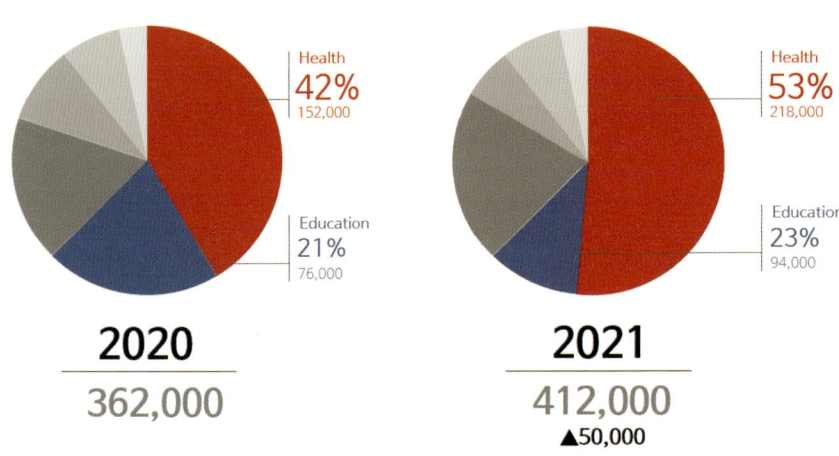

이때는 한쪽을 강조하는 방법을 사용할 수도 있다. 중요한 2021년은 두고 상대적 값인 2020을 약화하는 방법인데 차트 위에 흰색의 사각형을 그린 후 [도형 채우기] - [다른 채우기 색]에서 투명도를 50~60% 정도로 설정하면 강한 비교 효과를 만들어 낼 수 있다.

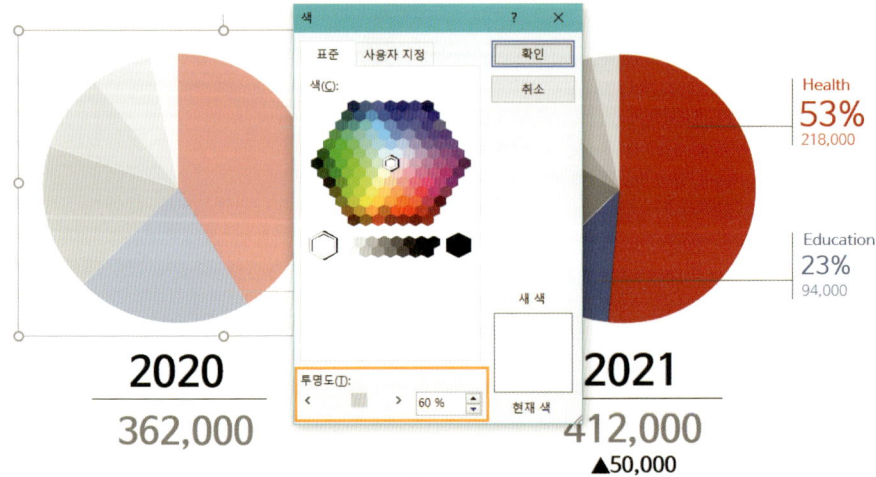

05 두 개의 도넛 차트로 비교하기

현재의 결과물을 보면 파이 차트가 중심을 잘 잡고는 있지만, 연도, 총금액, 상승치, 부문별 수치가 모두 차트 바깥으로 배치되어 있어 각 연도마다 그룹이 잘 되어 있지 않은 상태인 것을 확인할 수 있다. 두 개의 큰 덩어리로 잘 보일 수 있게 하려면 파이 차트를 도넛 차트로 변경하고 기존의 파이 차트 위에 원을 그리고 총금액을 파이 중앙에 배치하면 된다.

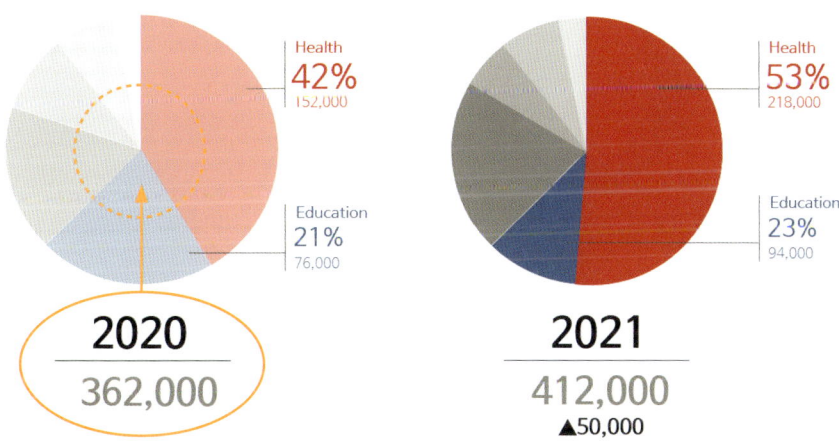

서로 다른 총금액의 크기 차이도 보여주기 위해 파이 차트 원의 크기를 조정한다. 그 결과 전체 원의 크기로 총합의 크기 비교를 한 후 각 부문 값의 비교를 알 수 있어서 매력적인 파이 차트가 완성된다.

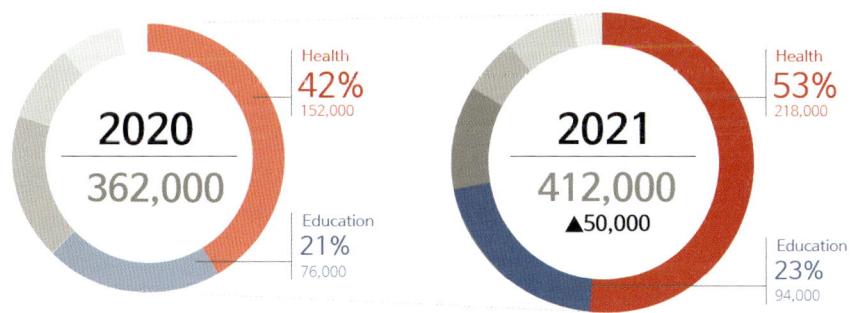

06 부분의 변화를 확실하게 알리는 파이 속의 파이

비교하는 값들은 그 거리가 가까울수록 값의 차를 가늠하기 좋아진다. 만들어진 두 개의 도넛 차트를 합하되 총합의 크기가 작은 원을 안에 포함시키거나 현재 값, 즉 중요한 값을 바깥쪽으로 배치하는 면이 정보를 파악할 때 도움이 된다. 파이 속 파이는 고민 없이 정보를 직관적으로 파악하게 만드는 훌륭한 안내자 역할을 한다.

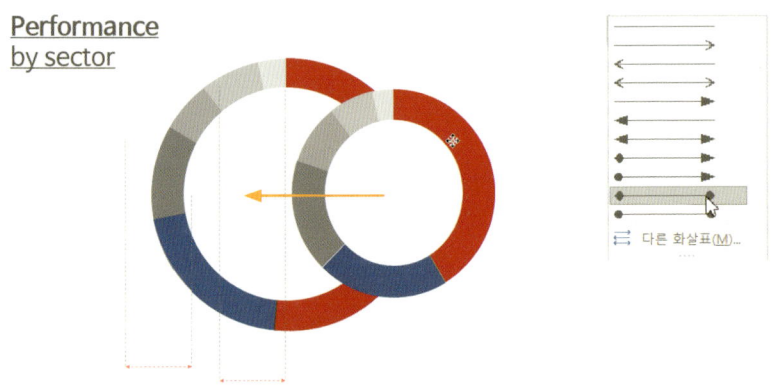

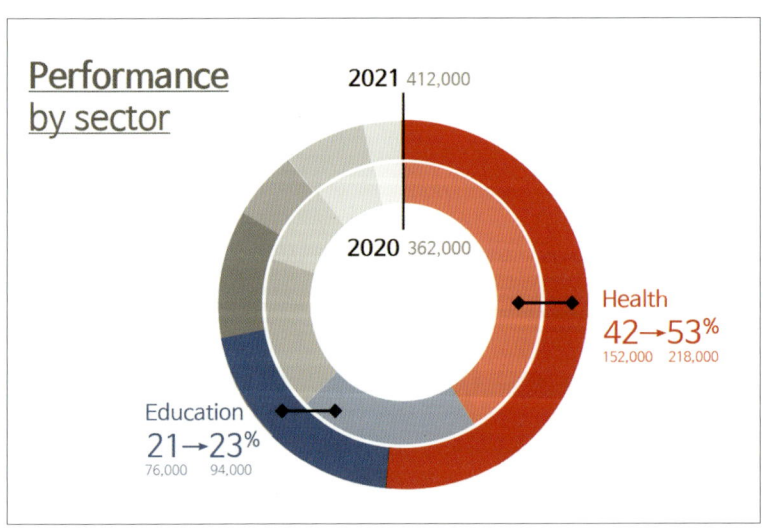

Infographic TIP 두 개의 값을 연결하는 선은 [도형 윤곽선] - [화살표]에서 끝이 마름모꼴을 선택했다. 무게감이 있어야 할 데이터 값이라면 원 보다는 마름모가 더 잘 어울린다.

07 동심원을 활용한 인포그래픽

원은 파이 형태로 자를 수 있고 동심원, 즉 나이테 형태로 자를 수 있어 여러 가지 정보 카테고리를 담을 수 있다. 시계도 그중 하나로 큰 바늘의 궤도와 작은 바늘의 궤도를 합해 놓은 것이다. 작은 화면 안에서 많은 정보를 제공해야 하는 앱의 경우 이러한 성질을 복합적으로 잘 활용하는 예가 많다.

 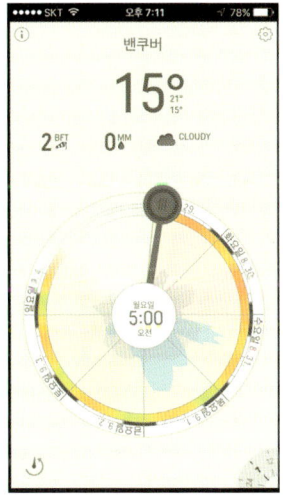

전 세계의 날씨를 보여주는 Partly Cloudy 앱은 파이 형태로 나눠 날짜, 시간 구분을 보여준다. 또한, 동심원 형태로 나눠 안에서부터 현재 시각, 풍향, 강우량, 온도, 시간을 보여주고 있다. 두 가지의 분할을 조합하면 다양한 경우의 수를 담아낼 수 있게 된다.

app : Partly Cloudy

계열과 범주를 가진 누적 막대 차트를 [차트 도구] – [디자인]에서 [차트 종류 변경]으로 도넛 차트로 변경하면 동심원으로 이루어진 차트도 만들어 낼 수 있다. 다양한 형태를 시도하다 보면 생각지 않던 패턴이 발견되기도 한다.

source : visual.neography.com

06 강약 대비 꺾은 선형 차트
핵심과 추이가 모두 뚜렷해지는

막대나 원, 아이콘 등을 동원하지 않는 선형 차트는 막대와 파이에 비해 힘이 약하다. 복잡한 추이와 값을 표현해야 하므로 시선을 끌거나 강한 인상을 남기는 것이 어렵고 많은 정보를 시각화하는 것도 쉬운 문제가 아니기 때문이다. 하지만 강약 대비를 제대로 적용할 수만 있다면 꺾은 선형 차트는 보는 사람들에게 흥미를 유발할 수 있다. 특히 주어진 시간이라는 타임라인 위에 주연과 조연이 적절히 다양하게 제시된다면 반전과 전환의 시점이 주는 영감은 많은 이야깃거리를 만들어 낼 수 있다.

01 데이터가 있을 때 vs. 차트 이미지만 있을 때

복잡한 내용이라도 차트를 만들 수 있는 데이터가 있을 때는 크게 걱정할 필요가 없다. 핵심 데이터를 결정한 후 어떤 말을 하고 싶은가에 따라 주인공을 설정하고 강조하면 된다. 하지만 데이터 없이 차트를 만들어야 하는 경우는 골치가 아프다. 예를 들어 화면 캡처된 차트와 인터넷 그래픽 뉴스에 올라온 차트는 이미지로 되어 있어서 데이터를 수정할 수가 없다. 만약 이 자료를 수정해서 발표해야 한다면 그림 위에서 차트를 따라 그린 후 주인공을 찾아 강약을 적용해야 한다. 그리는 작업은 조금 힘들지만, 오히려 핵심만 뽑아서 정리할 수 있는 장점도 지닌다.

"차트 속 주인공은 누구입니까?"

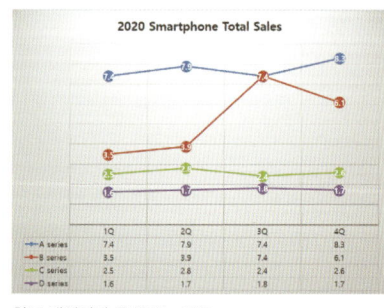

차트 데이터가 존재하는 경우

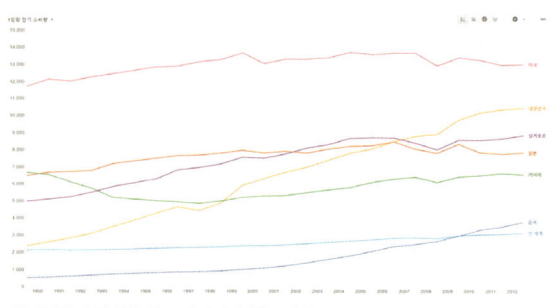

인터넷에서 캡처한 차트 이미지만 있는 경우

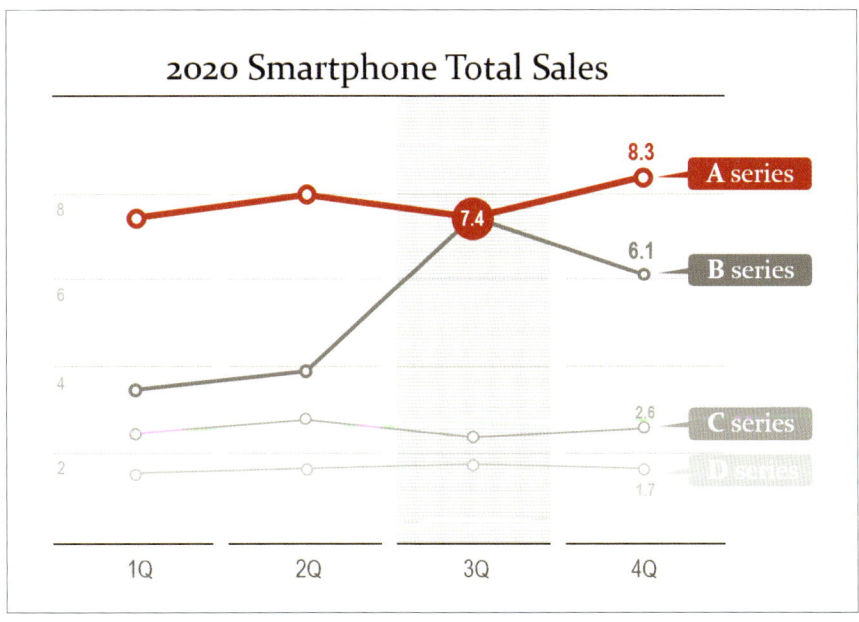

꺾은선 그래프를 통해 제시해야 할 것은 추이의 경향뿐만 아니라 상황 전환의 시점, 계기, 원인 등이다. 그래야 더 흥미롭다.

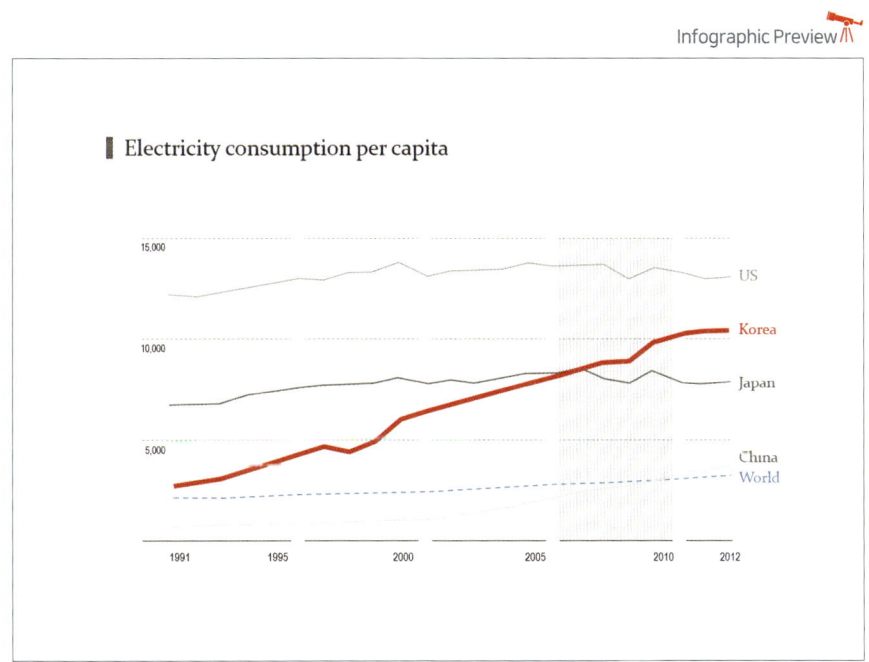

차트가 이미지라면 따라 그려야 한다. 중요한 차트라면 이 정도 수고는 감수하자. 그만한 보상은 충분히 되돌아온다.

※ 회자쓰 포스트(post.naver.com/wooseokjin)에서 예제 다운로드와 동영상, 실전 팁까지 저자들이 꼼꼼히 알려드립니다.

02 데이터가 있다면 기본 꺾은선형 차트에서 시작하기

꺾은선형 차트는 세로형 막대 차트의 꼭짓점을 선으로 그어 나타낸 것이다. 즉 각각의 값을 강조하기보다는 전체적 흐름을 보여주겠다는 의도가 담긴 차트인데 흔히 복잡한 요소를 정리하지 않아 흐름을 파악하기 어렵게 만드는 실수를 하게 된다. 그러므로 기본으로 제공되는 차트에서 시작해 각자의 목적에 맞는 단계까지 전개해 봐야 한다. 우선 기본 차트에서 정리할 요소를 찾아낸다.

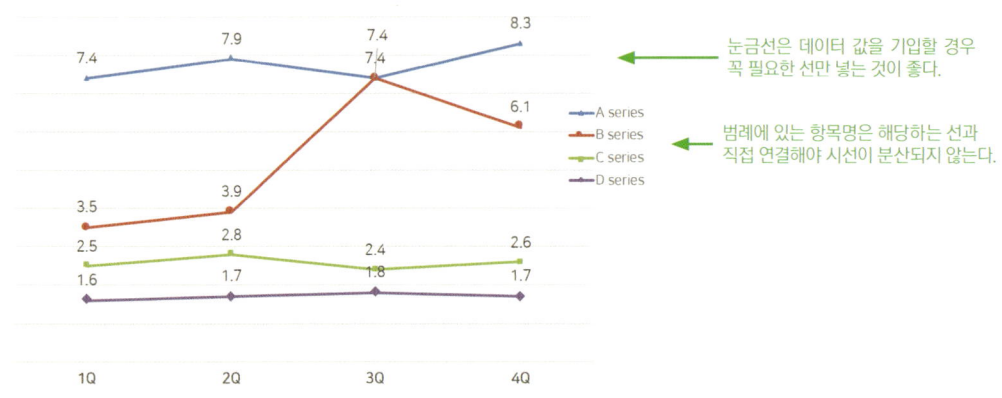

03 확장 메타 파일로 변환 후 요소 최소화하기

차트는 복사한 후 [붙여넣기] - [선택하여 붙여넣기] - [그림-확장 메타 파일]로 붙인 후 그룹해제를 두 번 하여 도형으로 변경한 후 반드시 꼭 필요한 요소만 남긴다. 눈금선은 값의 의미를 나누는 최소의 기준선을 남기면 되므로 5만 남겨도 충분하고 범례는 추이선과 직접 연결한 후 같은 컬러를 적용한다. 제목과 항목은 주목성이 좋은 세리프체(명조 계열)로 해도 무방하지만, 데이터 레이블은 일반적으로 산세리프체(고딕 계열)가 무난하다. *차트를 분해하여 도형으로 만드는 방법은 29~30쪽을 참조.

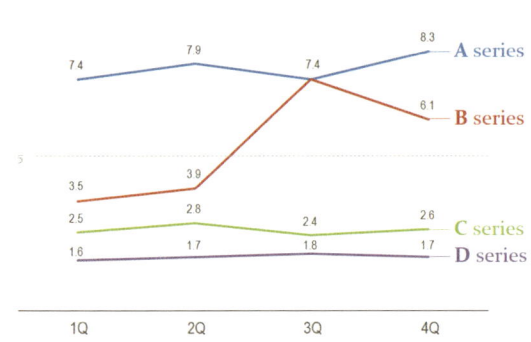

Infographic TIP 인포그래픽에서 가장 기본적으로 사용하는 폰트는 고딕류 서체여야 한다. 특히 범례, 숫자, 항목 등은 분명하고 잘 읽히는 폰트를 사용한다. 오히려 제목은 메시지의 내용에 따라 다양한 폰트의 사용이 가능하다.

04 각 추이 선을 중심으로 그룹하기

추이 선과 항목, 데이터 레이블, 하다못해 사소한 선까지도 덩어리로 보일 수 있게 묶어주어야 정보가 분산되지 않고 흐름이 잘 파악된다. 그룹화의 가장 좋은 강력한 방법은 컬러를 통일하는 것이다. 각각의 값 중에서 더 중요하다고 생각되는 값은 크기를 키우고 굵게 지정한 후 각 항목에 상징 컬러(기업, 브랜드 등)가 있다면 연상이 쉽도록 해당 컬러를 적용하면 더욱 좋다. *컬러 선정에 대한 자세한 사항은 188~189쪽을 참조.

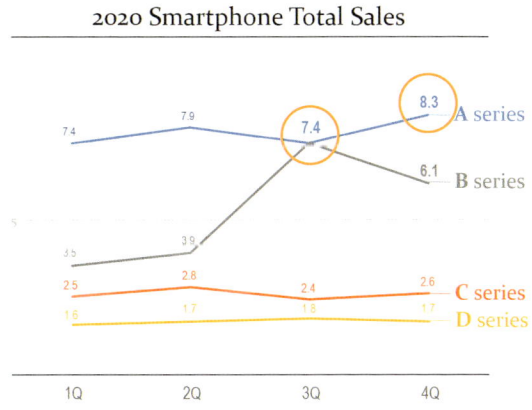

모든 포인트에 데이터 라벨링이 되어 있으면 지나치게 복잡해지고 보는 이로 하여금 부담을 느끼게 한다. 꼭 남겨둬야 하는 주요 값만 남기고 눈금선을 좀 더 촘촘하게 해 줌으로써 생략한 값에 대해 가늠할 수 있게 한다. 눈금선이 촘촘하면 바탕의 선이 많아지므로 추이선은 더 굵게 지정한다. 분기별 구분 선은 흰색 윤곽선을 적용해 구분한다.

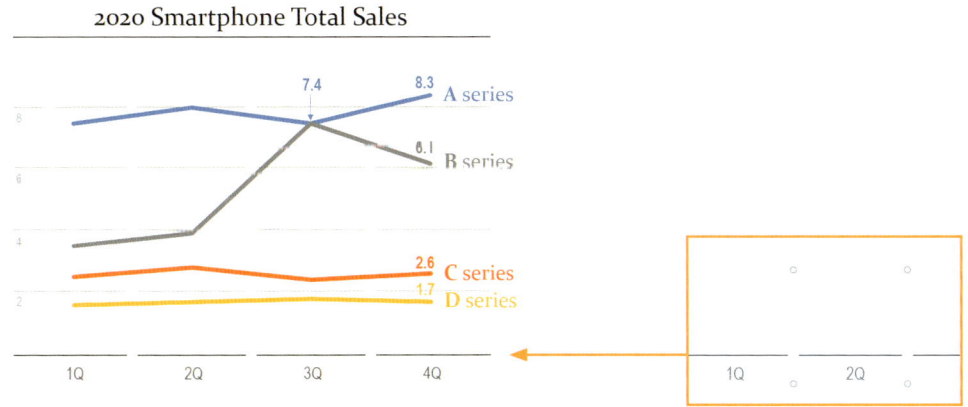

05 도형으로 값과 항목 강화하기

라벨링 값이 없더라도 각 지점이 중요하다는 것을 보이려면 독립적 요소를 넣어주면 된다. 강조 값을 더 강조해 주기 위해서는 면적을 채우고 글씨를 흰색으로 적용하는 방법을 쓴다. 항목 이름은 선과 연장되는 도형 형태로 만들면 추이선과 더 강하게 연결되어 보인다. 항목을 담는 도형은 파워포인트의 도형 말풍선을 이용하는 것 보다 두 개의 도형을 겹쳐 만드는 편이 활용하기 더 좋다.

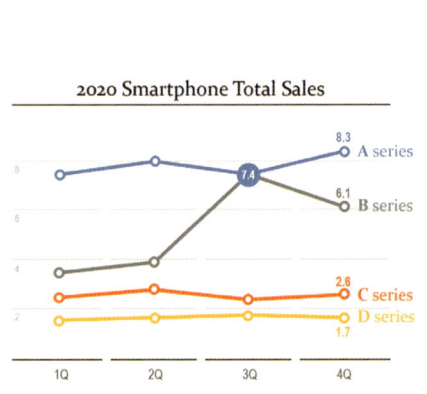
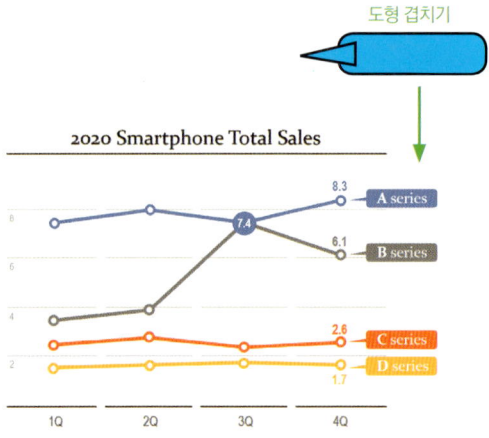

도형 겹치기

06 주인공 있는 꺾은선형 차트

뉴스 그래픽이나 공공 데이터 시각화가 아니라면 주인공은 언제나 우리 회사, 우리 부문, 우리 브랜드일 것이다. 또한 경쟁사, 또는 경쟁 제품과 비교하는 차트라면 우리가 주인공으로 두드러져야 하는 것이 바람직한 시각화이다. 강조할 것을 더욱 강화하는 전략도 좋은 방법이지만 주인공 이외의 것을 더 약화하는 방법이 오히려 더 세련된 방법이다. 주인공을 빼고는 모두 검정, 또는 회색으로 처리하는 것만으로도 효과를 볼 수 있다.

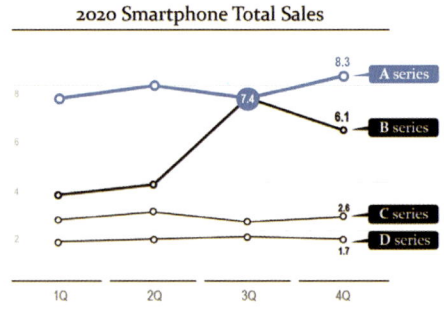
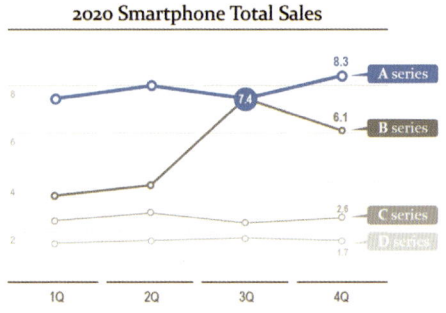

최종 결과물에서는 주요 반전이나 교차, 전환점이 되는 분기와 시점을 표시한다. 실제 발표를 한다고 가정했을 때 이야기할 정책, 변화 요인, 트렌드 등이 있다면 차트에도 표시하자. 단순한 데이터 시각화를 넘어 스토리가 더해진 차트로 격상될 수 있다.

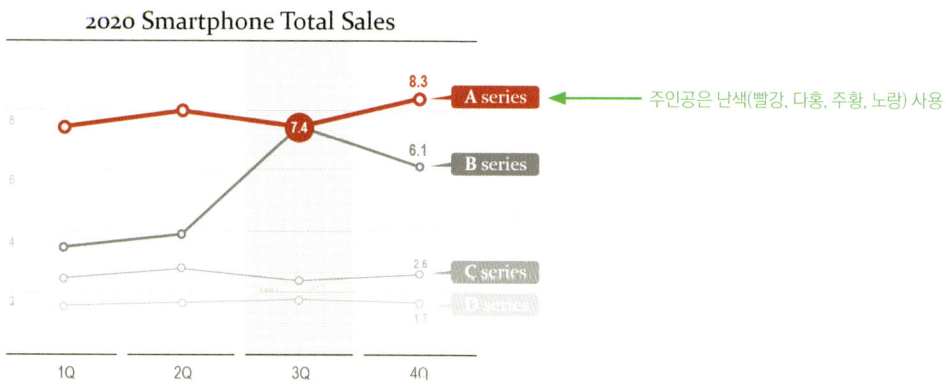

07 차트 이미지만 있다면 따라 그리기로

데이터는 없고 그림 파일 상태의 차트만 있다면 어떻게 할까? 따라 그린다는 것이 언뜻 엄두가 나지 않을 수도 있지만, 그리는 방법만 알면 어렵지 않다. 파워포인트에서 자유롭게 선을 그리는 방법은 [도형] - [자유형]을 이용하는 것이다. [자유형]은 클릭으로 직선을, 마우스 버튼을 누른 채 끌면 자유 곡선을 그릴 수 있는데 차트 따라 그리기는 클릭만을 이용한다. 모든 선을 그린 후 Esc를 누르거나 더블 클릭하면 마무리된다.

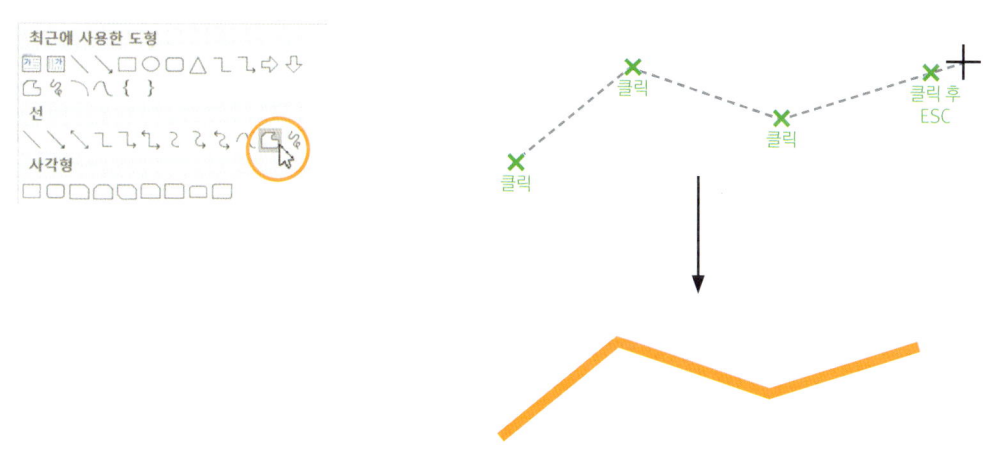

Infographic TIP
자유형 도형으로 드래그하면 자유곡선 도형으로 그린 것 처럼 곡선이 만들어지므로 주의하자.
[클릭] - [이동] - [클릭]을 반복한다고 생각하고 작업하면 된다.

먼저 슬라이드에 자료를 놓고 실제 사용할 크기와 위치를 잡는다. 그래야 선의 두께, 간격, 글자의 크기 등을 다시 손보지 않고 바로 사용할 수 있다. 따라 그리기 작업을 할 때는 화면을 적절히 확대해서 작업을 진행하면 된다.

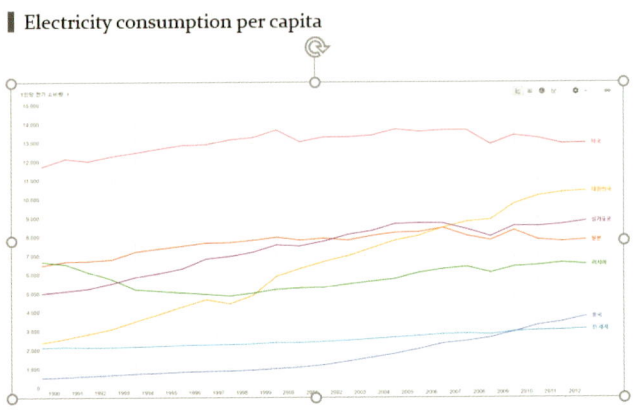

Infographic TIP 화면에서 확대할 대상을 선택하고 Ctrl을 누른 채 마우스를 스크롤하면 선택 대상을 중심으로 확대 또는 축소된다.

배경이 될 요소 즉, 축이나 기간, 눈금선 등을 먼저 만들어 놓는다. 똑같이 따라 그리는 것은 의미가 없으니 핵심 값을 주측으로 원하는 대로 그려 보자. 요소를 보면서 필요한 부분을 추출하고 기간의 간격 등도 조절한다. 예제에서는 5년 간격으로 묶고 눈금선도 5,000단위로 조절했다. 자료 이미지 위에 흰색 사각형(투명도 20~30% 설정)을 올려놓고 작업하면 자료와 내 작업이 잘 구분되어 편리하다. 화면을 확대해 꼼꼼히 의미 있는 값들을 클릭해 가며 선을 완성해간다.

 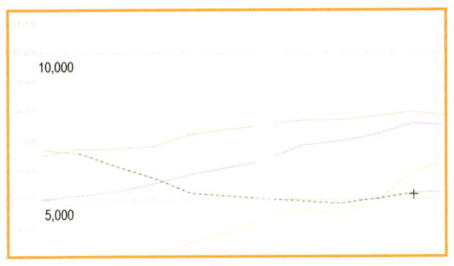

Infographic TIP 자유형으로 선을 그리다가 실수를 하여 다른 곳을 클릭했을 경우는 delete 버튼을 누르면 최근 만들어진 지점부터 순차적으로 삭제된다. 다시 클릭하면 직선이 만들어진다.

08 강약 조절하고 항목과 값을 통일하여 완성하기

자유형 도형을 이용해 선을 모두 그렸다면 필요/불필요한 부분을 계속 판단해 가며 완성하자. 만들어진 선 중에서 가장 중요한 값을 골라서 강조색을 적용하고 나머지는 회색 음영을 차례대로 적용하여 강약 조절을 해준다.

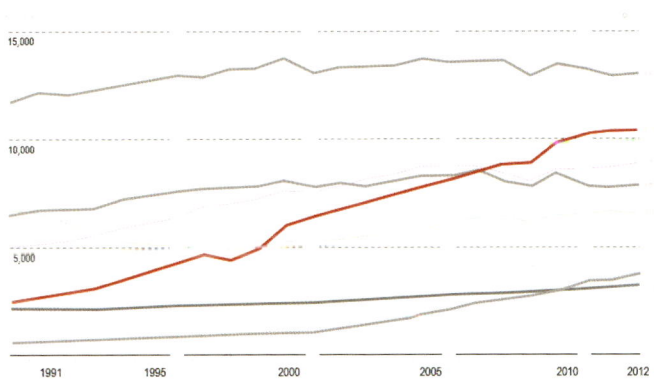

강조된 선이 컬러만으로는 약해 보인다면 두껍게 조절하자. 이제 전체적으로 확인해서 비교 대상의 중요도에 따라 그레이 스케일을 적용하고 평균이나 기준을 나타내는 데이터가 있다면 점선 등으로 구분을 지어준다. 앞에서 다룬 범례, 데이터 레이블 처리의 원칙을 적용한 뒤 원본 이미지만 지우면 완성된다. 차트를 따라 그리는 작업은 조금 힘들 수는 있지만, 오히려 차트를 자신이 의도한 대로 강약을 조절해가며 작성할 수 있으므로 차트를 완성하는 좋은 방법이 된다.

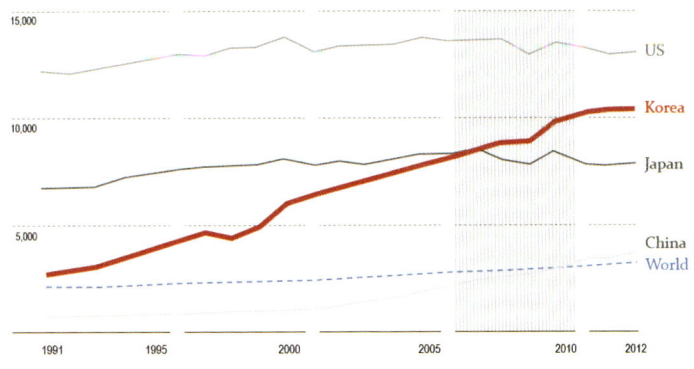

07 많은 항목을 더 직관적으로 비교하는
심벌 아이콘 병합 차트

딱딱한 막대차트는 매우 확실하고 선명한 값을 제시함과 동시에 상승과 하락의 변화 비교를 정확하게 제시한다. 데이터를 시각화하는 관점에서 보면 그 정도로도 충분한 가치가 있다고 하겠지만 간혹 그 이상의 것을 말하고 싶을 때는 직관적인 요소들을 도입할 필요가 있다. 예를 들어 에너지 사용량의 분기별 추이는 LED 전구 이미지를 사용하거나 배터리 이미지를 막대 그래프 대신 사용하거나 도서 판매량은 책 픽토그램을 쌓아서 표현하는 방법을 말한다. 여러 항목의 정보를 전달하고 싶을 때는 막대차트를 크게 바꾸지 않고도 해당 픽토그램과 아이콘을 붙이거나 연결하는 것 만으로도 효과를 볼 수 있다.

01 키워드로 아이콘 병합 차트의 힌트 얻기

아이콘(픽토그램, 클립아트, 이미지 등)을 결합하려면 해당 값을 상징하는 적절한 아이콘을 찾아야 한다. '모바일 - 휴대폰'처럼 별 고민 없이도 바로 연결할 수 있는 경우도 있지만, 추상적이거나 범주가 큰 경우는 고민이 될 수밖에 없다. 이때 뻔한 키워드보다 새로운 결과를 얻으려 한다면 해당 단어를 구글, 또는 이미지 제공 사이트에서 검색하여 사람들이 많이 연결하여 사용하는 상징 이미지에서 힌트를 얻으면 된다.

구글 검색은 영문으로 'energy'로 검색하는 것이 더 많은 결과를 얻을 수 있다. 주로 송전탑, 번개, 태양열축전판, 풍력발전, 전구, 플러그 등이 나온다. 구글 검색(이미지) 결과를 보고 말하고자 하는 차트에 걸맞은 키워드를 유추해도 좋다.

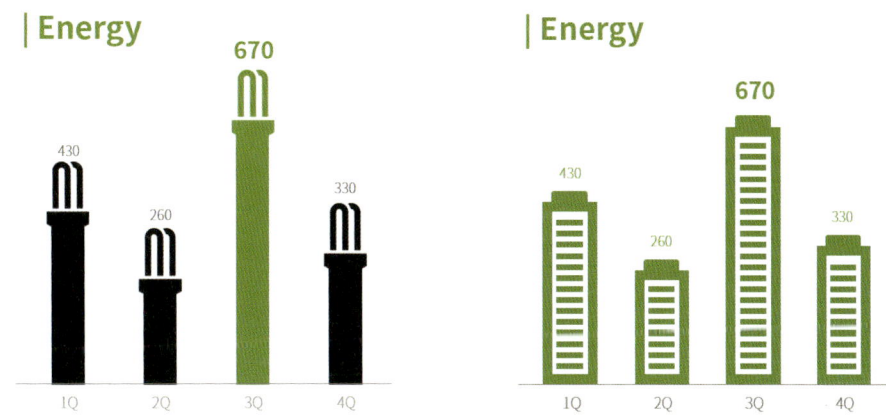

에너지를 상징하는 전구를 세우거나 건전지의 높이로 표현하면 값의 의미가 직관적으로 전달된다.

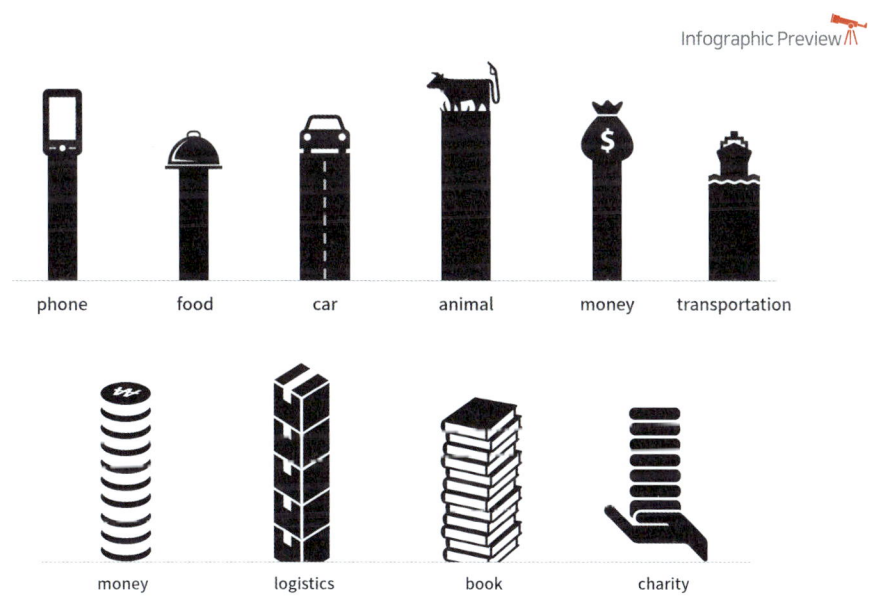

단순히 픽토그램을 붙이는 것보다 잇거나 쌓으면 더 재미있다. 쌓는 것이 자연스러운 대상을 찾아보자.

※ 회자쓰 포스트(post.naver.com/wooseokjin)에서 예제 다운로드와 동영상, 실전 팁까지 저자들이 꼼꼼히 알려드립니다.

02 픽토그램 사이트 thenounproject.com 활용하기

구글과 이미지 제공 사이트에서 키워드의 힌트를 얻었다면 우선 가장 간단히 작업할 수 있는 '막대에 연결하기'로 시작하자. 검은색 막대에 비례를 맞춰 연결만 하는 것이니 쉽게 적용할 수 있다. 인터넷 주소창에 간결하고 다양한 픽토그램형 아이콘이 있는 사이트 thenounproject.com을 입력한다.

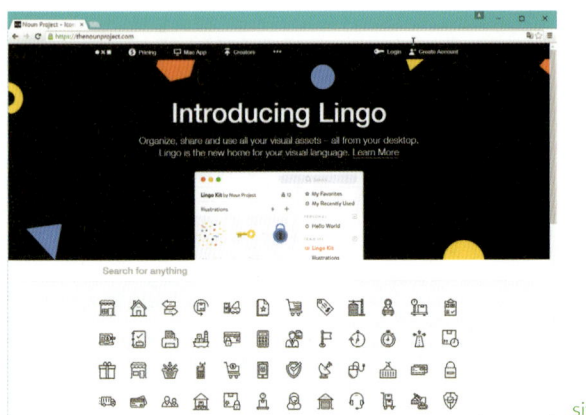

site : thenounproject.com

thenounproject는 초기버전에서는 공공사인에서 많이 보던 픽토그램만 있던 수준이었는데 사용자가 폭발적으로 늘어나 한 주제어에도 다양한 아이콘을 제공한다. 'energy'를 검색창에 입력하면 다음과 같은 결과가 나오는데 이 중 가장 일반적이면서도 트렌디한 친환경 전구를 선택해 보자. 특히 막대에 올렸을 때 각도와 연속성이 적당한지 생각하며 골라야 한다.

검색마치고 파일을 다운로드하려면 회원가입 절차가 필요하다. 상단의 [Create Account]를 클릭하면 생각보다 간단한 가입절차임을 알 수 있다. 일단 연두색 'Member/ Free'를 클릭하고 나오는 가입란에 사이트에서 사용할 닉네임과 이메일, 비밀번호만 입력하면 로그인이 된다. 페이스북 아이디가 있다면 'Join with Facebook'을 이용하면 간편하게 로그인할 수 있다.

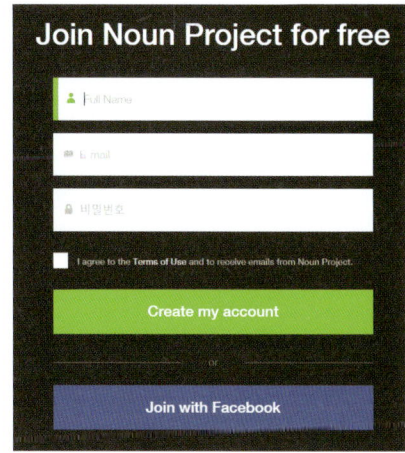

회원가입 시 기입해야 할 3가지 문항

대부분 무료공유사이트가 그렇듯 무료로 사용하기 위해서는 한 가지 약속을 지켜달라고 요청하는데 바로 저작권 표시이다. 이미지를 다운로드 받은 후 함께 따라오는 글귀인 'Created by ㅇㅇㅇㅇ from Noun Project'를 자료에 함께 표기하면 된다. 외부발표나 인쇄, 출판 등의 작업이 많다면 한 달 9.99달러 혹은 1년 99.9달러를 지불하여 별다른 표기 없이 개인과 기업이 상업적으로도 자유롭게 활용할 수 있는 NounPro의 자격을 취득하는 것이 유리하다. *콘텐츠 저작권 규정에 대한 자세한 사항은 174~177쪽을 참조.

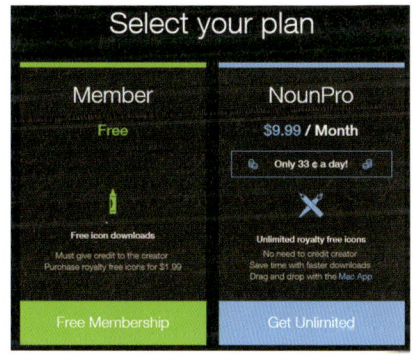
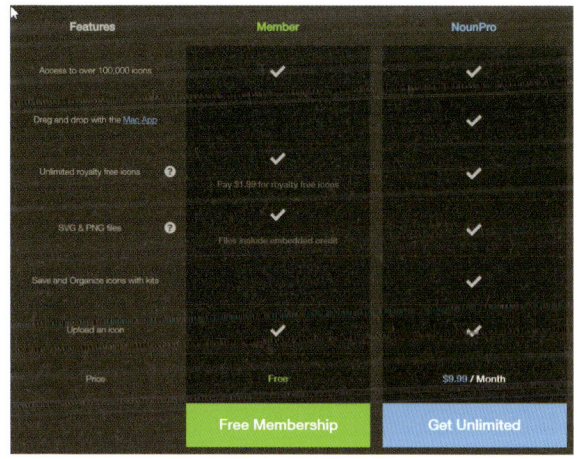

> **Infographic TIP**
>
> Thenounproject는 우리가 사용하는 명사에 대한 상징을 표준화하는 노력을 하는 유익한 곳이다. 그래서 표준화된 픽토그램들은 해당 페이지에서 'Public Domain(cc)'으로 기재하여 표준화된 것임을 알려준다. 이런 파일들은 개인이나 기업이 사용할 때 상업적으로도 저작권이 모두 자유로우므로 저작권 표기를 하지 않아도 된다.

03 PNG 포맷 파일 다운로드하기

막대와 같은 직각 각도의 전구를 선택해 클릭하면 다운로드 창이 뜬다. 우선 사용이 매우 쉽고 간편한 PNG 포맷을 다운로드한다.

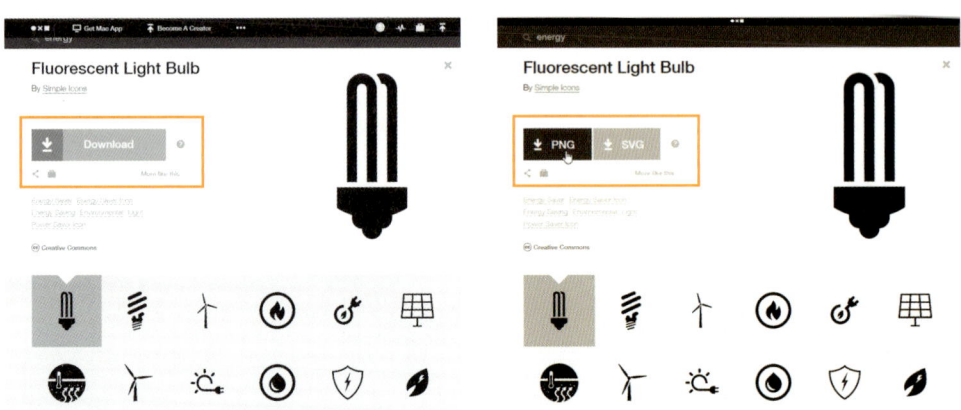

파워포인트 슬라이드보다 큰 PNG 파일이므로 보고, 제안, 발표에서 다양한 크기로 이미지를 쓴다 해도 문제없다. 전달하려는 막대 차트를 준비해야 하는데 아이콘으로 사용할 픽토그램이 들어가면 막대 간의 변별력이 떨어지기 때문에 막대와 막대의 간격을 좀 더 넓혀 주어야 한다.

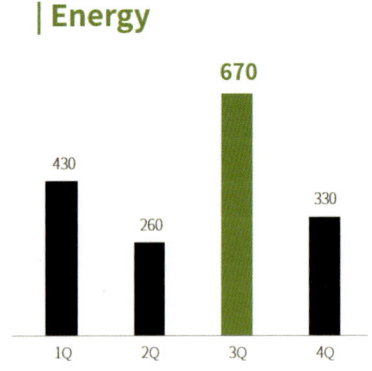

Infographic TIP

thenounproject.com 사이트에서 다운로드를 통해 png를 받으면 가로 1600픽셀에 달하는 큰 파일을 내려받게 된다. 지금처럼 차트와 합하는 경우 작은 크기로도 충분하므로 검색 결과로 나타난 작은 픽토그램 위에서 오른쪽 버튼을 눌러 [복사] - [붙이기]를 해도 좋다. 빠르고 간편하게 작업할 수 있어 부담도 덜 수 있다. 단, 고해상도로 인쇄를 해야하는 경우나 크게 확대해 사용하는 경우는 이 방법을 피해야 한다.

04 차트와 아이콘 컬러 맞추기

결합할 때는 막대의 굵기와 비례가 맞도록 전구의 아랫부분을 막대와 병합하는 것이 가장 자연스럽다. 강조하려는 값이 있는 막대의 아이콘은 따로 선택해 [그림 도구] - [서식] - [색] - [다시 칠하기]에서 해당하는 색을 선택해주면 바뀐다. 이때 PNG 이미지는 도형의 채우기와 달리 이미 지정되어 있는 몇몇 컬러로만 바꿀 수 있다.

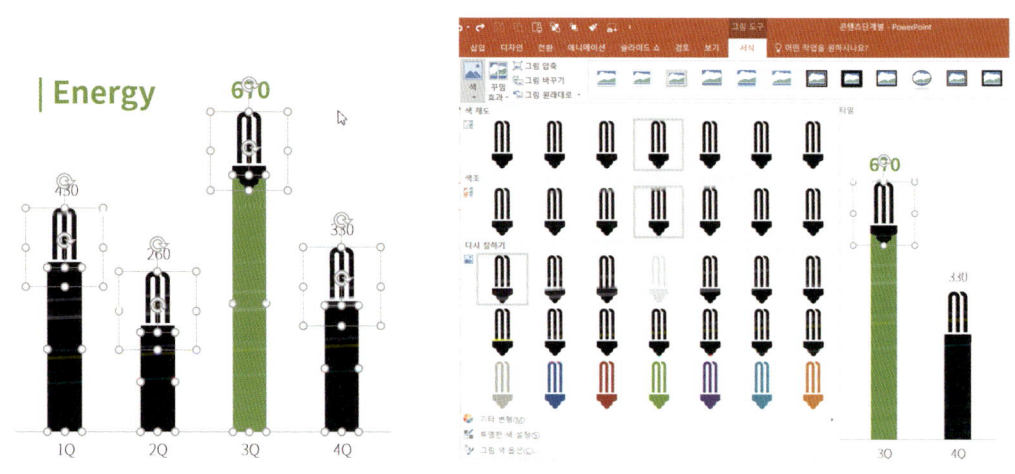

그림 서식의 색 변환과 도형의 채우기는 엄연히 다른 방식(이미지 VS 도형)으로 색 정보를 입히는 것이지만 때로는 그림과 도형의 컬러를 일치시켜야 할 때가 있다. [디자인] - [적용] - [색]에는 현재 사용하고 있는 컬러 팔레트가 나오는데 이는 [그림 서식]의 [다시 칠하기]와 [도형 채우기]의 테마색(밑에서 2번째)과 거의 일치한다. 즉 아이콘은 [그림 서식]에서, 막대는 [도형 채우기]에서 유사한 색으로 지정하면 된다.

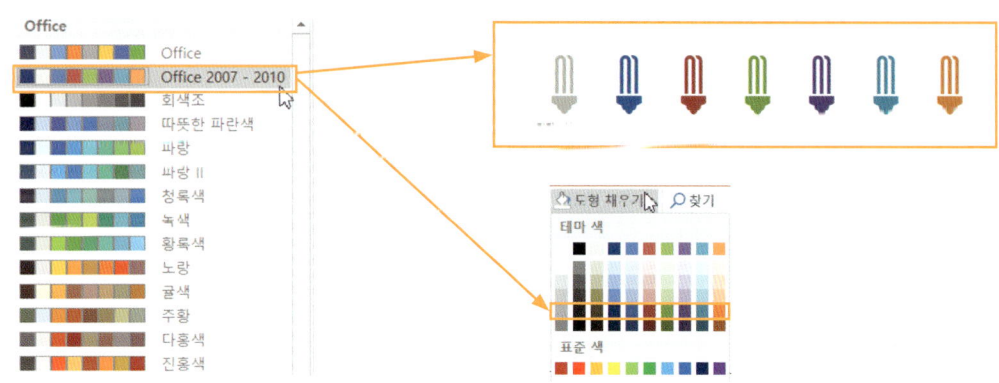

05 막대 차트와 결합하기

픽토그램 아이콘을 적용한 결과를 보면 막대 차트와 크게 다르지 않지만, 상징성에서 단연 앞서게 된다. 이처럼 대표성을 지닌 심플한 아이콘을 잘 선택해 결합하고 강조색을 적용하면 서너 개의 다른 차트가 한꺼번에 있더라도 친근하고 직관적으로 전달할 수 있다.

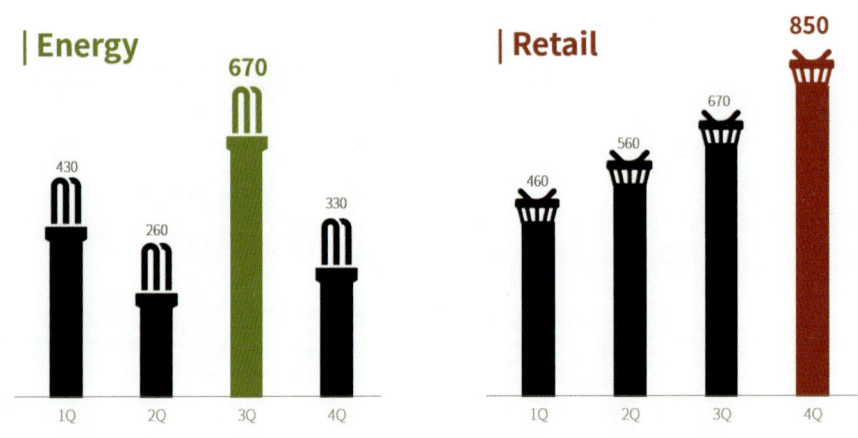

여러 주제에 맞게 접목해 보자. 아이콘을 붙이기만 해도 되는 경우는 막대와의 비례만 잘 조절하면 된다. 사각형이 붙더라도 어색하지 않은 아이콘을 골라본다. 아이콘 맨 밑바닥과 폭을 같이 하는 것이 보기 좋을 때도 있고 아이콘을 받치고 있는 듯한 비례가 더 나을 때도 있으니 여러 조합으로 비교해가며 완성해 나가도록 하자.

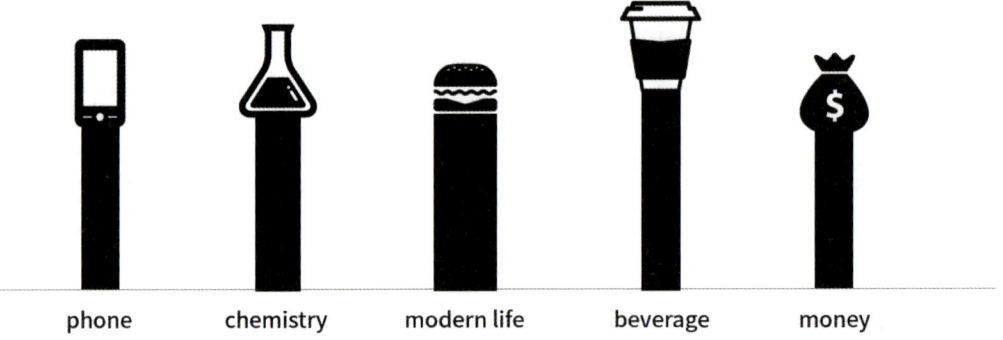

Infographic TIP
픽토그램을 차트에 붙여서 사용할 때 정답은 존재하지 않으므로 내가 찾은 픽토그램과 막대가 어떻게 조합이 가능한지 다양한 시도가 필요하다. 중요한 것은 픽토그램 때문에 값이 왜곡되는 경우는 없어야 한다.

06 연결, 결합, 추가하여 완성하기

막대를 적절한 배경으로 보이도록 변경할 수 있다면 차트에도 위트가 넘친다. 아이콘의 배경이 되는 땅, 바다, 초지 등 상상력을 발휘하여 바탕 요소를 추가해 본다. 자동차 아래 막대에는 점선만 추가해도 도로가 되는 것처럼 마치 막대가 아이콘의 배경인 듯 요소를 결합하고 추가해 본다.

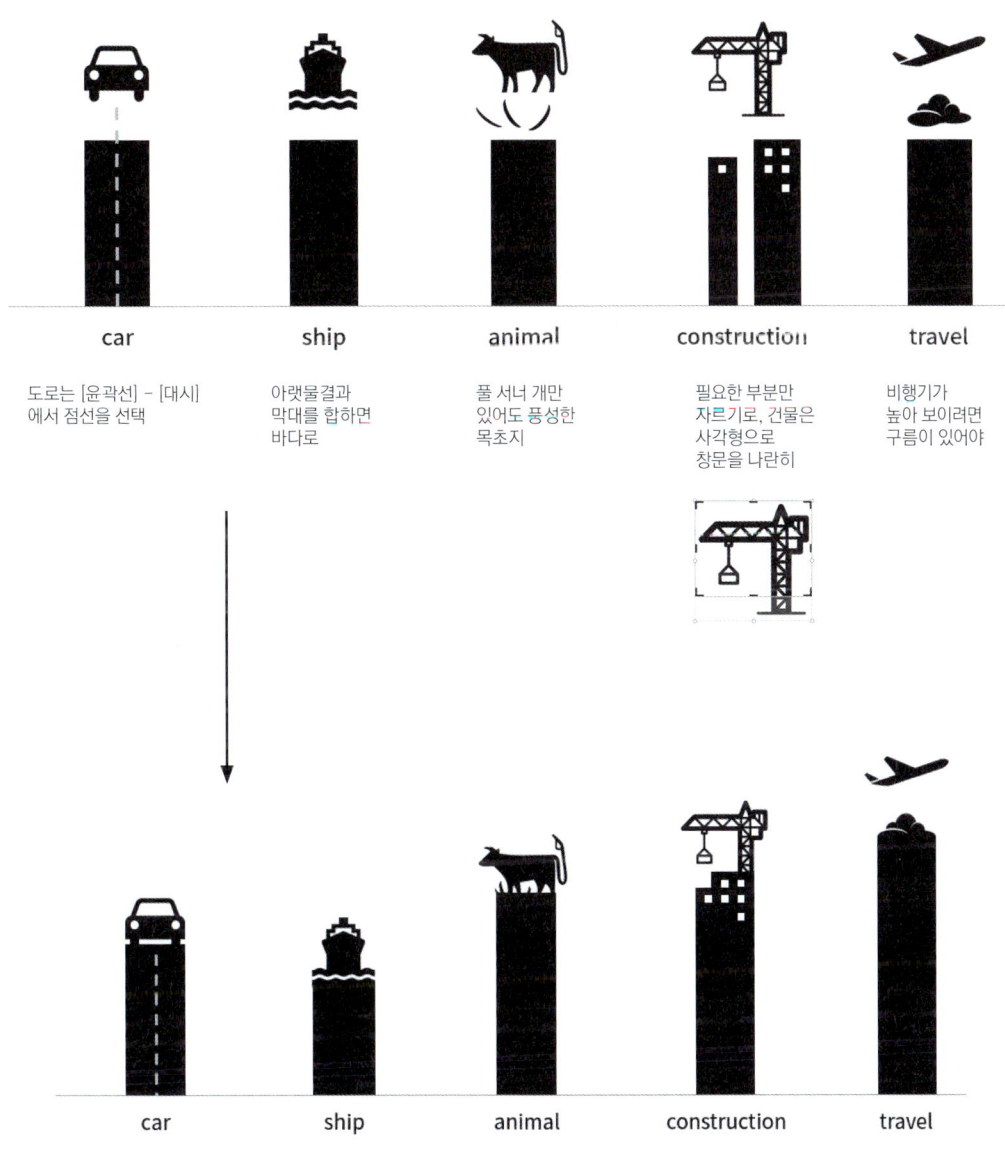

Infographic TIP

어도비 일러스트레이터와 같은 드로잉 프로그램을 사용할 수 없고 내가 원하는 완성된 픽토그램을 찾을 수 없다면 원하는 이미지를 얻기 위해서는 어떤 요소들이 합하고 가려져야 완성 그림이 나올지 분해하여 생각하자. 그리고 각각의 픽토그램을 찾아서 조합해 보자.

07 막대 자체를 메타포로 치환하기

건전지처럼 에너지를 상징하는 메타포로 막대 자체를 치환하는 방법도 매우 효과적인데 건전지, 사다리, 건물 등 외형이 사각형이면서 내부 공간이 뚫려 있는 경우 적용 가능하다. 가장 큰 값을 틀로 삼고 내부의 사각형 개수로 차이를 표현해 주면 상대적 비교를 쉽게 완성할 수 있다. 막대의 길이를 서로 다르게 하는 방법은 다양한데 두 개의 아이콘을 놓고 [자르기]를 두 번 하는 방법도 좋다. *SVG 파일을 도형으로 변환하여 사용하는 방법은 142쪽, 이미지 자르기는 88쪽을 참조.

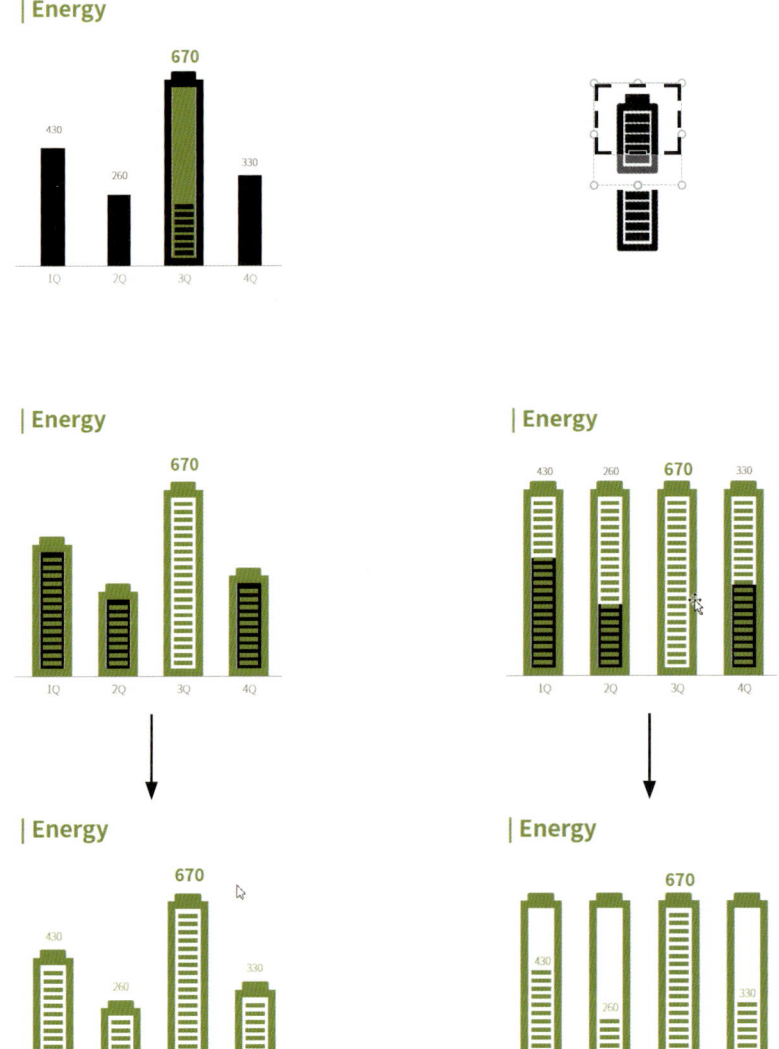

08 '쌓다'라는 표현이 가능한 대상 찾기

위로 쌓는 것이 가능한 개체는 무엇이 있을까? 돈(매출, 저축, 투자), 상자(물류, 상품, 선물), 책(문화, 지식, 판매량), 기부 행위 등이 여기에 해당한다. 위로 쌓았을 때 반듯해 보일 수 있는 각도로 입체로 만들어져 있거나 직각으로 요소가 전개된 아이콘을 찾아 단위 개체를 위로 쌓으면 된다. 이 아이콘과 픽토그램을 막대 차트에 활용하는 방법은 차트가 멋져 보이도록 3D 입체로 만들거나 다양한 효과를 적용하는 것보다 의미 있는 작업이다.

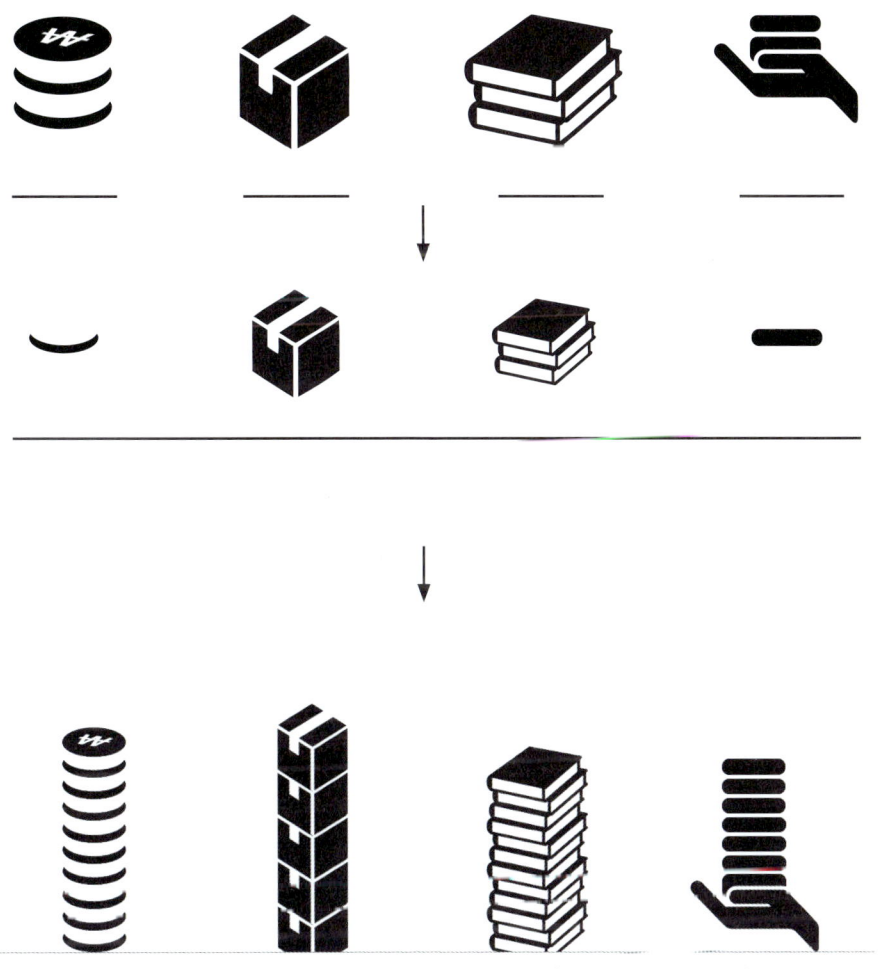

| Infographic TIP | 픽토그램 전체를 쌓으면 세밀한 값 표현이 어려워진다. 이때는 모듈이 되는 가장 작은 단위를 찾아서 개체로 분리하여 만든 후 단위와 묶음으로 쌓아야 한다. 이처럼 분리하여 쌓는 방법은 PNG도 가능하지만 SVG를 EMF로 변환하여 도형으로 분해한 것을 사용하는 것이 더 편리하다. |

그래픽 요소 검색시간을 절약해 주는
키워드 Collection 활용법

회사의 글로벌 실적을 해마다 늘어나는 지사 설립을 통해 보여주고 싶은데 지도 위에 도시의 지점을 찍어서 제시하는 방법은 너무 식상하다. 색다른 방법을 찾고 있다면 지사 설립 연도와 상징도시를 타임라인으로 보여주는 방식은 어떨까? 7개의 도시를 보여주는 방법으로 대표적 랜드마크를 넣으면 좋겠는데 7번의 검색어를 통해 도시 실루엣 아이콘을 찾아야 하고 스타일도 같은 그림이어야 한다. 이럴 때 유용한 것이 Collection 기능이다. 예를 들어, thenounproject.com 사이트에서 'computer'를 입력해 검색하면 다음과 같은 화면이 뜨는데 상단의 사각형 안에 묶어 제시된 것이 Collection 기능이다.

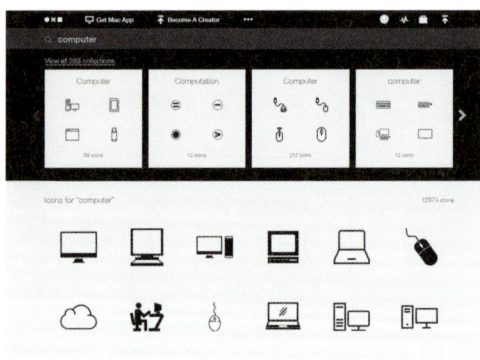
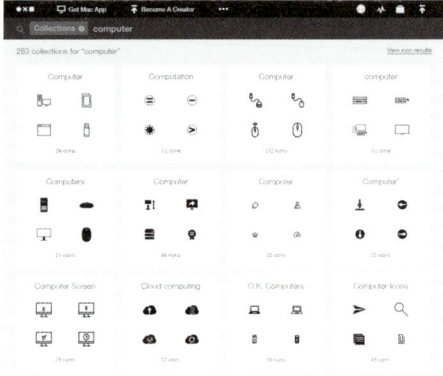

site: thenounproject.com

Collection 기능은 키워드에 포함되어 검색 결과 상단에 위치한다. 전체적인 스타일과 개수, 콘텐츠를 보고 선택할 수 있으며 한 명의 디자이너가 만든 같은 스타일의 픽토그램을 빠르게 선택하여 활용할 수 있는 장점을 지닌다.

본격적인 타임라인 작업을 위해 'world'를 입력하고 이 중 'world monument'를 선택한다. 다양한 도시의 상징물이 실루엣으로 표현된 픽토그램들이 나타나고 그중에서 원하는 것을 선택하면 된다. 실루엣 아이콘의 경우 바탕을 검은색으로 하고 정렬만 잘해도 훌륭한 결과를 만들 수 있다.

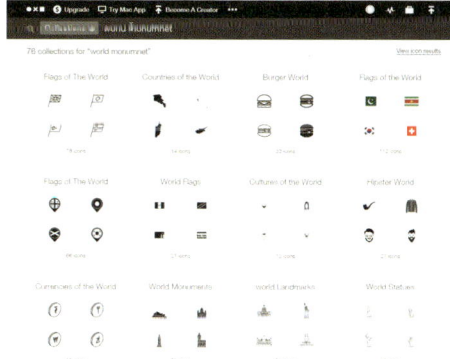
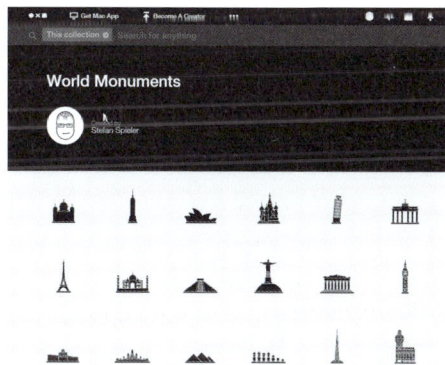

예를 들어 글로벌 시장의 진입과 확장을 크게 3단계로 구분한 뒤 각각의 진출 국가와 도시를 기재하고, 그 도시의 대표적인 랜드마크를 떠올려서 검색한 후 계단 배경 위에 올려 보자. 어려운 작업은 아니었지만 보는 사람들은 매우 공을 들인 작품으로 여겨신다. 이게 바로 Collection의 힘이다.

08 복잡하고 많은 항목을 한눈에 보여주는 가로·세로형 누적 막대 차트

초등학교 시설 여름 방학 계획표를 작성할 때를 떠올려 보자. 우리는 무조건 24시간 파이 차트를 그리고 그 안에서 하루에 주어진 시간을 어떻게 사용할 것인지를 구분 지었다. 이 때 파이 차트는 계획표를 짤 때 가장 좋은 방법이라고 생각을 했다. 이처럼 정보는 담긴 그릇에 따라 더 복잡하게 보이거나 단순하고 명료하게 보이기도 한다. 그래서 때로는 표로 작성된 정보를 파이 차트, 또는 누적 막대로 다시 그려 볼 필요가 있다. 그중 정보가 가장 선명하고 쉽게 보이는 것을 선택하는 것이다. 지금까지 익숙했던 비중은 파이로, 추이는 선으로 그려야 한다는 고정관념은 조금씩 내려놓을 때가 되었다.

01 암호 같은 주차 사인을 가장 쉬운 시각언어로 만드는 방법

텍스트로 되어 있던 예전의 로스앤젤레스의 주차 사인은 이방인에게 겁부터 덜컥 나게 만들었는데 무엇이 허용되는지 파악이 어렵고 언제 어떻게 사용해야 하는지 판단이 어려웠다. 주차가 가능한 시간 등을 일일이 따져봐야 하는데 이조차 정확하게 판단한 것인지 의심이 들었다. 최근 주차 사인은 시간의 흐름대로 면적을 그리드로 나누고, 컬러로 바뀐 디자인으로 개선되어 사용자 입장에서 좀 더 쉽게, 누구나 오류 없이 정보를 파악할 수 있도록 만들어졌다. 과연 이 과정은 어떤 단계를 통해 가능했던 것일까?

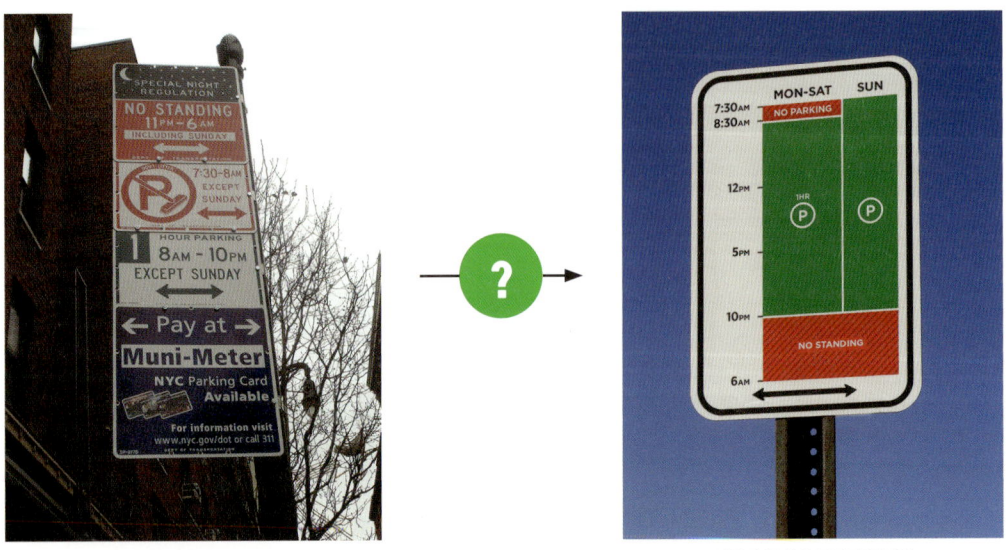

관리자 중심의 어려운 정보 　　　　　　　사용자 중심의 직관적인 정보

 Infographic Preview

2020 Performance by sector

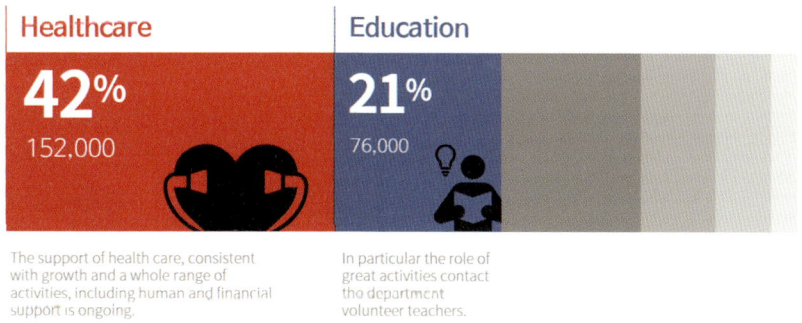

차트에서는 모든 것을 통합해서 전달해야 설득이 쉬워진다. 그런 측면에서 누적 막대 차트는 적합한 형태이다.

 Infographic Preview

2020 Performance by sector

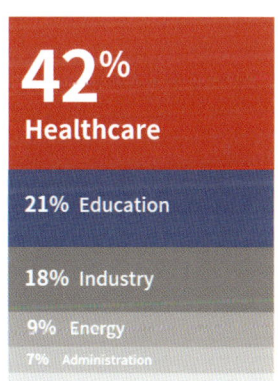

2020 Performance by sector

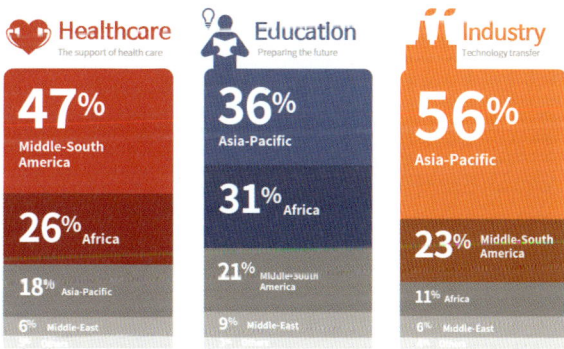

가로의 길이를 자유롭게 조절할 수 있는 세로형 누적 막대 차트는 % 값이 작더라도 텍스트를 균일하게 넣을 수 있는 장점을 지닌다.

※ 회자쓰 포스트(post.naver.com/wooseokjin)에서 예제 다운로드와 동영상, 실전 팁까지 저자들이 꼼꼼히 알려드립니다.

02 타임라인 표를 파이로, 다시 누적 막대로

일단 표를 짜듯 매트릭스를 구성해보면 월-토/일과 시간으로 축을 만들 수 있다. 다음 단계로 흔히 초등학교 시절, 방학 생활계획표를 짜듯 24시간 도넛 안에 배분해 주면 목록으로는 알 수 없던 덩어리의 크기와 순서를 발견하게 된다. 그다음 도넛을 잘라서 펴준다고 상상해보면 누적 막대 차트로 변형되는데 두께를 조절하면 사각형 그리드로 구성된 사각 형태의 정보가 완성된다.

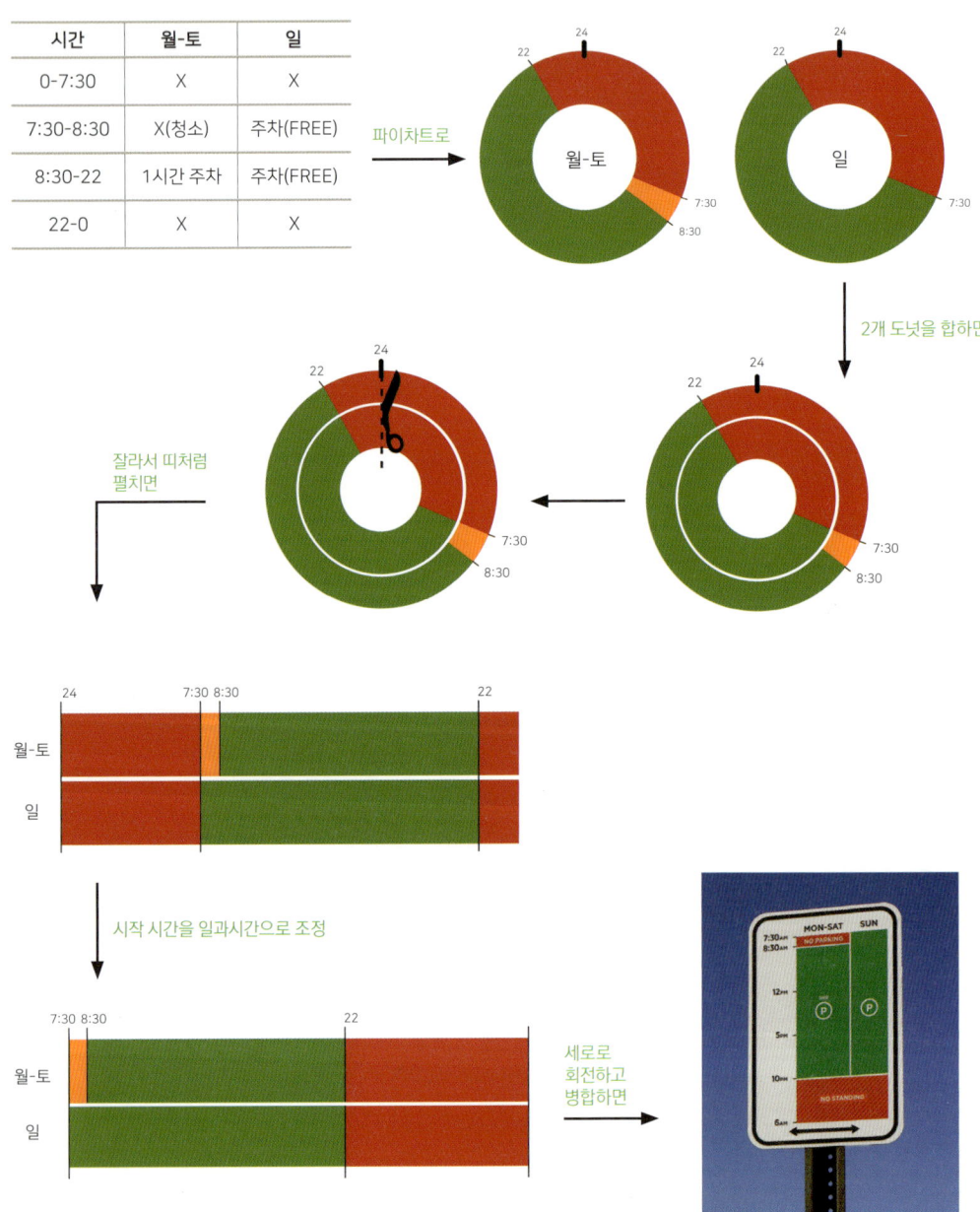

03 파이를 누적 막대 차트로 변환하기

먼저 파이 차트를 준비한다. 데이터는 가능하면 정렬되어 있고, 강조 내용이 강조색과 보조색으로 처리되어 있어야 한다. 차트를 선택하고 [차트 도구] - [디자인] - [데이터 선택]에서 [행/열 전환]을 실행한다. 이 과정을 거치지 않으면 누적 막대 차트가 아닌, 6개의 막대가 같은 길이로 변환되니 주의하자.

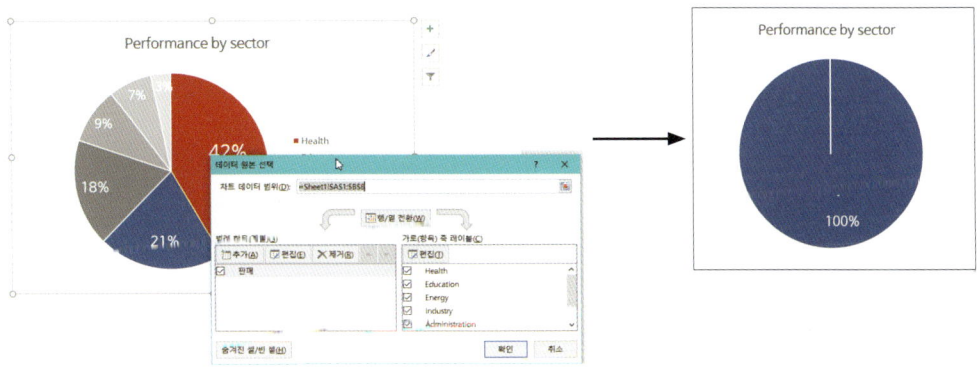

[차트 도구] - [디자인] - [차트 종류 변경] - [가로 막대형] - [누적 가로 막대형]을 실행한다. 누적 막대 차트가 여전히 선택된 상태에서 [자르기] - [붙여넣기] - [선택하여 붙여넣기] - [그림 - 확장 메타파일]를 실행하여 붙여넣고, 그룹해제 두 번을 실행하여 개체를 도형으로 분리한다. 가장 바깥 사각형, 범례, 표시선 등 필요 없는 요소는 모두 지우고 누적 막대 차트만 남겨둔다.

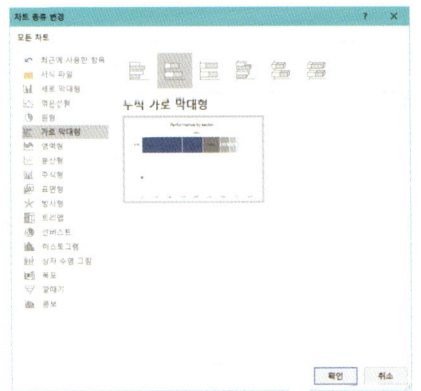 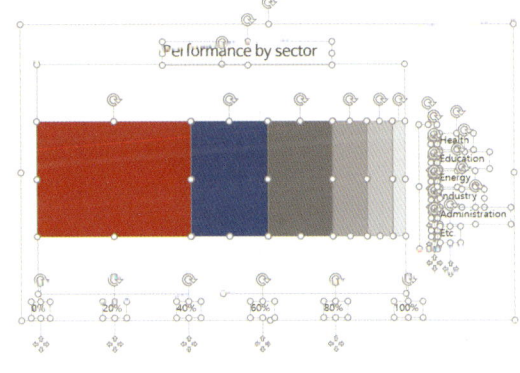

Infographic TIP 처음부터 '누적 가로막대형 차트'로 차트를 만들고 모든 요소를 지운 뒤 막대 차트만 활용해도 좋다.

04 표시 값 정렬하고 강약(크기와 컬러) 적용하기

가로형 누적 막대가 좋은 이유는 위에서 아래로 열을 맞추는 한편, 그림에서 4단계로 표시한 것처럼 행으로도 계층을 맞출 수 있다는 점이다. 가장 먼저 눈에 띄었으면 하는 표시 값부터 크게 배열한 후 나머지는 강약에 따라 작용해 배열한다. 직관적으로 정보를 전달하고자 한다면 PNG 픽토그램이나 아이콘을 삽입한다. *PNG 이미지를 잘라서 사용하는 자세한 방법은 방법은 88쪽을 참조.

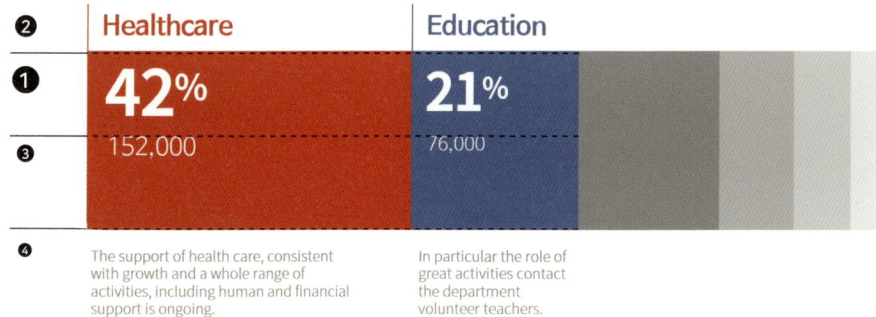

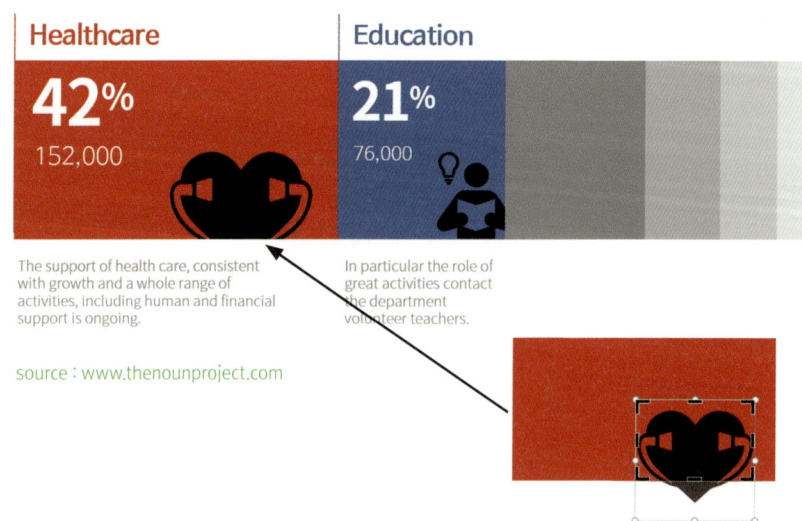

Infographic TIP 픽토그램을 사용할 때는 정보를 방해하지 않아야 하므로 전체를 모두 보여주는 것보다는 부분을 잘라서 보여주고 컬러를 최소한으로 제한해야 더 매력적인 차트가 완성된다.

05 모든 값을 표시해야 한다면 세로형 누적 막대 차트로

앞서 다룬 가로형 누적 막대 차트는 다루고자 하는 정보의 단계가 많고 강조할 값이 2~3개 이내일 때 효과적이다. 하지만 표시 값 모든 내용을 표시해야 하거나 정보단계가 많을 경우에는 적합하지 않다. 이때는 같은 누적 막대 차트라도 세로형으로 변경하면 가로로 텍스트를 넣을 수 있는 공간이 마련된다. 앞의 03의 방법과 같은 순서로 적용하되 [차트 도구] - [디자인] - [차트 종류 변경] - [세로 막대형] - [누적 세로 막대형]을 적용하자.

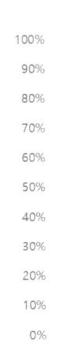

가로의 너비는 들어갈 내용의 양과 길이에 맞춰 전체적으로 늘렸다 줄였다 조정하면 되므로 내용의 길이가 가장 긴 것을 기준으로 길이를 맞추자. 값이 매우 작아서 높이가 낮아도 글자 크기를 값의 높이에 따라 비례로 조정하면 되므로 모두 넣을 수 있다. 값의 크기에 따라 글자의 크기가 달라지면서 중요도도 함께 달라져 보이는 추가적인 효과도 만들어진다.

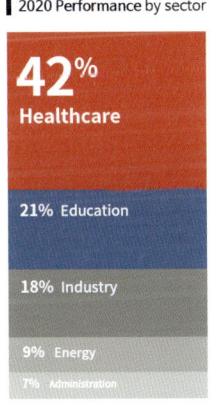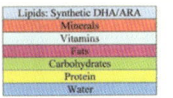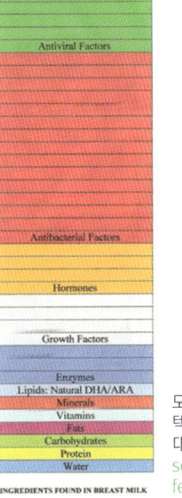

모유와 우유의 영양소 비중을 비교한 차트. 텍스트 삽입이 간편하고 비중의 차이도 극대화할 수 있다.
source : www.birthingandbreast-feeding.com

Infographic TIP

값이 작은 영역의 경우 입력한 내용이 잘 보이지 않더라도 크게 고민할 필요가 없다. 왜냐하면, 사람들은 차트에서 가장 중요한 값 1~3위 정도에만 관심을 기울이기 때문이다. 만약 작은 값이지만 중요하다면 다른 컬러로 표시한 후 별도로 세부 내용을 기록해주면 된다.

06 많은 항목의 누적 막대 차트 만들기

좀 더 많은 항목을 누적 막대 차트로 보여주려면 전체 통일성을 적용하기 위해서 정밀한 기준이 필요하다. 사각형의 크기와 비례, 간격, 글자 크기와 컬러 등이 적합하게 적용되어야 하기 때문이다. 특히 작은 값의 내용까지 모두 넣으려 할 때는 항목이 가장 많고 작은 것을 기본값으로 기준을 만들어야 한다.

site : www.bestvender.com

각 부문의 지역별 비중을 나타내고자 할 때는 크게 3개 파트로 구분하면 정보가 선명해진다. 또한 많은 양의 차트 작업을 진행하면서 컬러를 먼저 적용하면 전체적으로 가독성이나 균형이 잘 보이지 않으니 우선 회색 음영으로 정리해보고 완결하면 좋다. *정보 구분에 대한 자세한 사항 은 268쪽을 참조.

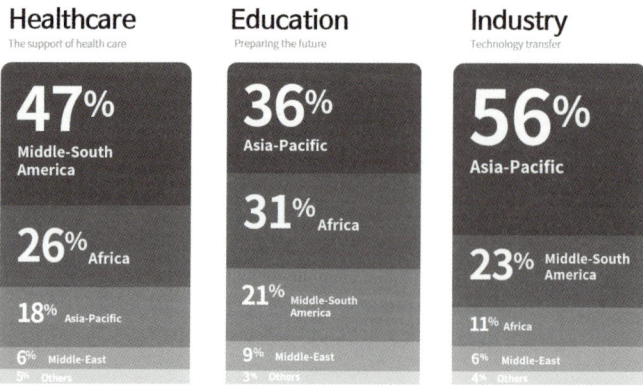

Infographic TIP 누적 막대 차트를 사각형 도형으로 변환한 상태에서 큰 값을 둥근 사각형으로 변경하고 싶다면 [서식] - [도형 편집] - [도형 모양 변경]에서 둥근 사각형으로 바꾸고 [정렬] - [맨 뒤로 보내기]를 실행하면 된다.

컬러는 각 부문의 대표적인 컬러나 상징할 수 있는 것을 선택한다. 3개의 차트의 내용을 다양한 컬러로 구분하고 싶다면 각 항목의 보조색을 따로 지정하지 말고 대표 컬러보다 명도와 채도가 조금 낮은 컬러로 설정해야만 복잡하고 난해하게 보이는 것을 막을 수 있다. [도형 채우기]의 팔레트에서 위아래 색을 조합하면 쉽다.

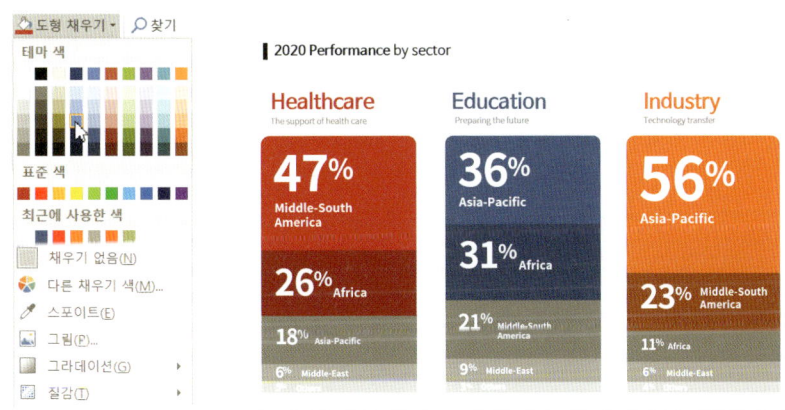

Infographic TIP 누적 막대 차트를 제시할 때 여러 컬러를 사용해서 구분해야 하는 경우는 원색, 너무 밝은색, 어두운색은 정보를 더 복잡하고 혼란스럽게 만들게 된다. 이때는 흰색과 검정 글자와 숫자가 모두 잘 보이는 채도와 명도가 적정한 중간색을 사용하는 편이 이상적이다.

필요하다면 아이콘(픽토그램)을 삽입한다. 아이콘은 첫 눈길을 어디에 둘지를 정해주는 역할을 하므로 대표적이고 단순한 형태의 픽토그램을 사용하는 것이 좋다. 특히 차트와 연결될 수 있는 면적형(선으로 이루어진 깃과 반대 형태)을 선택하여 같은 컬러로 적용하면 자연스럽게 조화를 이룰 수 있다.

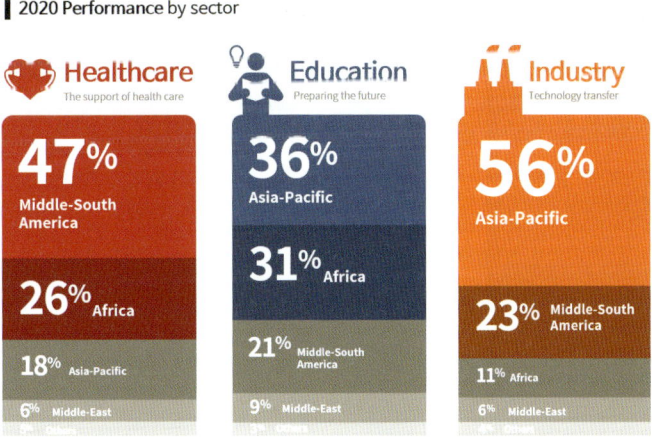

09 차트를 상징으로 치환하여 제시하는 메타포 누적형 차트

정확한 값을 보여주는 이성적인 치트에 컬러와 형태 변환, 아이콘, 픽토 그램, 이미지 등을 동원하는 이유는 사람들에게 정보를 친근하게 만들어 주고 이해도를 높여서 직접 와 닿게 하려는 목적 때문이다. 딱딱한 차트를 보면 이성적 사고로 분석하여 받아들이려 하지만 더 친근하고 부드러운 그래픽 요소가 더해지면 감성이 먼저 움직여 호감을 느끼게 되고 내용도 편안하게 파악하려는 경향이 생긴다. 우리가 인포그래픽에서 말하려는 정보를 상징하는 메타포를 활용해야 하는 이유이기도 하다.

01 직관적인 비교 차트는 언제나 옳다

의류 제품에 쓰이는 다양한 소재가 환경에 미치는 영향을 보여주는 나이키의 메이킹(Making) 앱은 각 소재들의 물 사용, 에너지, 폐기물, 화학적 영향 등에 대한 평가 값을 보여주고 서로의 값을 비교할 수 있도록 카테고리화 되어 있다. 누가 봐도 카테고리 주제가 빠르게 파악되도록 텍스트나 숫자, 딱딱한 차트가 아닌, 각 부문의 상징을 활용했다. 결과적으로 옷과 신발을 만들 때 어떤 소재를 쓰는 것이 더 좋은지, 그리고 환경을 위해서 우리는 무엇을 해야 하는지를 스스로 선택하게 한다.

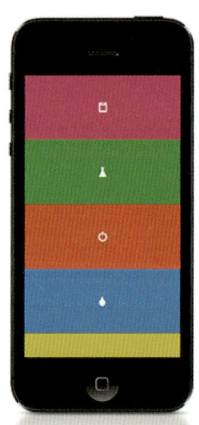

app : Making of Making by NIKE MSI

Infographic Preview

딱딱했던 사각형 누적 막대를 사람 픽토그램으로만 바꿔도 전달되는 정보와 메시지는 놀랍게 변한다.

Infographic Preview

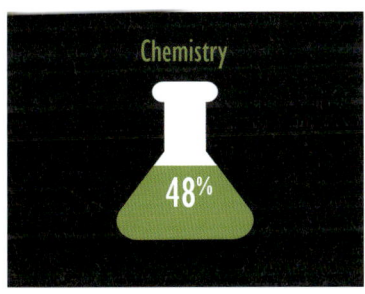
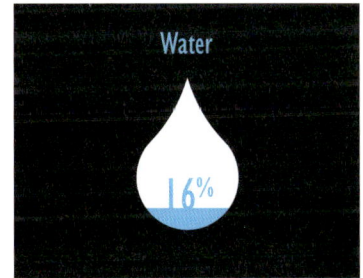

파워포인트 도형 병합 기능은 실크 스크린처럼 도형을 뚫어주는 역할도 한다. 그 밑에 도형을 넣으면 실감 나는 누적형 차트가 완성된다.

※ 회자쓰 포스트(post.naver.com/wooseokjin)에서 예제 다운로드와 동영상, 실전 팁까지 저자들이 꼼꼼히 알려드립니다.

02 메타포 속에 숨은 차트를 보는 눈

시각적 요소가 많이 포함된 차트를 보면 화려해보이지만 잘 살펴보면 항상 기본 차트가 숨어있기 마련이다. 그러니 차트의 원형을 상상할 수 있다면 못 만들 것이 거의 없다. 앞서 소개한 나이키 메이킹(Making)도 흔히 쓰는 파이 차트로부터 시작해 누적 막대 차트로, 이를 높이 그대로 아이콘을 입혀 원하는 값을 채운 것이다. 메타포형 누적 막대 차트를 만드는 방법은 PNG 포맷의 픽셀 이미지를 [자르기]로 필요한 부분만큼 잘라 연결하거나 SGV 포맷 또는 EMF 포맷의 벡터 이미지를 구멍을 뚫어 바탕을 통해 차트를 보여줄 수도 있다.

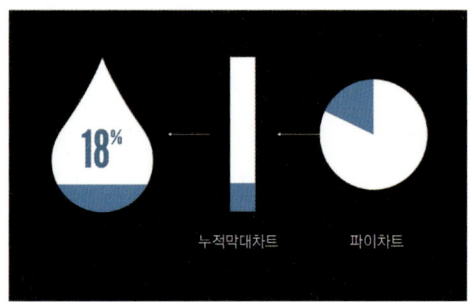
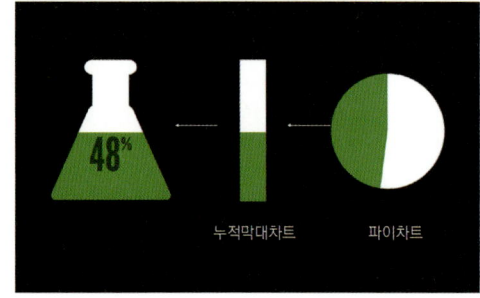

03 데이터를 누적 막대 차트로 만들기

남성과 여성을 대상으로 한 만족도 조사 결과가 있다. 성별을 나눠서 보여주는 발표는 남녀의 본질적 차이를 생각하게 하는 흥미로운 내용일 때가 많으니 남성/여성의 이미지를 활용한다면 흥미를 돋워주는 역할을 할 것이다. 메타포로 치환할 때 최적화하기 위해서는 파이 차트보다는 막대 차트가 유용하니 차트 형태는 누적 막대 차트로 변경하여 준비하자.

*막대 차트를 누적 막대 차트로 변경하는 방법은 79쪽을 참조.

	Completely dissatisfied	Somewhat dissatisfied	Neither satisfied nor dissatisfied	Somewhat satisfied	Completely satisfied
Women	10	30	24	25	11
Men	6	19	25	30	20

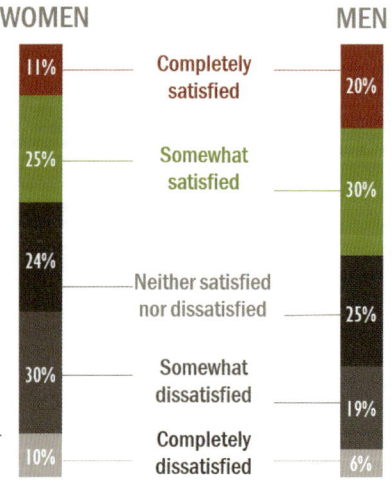

Infographic TIP

인터넷상에서 만나는 화려한 데이터 시각화와 인포그래픽도 자세히 살펴보면 대부분 차트를 메타포로 치환하여 캐릭터와 다양한 아이콘으로 표현한 것들이다. 그러니 주눅 들지 말고 화려함 속 기본 차트를 찾아보자.

04 차트를 대신할 메타포 선별하기

그렇다면 클립아트, 아이콘, 픽토그램 사이트에서 'man'과 'woman'을 검색해 나오는 수많은 아이콘 중 가장 적절한 것을 고르는 방법은 무엇일까? 기본적인 조건은 전신일 것, 인체 요소가 지나치게 단절되어 보이지 않을 것, 너무 딱딱한 느낌이거나 복잡하지 않을 것, 라인이 지나치게 강조되지 않을 것, 폭이 적당히 확보될 것 등이다. 이러한 기본 기준으로 보면 쓸 수 있는 것과 그렇지 않은 후보들이 분명해진다. 탈락한 후보들은 다음과 같다.

전신이 아님 / 눈코입에 의해 표정이 생겨 정보의 선입견이 생김 / 인체모형 같은 느낌이 강함 / 즐겁고 가볍다는 감정이 강함 / 테두리만으로는 표현이 약함

05 픽셀 이미지(PNG) 메타포형 차트 만들기

픽토그램 중에서 기본 조건과 조형미를 갖춘 남성과 여성 PNG 파일을 다운로드한다. 아래의 예들은 어느 것을 선택해도 적절하나. 왼쪽의 아이콘처럼 비교적 전형적인 형태는 www.thenounproject.com, 오른쪽의 아이콘들처럼 자연스러운 실루엣 형태는 www.openclipart.org에 많이 포함되어 있다. 'man, silhouette'으로 얻은 결과 중에서 PNG 이미지 버튼을 클릭하여 다운로드한다. 여러 남성 중 한 명만 가져오려고 한다면 [그림 도구] - [서식] - [자르기]로 원하는 부분만 가져온다. 여성도 같은 순서로 준비해 둔다.

픽토그램 중에서 기본 조건과 조형미를 갖춘 남성과 여성 PNG 파일을 다운로드한다.
site : www.thenounproject.com

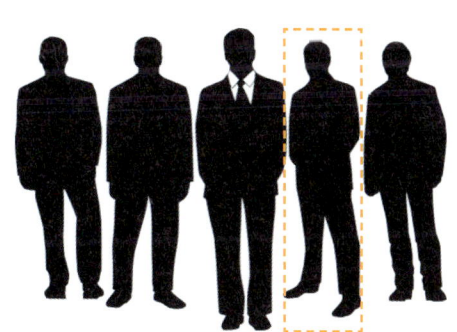

누적 막대 차트의 높이에 맞춰 픽토그램을 준비한다. 이미지가 포함된 데이터시각화는 자칫 눈짐작이고 꾸민 것이라는 선입견을 갖기 쉬우므로 기준이 되는 기초 차트를 더욱 정확하게 준비하고 따라야 한다. 누적 막대에 맞게 자르면 되는데 [자르기]는 그림의 8개 지점에 있는 조절점 내에 있는 그림만 보여주겠다는 '창'의 개념이다. 나머지 부분을 삭제하는 것이 아니므로 [그림 도구] - [서식] - [그림 원래대로] - [그림 및 크기 다시 설정]을 선택하면 원래 그림 상태로 되돌릴 수 있다.

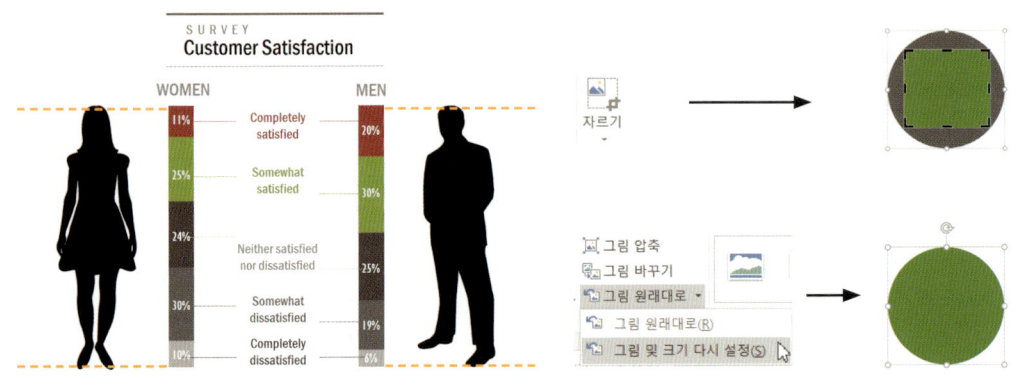

두 개의 값에서 시작해보자. 강조할 이미지에 색을 지정하고 [자르기]를 한 후 전체 이미지 위로 올린다. 아래쪽 전체 이미지와 정확하게 겹치도록 조절하면 메타포형 누적 막대가 만들어진다. *이미지를 컬러 팔레트 색으로 변경하는 방법은 69쪽을 참조.

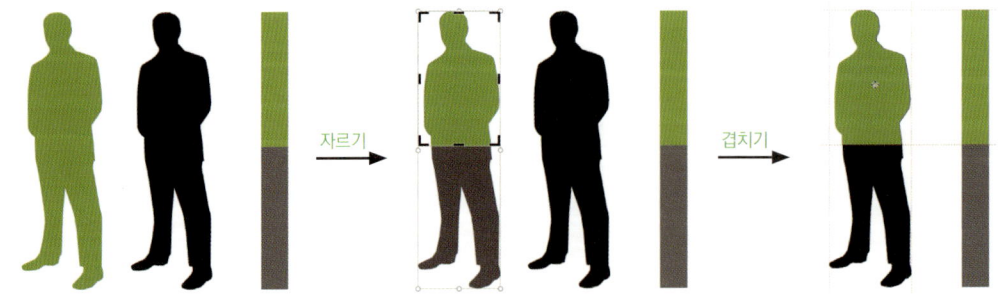

Infographic TIP

도형에 비해 다소 복잡한 PNG 이미지(픽토그램, 클립아트, 아이콘) 차트를 다룰 때는 막대 차트처럼 기본 차트인 상태에서 완성된 전체 그림을 설정해두는 것이 좋다. 예를 들어 강조는 어느 부분에 어떤 컬러로 할지, 배경은 무엇으로 할지 결정해 둔다. 이미 아이콘을 가져온 상태에서 설정을 조정하려면 시행착오가 많아진다.

06 누적 막대 차트의 적절한 단계 설정하기

5단계로 만들어진 차트에 맞춰 자르기를 적용해 보자. 그런데 결과 이미지를 보니 지나치게 잘려져 있다는 느낌을 받게 되는데 그 이유는 사각형이나 원 같은 도형은 자체가 가진 극적인 단순함 때문에 많은 단계로 잘라도 어색하지 않지만, 사람이나 형체가 있는 그래픽 요소들은 이미 상대적으로 복잡하므로 많은 단계로 구분하는 것은 어색하거나 복잡하게 전달되기 때문이다.

이때는 3개 단계를 넘기지 않는 편이 좋고 2개 단계일 때가 가장 선명하다는 것을 기억하자. 중요한 두 개 정도의 값만 강조하고 나머지 3개는 같은 무채색에서 차이를 적게 주거나 5개의 구분을 (2+1+2)로 재구성해 3단계의 새로운 누적 막대 차트로 만드는 것도 좋은 방법이 된다.

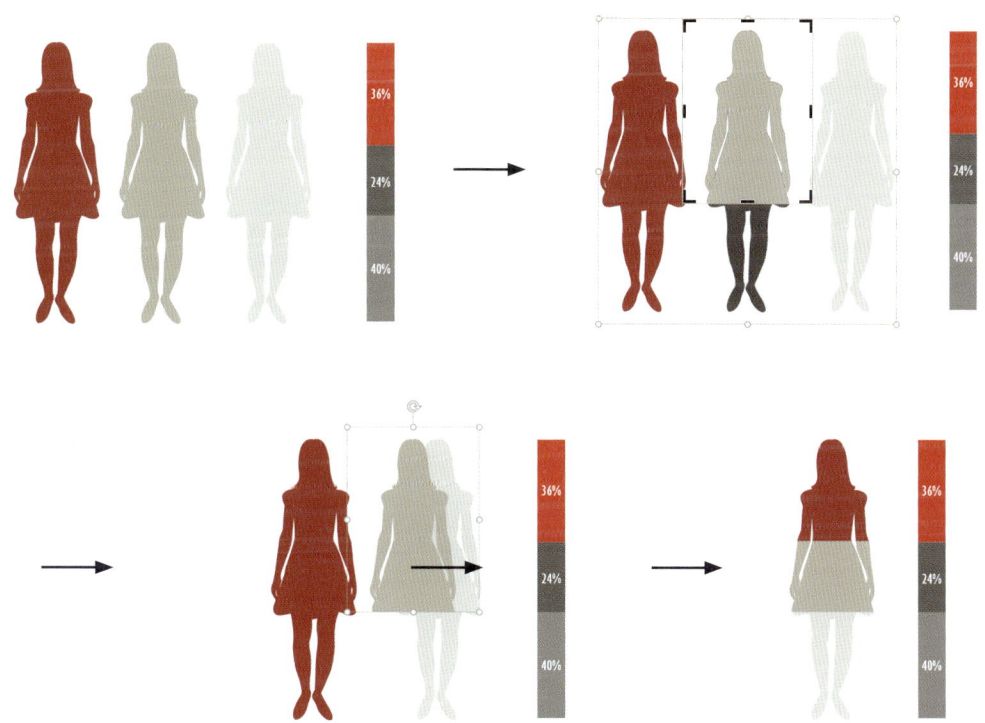

07 범례와 데이터 레이블을 통합 표기하고 완성하기

시각 요소 중 픽토그램으로 나타낸 누적 막대 차트는 핵심 키워드와 숫자, 범례, 데이터 레이블도 직관적인 보일 수 있도록 마무리해야 한다. 우선 강조하려고 하는 항목의 컬러(긍정적 답변)가 텍스트로 강조되어도 눈에 잘 띄는 선명한 컬러인지 짚어보고 조정한다. 강조하는 부분은 강렬하게, 크게, 덩어리로 만들고, 나머지는 약화해 보여주는 것으로 충분하다.

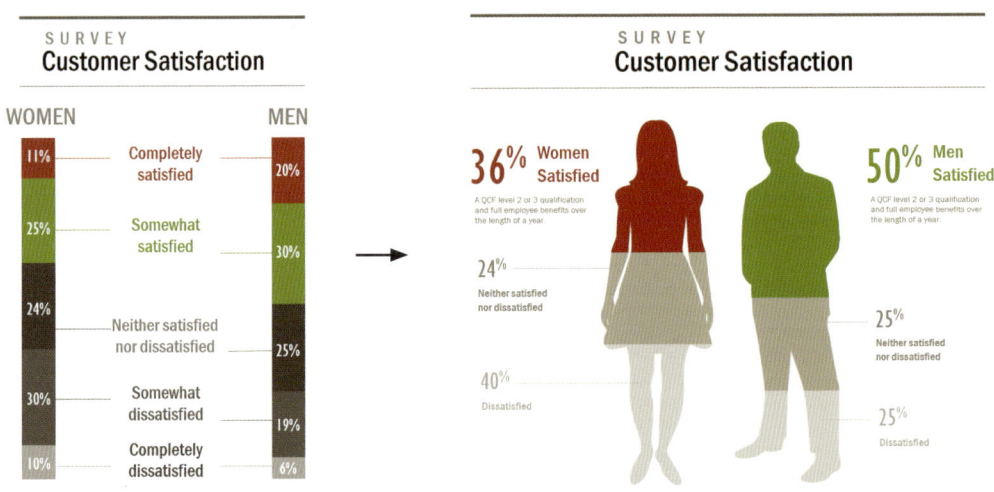

08 벡터 이미지(SVG→EMF)로 변환하기

나이키 메이킹(Making) 예처럼 만드는 방법도 가능하다. 물론 4~5번에 설명한 것처럼 픽셀 이미지(PNG)를 가지고도 가능하지만 컬러나 크기 적용이 자유로운 벡터 이미지를 활용하는 방법이 활용도 측면에서는 더 좋은 방법이다. 이번에는 위의 사이트들(www.thenounproject.com, www.openclipart.org)에서 가져올 때 SVG 포맷을 선택해 다운로드하면 된다.

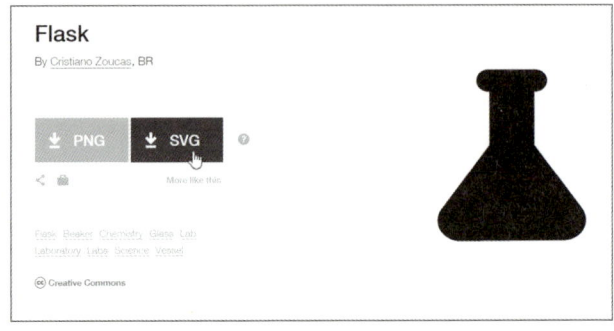

SVG 포맷은 Scalable Vector Graphic의 약어로 크기를 키워도 깨지거나 변형되지 않는 웹의 벡터 표준그래픽 포맷이다. 그래서 아이콘 공유 사이트를 들여다보면 원본(original)으로 SVG를, 편의에 따라 픽셀 형태로 PNG를 선택해 다운로드할 수 있도록 해둔다. 다만 SVG를 파워포인트에서 사용하기 위해서는 프로그램이 인식할 수 있는 WMF나 EMF 포맷으로 변형해 가져와야 하는데 간단한 변환을 위해 www.cloudconvert.com 사이트를 이용해보도록 하자. *잉크스케이프 프로그램으로 SVG를 EMF로 변환하는 방법은 142쪽을 참조.

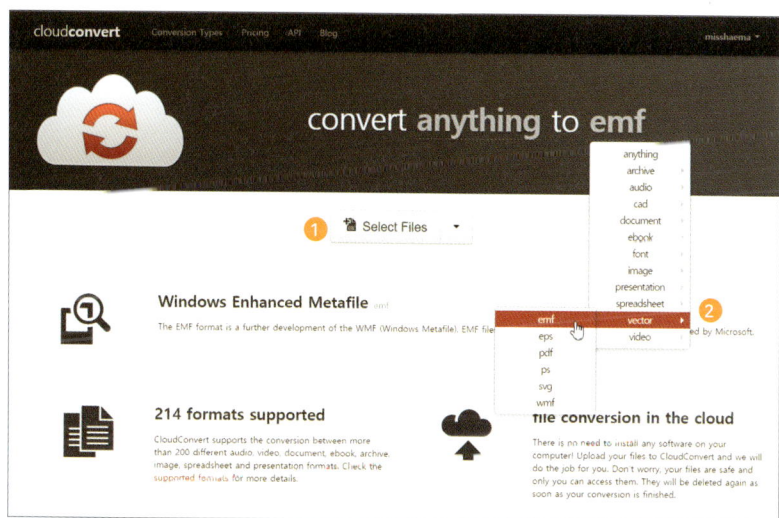

site : www.cloudconvert.com

업로드한 파일을 클라우드 서버에 저장한 후 원하는 포맷으로 변환해 내려받도록 해주는 클라우드 서비스이다. ❶ 다운로드해 둔 SVG 파일을 'Select Files'로 불러들이고 ❷ 변환하기 원하는 파일 포맷을 'EMF'로 지정한 후 ❸ ⟲ Start Conversion 을 누르면 변환이 시작되며 모든 작업이 끝나면 뜨는 ❹ 을 누르면 끝. 파워포인트에 [그림 삽입]으로 불러들인 후 [그룹 해제]를 두 번하여 플라스크만 남도록 다른 요소는 모두 지워준다.

09 도형 병합으로 아이콘 모양 뚫기

지금까지의 방법과는 반대로 이 방법은 아이콘 면적 부분을 뚫고 그 구멍을 통해 막대 차트를 보여주는 방식이다. 즉, 지정한 픽토그램을 칼을 이용하여 선을 따라 잘라 종이를 뚫어버린다고 생각하면 쉽다. 오른쪽 예로 보면 뚫은 원이 아이콘이고 뒤의 손이 차트라고 생각하면 된다.

픽토그램 뒤로 가림막 역할을 하는 사각형을 그려준다. 뚫기 위한 종이라고 상상해서 크기를 정하면 쉽다. 사각형과 픽토그램을 모두 선택한 후 [그리기 도구] - [서식] - [도형 병합] - [결합]을 지정한다. [도형 병합]은 두 개 이상의 도형을 조건에 따라 하나의 개체로 만들어 주는 명령이다. 합집합, 교집합, 차집합 등과 같은 결과값이라고 여기면 된다. 구멍을 뚫어주는 명령은 [결합]이다. 그 결과 뒤쪽의 이미지가 뚫린 모양 안에 보이게 된다. *파워포인트 2010 버전에서 도형 병합기능을 사용하는 방법은 129쪽을 참조.

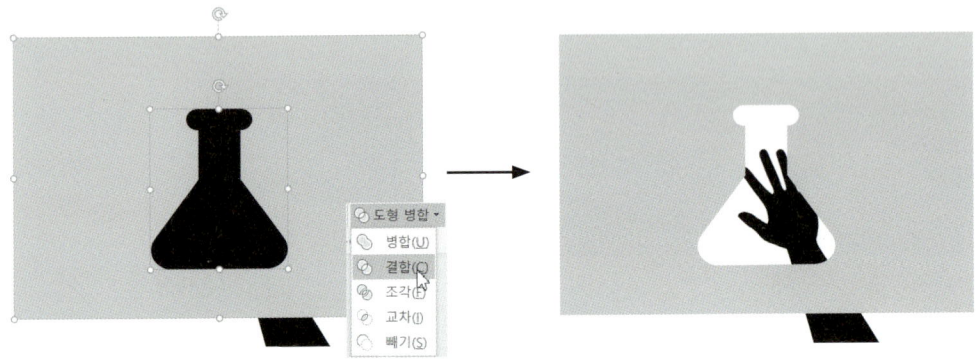

10 뚫린 플라스크 뒤로 누적 막대 차트 배치하기

바탕색을 검은색으로 바꾼 후 플라스크의 높이에 맞춰 누적 막대 차트를 준비한다. 48%를 말하려고 한다면 흰색의 52% 부분을 잊지 않아야 높이에 비례를 맞출 수 있다. 플라스크의 너비보다 더 크게 차트를 만들어야 빈틈없이 채울 수 있다. 차트와 보여줄 숫자를 선택해 [정렬] - [맨 뒤로 보내기]로 뚫린 플라스크 뒤로 차트를 보내면 완성된다. 픽토그램의 모양과 강조 값의 크기에 따라 라벨링의 방식과 위치를 적절하게 조절해 주자. *오피스 365 최신 버전에서는 [통합] 기능으로 명칭 변경.

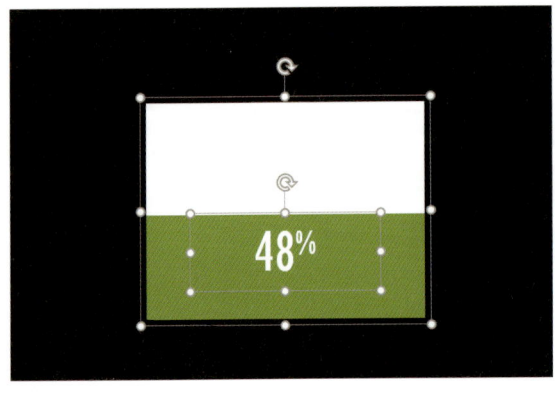

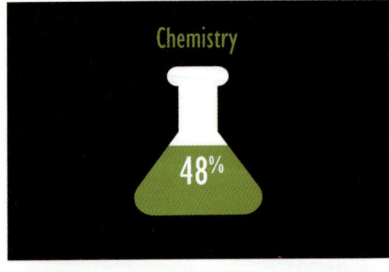

11 도형 병합 기능 응용하기

원리만 알게 되면 더 다양한 단계, 표현도 가능해지므로 디자이너들이 일러스트레이터와 같은 그래픽 프로그램으로 만들었던 결과물 제작도 도전해볼 수 있다. 우리 회사 심벌과 로고, 브랜드, 제품 이미지를 막론하고 SVG나 AI 등의 벡터 포맷만 구할 수 있다면 EMF로 변환해 적용할 수 있다. 아래 커피 사례는 기존의 인포그래픽을 보고 상황에 맞는 인포그래픽으로 만든 것인데 앞의 과정과 마찬가지로 바탕을 뚫고 그 아래에 4단계의 사각형을 배치했다.

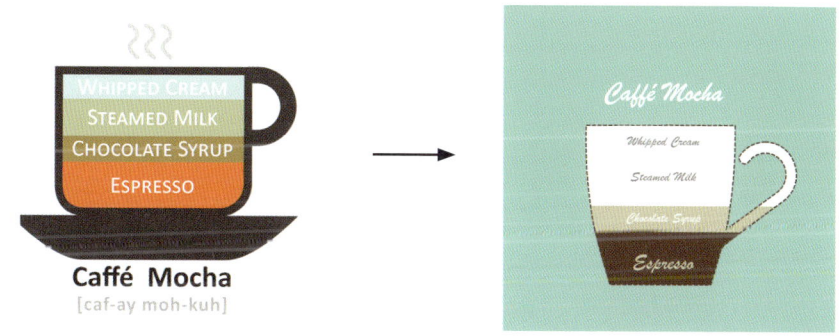

픽토그램뿐만 아니라 로고와 텍스트로도 병합할 수 있고 바탕에 다른 의미의 도형을 넣는 것도 해볼 만하다. 글자도 도형으로 인식하기 때문에 글자와 도형을 함께 선택하고 [서식] - [도형 병합] - [결합]을 적용하고 뒤쪽에는 물결 무늬 도형을 배치했다.

10 사진 트리밍 그래픽 차트
데이터를 넘어 강한 인상을 남기는

인포그래픽 = 아이콘(픽토그램)이라고 생각하는 경우가 종종 있다. 이미지를 사용하는 것이 사진뿐이던 과거에는 아이콘이나 픽토그램으로도 할 말을 전하는 게 무척 놀라웠던 기억이 난다. 이제는 아이콘의 홍수 시대이고 픽토그램은 더 이상 참신하다고 여기지 않는다. 아이콘과 픽토그램이 생각과 주제를 집약해서 보여준다면 사진은 생각에 감성을 넣어 펼쳐주는 역할을 한다. 그러므로 차트에서 제시하는 데이터가 감성까지 전달되기를 희망한다면 도형과 사진을 함께 활용해보자. 매우 인상적인 차트가 만들어질 것이다.

01 픽토그램을 이기는 천만 화소의 힘은 무엇일까?

깔끔한 아이콘이나 픽토그램과 비교했을 때 사진은 우리의 감성과 기억을 끌어내는 강한 힘이 있다. 하지만 차트와 사진은 조화롭게 쓰기도 어렵고 그렇게까지 해야 하는가에 대한 물음에 답을 하기 어려운 것도 사실이다. 그래서 사진을 활용할 때는 단순히 '멋지다'로 끝나지 않는 차트를 만들어야만 한다. 데이터를 도형으로 치환한 후 그 속에 사진 이미지를 삽입하는 방법으로 어렵지 않게 제작할 수도 있고 의미를 풍부하게 전달하는 데 효과를 볼 수 있다. 삼각형 속에 산 이미지를 넣거나 소금 이미지를 넣어서 감정을 느끼도록 하는 것도 가능한 일이다.

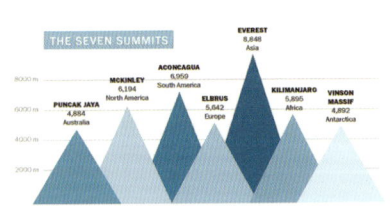
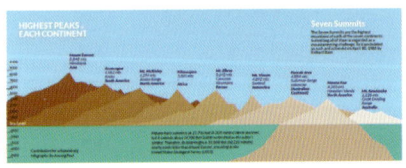

source : commons.wikimedia.org
whartonmagazine.com

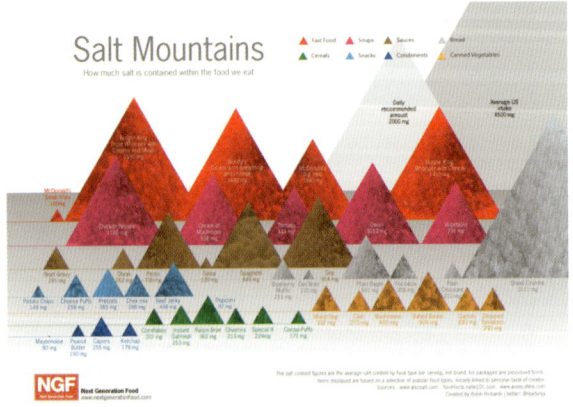

source : www.nextgenerationfood.com

Infographic Preview

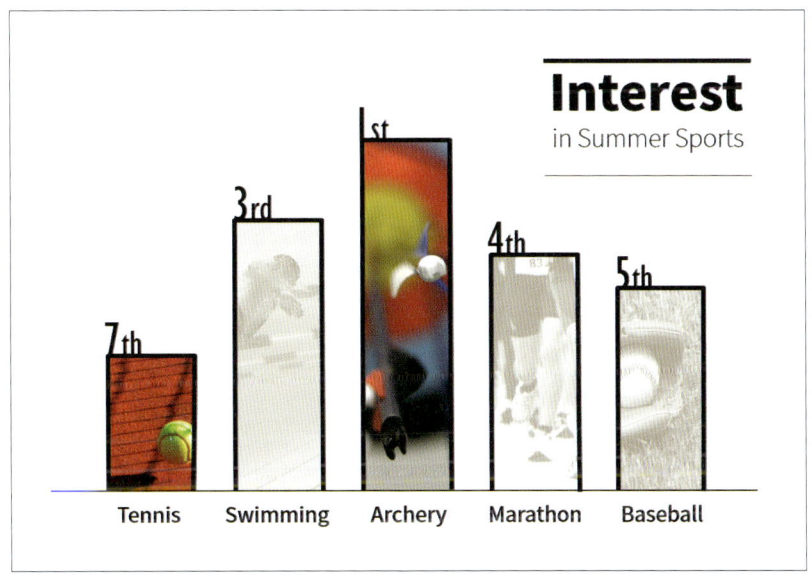

사각형 차트에 사진을 넣는 방법은 간단하지만, 사진을 선정하고 자르는 것은 많은 판단이 필요하다. 사진은 포인트가 확실한 컷으로 고른다.

Infographic Preview

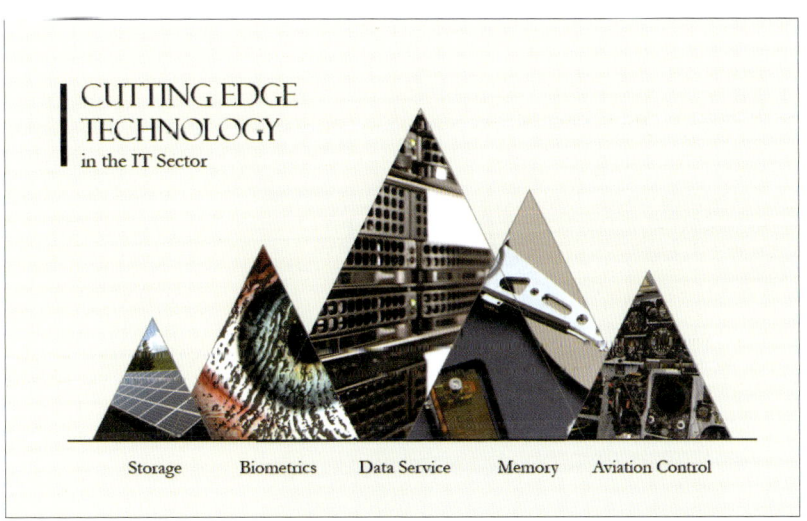

삼각형과 컨셉이 맞는다면 매우 인상적인 차트로 거듭날 수 있다. 단 정삼각형으로 변환해야 시각적으로 안정감을 높일 수 있다.

※ 회자쓰 포스트(post.naver.com/wooseokjin)에서 예제 다운로드와 동영상, 실전 팁까지 저자들이 꼼꼼히 알려드립니다.

02 사각형 막대 차트 크기 조정하기

사각형 막대에 사진을 삽입하여 차트를 만드는 것은 어렵지 않다. 오히려 적절한 사진을 찾는 일, 전체적으로 균형 있게, 같은 시선과 포인트로 완성하는 것이 생각보다 훨씬 더 어렵다. 그래서 많은 시간과 노력을 해야 하는 지점이다. 우선 기본 막대 차트부터 준비하자. (참고로 이 차트는 가상 데이터로 만든 자료임) 사진을 삽입할 경우 컬러를 적용할 때와는 다르게 최대한 너비가 확보되어야 하고 각 막대가 서로 지나치게 개입하거나 방해하지 않는 간격이 필요하다.

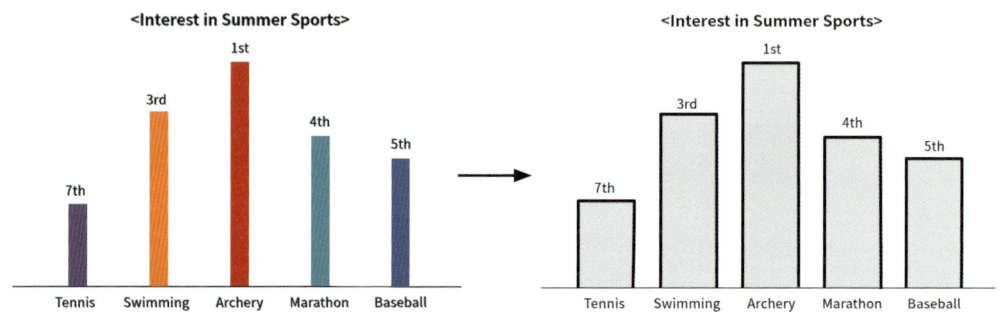

03 사진 무료 공유 사이트에서 사진 가져오기

사진 이미지를 이용할 때는 상업적으로도 저작권이 자유로운 사진을 사용하자. www.pixabay.com이 대표적인데 홈페이지 첫 장의 소개처럼 '무료'이고 '고품질' 이미지가 다량으로 모여 있다. 예를 들어 'sports'를 입력하면 주제와 배경으로 사용 가능한 사진이 다양하게 제시된다. 원하는 사진을 클릭하면 세부 페이지에서 '무료 다운로드' 버튼을 눌러 내려받을 수 있다. 보통 L 사이즈 정도면 파워포인트 바탕으로 사용해도 손색이 없다.

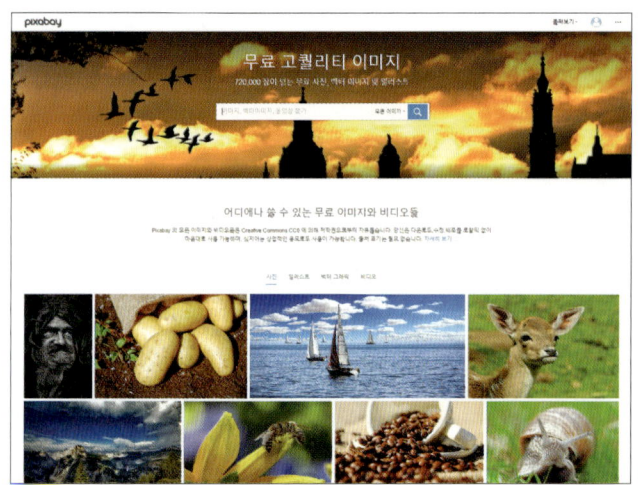

site : www.pixabay.com

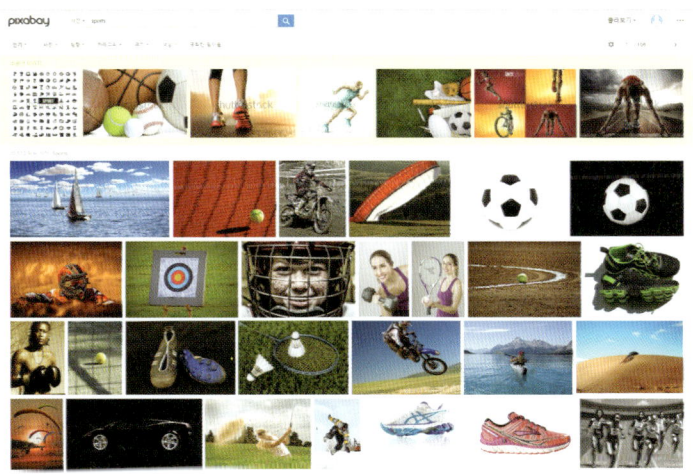

source : www.pixabay.com에서 'sports' 검색

차트에 사용할 사진을 결정할 때는 담을 그릇을 반드시 살펴야 한다. 세로로 긴 막대 안에 넣을 것이므로 긴 형태와 비례로 자르더라도 특징이 잘 드러날 수 있는 사진이어야 한다. 사진을 훑어보면서 어느 부분을 보여줄 것이고 그 결과가 서로 일관된 크기와 느낌인지 상상하는 과정을 거쳐야 시간을 절약할 수 있다.

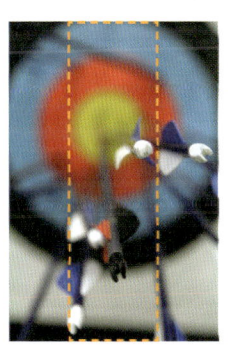

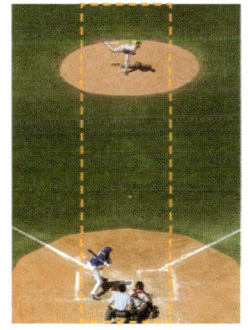

04 사각형 막대 차트에 사진 삽입하기

사진을 막대 차트의 사각형 위에 놓고 크기를 조정한 뒤 [자르기]로 손을 본다. 사진을 필요에 따라 구도에 맞게 자르는 작업을 '트리밍(Trimming)'이라고 하는데 전문가들도 많은 시간을 들이는 중요한 과정이다. 밋밋한 풍경이나 원경보다는 포인트가 있고 감성이 잘 맞는 사진을 골라 자르는 것이 최선이다. 사진을 자를 때는 먼저 대상에게 맞게 자르기로 자른 후 위치와 확대 축소를 번갈아 조정하는 것이 필요하다.

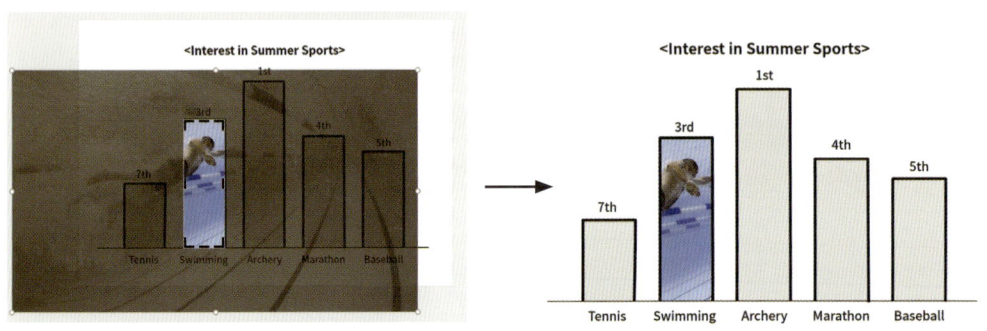

이미지 자르기를 마친 뒤 전체적으로 확인해 보니 야구만 지나치게 원경이라 다른 것들에 비해 주인공이 너무 작고 균형이 맞지 않는다. 공간이 넓고 충분하다면 구도 위주의 사진을 골라도 좋지만 이처럼 작은 면적에 사진을 활용할 때는 근접사진이나 주인공이 명확한 사진으로 대체할 필요가 있다. 야구공, 글러브 같은 사진이 적합하다.

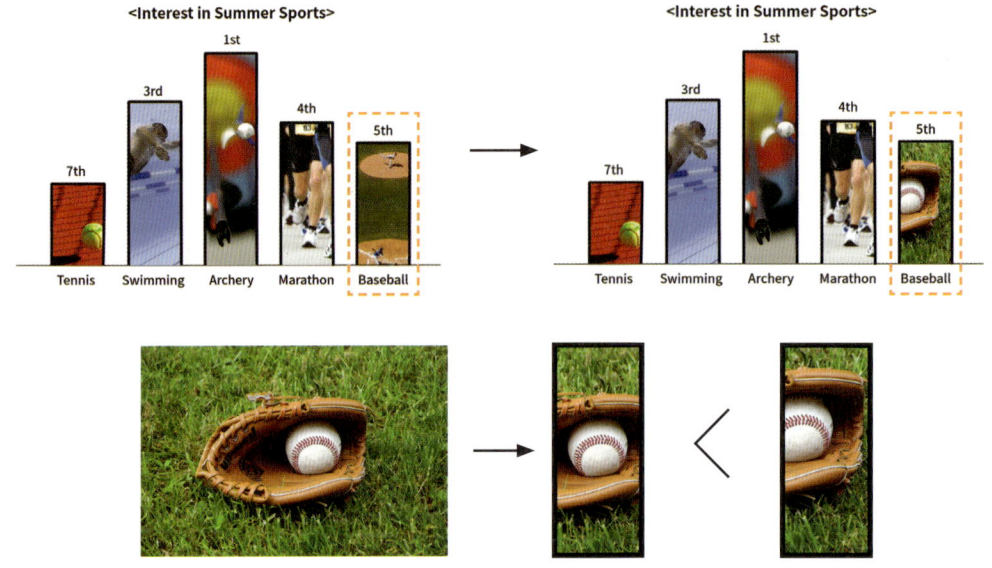

05 회색조 이미지 적용하여 완성하기

마무리로 순위를 나타내는 숫자와 제목을 처리한다. 주제가 스포츠이기 때문에 시상대에 서 있는 선수를 떠올려 힘있는 폰트를 사용하고 크기를 조절한다. 제목의 위치를 정할 때는 전체의 공간 배분을 보고 제목이 들어가기 적합한 곳을 선정한다.

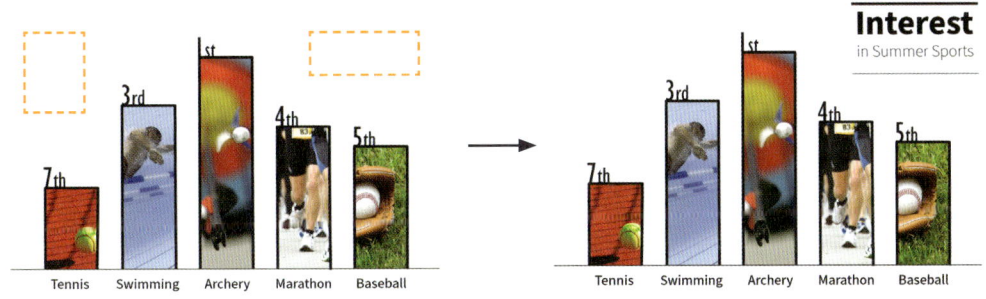

font : Gill Sans MT Condensed(number)

강조하고자 하는 내용이 있다면 해당 사진은 그대로 두고 다른 그림들을 선택하고 [그림 도구] - [서식] - [색] - [회색조]를 적용하자. 그레이스케일로 변경되어 주인공과 메시지가 더 명확한 차트를 완성할 수 있다.

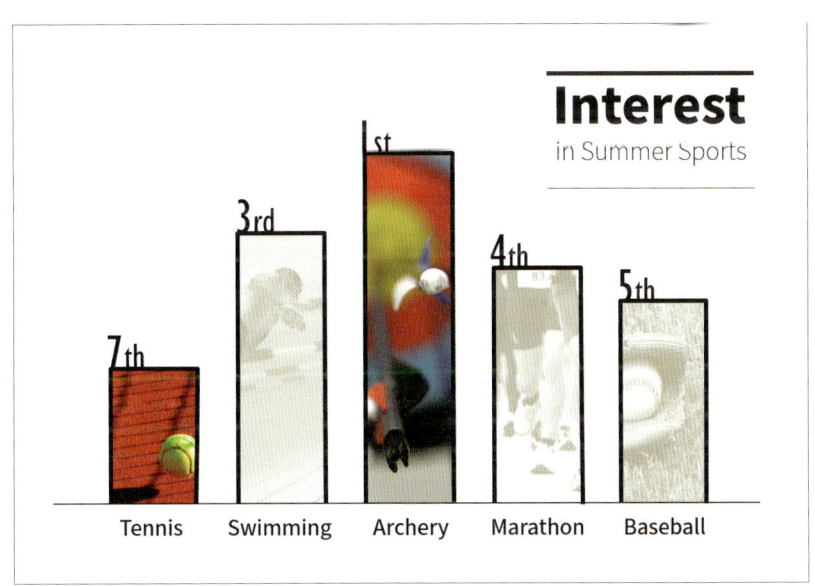

Infographic TIP

컬러와 회색조의 조합은 보고와 발표에서도 궁합이 잘 맞는다. 전체를 보여줄 때는 모두 컬러로 제시하고 하나씩 세부 설명을 할 때는 주인공만 컬러 이미지로 세팅하고 나머지는 회색조로 처리하면 집중도를 높일 수 있다.

06 사진이 삽입될 삼각형 차트 준비하기

좀 더 나아가 삼각형으로 치환된 차트에 사진을 넣어보자. 앞서 산봉우리의 예처럼 산, 치솟음, 차이, 높음, 예리함 등을 상징하는 정보일 때 삼각형으로 치환이 가능하다. 회사가 보유한 첨단 기술에 대한 성과를 소개하려고 한다면 영어로 'high-tech', 'cutting edge'라고 하듯 삼각형 이미지와 적절히 어울릴 것이다.

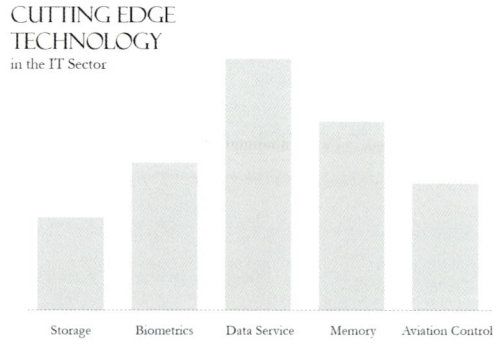

삼각형은 이등변 삼각형 보다는 정삼각형일 때 시각적으로 가장 아름답고 안정적이다. 그러려면 치환하기 전 사각형의 비례도 정사각형이어야 한다. 눈 대중으로 조정해도 괜찮지만 정확한 값으로 만들기 위해서는 수치 입력을 활용하자. 사각형의 크기는 [그리기 도구] - [서식] - [크기]에서 높이, 너비를 수치로 입력하고 수정할 수 있다. 모두 바꾼 뒤에는 자르기를 쉽게 하기 위해서 윤곽선으로만 된 정사각형을 준비해 둔다.

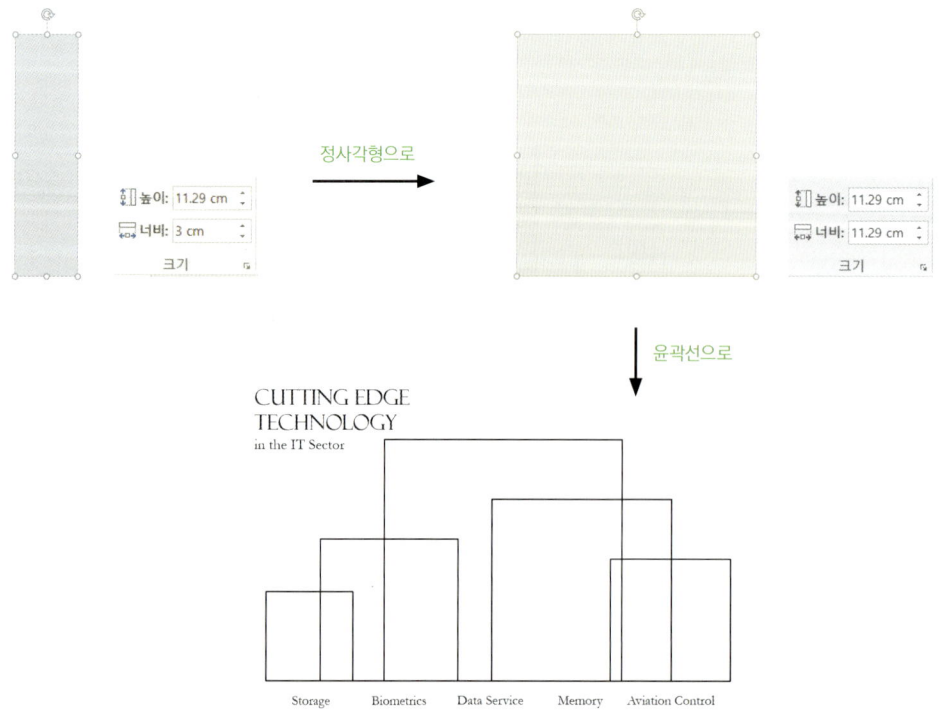

사각형을 모두 선택한 후 [그리기 도구] - [서식] - [도형 편집] - [도형 모양 변경] - [기본 도형]에서 삼각형을 선택한다. 현재의 비례대로 변경된 삼각형이 만들어진다.

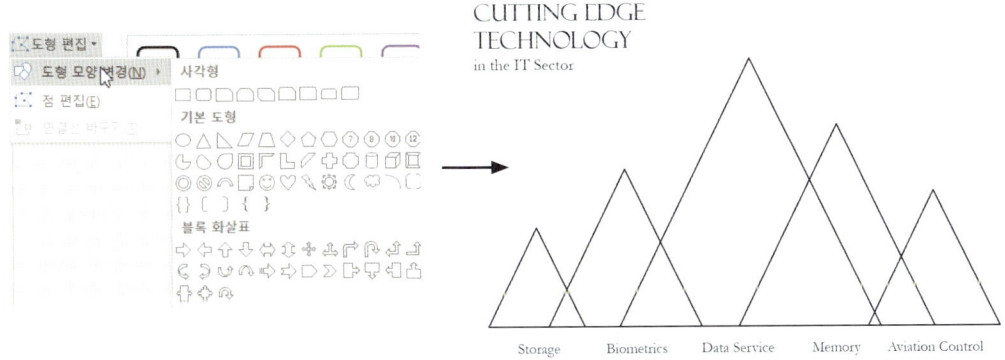

07 삼각형 모양으로 사진 자르기

스포츠 주제와는 달리 기술이라는 주제는 강한 주인공이 있기보다는 반복되는 이미지가 많을 가능성이 높다. 이럴 때는 밀도와 톤이 적절히 맞는 사진들을 고르는 것이 효과적이다. storage, biometrics 등을 입력해 찾은 것인데 만일 주제가 광범위하다면 구글 검색을 활용하자. *구글 이미지 검색으로 키워드를 찾는 방법은 64쪽을 참조.

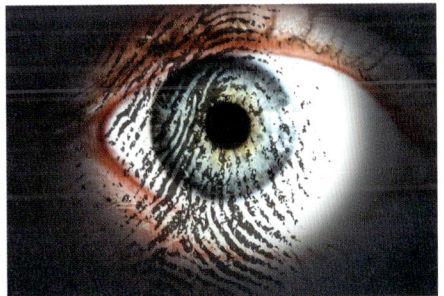

source : www.pixabay.com에서 관련 단어 검색

사진은 가장 뒤에 배치할 큰 삼각형부터 넣는다. 그래야 작은 면적의 삼각형과 이미지와의 비교나 조정을 쉽게 할 수 있다. [자르기] - [도형에 맞춰 자르기] - [기본 도형] - [삼각형]을 선택하면 사진이 삼각형으로 잘린다. 다만 사진의 비례대로 잘려 가로가 넓은 사진은 가로가 넓은 삼각형으로 잘린다. 이때 아래의 명령인 [가로 세로 비율]   [1:1]을 선택하면 작은 크기를 기준으로 정삼각형을 만들어 준다. 크기는 테두리로 만든 삼각형에 맞추면 된다.

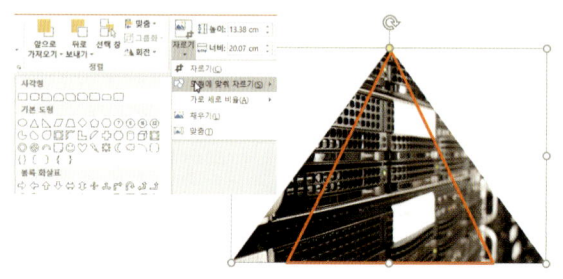 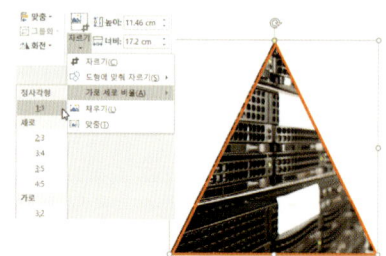

같은 방법으로 다른 삼각형에도 모두 적용해서 마무리한다. 사진이 들어간 차트는 바탕색으로 사진의 톤과 비슷한 색을 옅게 지정해 주면 훨씬 자연스럽고 잘 흡수되는 느낌이 든다.

사진으로 구분하기 가장 좋을 때는 사람이나 상징물, 스포츠, 국가 등 고유명사를 가지고 있을 때이다.
source : www.charlesapple.com

08 다양한 도형으로 자르고 적용하기

사진을 활용하는 차트는 간단한 도형이 적절하지만 스스로 한계를 둘 필요는 없다. 화살표, 원, 육각형, 마름모 모두 가능하다. 다만 어떤 치환이든 핵심, 메시지와 의미가 적절한지 반드시 짚어보아야 한다. 사진을 적용하는 다양한 방법이 있으니 경우에 맞춰 아래 방법을 시도해 보자.

[파이, 도넛 차트]
[자르기] – [도형에 맞춰 자르기] –
[막힌 원호]

[영역 차트]
차트를 확장 메타 파일로 분해 후
[도형 서식] [채우기] –
[그림 또는 질감 채우기]

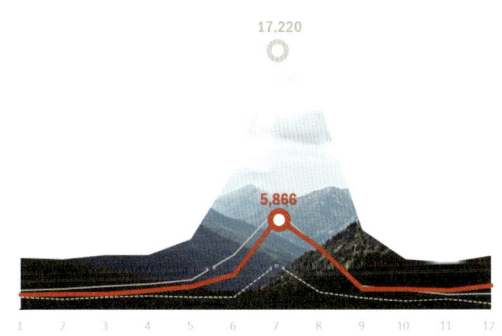

[막대 차트]
차트를 확장 메타 파일로 분해 후
[도형 병합] – [병합] 후
[도형 서식] – [채우기] –
[그림 또는 질감 채우기]

사용자의 시선을 사로잡는 정보 디자인
시각적 동선에 따른 범례 설정법

차트를 만들고 나면 저절로 따라오는 범례 사각형을 굳이 손볼 필요가 있을까? 이런 의문이 든다면 남이 만들어 제시하는 자료를 볼 때 느꼈던 불편함을 떠올려 보자. 차트의 내용 파악도 어려운데 범례와 항목들을 일일이 맞춰가며 의미를 찾기에 모든 에너지를 쏟아냈던 기억이 있다면 범례는 제대로 만들어야 한다. 가장 기본적인 방법은 차트와 범례, 데이터는 하나로 묶되 차트(범례 포함) – 데이터 레이블의 순으로 자연스럽게 흐르도록 배치하는 것이다. 그러면 친절하게 느껴진다.

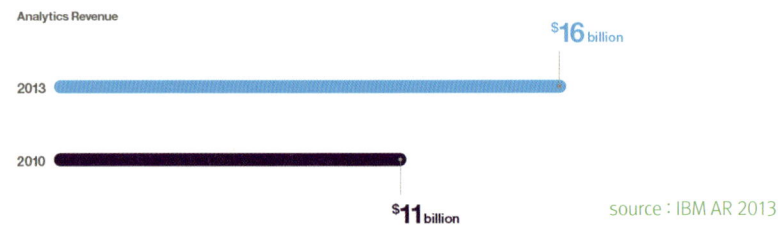

말로 설명하듯, 순서대로 강조하고 합하여 전체가 구성할 수 있다면 보고나 발표 자료라도 순서대로 전개되는 방식은 친절하다고 느껴진다. 만일 세세한 모든 값을 거론할 필요가 있는데 너무 잘게 나뉘어 있다면 차트 밑으로 표를 나열해 주는 편이 훨씬 좋다. 이 사례는 컬러가 단계별로 변화하고 있어 순서를 매칭할 필요 없도록 했기 때문에 더 쉽게 느껴진다. 결국, 사람들의 시각 동선을 자연스럽게 유도하고 있다.

보여줄 값이 많다면 선을 길게 빼고 그 위에 데이터를 넣는 방법이 효과적이다. 지시선이 정보 전체를 체계적으로 정리해주는 역할을 하기 때문이다. 단, 일직선이 아니라 한번 꺾여 나오는 선을 유심히 보면 모든 선의 끝은 원의 중심을 향하고 있음을 알 수 있다. 작은 노력이 좋은 차트를 만드는 법이다.

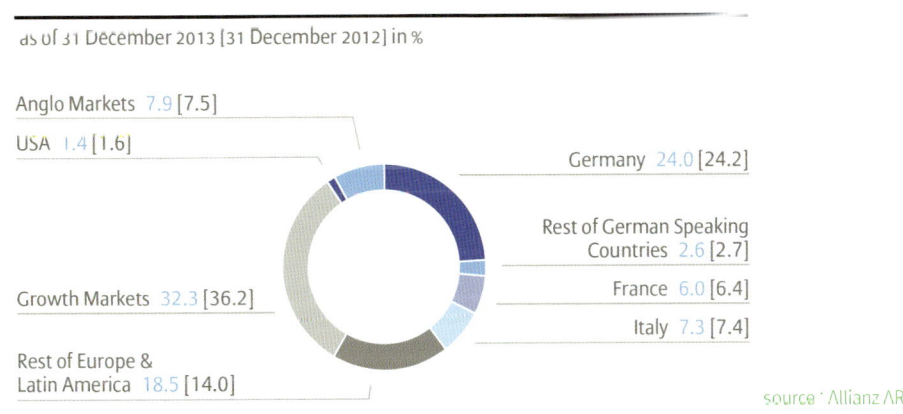

14가지를 모두 보여주고 싶지만 먼저 크게 3으로, 다음 단계에서 세분화된 내용을 보여 주면 된다. 차트 바깥의 영역도 차트의 일부분이라고 생각을 확장했기 때문에 나올 수 있는 시도이다. 지시선이 가리키는 곳을 명확히 하는 방법으로 파이 차트 내부에 구멍 뚫은 것도 매력적이다. 사람들은 시각 동선을 어떻게 움직이고 있는가를 늘 고민하자.

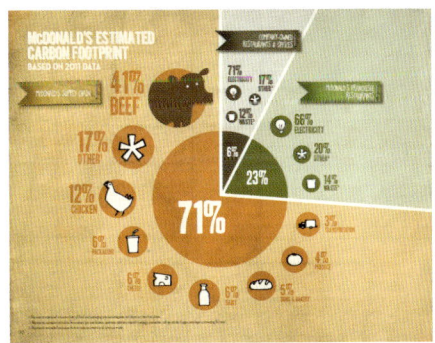

source : McDonalds CSR 2013

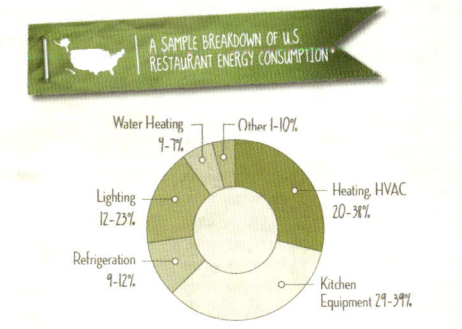

11 정보 판단은 쉬워지고 공감은 높아지는
비중 치환 인포그래픽

전달하려는 의도가 단어와 표, 숫자만으로 충분하지 않을 때 차트를 활용하게 된다. 그런데 이마저도 충분하거나 적합하지 않을 때가 간혹 생기게 되는데 많다/적다가 아니라 '정말 많죠?, 그러니 OO해야 합니다', '정말 적죠? 우리가 OO 하는 상황입니다'와 같은 감정의 전달이 필요할 때를 말한다. 이런 경우는 차트를 메타포로 치환한 후 메타포 자체를 나눠서 말하거나 개체를 모두 나열한 후 전체와 부분을 비교하는 방법이 효과적이다. 결국, 많고 적음이 아니라 얼마나 힘이 드는지, 얼마나 어려운 상황인지를 공감각적으로 전달하는 방법을 사용하는 것이다.

01 %로 환산된 숫자, 제대로 활용하기

'지구가 100명의 마을이라면'이라는 책이 있다. 75억에 달하는 세계 인구에서 남성 인구가 3,748,586,436, 여성인구가 3,689,085,064라고 할 때 '아! 남성이 이만큼 많군!' 이라며 알아듣는 사람이 몇이나 될까. 이때 좀 더 알아차리기 쉽게 100명으로 환산하는 방법을 쓰면 정보의 정확도는 살짝 떨어지지만 반대로 이해도는 매우 높아진다. 즉 100명이라면 '남자가 51명, 여자가 49명이라는 거야' 라고 말할 수 있게 된다. 이때는 딱딱한 차트로 보여주기보다는 남자와 여자를 상징하는 심벌(사람, 기호, 컬러 등)로 치환하여 제시한다면 훨씬 마음에 와 닿을 것은 분명하다. 데이터가 복잡할 수록 100으로 환산한 후 상징물(메타포)에 적용하면 정보에 대한 판단은 쉬워지고 공감은 높아진다.

 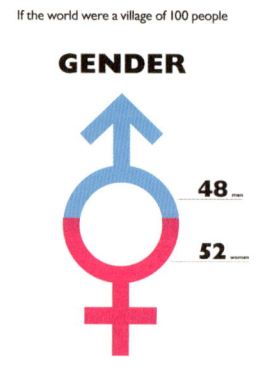 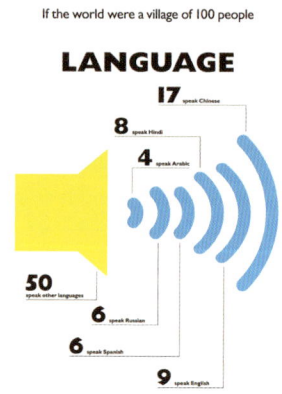

The World of 100 Postcards (2011 version)
www.toby-ng.com

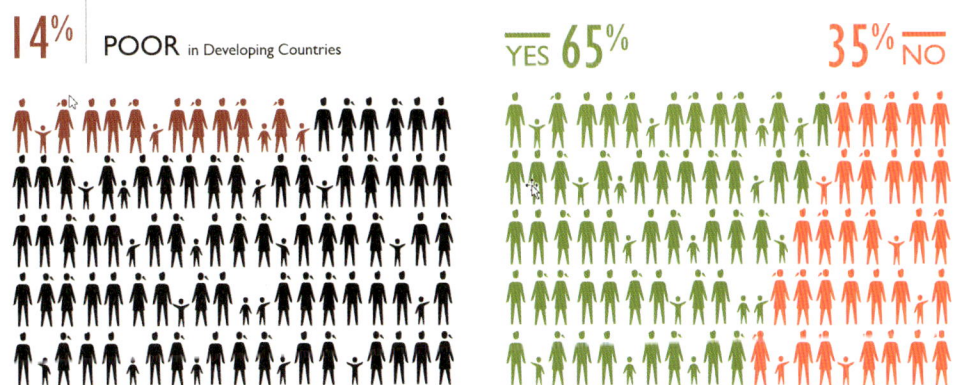

모든 것을 100으로 환산하여 '100 중 얼마'라는 비중을 인포그래픽으로 보여주면 강력한 결과물이 탄생한다.

100 중 얼마를 10 중 얼마로 간략화하면 가늠하기 쉬워지는 경우가 있다.

※ 회자쓰 포스트(post.naver.com/wooseokjin)에서 예제 다운로드와 동영상, 실전 팁까지 저자들이 꼼꼼히 알려드립니다.

02 파이 차트에서 시작하기

개발도상국에서의 극빈곤층이 현재 14%에 달한다는 통계를 보여주고자 할 때 이성적인 차트를 넘어 '아직도 그렇게 많아?'라는 성서를 끌어내고자 한다면 어떤 방법을 쓰는 것이 좋을까? 비중을 나타낼 때 처음 시작은 파이 차트로 시작해야 한다. 그리고 의미를 더 담고 싶다면 앞서 말한 듯이 100이라는 개수로 표현하면 공감의 힘을 발휘할 수 있다.

source : The Millennium Development Goal Report 2015

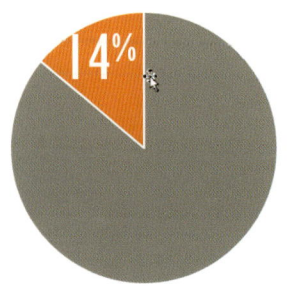

03 10개와 100개의 사각형 모듈로 표현하기

파이 차트를 길이로 환산한다고 생각해 보자. 앞서 다룬 도넛 차트를 누적 막대 차트로 변화하듯 긴 띠로 생각해 보거나 10개의 사각형, 또는 100개의 사각형을 떠올려도 된다. 10%를 1개의 사각형으로 표현한다고 할 때는 5:5, 6:4 등 균형이나 불균형을 확실히 보여줄 수 있기 때문에 효과적이지만 지금처럼 나타내려는 비중이 작을 때는 전체 중 얼마만큼 차지하고 있는지 적절한 의미를 담기에 뭔가 부족한 게 사실이다. 이때는 오히려 10개 보다 100개를 모두 표현하는 편이 많은 전체 중 얼마라는 정보가 더 잘 전달된다.

POOR in Developing Countries

VS.

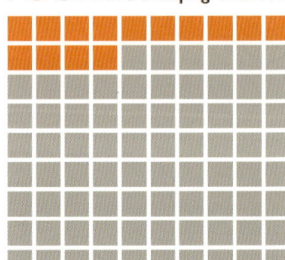

만약 인포그래픽으로 작성하는 문서가 세로형이라면 사각형의 개수를 10×10으로 만들고 프레젠테이션 슬라이드의 공간이 가로형이라면 20×5 가로형으로 만드는 편이 공간 활용에 적합하다.

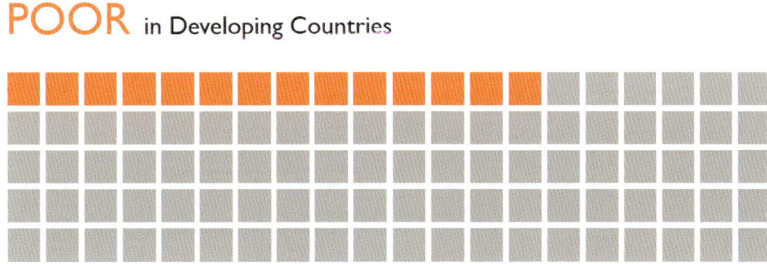

04 감정이 실린 인포그래픽 심벌 도입하기

사각형을 통해 정보를 보는 것과 사람 형상을 통해 보는 것, 어느 편이 더 사람의 마음을 움직일까? 사각형으로 체계화된 차트에 그대로 사람 심벌(픽토그램)이나 아이콘을 가져와 적용해 보자. 이를 위해 먼저 Thenounproject에서 검색어 'people' 또는 'family'를 입력해보면 다음과 같이 다양한 느낌의 픽토그램을 구할 수 있다.

우리에게 친숙한 화장실 픽토그램 주인공들은 너무 정갈해서인지 경직된 느낌을 준다. 하단의 머리를 흩날리는 여자 아이콘은 너무 발랄하다. 메시지와 스타일이 맞는 심벌을 고른 뒤 각각의 아이콘을 개별적으로 활용할 수 있도록 아이콘 컬렉션에서 선택해 각각의 파일을 다운로드한다. *픽토그램을 컬렉션으로 선별하는 방법은 74쪽을 참조.

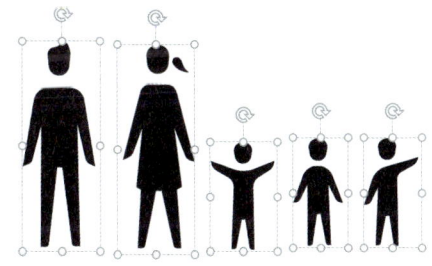

05 심벌을 조합해 100개의 세트로 만들기

준비한 아이콘을 비례대로 줄여서 100개를 만든다. 이때는 똑같이 복사하여 100개를 구성하지 말고 남자, 아이, 여자를 고루 섞어서 100개의 세트를 만들면 자연스러운 조합으로 보인다. 픽토그램의 비례와 공간을 보고 20×5가 좋을지 10×10이 좋을지 판단해 배열한다.

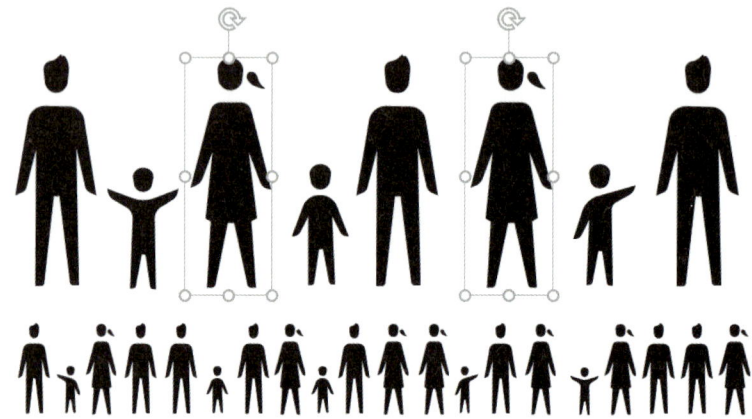

Infographic TIP | 복제할 때 [복사하기] - [붙이기]를 반복하는 것은 시간 낭비이다. 선택한 개체를 드래그할 때 Ctrl을 누르면 복제가 되고 Shift까지 함께 누르면 수평 수직으로 복제된다.

조합을 다채롭게 해서 세트를 만들게 되면 지구의 다양하고 많은 사람이라는 느낌을 강하게 받을 수 있다. 제목을 달 때는 강조하고 싶은 것부터 순서로 작성하고, 보여주고 싶은 텍스트는 굵게(강약) 적용한다.

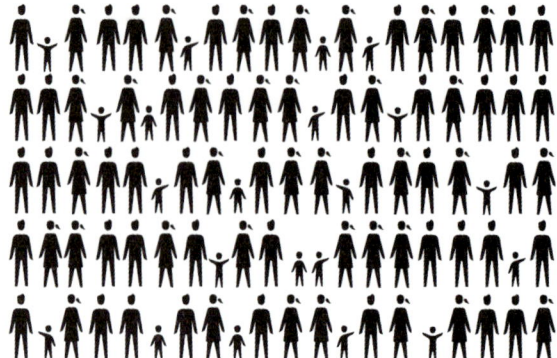

06 핵심을 강조하기 위한 색상 적용하기

시작을 포함하여 14개의 픽토그램을 선택하고 강조색을 적용한다. 이때 14%라는 숫자에도 같은 색을 적용하는 것을 잊어서는 안 된다. 범례를 특별히 넣지 않아도 심벌과 정보가 연결되도록 하는 것이 직관성을 높이기 때문이다.

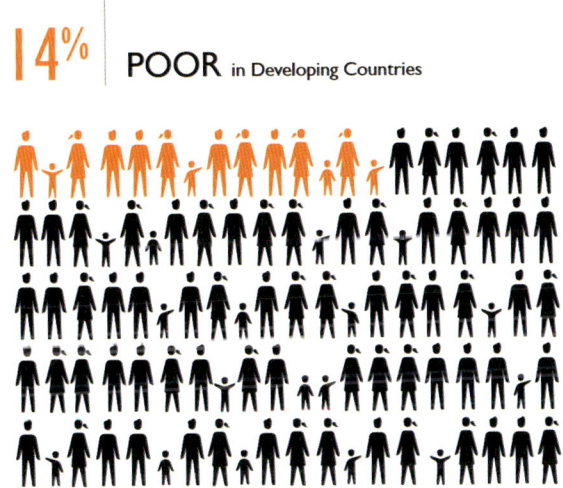

인포그래픽에서 컬러를 이용하여 배색할 때는 주인공이 되는 14%를 더욱 강조하기 위해 강조색을 사용하는 방법도 있지만, 주인공 이외의 컬러를 약화하는 것도 좋은 방법이 될 수 있다.

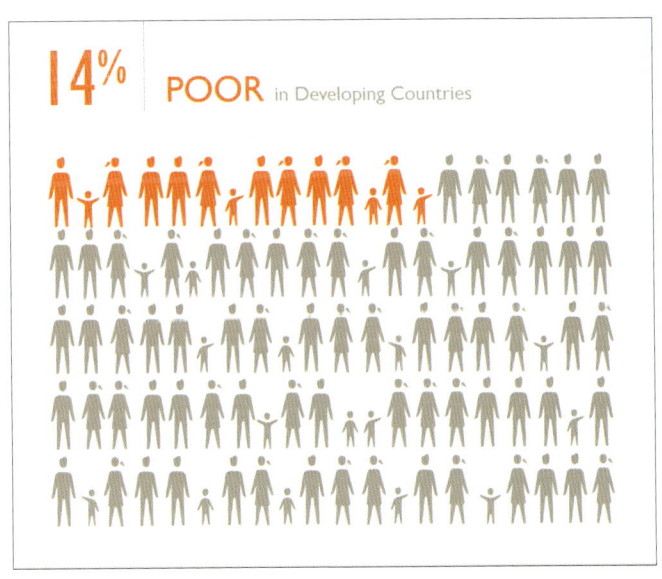

100개의 세트는 1:1로 딱 나뉘는 남성/여성, 찬성/반대, 보수/진보 등의 정보를 나타내는 방법으로도 좋다. 각각을 대변하는 상징 컬러를 적용하면 대결 구도를 강하게 만들어서 정보의 날카로움이 더 잘 표현된다. *컬러 선정에 대한 자세한 사항은 188~189쪽을 참조.

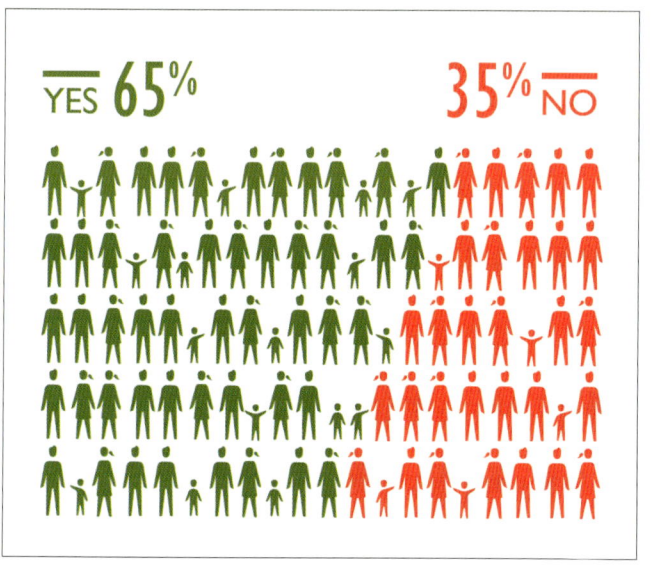

Infographic TIP %를 제목이나 강조 포인트로 쓸 때는 숫자보다 작은 크기로 조절하여 사용하자. 특히 한 자릿수 숫자일 때는 %가 너무 크게 보일 때가 있다. %를 선택하고 마우스 오른쪽 버튼을 누른 후 [글꼴]에서 위 첨자를 클릭하여 적용하자.

07 전체 개수 중 1 또는 2로 표현하기

언제나 사람에 대한 이야기는 조금 특별하다. 어떻게든 가늠할 수 있는 단위로 전달해 공감을 끌어낼 수 있어야 한다. 예를 들어 '8명 중 한 명'보다는 '두 가족 중 한 명'이라고 표현하면 상상이 좀 더 구체적으로 바뀌면서 감정이 일어나게 된다.

7 중		14%		28%		42%
6 중	1	16-7%	2	33%	3	50%
5 중		20%		40%		60%

20%는 '국민 다섯 명 중 한 명'이 가능하고 14%는 '일곱 개 중 한 개'라는 강력한 표현이 가능하므로 100개 중 14개를 표현하는 것보다 더 선명하고 공감력을 끌어낼 수 있다.

최종적으로 마무리할 때는 강약 조절의 다양한 방법을 적용해 본다. 강조색에 비해 약한 회색을 썼지만 6명 대 1명이 컬러로 싸우기는 벅찬 감이 있다. [채우기]에서 [패턴 채우기]를 적용해 밀도를 낮춰주면 컬러와 밀도의 합으로 1명이 충분히 이겨낼 수 있는 조화를 이루게 된다.

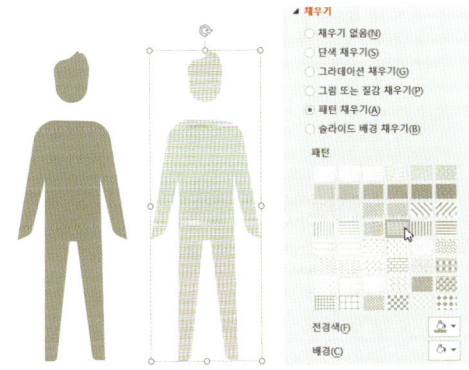

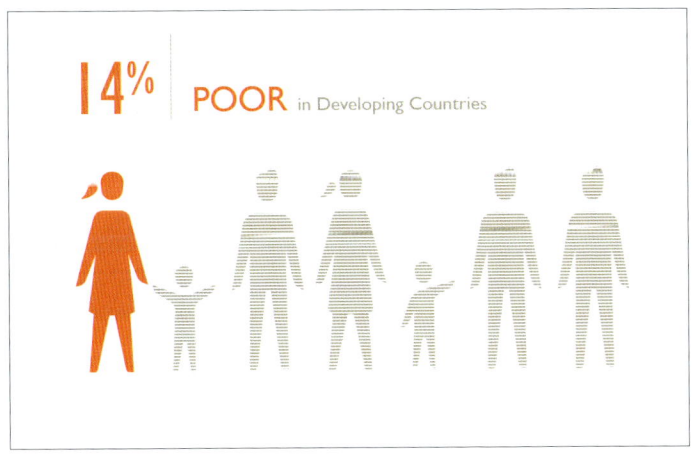

12 부모와 자식으로 구분하여 값을 제시하는
영역 + 선 콤보 차트

차트에 하나의 정보만 깔끔하게 들어가도 된다면 머리 아플 일이 없겠지만, 우리 회사의 실적뿐만 아니라 비교 데이터, 경쟁사 데이터, 다른 요인 데이터 등 추가할 것들이 많다면 뭔가 다른 해결책을 찾아 나서야 한다. 주인공을 내세울 때 흔히 쓰는 일차적 차별화의 방법을 넘어서서 차원을 달리하는 방법으로 콤보 차트를 도입해 보면 문제의 실마리를 찾을 수 있다. 콤보 차트를 잘 쓰는 사람이 진짜 실력자다.

01 동등한 겨루기는 같은 체급끼리, 더 돋보이려면 다른 체급끼리

스포츠에서는 공평한 조건에서 기술과 체력 등의 실력을 겨루기 위해 체급이라는 것을 적용하고 남녀를 분리해 경기를 치른다. 그것이 '공평'하다는 것은 즉 고만고만한 조건으로 결과를 얻겠다는 의도이다. 하지만 화제의 중심으로 떠오르려면 서로 다른 체급 즉 헤비급과 라이트급이 붙어야 시선을 끌 수 있을 것이다. 앞서 경쟁사나 조연 데이터와 차별화를 위해 색을 바꾸고 선의 두께를 굵게 하는 노력으로 성과를 거두었지만, 더 복잡한 데이터가 있다면 '차원'을 달리해야 제대로 주목을 받을 수 있다. 즉 형제끼리 겨루게 하지 말고 하나는 바탕이 되는 부모로, 돋보이게 하려는 것은 자식으로 계층을 달리하라는 뜻이다.

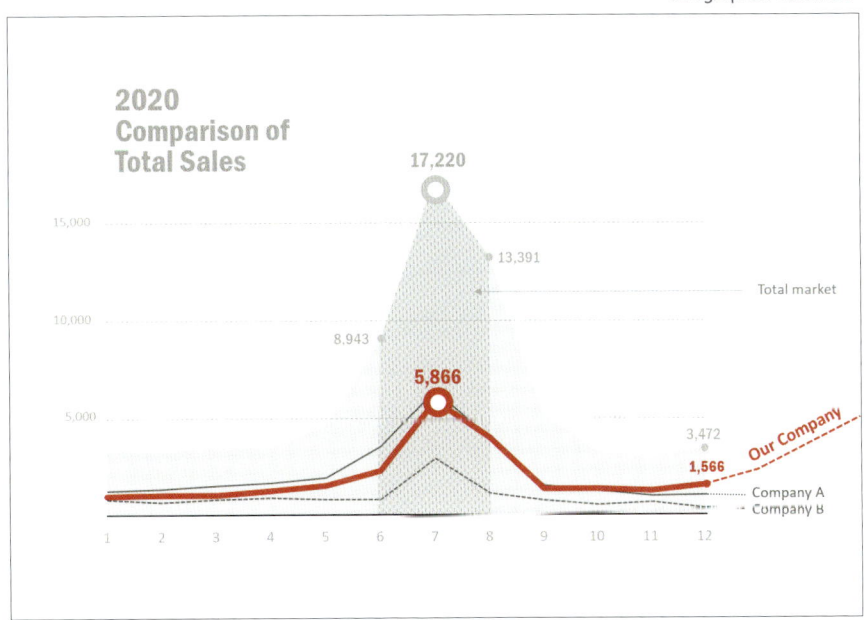

바탕이 되는 데이터는 영역형으로, 강조할 데이터는 꺾은 선형으로 적용할 수 있다면 각 데이터의 역할이 선명해 진다.

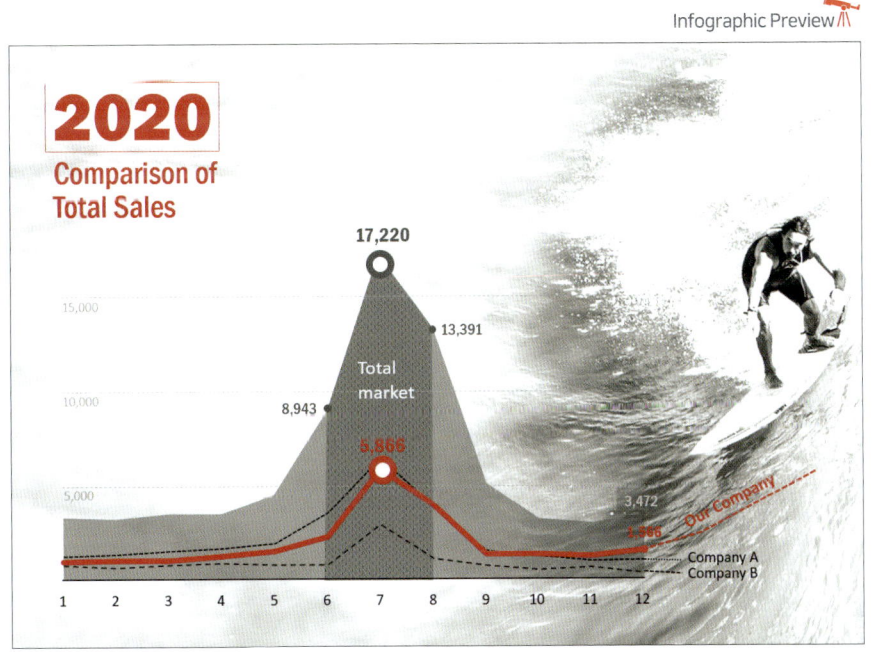

배경으로 적당한 이미지를 찾아내어 차트가 돋보이는 범위 내에서 활용하면 주제가 훨씬 명쾌해진다.

※ 회자쓰 포스트(post.naver.com/wooseokjin)에서 예제 다운로드와 동영상, 실전 팁까지 저자들이 꼼꼼히 알려드립니다.

02 리허설로 보고·발표의 순서와 중요도 결정하기

누구나 한 장으로 핵심을 전달하고 싶지만, 맘처럼 쉽지 않다. 중요한 데이터가 무엇인지 알고 있더라도 그 생각을 그대로 시각화한다는 건 결코 만만한 일이 아니다. 특히 단순히 비교할 수 있는 한 두 개의 데이터가 아닌 전체 시장 매출, 경쟁사, 자사의 데이터가 함께 얽힌 복잡한 차트를 한 눈에 이해하도록 만드는 것은 더욱 벅차다. 그럴 때는 오히려 어떤 순서로 이해시키는 것이 좋을까 고민하는 편이 더 현명하다.

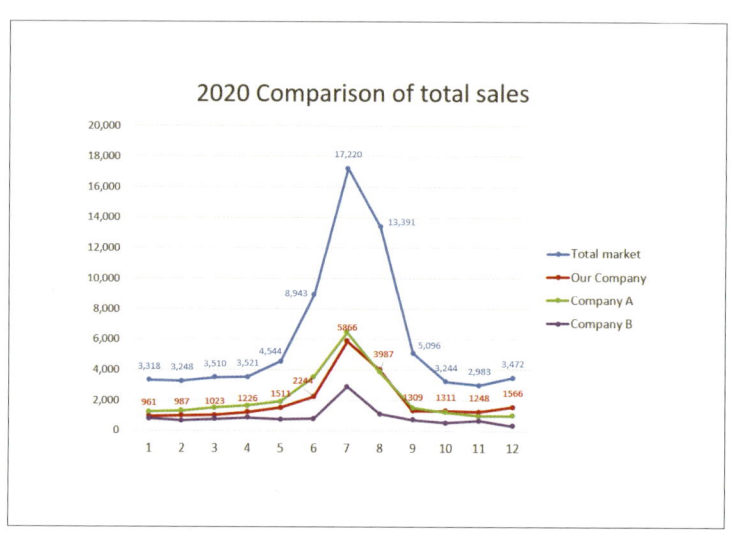

인쇄물로 보고하든 간단한 부서 발표든 아니면 연말에 임직원 앞에서 프로젝트 화면을 띄워 놓고 하는 발표든 막론하고, '이 차트를 나는 어떻게 말할 것인가?'를 실제 입 밖으로 소리내어 설명해보면 생각보다 쉽게 핵심 내용과 강조의 순서가 정해진다. 예를 들어 이 차트를 가지고 발표한다면 다음과 같은 이야기로 풀어진다.

"2020년 OO부문의 전체 시장 매출은 예년과 마찬가지로 여름철인 6~8월, 큰 폭으로 상승했습니다.
가장 정점에 이른 7월의 매출은 작년에 비해 12% 상승한 17,220입니다.
최대 경쟁사인 A사도 여름철에 가파른 성장세를 보인 것이 사실이지만 여기서 주목할 부분은 시장점유율 2위인 우리 회사가 7월부터 홍보한 '막판 힘내라 세일' 마케팅 덕분에 8월, A사를 앞지르기 시작했고 시장의 정체기인 하반기에 오히려 재고물량 세일에 대한 문의가 이어지면서 전체 시장의 50%에 육박하는 안정적인 매출 유지를 하고 있다는 점입니다."

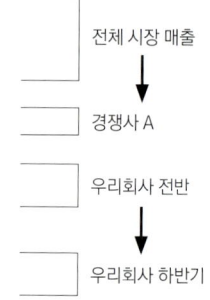

간단한 방법으로는 중요도 따라 주인공은 강조하고 나머지는 회색 처리를 하되 전체 시장 매출과 경쟁사에서도 차등을 두어 처리할 수 있다. 데이터 레이블 표기는 모두 하는 것보다 의미 있는 숫자만 마지막에 기재해 넣는 편이 낫다. 그 결과 어느 정도 정리는 되었지만, 여전히 복잡하고 핵심이 잘 드러나지 않는다는 것을 알 수 있다.

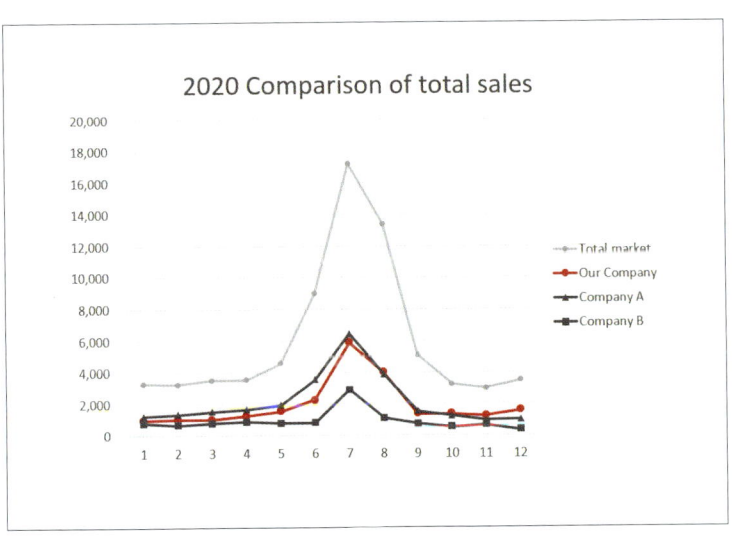

03 면과 선으로 차원을 달리하는 콤보 차트 적용하기

선으로만 배경이 되는 전체 시장과 우리 회사의 관계를 보여주고 또 우리 회사를 강조하려니 확실한 구분이 되지 않는다. 이럴 때는 배경이 되는 전체를 부모(면적)로 설정하고 돋보이고 싶은 우리 회사를 자식으로 생각해서 선으로 강조하자. 바탕 위에 선이 있으면 전체에서 주연과 조연의 구분이 명확하게 드러난다. [삽입] - [차트] - [디자인] - [차트 종류 변경]에서 [콤보]를 선택하고 [영역형]과 [꺾은선형]으로 분리해 적용한다.

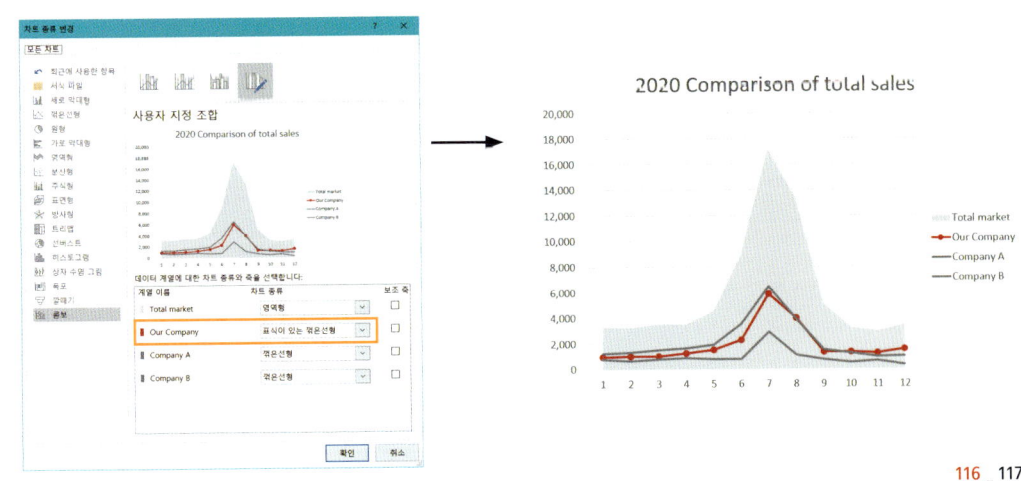

04 콤보 차트 분해하여 편집하기

이렇게 2가지의 차트가 적용된 콤보 차트를 [자르기] - [선택하여 붙여넣기] - [그림 - 확장 메타 파일]로 붙여넣고 [그룹 해제] 2회를 적용하여 도형으로 분해한다. 최소한의 눈금선만 적용한 후 나머지 불필요한 요소들은 모두 제거한다.

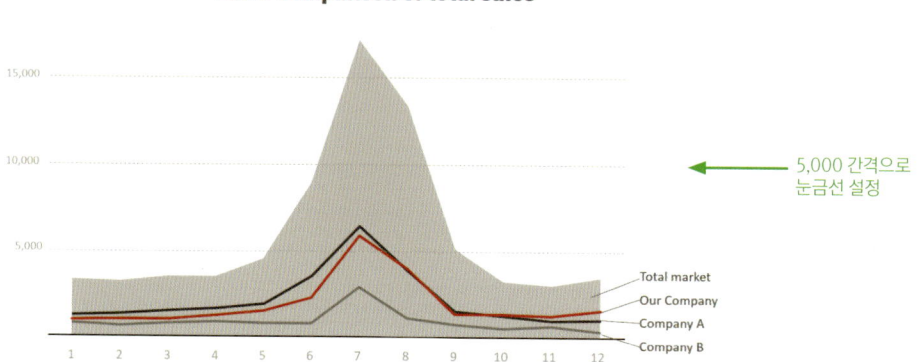

많은 요소가 있을 때는 어떻게든 시선이 분산되지 않게 비슷한 요소와 영역을 덩어리로 묶어줘야 한다. 제목은 앞줄 맞추기로 정리해 박스 안에 넣고, 범례는 같은 컬러로 통일하는 식이다. 또 경쟁사에 비해 우리 회사가 더 주목받도록 경쟁사는 점선으로, 우리 회사는 더 굵은 선을 적용하면 핵심 정보가 더 빠르게 전달된다.

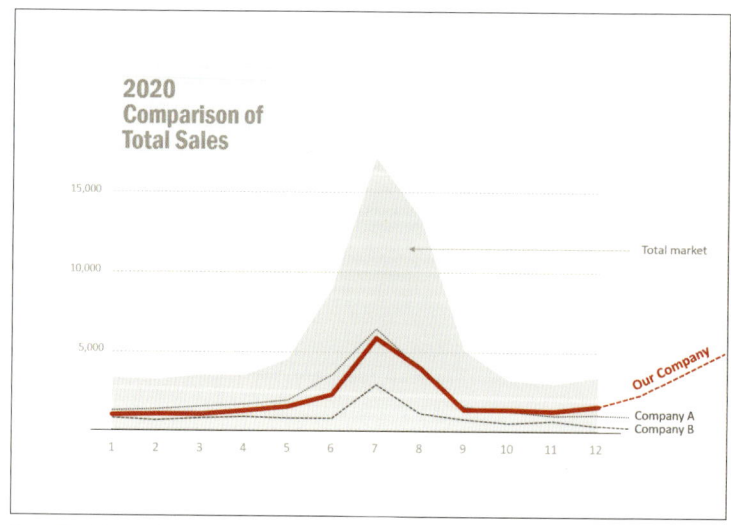

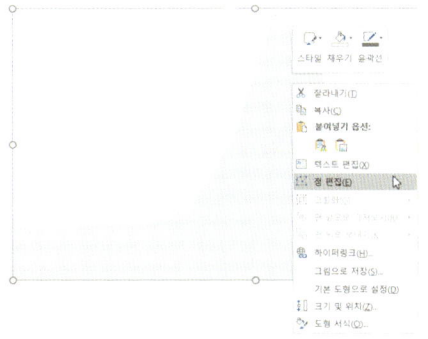

주목해야 할 6~8월 매출을 표시해주려면 전체 매출 부분이 면적으로 되어 있으므로 강조 역시 면적으로 처리하면 된다. 변환된 상태의 영역형 차트를 복제하여 마우스 오른쪽 버튼을 클릭하여 [점 편집]을 실행한다. 삭제할 점을 선택하고 오른쪽 마우스 클릭하여 [점 삭제]를 실행하면 원하는 영역의 도형만 남게 된다.

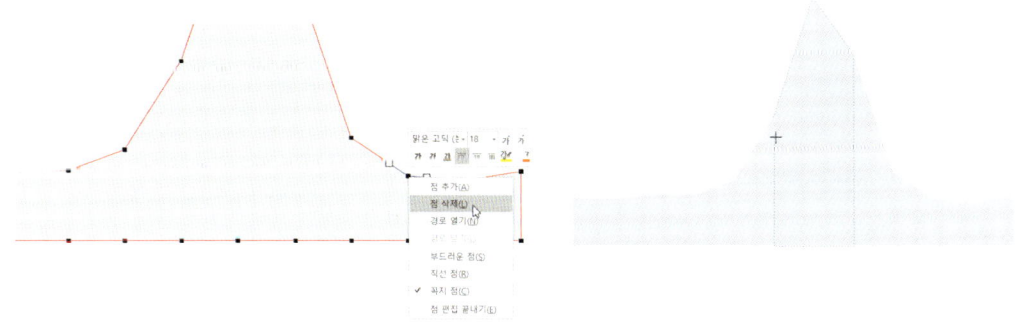

Infographic TIP 도형의 점편집은 까다로운 작업 중 하나다. 특히 곡선으로 구성된 도형의 편집은 주의해야 한다. 만들어야 하는 도형이 간단한 모양이라면 [자유형] 도구로 직접 그리는 것이 더 빠르다.

만들어진 강조 영역 도형은 바탕보다 조금 더 진한 색을 적용하거나 [채우기]에서 패턴을 적용한다.

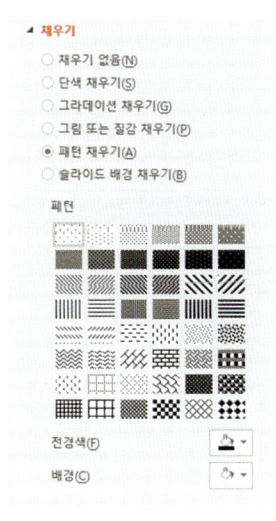
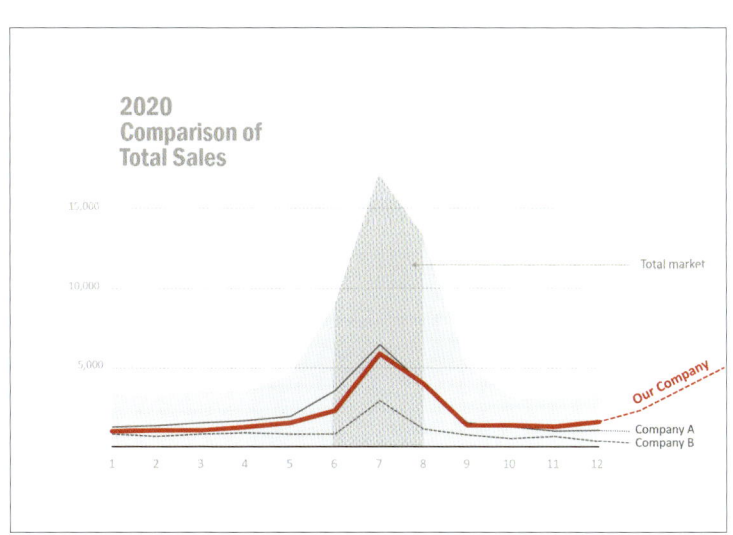

05 꼭 필요한 데이터 레이블 완성하기

처음에 발표하듯 풀어본 내용에 포함되는 주요 데이터, 이해를 돕는 데이터를 삽입한다. 모든 데이터를 넣기보다는 꼭 필요한 것만 넣는 것이 데이터 레이블 역할임을 꼭 기억하자. 모든 데이터가 다 들어있어야 하는 상황이라면 차라리 하단에 표를 첨부하는 방법이 더 좋다.

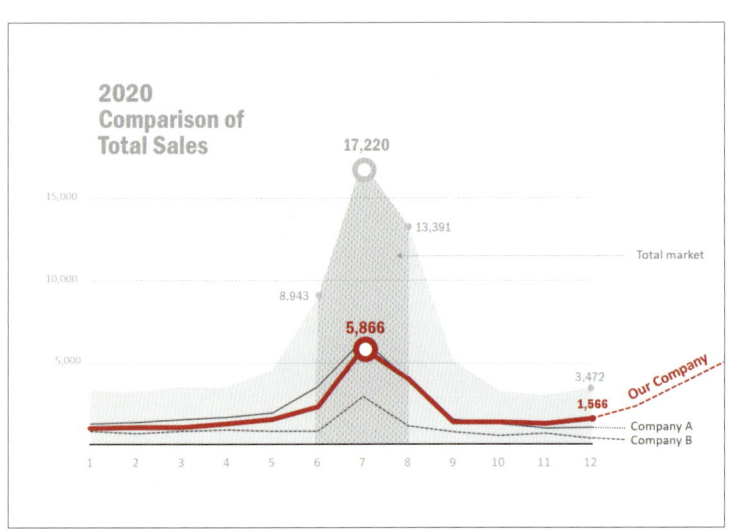

06 차트의 방향을 말해주는 이미지 위에 차트 배치하기

예시 차트처럼 여름과 관련된 시장을 말하고 싶다면 여름을 상징하는 이미지를 배경으로 사용하자. 6~8월 시즌을 강조하고자 하는 맥락과 맞고 대상에 대한 연상과 기억을 강화해 주는 효과가 있기 때문이다. 이미지는 앞에서 다룬 사진 공유사이트인 www.pixabay.com에서 무료 이미지를 검색해 가져온다. 여기서는 검색어로 'summer', 'leisure', 'sea' 등을 입력해 보았다. 사진 포인트가 한편으로 치우쳐 있고, 작업한 차트를 올릴 만한 충분한 공간(50% 이상)이 있으며 전반적인 톤의 변화가 크지 않은 것이 좋다. 그런 면에서 보면 왼편의 이미지가 더 적절하다.

이미지가 주인공이 아니므로 채도는 낮추고(회색에 가까워지도록), 명도는 높인다 (밝아지도록). 이미지를 선택하면 메뉴 상단에 [그림 도구] - [서식] - [수정]을 누르면 이미지 리터치에 대한 모든 메뉴가 들어있다. 강한 느낌의 밝은 이미지가 되도록 수정한다.

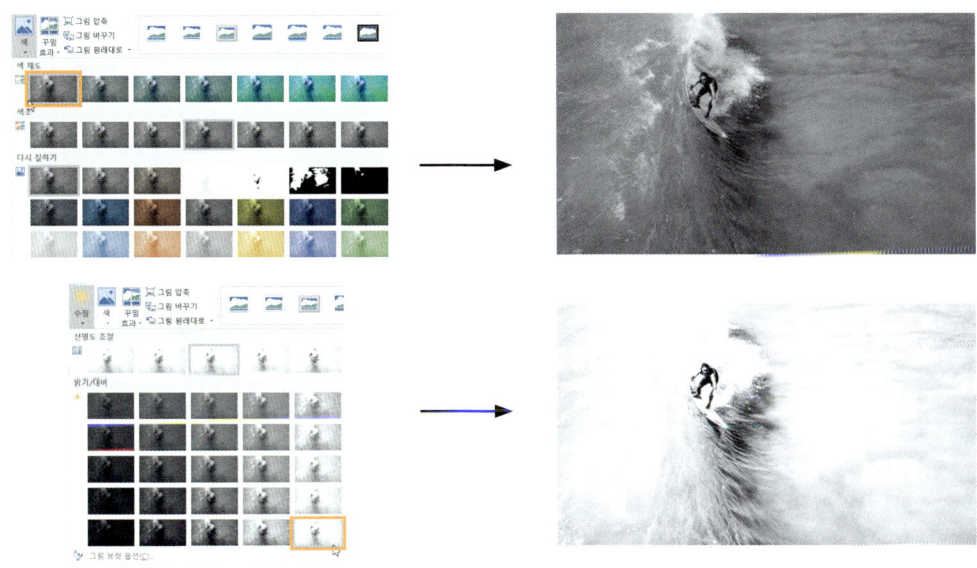

슬라이드에 사진을 넣은 뒤 차트가 중심에 배치될 수 있도록 이미지를 트리밍(확대, 회전, 좌우대칭, 자르기, 이동)하여 차트를 지원하기 위한 준비를 한다. *이미지 트리밍에 대한 자세한 방법 은 317쪽을 참조

Infographic TIP 인포그래픽에 사용하는 이미지는 되도록 가장 큰 이미지를 다운로드하여 트리밍을 통해 원하는 이미지로 수정하여 사용해야 한다. 트리밍 없이 이미지 원본 그대로 사용하면 여백을 활용하기 어렵고 강조 효과를 낼 수 없다.

07 콤보 차트 완성하기

차트를 사진 위에 얹고 나면 흰색이나 어두운색 위에 있을 때보다 자연스럽지 않아 보일 때가 많다. 사진은 워낙 다양한 톤과 요소, 전형적이지 않은 형태로 되어 있는데 차트는 딱딱한 도형이나 선, 컬러 등으로 이루어져 있기 때문이다. 이를 극복하는 간단한 방법 중 하나는 바탕의 큰 면적 도형에 투명도를 적용하는 것이다. 이미지의 톤이 배경과 자연스럽게 섞이면서도 차트를 크게 방해하지 않도록 투명도를 40~60% 정도로 조절해 본다. 기타 요소들도 이미지에 방해받지 않도록 크기와 위치와 컬러를 조정하면 이미지 콤보 차트가 완성된다

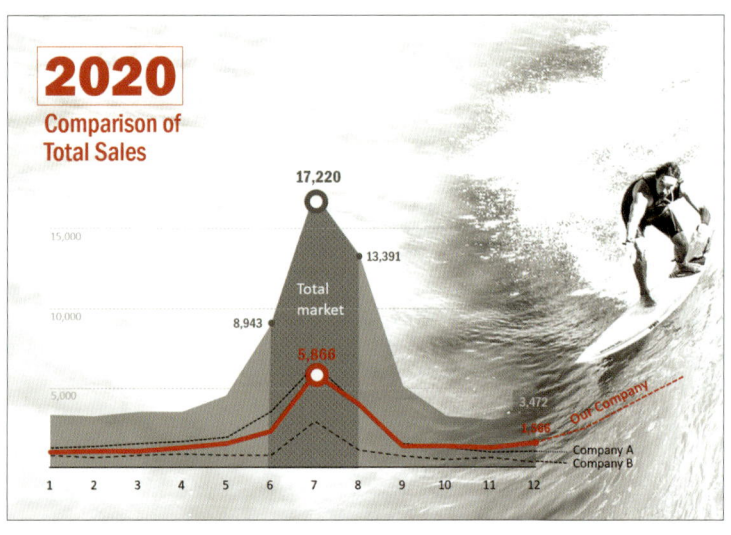

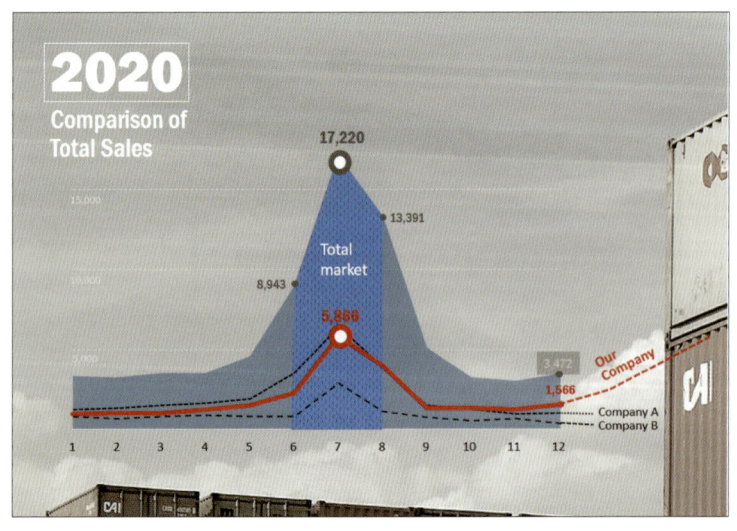

08 다양한 차트 혼합 사용하기

영역형 차트와 꺾은선 차트 뿐만 아니라 막대 차트와 꺾은선, 누적 막대 차트와 영역형 차트 등 의미를 잘 전달하기 위한 다양한 방법을 시도해 보자. 항상 하던 방식을 버리고 다채롭게 조합하다 보면 생각지 못한 결과물에 스스로 놀라기도 한다. 정보 전달자가 에너지를 많이 쓰면 청중은 즐거워진다.

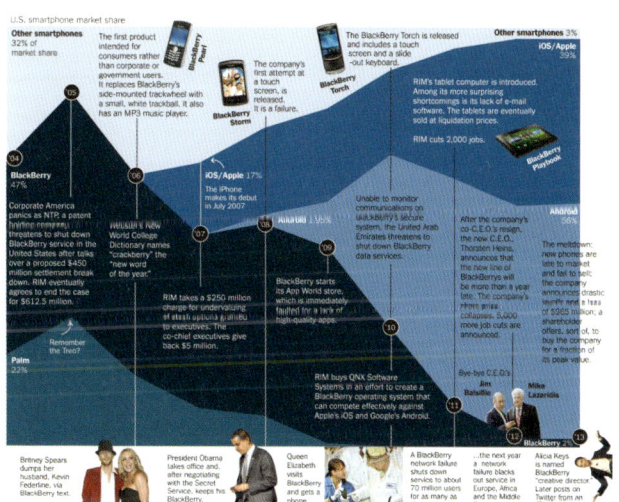

데이터가 지닌 상승 하강 곡선의 교차가 심하다면 영역형 차트를 극적으로 활용할만 하다. 꺾은선 차트 만으로는 굴곡의 격변이 덜 드러나기 때문이다.
source : www.nytimes.com/

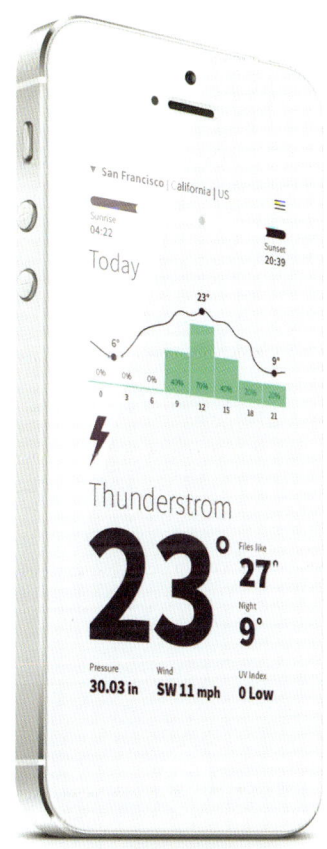

막대 차트 + 꺾은선 차트
서로의 영역이 많이 겹치지 않아야 변별력이 생긴다.
source : graphicdesignjunction.com

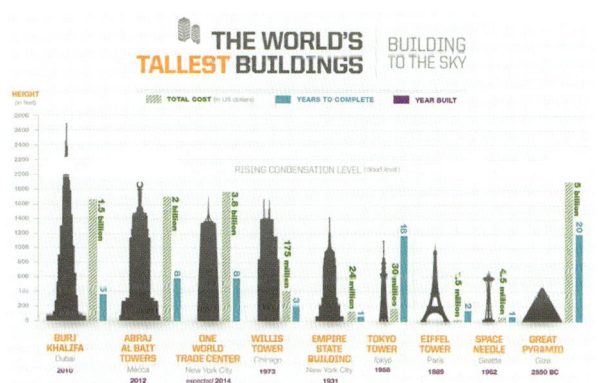

같은 막대 차트지만 가장 중요한 데이터는 대표적 랜드마크로 치환하고 차트를 추가해 한번에 다양한 값을 비교하도록 했다.
source : Maxwell Systems

PATTERN 02

정보를 직관적으로 설계하는
인포그래픽 구조화 패턴

13 도형 병합으로 연결형 도해를 만드는 정보 BOX 인포그래픽

회사에서 사용하는 모든 문서에서 가장 많이 사용하는 것을 꼽으라고 했을 때 사각형 박스라고 대답한다면 거짓말일까? 어색하면 박스를 치고, 강조할 때도 박스를 만들고, 내용을 좀 잘 보이고 싶을 때도 박스를 치고 그 안으로 빼곡하게 많은 데이터를 담아낸다. 일정표와 프로세스도 사각형 박스를 나열할 정도니 우리의 박스 사랑은 유별나다. 그렇다면 이렇게 많이 사용하는 박스형 도해를 좀 더 빠르고 쉽게 사용할 수 있는 능력이 필요한 시점이다. 더 나아가 정보 BOX를 활용하여 쉽고 빠르게 정보 구조를 짜고 인포그래픽을 만들 수 있다면 문서를 작성하는 속도는 날개를 달 수 있다.

01 박스만 만들지 말고 정보에 집중하기

몇 마디 말로 짧게 보고하거나 복잡한 과정을 설명하려 할때도 어떤 내용이든지 말하려는 의도가 있고 설득하려는 목표가 있기 마련이다. 빠르게 정보 BOX를 이용하여 인포그래픽 도해를 만들 때도 마찬가지다. 의미 없이 박스만 만들어서 내용을 집어넣지 말고 관련 내용이 무엇을 말하려는지 문장으로 풀어낼 필요가 있다. 예를 들어 "이렇게 힘을 합쳐 나가고 있습니다.", "다음과 같이 5단계로 진행되며 3단계가 매우 중요합니다.", "4개 항목의 신규 투자를 통해 중앙(기술)의 힘을 키우겠습니다."라고 문장으로 말해보자.

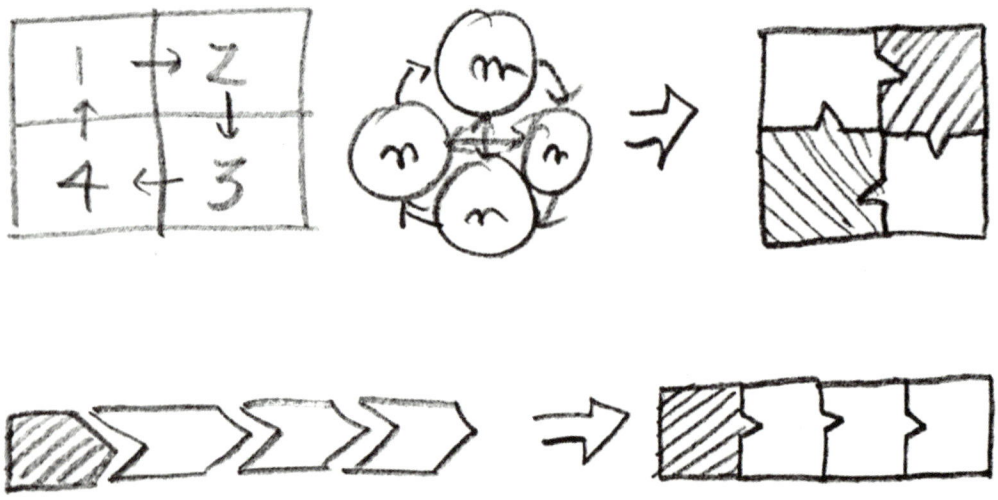

박스가 말을 한다고 가정하자. 그리고 그 말을 문장으로 만든 후 박스를 구조화하자. 언제나 박스 도해는 의도한 대로 만들어져야 한다.

파워포인트의 도형은 크기 조절이 자유롭다. 그러므로 도해를 기본 도형으로 만들어 놓으면 정보를 담는 다양한 그릇을 완성할 수 있다.

※ 회자쓰 포스트(post.naver.com/wooseokjin)에서 예제 다운로드와 동영상, 실전 팁까지 저자들이 꼼꼼히 알려드립니다.

02 기존 도해에서 오류 찾기

문제를 해결하기 위해서는 가장 먼저 오류를 찾아야 한다. 기존 도해를 들여다보자. 모양은 달라도 비슷한 문제점을 가지고 있는데 박스 형태로 나열되어 내용만 입력된 경우, 흐름 화살표를 사용했으나, 내용 입력이 어려워서 정리가 되지 않는 경우, 내용 바깥쪽으로 의미 없는 박스들만 그려진 경우들이 그렇다. 즉 전달하려는 정보의 의도와 도해가 별개의 것으로 만들어져서 부조화를 만들어내는 것이 가장 큰 오류라고 할 수 있다. 이런 상황에서는 만들어질 도해에 의미와 목표를 부여해주는 방법이 가장 좋다.

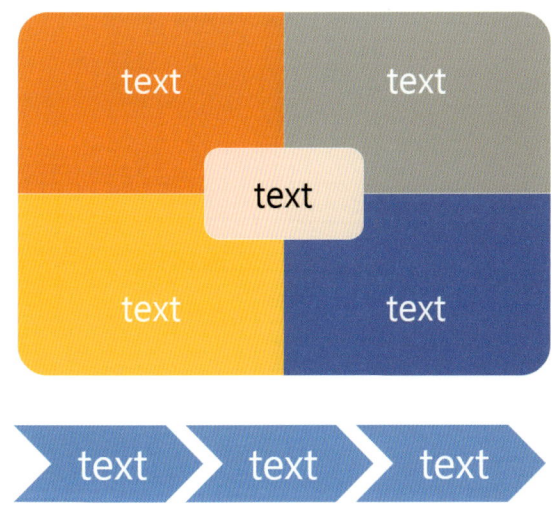

Infographic TIP 의미 없는 박스의 조합은 위험하다. 특히 파워포인트에서 [Smart Art] 기능으로 만들어진 도해는 자유로운 수정과 편집이 어려워서 오히려 도해로 사용하기에는 부적합하다. 이름과 달리 스마트하지 않다.

많이 사용하지만 오류가 있다면 수정해야 한다. 사각형 도형으로 박스를 그린 후 화살표를 만들어서 사용한 경우에는 내용을 입력할 공간이 좁아져서 그려 놓은 박스에 내용을 강제로 맞춰야 하는 억지스러움과 불편함이 생긴다.

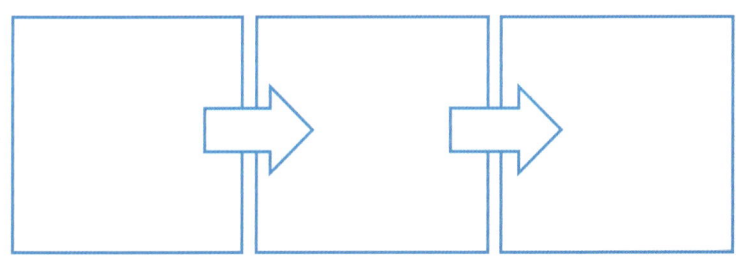

03 도형 병합으로 최소화 패턴 만들기

도형을 이용하여 도해를 만들 때는 언제든지 조합이 가능하도록 기본 도형으로 구성된 모듈이 있으면 도움이 된다. 즉 도해를 구성하는 최소화 패턴이 필요한데 정보의 종류와 상황에 따라 다양한 모양의 도해를 만들 때 매우 편리하다. 파워포인트 두형 조합으로 만들 수 있으며 사각형과 삼각형을 그려서 조합한다.

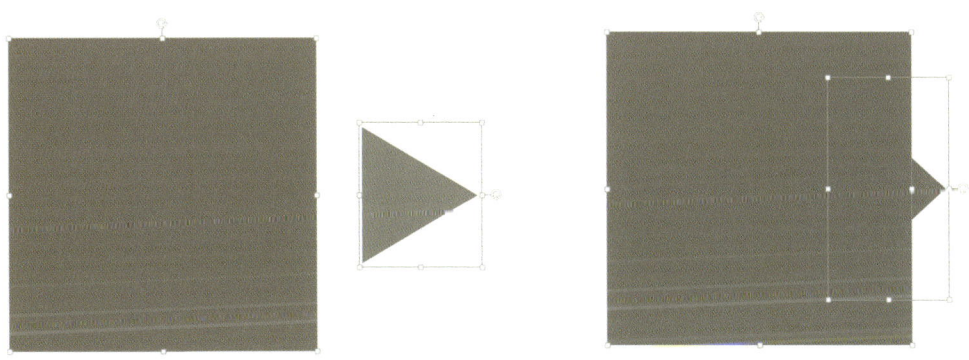

박스를 좀 더 쉽게 조합하기 위해서는 병합[통합] 기능을 사용하자. 병합하려는 두 개의 도형을 모두 선택한 후 [서식] - [도형 병합] - [병합]을 적용하면 두 개의 도형이 하나의 도형으로 병합되면서 방향성을 지닌 OUT BOX가 완성된다. 즉 도형 병합 기능을 사용하면 두 개 이상의 도형으로 한 개의 원하는 모양의 다각형을 만들 수 있다. *도형 병합에 대한 사세한 방법은 91~93쪽을 참조.

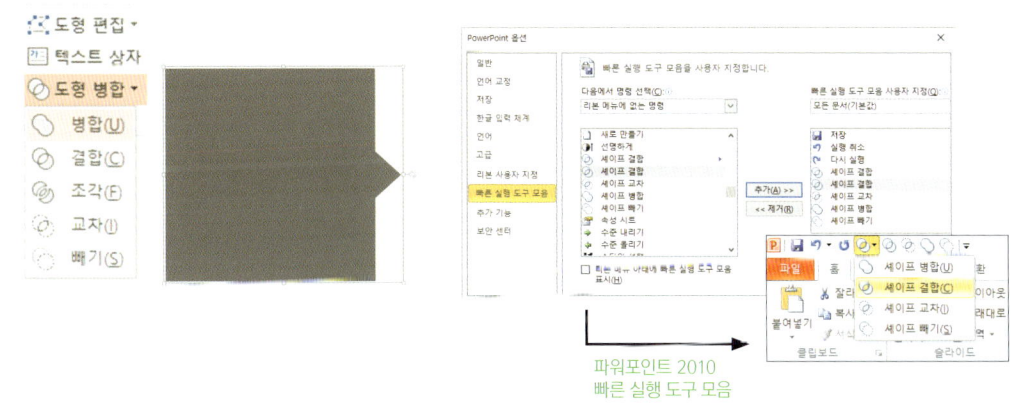

Infographic TIP

사각형이 아닌 다른 도형의 조합도 가능하지만, 인포그래픽 특성상 내용을 많이 입력해야 하므로 사각형 도형이 가장 적합하다. 도형 병합 기능은 파워포인트 2013 버전부터 사용할 수 있는 기능이다. 2010 버전에서도 사용은 가능하지만, 기본 탭으로 제공되지 않으므로 [빠른 실행 도구 사용자 모음] - [기타 명령] - [리본 메뉴에 없는 명령]을 통해 [셰이프 결합]을 등록해야 한다. 오피스 365 최신 버전에서는 [통합] 기능으로 이름이 변경되었다.

04 패턴 연결로 기본 도해 만들기

OUT BOX 하나만 있어도 일반 사각 BOX(기존 사각형 도형)와 조합을 하면 다양한 도해를 만들어 낼 수 있다. 이때는 방향과 면적, 컬러 등을 통해 의미와 중요도를 고려해서 만들면 된다. 박스의 윤곽선은 문서의 배경 컬러(배경이 흰색이라면 흰색 윤곽선을 만든다)를 두껍게 적용하고 [정렬]에서 회전, 좌우 반전, 상하 반전 등의 기능을 활용해서 원하는 조합을 만든다.

"2개 분야의 지원이 필요합니다."

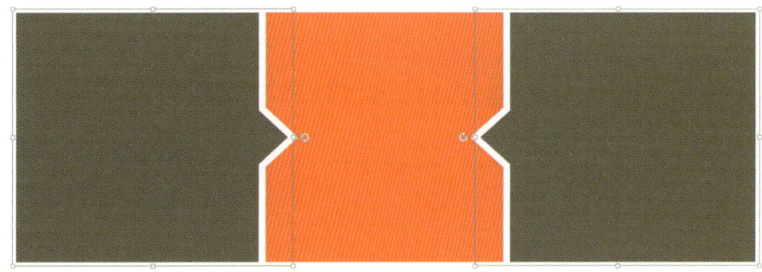

"3단계로 구성되어 있습니다."

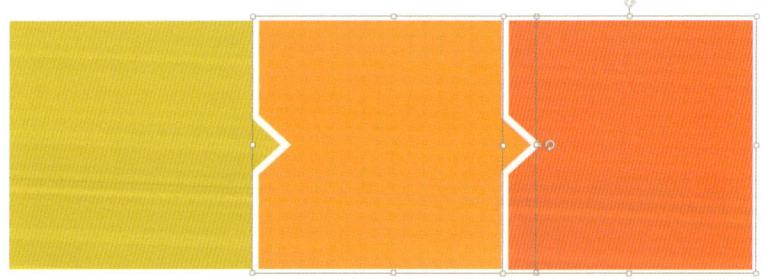

"3단계 일정이 가장 오래 걸립니다."

05 두 개의 패턴으로 도해 조합하기

기본을 잘 만들어 놓으면 다양한 구조 결합도 가능하므로 직선 형태가 아니라 순환되거나 상하좌우 방향으로 연결되는 도해를 만들 수도 있다. 미리 만들어 놓은 OUT BOX를 복사한 후 시계방향으로 90° 회전시키고 이번에는 [도형 병합] - [빼기]를 실행한다. 그 결과 IN OUT BOX가 만들어진다. IN OUT BOX를 복사하여 계속 회전시켜 조합하면 연결형 도해가 완성된다.

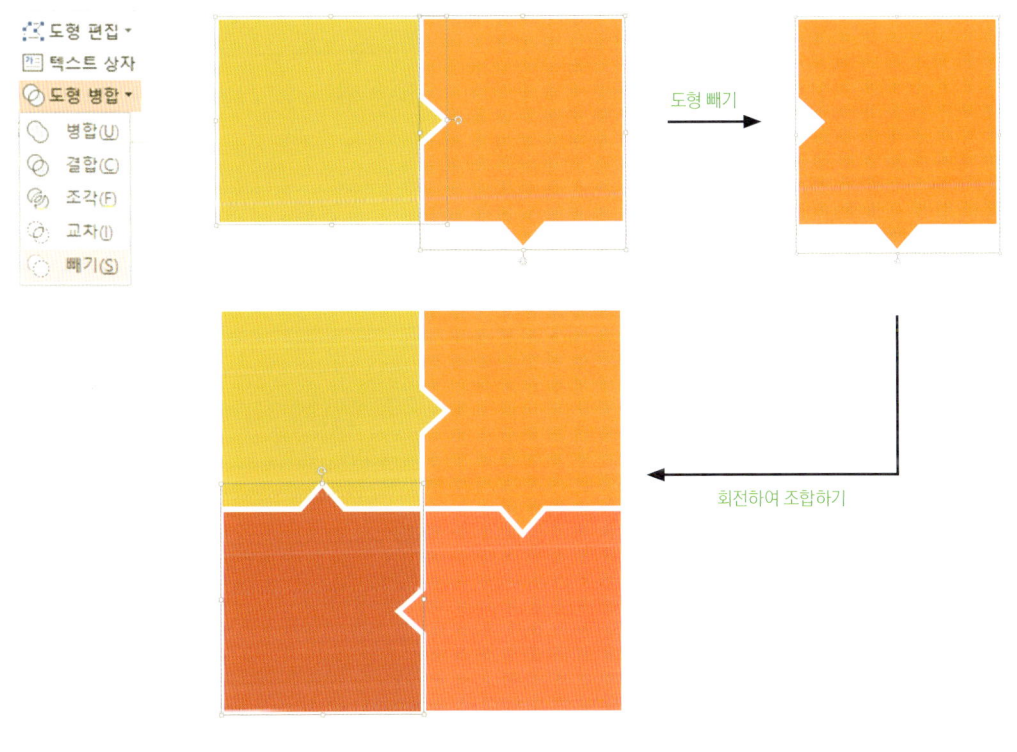

Infographic TIP [병합] 기능에서 [빼기]는 아래쪽 도형에 위쪽 도형이 적용되어 잘린다. 도형의 회전은 상단 회전 조절점을 원하는 방향으로 클릭 드래그하거나 [서식] – [회전] 기능을 이용하면 된다.

즉 3개의 정보 BOX(BOX, OUT BOX, IN OUT BOX)만 있으면 자유로운 도해를 만들 수 있다.

06 기본 조합으로 원하는 도해 만들기

IN OUT 정보 BOX를 회전시켜서 4개로 구성된 도해를 만들어 보자. 회전형 도해가 쉽게 만들어지는데 그룹을 적용하여 크기와 윤곽선 두께를 조절한 후 컬러를 적용한다. 이때 4개 항목을 모두 차별적으로 다뤄야 한다면 색상을 다르게 적용하고, 하나가 매우 중요하다면 나머지는 모두 회색을 적용하면 된다.

만들어진 3개의 기본 BOX를 활용하면 4개 이상의 도해 조합도 만들어 낼 수 있다. 중요한 단계의 BOX를 확대하여 강조하거나 OUT BOX와 IN OUT BOX 조합으로 여러 단계의 프로세스를 설명하는 도해는 복사, 회전을 통해 제작이 가능하다.

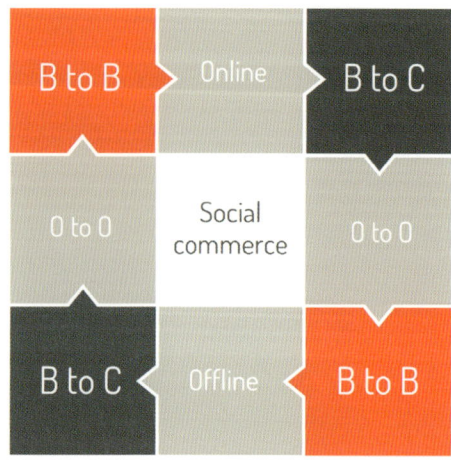

07 정보 BOX 응용하기

기존과 동일한 사각형 BOX에 의미와 방향만 적용했을 뿐인데도 보고서와 제안서에 사용하는 인포그래픽 도해로 손색이 없다. 이렇듯 기본 모듈이 되는 형태만 잘 만들어지면 활용가치는 높아진다. 도해를 조합하여 전체를 보여주는 것도 가능하지만, 다시 특정 단계에 해당하는 BOX를 확대하여 내용을 담는 페이지도 가능하기 때문이다. 기본 모듈의 결합과 분리를 통하여 색다른 인포그래픽 도해에 도전해보자.

font : Galapogos, Noto sans

14 Puzzle 인포그래픽
정보를 조합하고 연결할 수 있는

2개 팀의 시너지 효과, 3개 회사의 기술 컨소시엄, 4개의 중점 전략 등은 상대를 설득해야 하는 문서와 슬라이드에 자주 출몰하는 처리 곤란한 괴물과 같다. 늘 비슷한 상황을 설명하지만, 마땅히 들어맞는 구조도 없고, 그렇다고 그냥 글로만 설명하기에는 부족함을 느낀다. 이럴 경우는 빨리 전달하려는 핵심 문장을 만들어 보면 어떤 구조 패턴을 만들어야 하는지 쉽게 알 수 있다. "지속적인 성과를 내고 있습니다."라는 주장이라면 타임라인을 사용하면 될 것이고, '결합해서 힘을 모으겠습니다.'라고 한다면 퍼즐 구조를 패턴으로 만들어 사용하면 된다. 인포그래픽은 잘 만들려는 마음보다 무엇을 전달하고 싶은가를 찾는 것이 우선이다.

01 주장을 형태로 그리기

인포그래픽을 통해 전달하려는 메시지가 무엇인지 빨리 정의하는 사람이 정보를 제대로 잘 다루는 사람이다. 할 말이 정해졌다면 나의 주장을 어떤 바구니에 담으면 좋을지를 큰 구조 덩어리로 생각하자. 예를 들어 2개의 결합, 3개의 조합, 4개의 맞춤으로 정의했다면 단순하게 도형을 나열하기보다는 머릿속에서 퍼즐 형태를 떠올려보자. 퍼즐 형태도 가로형, 세로형, 중앙형, 회전형 등 매우 다양하게 존재하므로 핵심 주장과 일치하는 구조 그림을 그려보고 해당하는 소스를 찾아서 완성하면 된다.

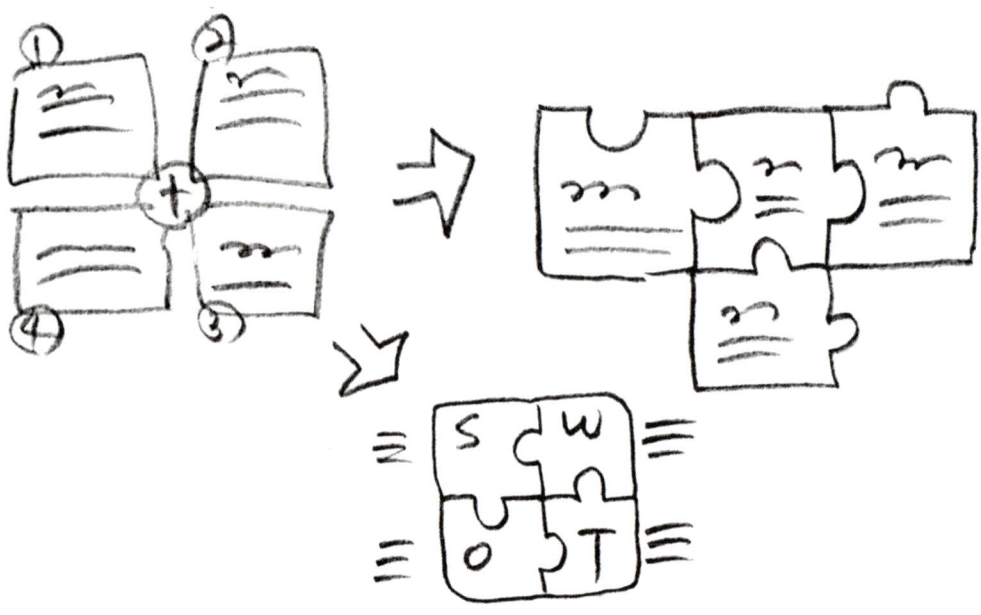

퍼즐을 활용한 인포그래픽을 만들 때는 반드시 작은 단위의 조각들이 모여서 전체 큰 조각을 만들 수 있어야 활용도가 높다.

퍼즐 조각을 결합할 수 있다면 개별 요소, 결합 상태, 과정, 단계 등의 정보를 모두 표현할 수 있다.

※ 회자쓰 포스트(post.naver.com/wooseokjin)에서 예제 다운로드와 동영상, 실전 팁까지 저자들이 꼼꼼히 알려드립니다.

02 활용이 쉬운 퍼즐 조각 찾기

퍼즐 구조로 인포그래픽을 만들려면 되도록 조각 퍼즐이 모여서 큰 퍼즐을 만들 수 있는 구조가 되어야 한다. 그래야 상황에 따른 이야기 전개가 수월하기 때문인데 이 경우 'puzzle'을 검색하기보다는 'puzzle piece'를 검색하는 것이 훨씬 유리하다. 크롬 브라우저로 접속해서 thenounproject.com에서 검색을 해보자.

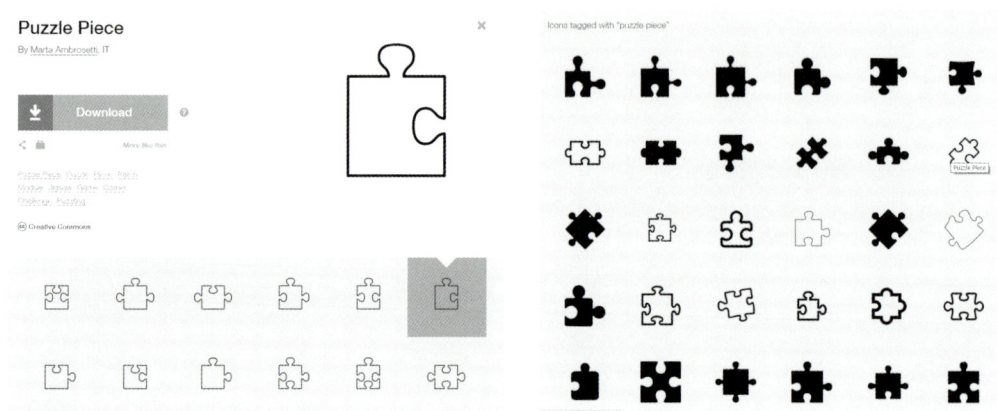

검색 결과에서는 두 개 이상을 결합하여 큰 조각을 만들 수 있는 기본 조각을 찾으면 되는데 이때는 어떤 형태로 이야기를 풀어나갈 것인지를 생각해야 한다. 예를 들어 중앙에서 뻗어 나가는 'Hub' 역할을 주장하고 싶다면 모든 퍼즐을 중앙에서 연결해주는 조각과 바깥쪽에서 결합이 가능한 조각을 찾아 회전시켜서 완성하면 된다.

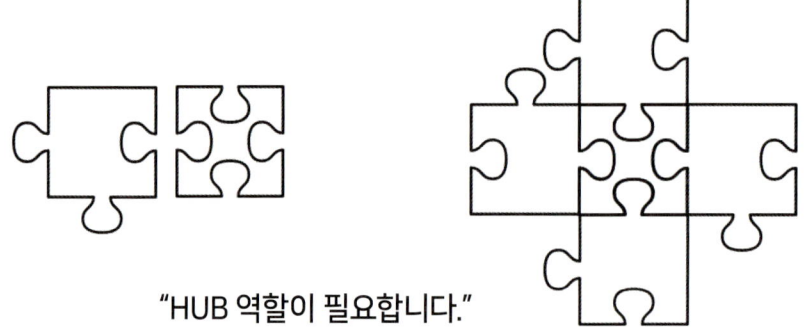

"HUB 역할이 필요합니다."

Infographic TIP
인포그래픽을 만들 때는 큰 덩어리 하나로 말하면 집중은 되지만 두리뭉실한 메시지로 오해받을 수 있다. 덩어리를 쪼갤 수 있거나 여러 개의 조각이 모여서 큰 그림을 완성해야만 정보 구조가 잘 보이게 되고 설명도 쉬워진다.

03 퍼즐을 도형으로 변환하여 사용하기

퍼즐은 원하는 형태로 편집하여 사용한다. thenounproject.com에서 퍼즐 조각을 찾았다면 퍼즐을 파워포인트 도형으로 변환해야 하므로 다운로드한 파일을 잉크스케이프에서 열고 [Save As]하여 EMF 파일로 저장한다. *잉크스케이프를 활용하는 방법은 142쪽을 참조.

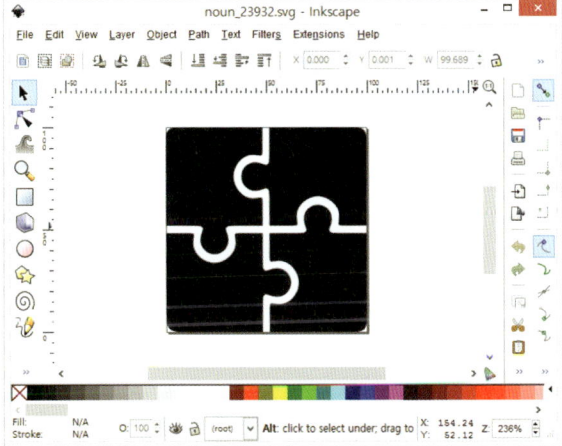

program : www.Inkscape.org

변환하여 저장한 퍼즐 조각을 파워포인트로 [그림 삽입]한 후 퍼즐은 [그룹 해제]를 2회 적용하여 개별적인 조각으로 분해한다. 피즐 형태를 살펴보면 하나의 퍼즐을 회전시켜서 4개 퍼즐로 만들고 조합한 구조이므로 '우리는 결합하여 결과를 만듭니다.'라는 메시지에 적합하다.

Infographic TIP 콘텐츠를 무료로 제공하는 사이트와 org들은 상업용 브라우저인 MS 익스플로러를 지원하지 않는 경우가 많다. 그러므로 무료 브라우저인 크롬, 파이어폭스, 사파리 등으로 접속해야만 화면이 정상적으로 보인다. 그중에서 구글의 크롬이 제일 빠르고 검색이 편리하다.

04 퍼즐 조각에 의미 부여하기

퍼즐 구조로 인포그래픽을 만들려고 했으니 각 퍼즐 조각에는 이름을 부여해 주어야 한다. 어떤 이름의 조각들이 모여서 큰 퍼즐을 만든다는 구조 흐름이 되어야 하기 때문이다. 만약 SWOT 분석을 퍼즐로 풀어내려고 한다면 각각의 퍼즐을 강점, 약점, 기회, 위협이라는 이름을 붙이고 상징하는 컬러를 적용한다. 픽토그램을 가져와서 배경보다 조금 더 어둡게 배치해보는 것도 좋은 방법이다.

아주 단순해 보였던 퍼즐도 새로운 의미를 부여하면 나만의 상징과 인포그래픽으로 변신한다. 이처럼 인포그래픽에서 주장하는 메시지를 먼저 설정한 후 퍼즐, 사다리, 계단 등과 같은 의미를 담은 구조를 만들어 사용하면 완성도를 높일 수 있다.

image source : www.flaticon.com

만약 전체 정보를 담은 퍼즐을 보여준 후 세부적인 전략 내용을 보여주어야 한다면 다시 전체 퍼즐을 분해하면 된다. 각각의 조각을 크게 확대하여 배치한 후 해당 내용을 조각 안쪽으로 기재하면 상징성이 높은 인포그래픽을 자유롭게 만들 수 있다.

font : Impact, Noto sans

Infographic TIP 인포그래픽을 만들 때 상황에 따라서 크기를 자유롭게 변형하고 싶을 때는 확대 시 손상을 가져오는 PNG와 JPG 파일 형식을 사용하지 않아야 한다. EMF, WMF, EPS 형식이거나 파워포인트에서 직접 그린 도형이어야 한다.

05 단계를 나타내는 퍼즐 만들기

만약 퍼즐에 과정, 또는 단계에 대한 정보를 추가하고 싶다면 어떻게 해야 할까? 정답은 흐름을 유지할 수 있는 연결형 퍼즐을 찾는 것이다. 안쪽과 바깥쪽에서 연결할 수 있는 모양이 있는 조각을 찾아서 앞의 변환 과정을 통해 파워포인트로 가져와서 퍼즐을 결합해보자.

source : www.thenounproject.com 'puzzle piece' 검색

만약 4P(Product, Price, Place, Promotion) 분석에 대한 페이지를 만든다고 가정한다면 4개의 항목을 어떻게 연결할 것인가를 고민해야 한다. 어떤 결합 형태가 전달하려는 정보의 의미와 일치하는지 선택해야 하는데 만약 4개 항목이 순차적으로 진행된다는 것을 말하려고 한다면 가로 흐름 형태로 결합하여 보여주면 된다.

만약 이미 3개의 단계가 지났고 마지막 단계에 와 있음을 알리고 싶거나 해당하는 항목의 단계가 중요하다는 것을 말하려고 한다면 방향을 꺾어서 퍼즐을 결합하자. 이렇게 되면 주의와 주목을 끌게 되고 많은 이야기를 할 수 있게 될 것이다.

Infographic TIP

인포그래픽 요소의 방향을 설정할 때는 인간의 지각 동선과 일치하도록 해야 한다. 그러므로 특별한 경우를 제외하고는 좌측에서 우측, 위에서 아래쪽으로 흐르도록 설정하자.

06 퍼즐을 추가하여 인포그래픽 완성하기

처음부터 결합 가능한 퍼즐 조각을 골랐으므로 인포그래픽에서 전달하려는 내용과 정보에 따라 다양한 형태로 추가 결합할 수 있다. 4개의 항목에 추가하여 새로운 항목을 제시하고 싶다면 단계와 흐름에 따라 복사하여 붙여 사용하자. 이때는 파워포인트의 [홈] - [정렬] - [회전]에 있는 회전과 대칭 기능을 사용하면 퍼즐을 상하좌우에 모두 붙여서 사용할 수 있게 된다.

퍼즐을 활용할 때는 내용을 입력할 공간 확보가 중요한데 퍼즐을 크게 확대하여 내용을 안쪽에 입력하거나 작게 축소하여 항목과 흐름을 보여준 후 바깥 여백에 상세 정보를 입력해 주는 방법이 있다. 하지만 너무 많은 양의 정보는 인포그래픽 전체 구조를 깨뜨리므로 핵심만을 담아내자.

font : Noto sans

웹상의 그래픽 파일을 파워포인트 도형으로 바꿔주는
Inkscape 사용하기

SVG(Scalable Vector Graphics) 파일 형식은 2차원 벡터 그래픽을 표현하기 위한 XML 기반의 파일 형식으로 현재 웹 표준 그래픽이다. 벡터 그래픽은 픽셀로 이루어진 비트맵 이미지와 달리 점과 선으로 구성되어 있어서 확대 축소, 변경 하더라도 이미지가 손상되지 않는 특징이 있다. 이런 장점을 이유로 인포그래픽 제작을 할 때는 벡터 방식이 많이 사용되고 있다. SVG 픽토그램을 제공하는 대표적인 사이트 thenounproject.com에서 원하는 픽토그램을 검색한 후 다운로드를 눌러 SVG를 다운로드한다.

source : thenounproject.com

파워포인트 2016 버전 이상에서는 SVG 파일을 그대로 사용 가능하다. 그 이하 버전은 변환작업이 필요한데 잉크스케이프(Inkscape)가 그 역할을 담당한다. 잉크스케이프는 벡터 기반의 그래픽을 구현하기 위해 만들어진 무료 소프트웨어로서 웹 표준 그래픽인 SVG를 지원하고 파워포인트에서 사용할 수 있도록 파일 변환을 할 수 있다. 다운로드한 SVG 파일을 잉크스케이프로 열어 [Save As]하여 파일 형식을 EMF로 저장만 하면 된다.

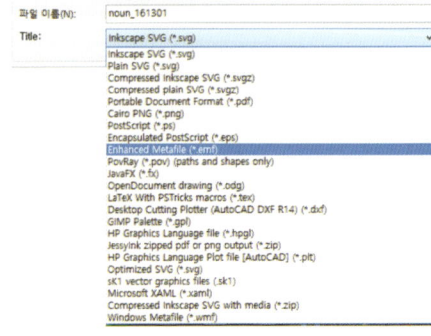

download 01 : 네이버 software.naver.com 에서 'inkscape' 검색 후 다운로드(윈도우 32비트)
download 02 : www.inkscape.org(윈도우 32비트, 64비트, 매킨토시용, 리눅스용)

파워포인트에서 도형처럼 사용하는 파일은 EMF와 WMF, EPS 등인데 이 중에서 EMF와 WMF가 가장 쉽게 구할 수 있고, 편리하게 사용할 수 있는 장점이 있다. EMF 파일 형식은 윈도우 메타 포맷(Enhanced Metafile)으로 초기 버전이 WMF이다. 파워포인트에서 EMF를 [그림 삽입]으로 가져온 후 마우스 오른쪽 버튼을 눌러 [그룹 해제]를 2회 실시한다.

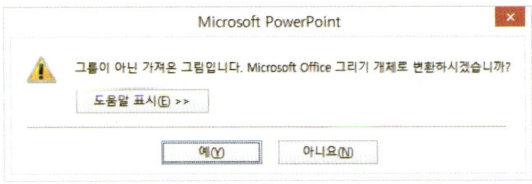

그룹 되어 있던 요소들이 모두 해제가 되면서 도형으로 변환되는데 배경에 있는 투명한 박스를 제거한 후 파워포인트 도형처럼 사용하면 된다. 확대, 축소, 변형, 컬러 수정 등 모든 작업이 도형처럼 가능하다. 확대, 축소할 때는 Shift를 누르면서 대각선 쪽 조절점을 드래그해서 정비례로 변화되도록 한다.

15 파이 분할 인포그래픽
차트를 분해해서 다이어그램으로 만드는

도해는 '글의 내용을 그림으로 풀이한 것'을 뜻하지만 실제로 우리는 이해되지 않는 박스와 선으로 일명 '짝퉁 도해'를 그려왔다. 그래서인지 박스와 화살표, 동그라미들로 가득 찬 비전 페이지는 누가 봐도 지겹다. 보통 회사의 비전은 몇 개의 미션들이 모여 비전을 이룬다는 뜻을 담고 있는데 어떤 것들이 비전을 위해서 필요한 것인가를 보여주면 회사, 또는 사업부의 의지를 그림으로 전달할 수 있다. 하고 싶은 주장을 정리했다면 파이 차트의 면적을 분할한 뒤 분해하여 손쉽게 인포그래픽을 만들어보자. 10년 넘게 써왔던 밑에서부터 올라가는 박스형 도해는 이제는 정말 버릴 때가 되었다.

01 정보를 구체적으로 다듬고 고르기

무엇을 말하려는지 쓰거나 그려서 정의해야 한다. 그리고 구체적으로 다듬어야 한다. 복합적이고 추상적인 정보보다는 직관적인 몇 개의 주장이 좋다. 메시지를 정의했다면 전달할 내용을 정리하자. 그리고 중요도에 따라 숫자로 순서를 매겨 본 후 설득을 위해서 어떤 도해가 직관적인지 고민해서 결정하면 된다.

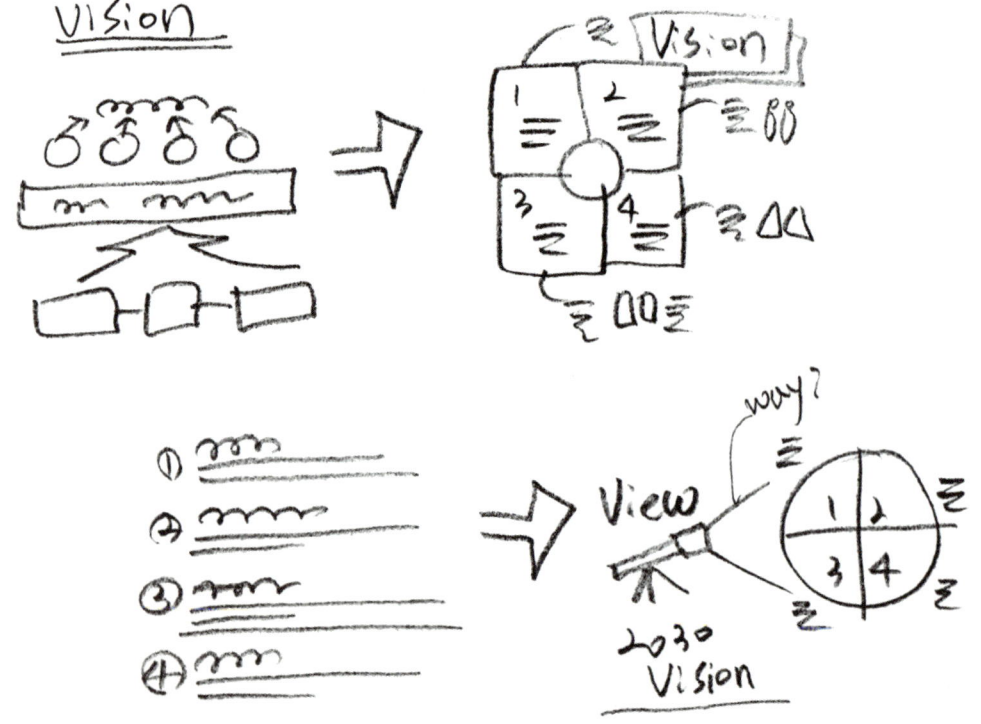

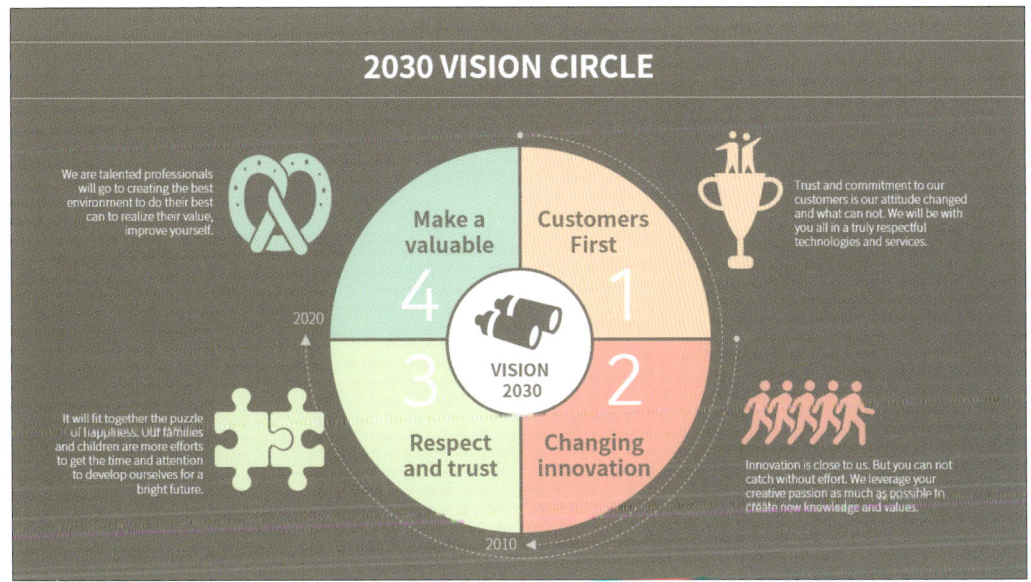

다이어그램은 아무 의미 없이 쓰면 정말 의미 없어 보인다. 무엇을 말하려고 하는지 머릿속에 그림을 그린 후 슬라이드에 그리자.

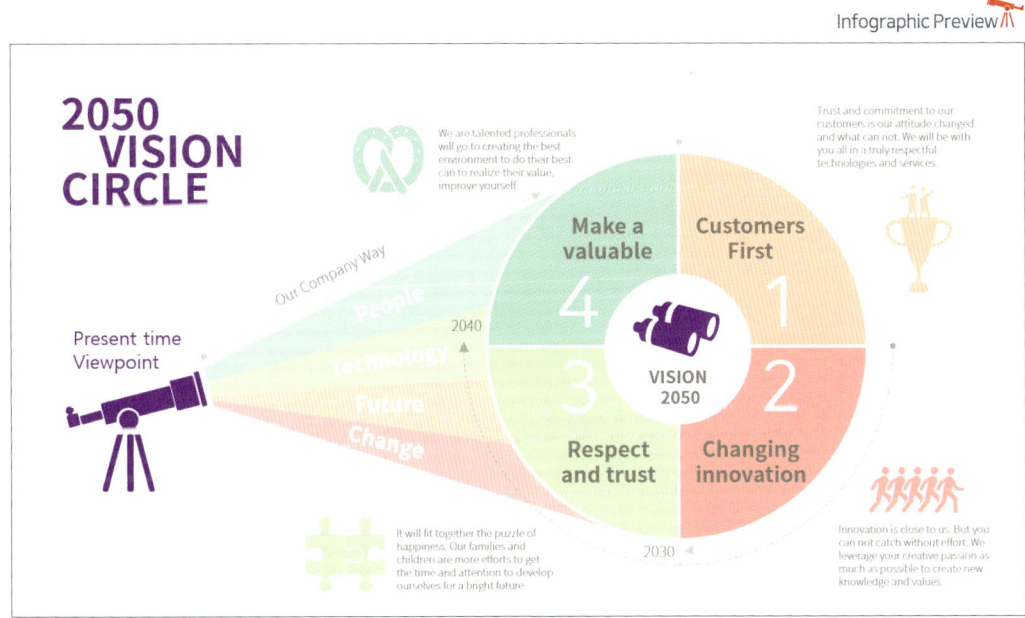

파워포인트에서 차트를 분해하면 대중소, 강약, 고저를 자유롭게 편집하여 배치할 수 있는 인포그래픽을 만들 수 있다.

※ 회자쓰 포스트(post.naver.com/wooseokjin)에서 예제 다운로드와 동영상, 실전 팁까지 저자들이 꼼꼼히 알려드립니다.

02 원하는 모양으로 파이 차트 만들어 분해하기

다이어그램은 파워포인트 차트를 이용하여 쉽게 만들어 사용할 수 있다. 파워포인트 [홈] - [삽입] - [차트]를 실행하여 파이 차트를 삽입한 후 [차트도구] - [디자인] - [데이터 편집]으로 들어가서 4개 항목에 대한 값을 동일하게 적용하자.

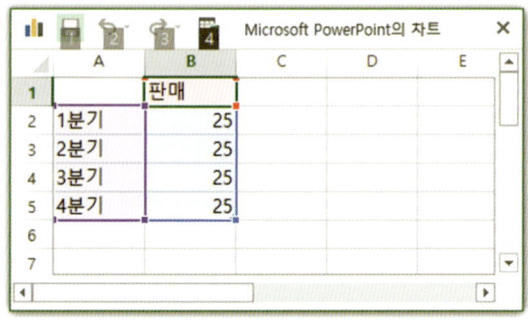 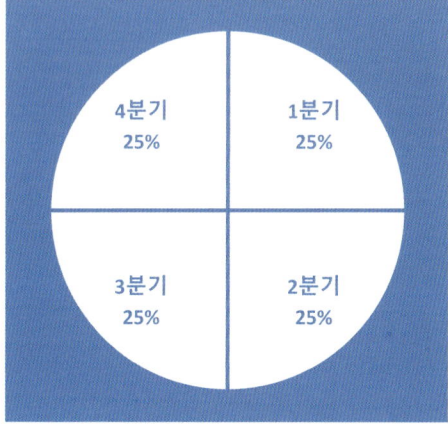

만약 다이어그램으로 만들어야 하는 비전 항목이 5개라면 어떻게 해야 할까? 이때는 고민하지 말고 [데이터 편집]으로 들어가서 항목을 하나 더 추가하여 값을 동일하게 입력하면 쉽게 5개로 균등 분할된 파이 차트를 만들어 낼 수 있다.

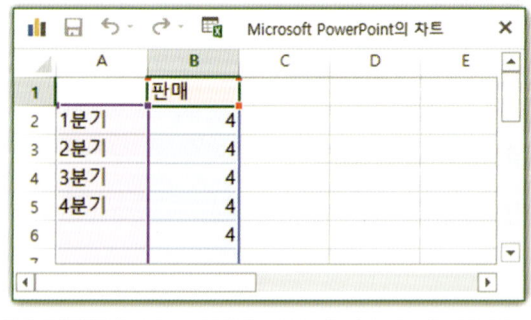 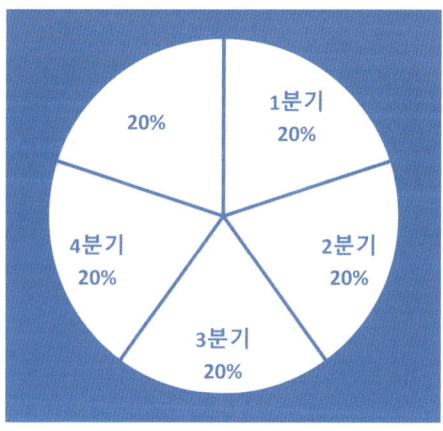

Infographic TIP
파이 차트로 다이어그램을 만들 때 균등한 도형을 원한다면 [데이터 편집]에서 각 항목의 값을 균등하게 입력하자. 예를 들어 5개 항목을 모두 '4'로 입력하면 5개 도형이 동일한 크기로 분할된 다이어그램을 만들 수 있다.

차트를 이용하여 자신이 원하는 다이어그램으로 만들 때 중요한 순서가 있는데 바로 확장자를 강제적으로 변경하는 작업이다. 현재 만들어진 차트를 복사한 후 [홈] - [붙여넣기] - [선택하여 붙여넣기]를 실행해보자.

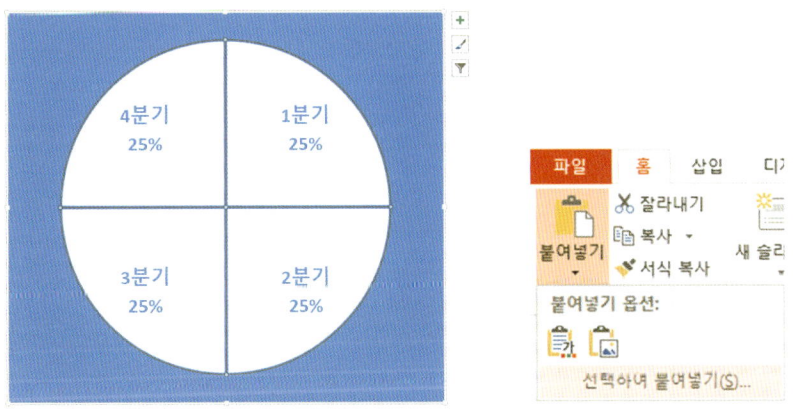

대화상자가 나타난다면 붙여넣을 수 있는 다양한 형식 중에서 [그림 - 확장 메타파일] 항목을 선택한 후 [확인]을 누르자. 이제부터 슬라이드에 붙여진 차트는 더 이상 차트가 아닌 파워포인트 도형으로 인식된다. 확인해 보면 차트와는 다른 테두리가 생긴 것을 알 수 있다.

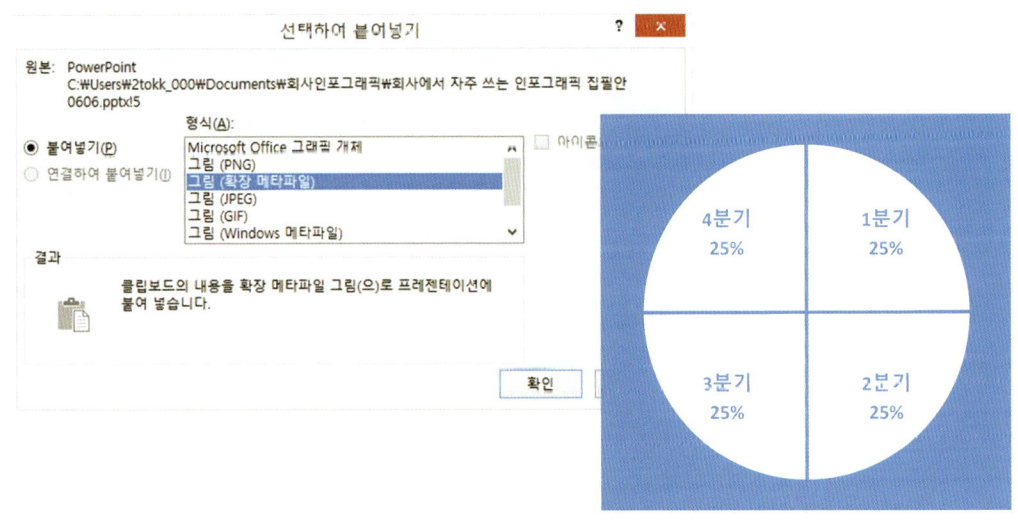

Infographic TIP 파워포인트에서 차트를 복사한 후 [확장 메타파일]로 붙여넣으면 파워포인트에서 사용 가능한 도형으로 변경되므로 인포그래픽 작업이 쉬워진다. 하지만 차트 속성을 잃어버리므로 항상 차트 원본을 복사하여 사용하자.

마우스 오른쪽 버튼을 클릭하여 [그룹] - [그룹 해제]를 2회 실행하면 모두 그리기 개체로 분해된다. 그 후 다이어그램을 만들 때 필요한 4개의 도형만을 남겨두고 나머지는 모두 선택하여 삭제한다.

*차트를 분해하여 도형으로 만드는 방법은 29~30쪽을 참조.

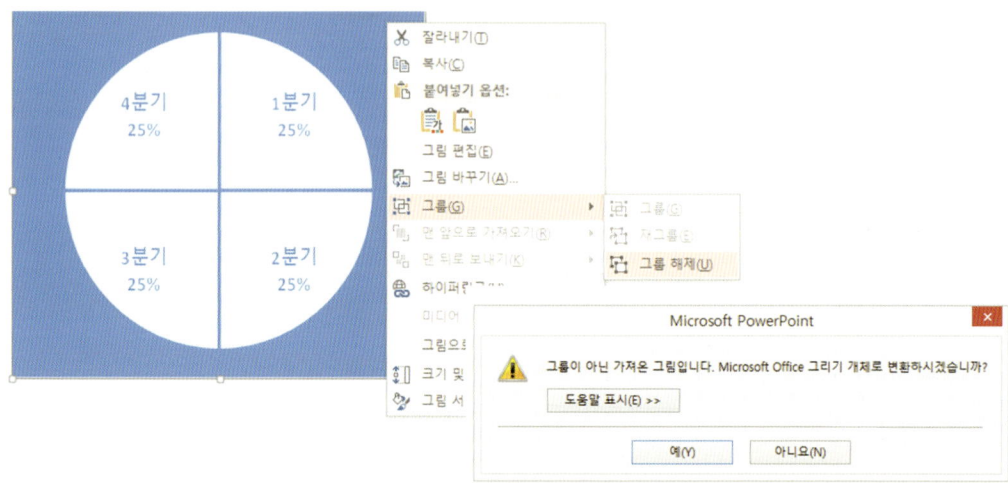

03 인포그래픽 다이어그램 기초 만들기

다이어그램으로 만들기 위해 4개의 도형에 [채우기]는 흰색, 윤곽선은 중간 회색 정도로 적당한 두께를 적용한다. 정 중앙에는 정원을 하나 만들어서 위치시키자. 다이어그램이 만들어졌다면 배경색을 테두리와 같은 색으로 지정해서 배경과 자연스럽게 어울리도록 만든다.

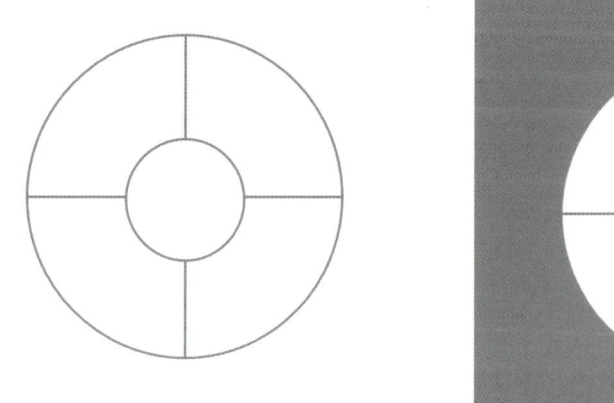
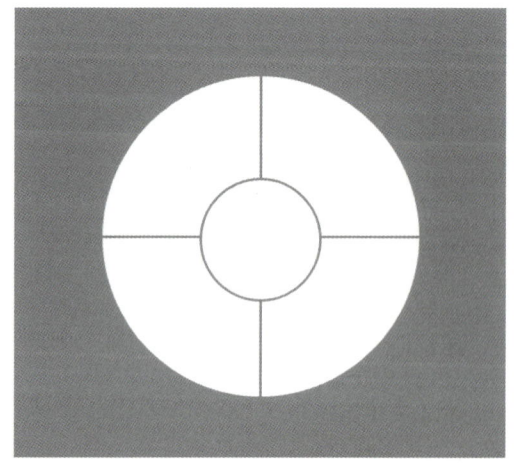

Infographic TIP

분해된 4개의 도형은 테두리와 채우기를 모두 적용할 수 있는 도형이어야 한다. 차트를 도형으로 분해했을 경우 보이지 않는 배경 도형과 중복되는 테두리들은 삭제하도록 하자.

다이어그램으로 새롭게 만들어진 5개의 도형 위에 정리해 두었던 각 제목을 입력한다. 이때는 되도록 숫자를 기록하여 우선순위를 제시하는 것이 효과적이다. 4개의 도형 컬러도 다르게 적용한다.

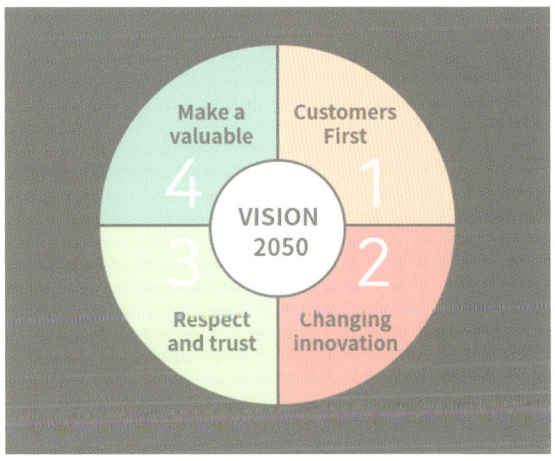

Infographic TIP 인포그래픽에서 컬러를 결정할 때는 그 내용이 어떤 목소리를 내야 하는지 생각하자. 동일한 목소리를 내야 한다면 비슷한 톤으로 색상만 변경해 주고, 여러 개 중에서 하나가 매우 중요하다면 그것만 강조되는 컬러를 적용하고 나머지는 회색이나 차분한 색으로 적용하자.

비전 인포 그래픽에 들어갈 모든 내용을 입력하자. 상단에는 세목을 하단에는 각 항목에 따른 내용이 필요하다. 되도록 글자들은 배경과 대비되는 색인 흰색을 적용하고 4개 도형 안쪽의 제목들은 회색으로 적용하여 전체적인 조화를 이루도록 하자. 그 결과 기초적인 다이어그램이 완성된다.

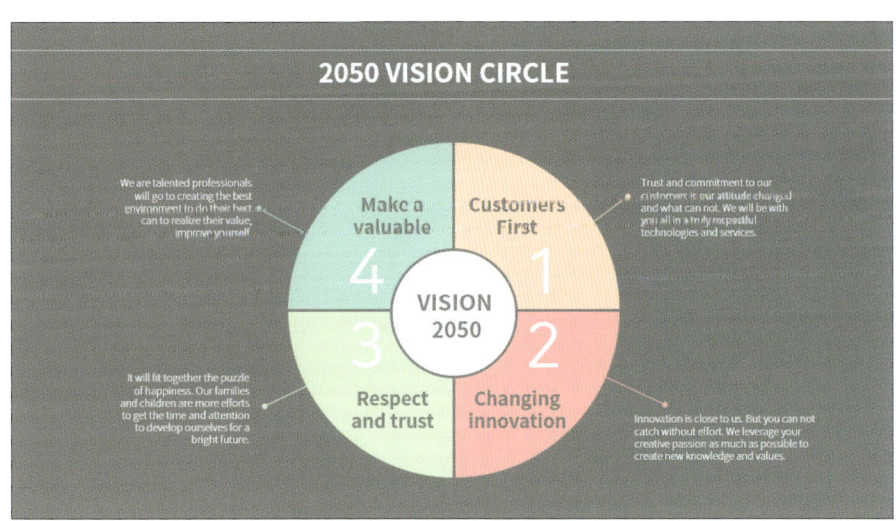

04 인포그래픽 다이어그램 완성하기

먼저 2050까지의 단계를 구분하기 위해서 원호 화살표를 만들자. 파워포인트 도형 중에서 [원호]를 선택한 후 Shift를 누르면서 드래그하여 정원에 해당하는 원호를 그려준다. 우측 하단의 조절점을 드래그하여 원하는 위치까지 이동하여 연장된 원호를 만든다.

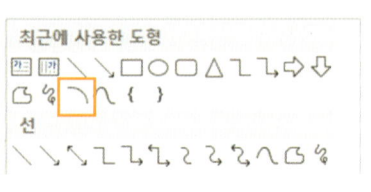

윤곽선 시작과 끝점을 원과 화살표로 변경하고 크기를 조절한 후 다이어그램 바깥쪽으로 이동시킨다. 윤곽선의 형태는 실선도 좋지만, 미래에 대한 이야기이니 [점선]이나 [대시]를 사용하면 더 효과적인 표현이 가능하다. 컬러는 배경색에서 좀 더 밝은 회색으로 처리해야 전체적으로 조화를 이루게 된다.

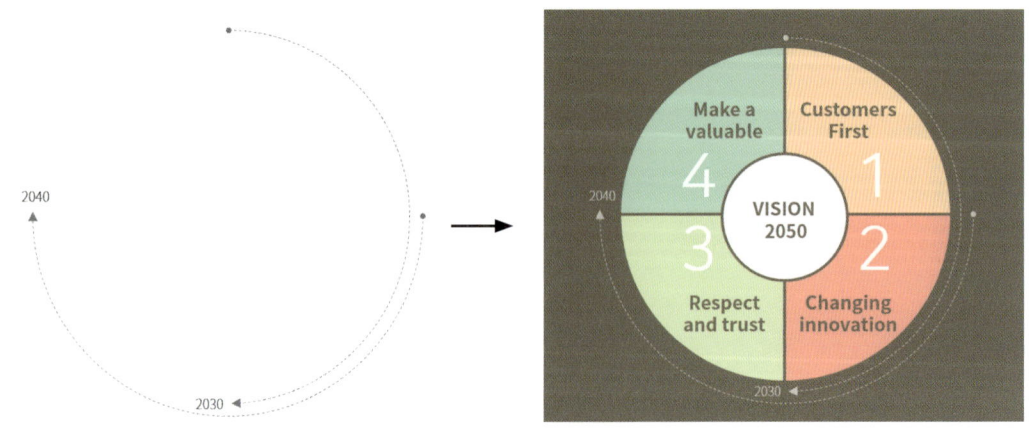

Infographic TIP

파워포인트 그리기 도구에서 [원호]를 사용하면 원하는 길이만큼의 원호를 자유롭게 드릴 수 있다. Shift를 누르면서 양쪽 노란색 조절점을 이동하면 정원의 원호가 만들어진다.

비전을 위해 실행해야 하는 각 미션 단계를 좀 더 직관적으로 전달하기 위해서 내용에 맞는 픽토그램을 가져올 필요가 있다. 픽토그램 사이트에서 알맞은 픽토그램을 검색하여 저장한 후 Inkscape에서 EMF로 저장하여 파워포인트에 삽입하도록 하자. *잉크스케이프를 활용하는 방법은 142쪽을 참조.

source : thenounproject.com에서 관련 키워드로 검색

EMF 파일을 불러온 후 그룹 해제를 2회 실시하여 도형으로 만든 다음 컬러를 각각 해당하는 컬러로 변경하고 내용 문구와 조화를 이루도록 재배치한다. 이때는 4개의 항목이 고르게 집중되도록 크기, 배치, 여백을 충분히 고려해야 주어야 한다.

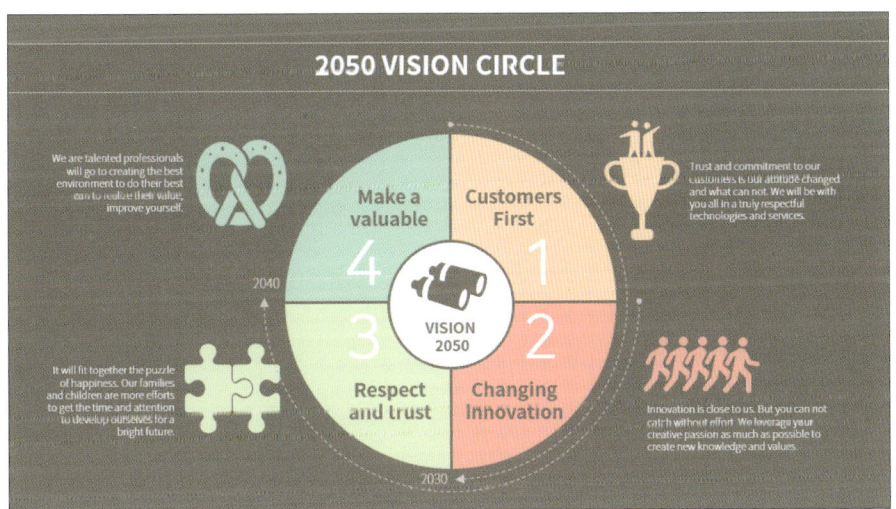

font : Noto sans

05 인포그래픽 다이어그램 변형하기

벡터형으로 만들어진 인포그래픽은 수정, 변형, 확대, 축소 등이 편리하다. 이 점을 활용한다면 만들어진 원본 인포그래픽을 목적에 맞게 변형하여 사용할 수 있다. 예를 들어 미션에 대한 전체를 보여준 후 4가지 항목을 각각 다시 지세히 보여줘야 할 때는 해당 항목만 컬러 그대로 놓고, 나머지 항목은 모두 회색으로 처리할 수 있다. 다이어그램의 크기도 확대하여 강조하면 효과적이다.

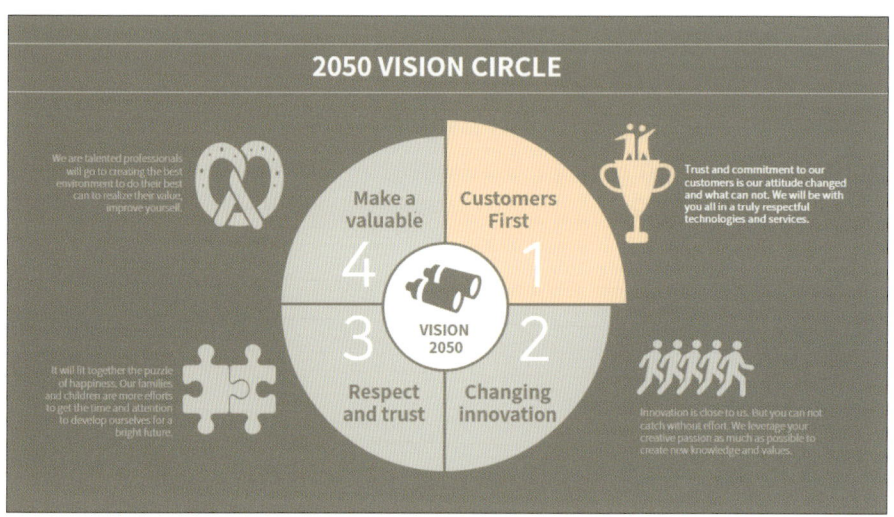

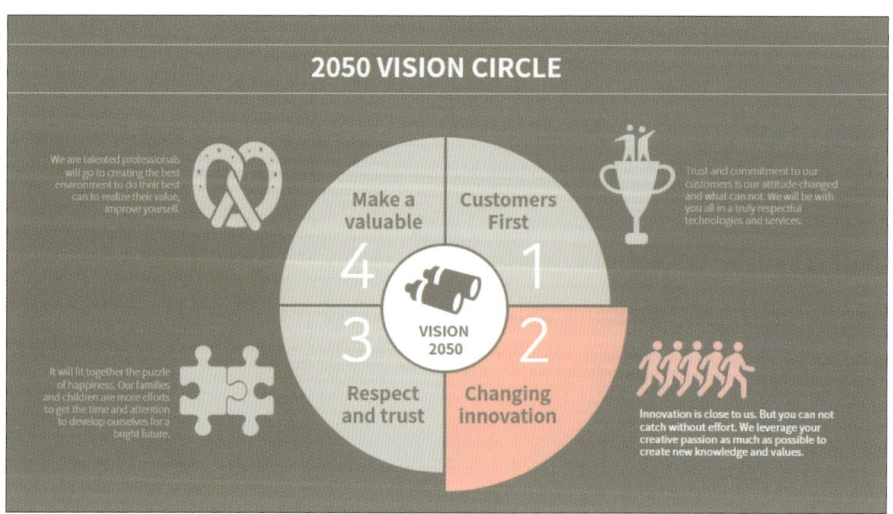

Infographic TIP

인포그래픽을 만들 때는 활용도, 즉 어떻게 사용할 것인가를 먼저 고민한 후 제작을 할 필요가 있다. 수정, 변형이 필요하다면 되도록 도형으로 이루어진 벡터 방식으로 제작해야 향후 작업이 가능하다는 점을 잊지 말자.

비전 인포그래픽에 좀 더 스토리를 넣고 싶다면 어떻게 해야 할까? 이때는 여러 이야기 중에서 현재와 미래로 시점을 구분하고 그 과정에 대한 이야기를 담아내는 것도 좋은 방법이 될 것이다. 현재에서 미래를 바라보고 있으니 망원경을 연상하고, 4개의 방향성을 비춘다고 생각했다면 천체망원경 픽토그램이 적합하다. [자유형] 도형으로 4개의 방사형 도형을 만들어서 다이어그램 뒤쪽으로 배치하면 좀 전과는 다른 흥미로운 비전 인포그래픽으로 재탄생한다. 주제에 맞는 이야기가 되도록 각자의 상상력을 발휘해 보자.

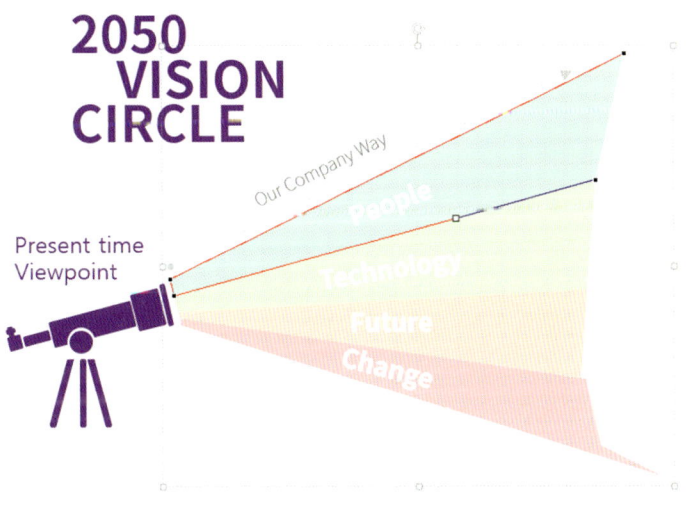

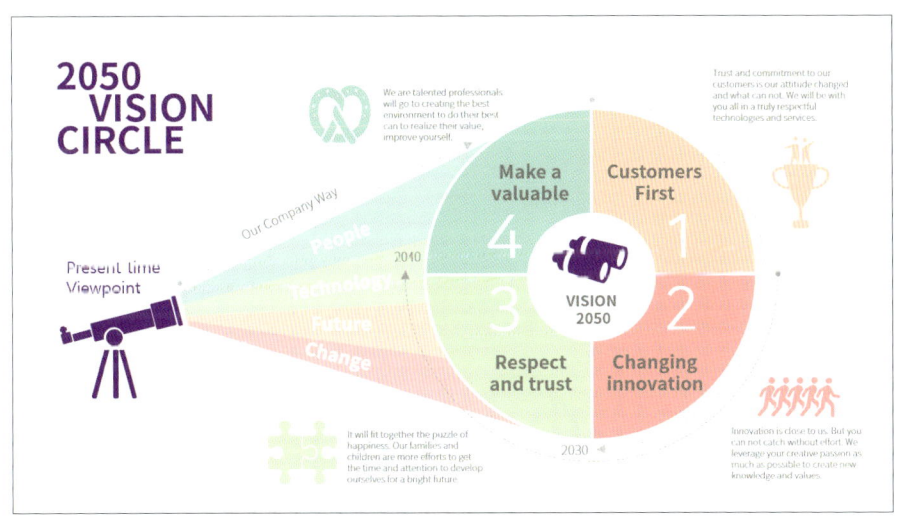

인포그래픽 픽토그램을 제대로 찾는
공감형 키워드 도출법

인포그래픽 작성 스킬이 뛰어난 실무자들도 어려워하는 것이 바로 '알맞은 메타포(상징)'을 찾는 작업이다. 단어에서 바로 떠올려지는 키워드로 검색하면 너무 식상하고 촌스러운 픽토그램으로 전락하기 때문이다. 예를 들어 본 페이지 우측 상단에 있는 [TIP 픽토그램]의 시작은 이렇다. 우리가 늘 보아왔던 그런 그림이다.

TIP = 작은 조언 = 세부 정보

TIP = 자세히 = 🔍

TIP이라는 단어에서 오는 해석은 '조언', '정보', '자세히' 등의 단어로 이어지게 된다. 이를 강한 연상이라고 부른다. 그런데 문제는 이렇게 해서 결국 '돋보기'라는 단어를 도출해서 영문으로 해석하여 'reading glasses'라고 검색한 결과가 쓸만한 것이 없다는 것이다. 즉 '강한 연상'으로 이어지는 픽토그램 찾기는 누구나 찾을 수 있는 재미없는 것들이 가득한 결과를 가져오게 된다. 그런데 다음 경우를 살펴보면 그 과정이 조금 다르다.

TIP = 자세히 = ZOOM

좀 전과 다른 점은 'TIP'을 다른 방향으로 확대해석하고 '자세히 보다'라는 행위를 스마트폰 속에서의 행위로 가져가서 엄지와 검지로 화면을 줌 – 인하는 모습을 떠올린 과정이라고 볼 수 있다. 즉 1차적인 연상을 넘어서 2차 3차 연상을 도출해내는 '느슨한 연상'을 하고 있다는 것이다. 결국, 좀 더 의미가 담긴 픽토그램을 찾기 위해서는 1% 비주얼 씽킹에서 사용되는 '느슨한 연상'을 활용해야만 사람들에게 공감을 줄 수 있는 픽토그램을 찾는 확률이 높아지게 된다.

Customers First   Changing innovation   Respect and trust   Make a valuable

이번 인포그래픽 작업에서 사용된 픽토그램도 마찬가지다. '가치를 함께 만들어간다'고 정의한 후 이 문장 중에서 '함께'라는 단어를 뽑아서 'together'로 검색한 후 그중에서 '함께 먹고 즐긴다'의 '프레즐(Pretzel)'을 선택하여 사용한 것이다. 진힝싱을 버틸 때 비로소 감각은 살아나게 된다.

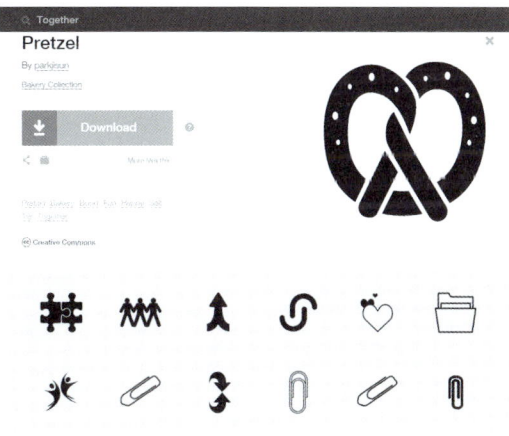

thenounproject.com

16 상승과 하락을 비교하는
계단 인포그래픽

전달할 메시지가 오르고 내림을 명확하게 말해주어야 하는 상황이라고 가정해보자. 인포그래픽을 빠르게 만들어야 하는데 무엇을 빗대어 설명하면 효과적일 수 있을지도 고민해보자. 세상에는 오르거나 내려가는 사물과 현상은 많다. 엘리베이터, 도르래, 계단, 사다리, 에스컬레이터, 케이블카, 리프트, 곤돌라, 온도계, 이륙과 착륙 등 양쪽 방향으로 모두 이동할 수 있는 것들이다. 특히 계단은 상승과 하락, 열정과 냉정, 매출과 매입, 성과와 실패 등을 쉽게 보여주고 비교하기에 안성맞춤이다. 인포그래픽에서도 목표를 향한 단계를 비교하거나 과정을 보여주면 매우 효과적이어서 다양한 계단이 사용되고 있다.

01 상승은 상승답게, 하락은 하락답게

하나의 주제에 대하여 상승한 내용만 자세히 말해주는 것도 만만하지 않은 작업이겠지만 이왕이면 '비교'라는 잣대를 정보에 포함해주면 다소 복잡해 보이는 내용일지라도 정보 수용자는 재미와 함께 더 도움이 되는 정보로 느껴지게 된다. 그러므로 마음속에서 "OOO은 오르고 OOO은 내려갔습니다."라고 외치면서 비교하거나 함께 단계를 말해줄 수 있는 또 다른 정보를 찾아서 구조화시킬 필요가 있다. 지금까지 습관적으로 해왔던 상승과 하락, 단계별 내용을 둥근 사각형이나 입체 박스로 표현하는 것은 아무런 정보를 전달하지 못한 채 표현에만 치중한 결과를 만들게 되므로 주의하자.

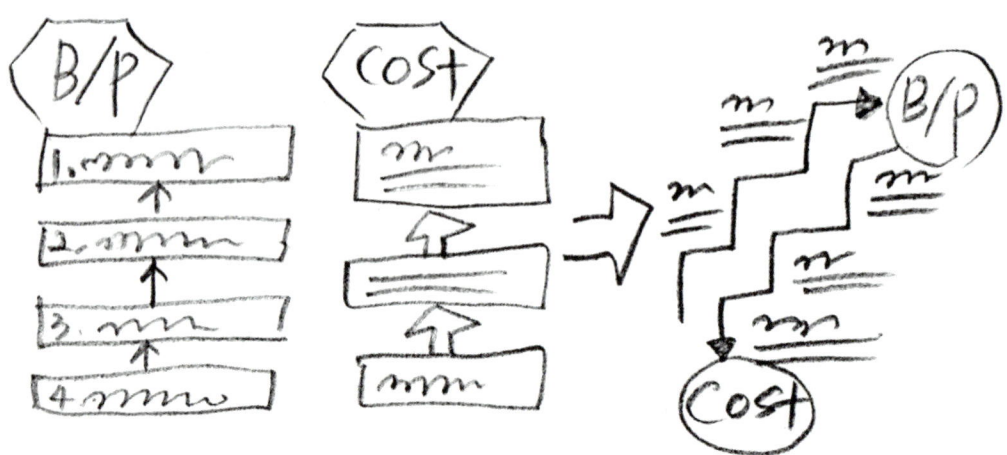

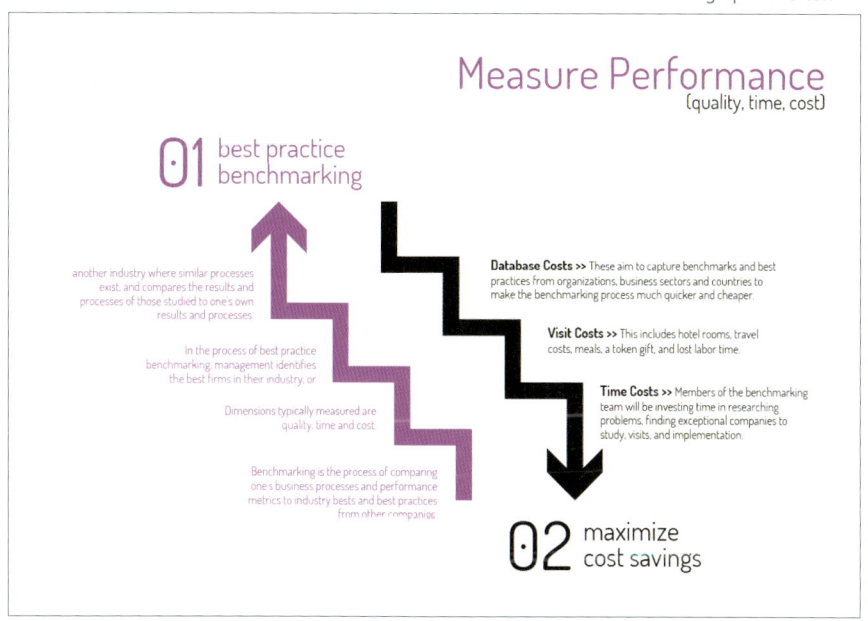

상승과 하락을 표현할 수 있는 메타포는 많지만 가장 쉬우면서도 효과가 높은 것은 계단 구조의 인포그래픽이다.

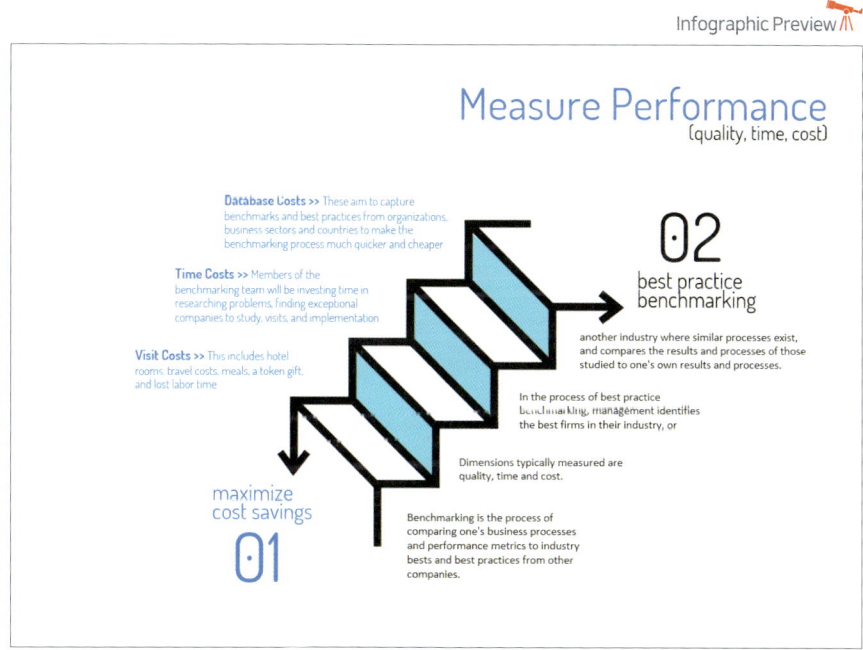

말하려는 개수에 따라 계단의 개수도 늘리거나 줄일 방법을 찾아보자. 매력적인 인포그래픽 구조가 탄생한다.

※ 회자쓰 포스트(post.naver.com/wooseokjin)에서 예제 다운로드와 동영상, 실전 팁까지 저자들이 꼼꼼히 알려드립니다.

02 계단 이미지 검색하고 선별하기

상징 이미지(픽토그램, 아이콘, 클립아트, 사진 등) 검색은 영문 키워드로 입력해야 더 많은 정보를 찾을 수 있다. 단순히 계단을 뜻하는 'stair'이나 'escalator'와 같은 사물 이름을 영문으로 검색해도 되지만 'up'이나 'plus'처럼 내가 말하려는 메시지를 포함하는 단어로 검색하는 것이 더 풍부한 검색 결과를 만들어 낸다. 또한, 식상한 1차 연상을 넘어 아이디어가 빛나는 2~3차 연상을 포함하기 때문에 좀 더 매력적이다. 검색도 능력이란 말이 괜히 나오는 것이 아닐테니 다양한 방법으로 검색해보자.

Stairs Walk **Stairs** Up **Staircase** Going
Plus **More** Ignore **Down** Stairs **Upper**
Check Up **Stair** Boarding **Escalator**

구글 이미지 검색은 손쉽게 이미지를 검색하고 찾을 수 있지만, 인포그래픽에 사용할 파일 형식이면서 저작권이 자유로운 이미지를 찾기는 쉽지 않다. 하지만 개인적인 사용으로는 편리하므로 도움을 받을 수 있다. 검색 후 [검색 도구]를 활용해서 [형식]을 [클립아트]로 변경하면 픽토그램과 클립아트 형식이 이미지들이 선별되어 나타난다.

www.google.co.kr

Infographic TIP 구글의 이미지 검색은 개인용으로 사용하기에 용이하다. 하지만 세계 곳곳에서 다양한 사람들이 사용하기 때문에 지작권 필터링을 하더라도 상업적 이용이 완전히 자유로울 수 없는 곳이다. 해당 사이트에서 저작권을 필히 확인하자.

인포그래픽 작업에서 선호하는 파일 형식이 픽셀 방식의 이미지보다 벡터 방식의 이미지인 이유는 수정, 변형이 가능한 확장성 때문일 것이다. thenounproject.com에서는 PNG와 SVG를 동시에 지원하므로 인포그래픽 제작에 빠르게 사용할 수 있으며 EMF로 변환해서 파워포인트에서 사용이 가능한 SVG 파일을 다운로드하면 된다. 파일 중에서는 도형으로 분해했을 때 구성 요소들이 각각 분해가 될 수 있는 파일을 선택하면 다양한 변형 작업이 가능하다.

image source : thenounproject.com에서 'stair' 검색

최종 선별된 두 개의 계단 이미지는 상승과 하락을 잘 표현함과 동시에 도형으로 분해한 후 자유롭게 수정이 가능한 수준으로 만들어진 픽토그램이다. 그러므로 계단을 늘려서 사용하거나 화살표를 추가해서 사용하는 등 활용도가 높아 보인다.

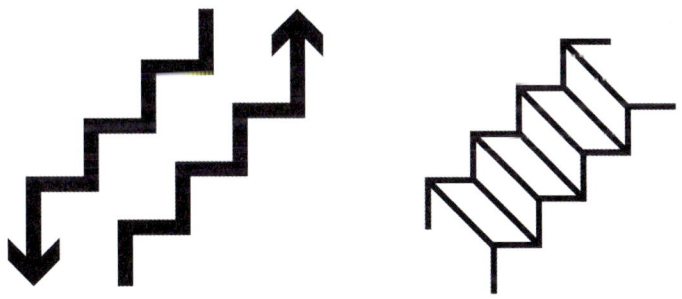

03 상승과 하락이라는 두 가지 축 만들기

다운로드한 픽토그램 SVG 파일은 잉크스케이프로 열어서 EMF로 저장한 후 파워포인트로 가져와서 2회 그룹 해제를 한다. 분해된 화살표 도형의 간격은 작성하는 페이지에 적절하도록 벌려준다. 인포그래픽 제작을 할 때는 두 개의 화살표에 역할을 부여하면 효과적이다. 한쪽은 상승에 해당하는 내용, 다른 한쪽은 하락이나 절감을 말해주는 내용으로 구성하는 것이다. *잉크스케이프를 활용하는 방법은 142쪽 참조.

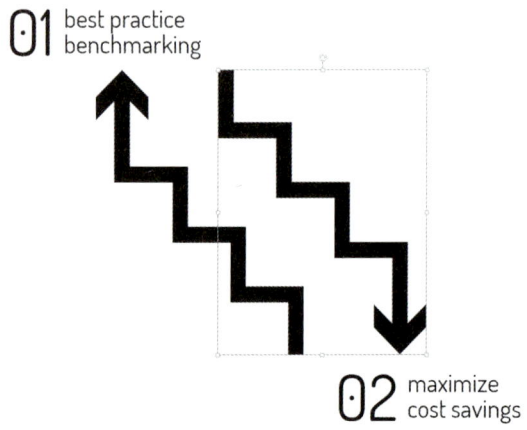

만약 하나의 계단에서 상승과 하락에 대한 정보를 동시에 보여주면서 설득해야 한다면 두 개의 화살표 계단을 이어지도록 배치하여 긴 계단으로 만들면 된다. 필요에 따라서는 상승, 하락, 안정, 위험 등을 표시하는 컬러를 적용하는 것도 좋은 방법이 된다.

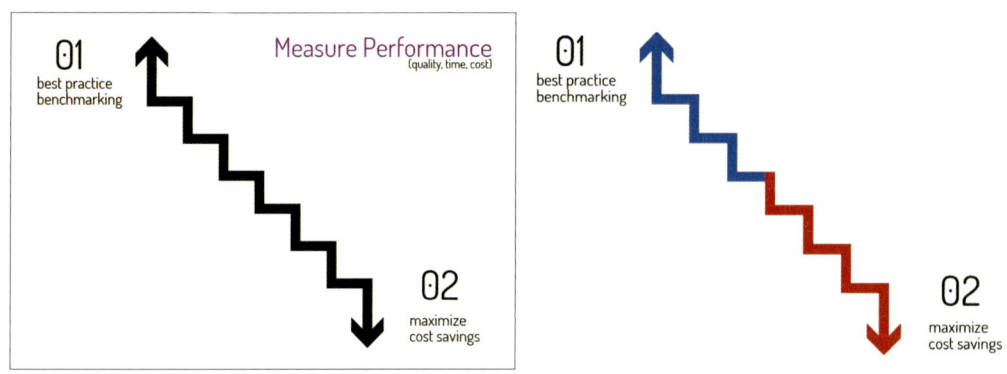

Infographic TIP
인포그래픽 제작에서 픽토그램을 잘 사용하는 방법은 다운로드한 원본 그대로 사용하기보다는 도형으로 분해한 후 내용을 입력할 공간을 확보해야 한다. 그리고 시각적인 동선을 고려하여 재배치하여 사용한다.

04 계단 인포그래픽 완성하기

정보를 담아낼 때는 상승과 하락이라는 각 방향에 맞게 계단 좌우로 배치하는 것이 좋다. 여기서는 제목도 중요하지만 두 개의 축(상승, 하락)이 더 중요할 수 있으므로 강약 구분을 조절하여 눈에 잘 띄도록 한다.

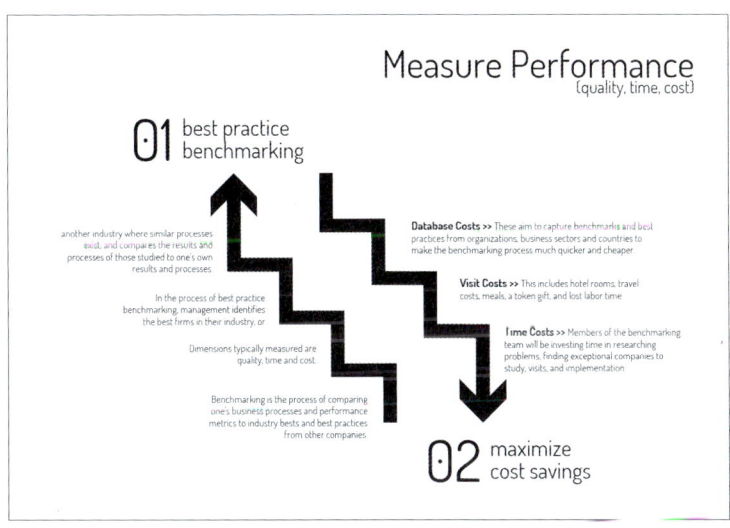

최종적으로는 제목에 메인 컬러를 적용한다. 계단을 강조하고 싶다면 상승과 하락 중에서 더 중요한 쪽을 선택하여 제목과 동일한 컬러를 적용하면 강한 인상을 줄 수 있다.

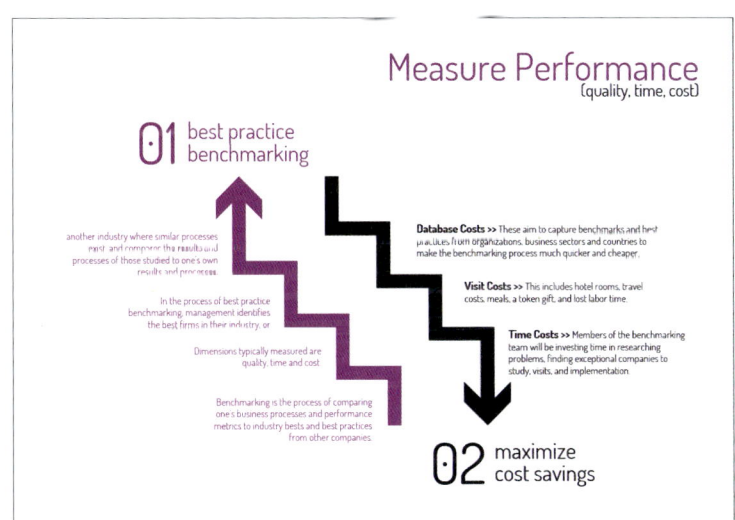

font : Dosis

05 메시지에 따라 상징 변경하기

두 번째로 고른 계단은 상승과 하락이라는 화살표가 없는 상태이므로 파워포인트 도형을 이용하여 양쪽 끝에 화살표를 만들어 주자. [자유형] 도형으로 그리고 계단의 두께 정도에 맞게 윤곽선의 두께를 조절해 준다.

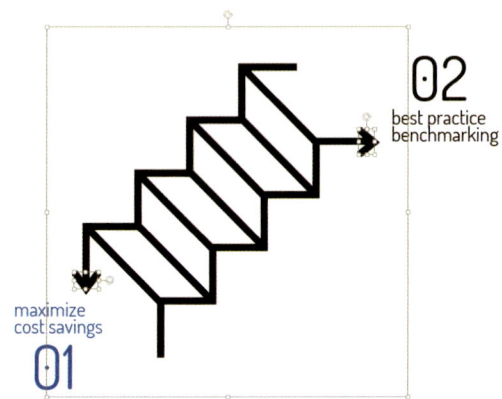

상승 하락을 전달하는 계단을 좀 더 강조하는 방법으로 입체를 적용한다. 자유형으로 계단의 세로 부분 라인을 따라 사각형을 그리고 [정렬] - [맨 뒤로 보내기]를 실행하여 계단 뒤쪽으로 보낸다. 그 결과 하얗게 보였던 부분은 투명한 상태이므로 깨끗한 입체 계단이 완성된다.

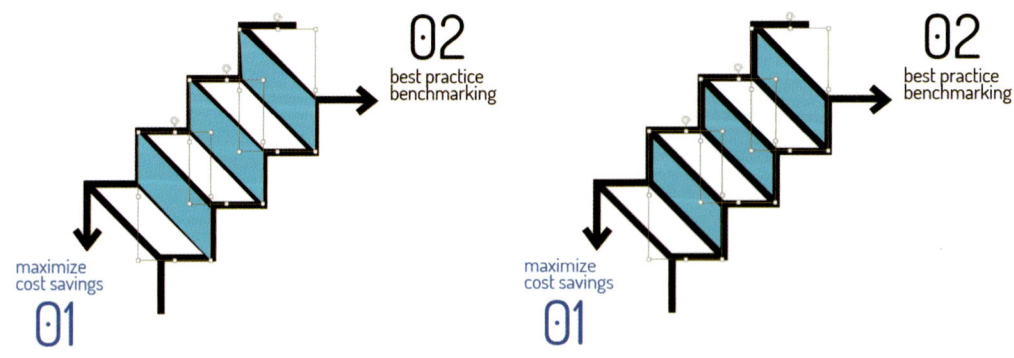

Infographic TIP 다운로드한 픽토그램은 검정색으로만 구성되어 있다. 흰색으로 보이는 것은 배경이 그대로 비춰 보이는 것 뿐이다. 즉 흰색으로 보이는 곳은 뚫려 있어서 투명한 상태다.

하락을 중심으로 구성한다면 제목과 하락 화살표와 내용 모두 파랑 계열의 컬러를 사용하면 된다. 밝은 파랑을 사용하면 오히려 희망적인 느낌을 주기 때문에 중간 명도 이하의 파랑을 적용하자. 나머지 내용은 검정 컬러를 적용하여 인포그래픽을 마무리한다.

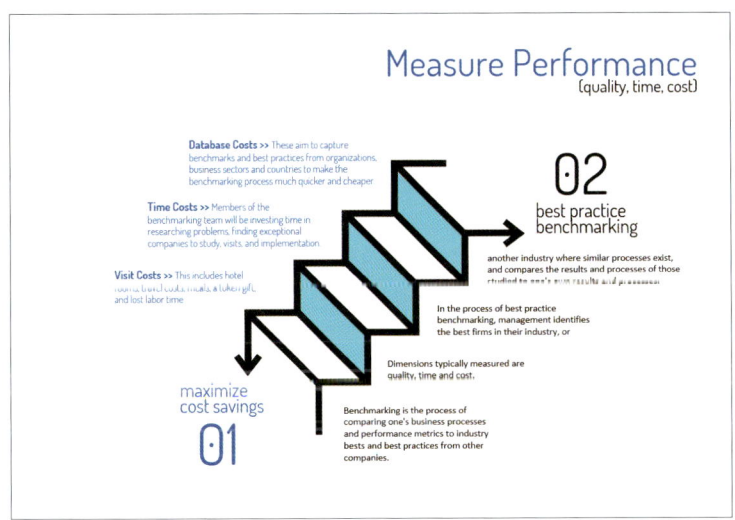

font : Dosis, Calibri

메시지에 따라 사다리를 사용하는 방법도 좋은 결과를 만들어 낼 수 있다. 사다리의 구조가 올라가는 큰 사다리와 올라가기 위해서 받쳐주는 역할이 작은 사다리라고 했을 때 한 쪽을 성과로 정의하고, 다른 한쪽을 성과를 위한 투자로 정의하면 의미가 적절한 인포그래픽이 완성된다. *오픈클립아트에서 WMF 파일을 다운로드하여 활용하는 방법은 166쪽을 참조.

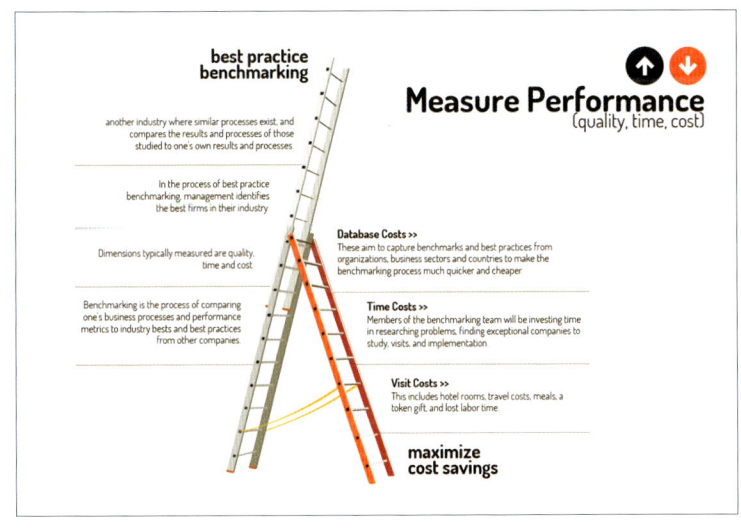

image source : www.openclipart.org

17 중요도를 무게로 달아서 비교하는
양팔 저울 인포그래픽

인포그래픽을 제작할 때 '연상'과 더불어 빼놓을 수 없는 중요한 정보 속성이 있다면 '비교'라는 방법을 손꼽을 수 있다. 비교는 사람들에게 중요도와 차이를 분명하게 해주기 때문에 정보의 수준이 올라가고 흥미 유발과 관심을 일으키게 된다. 비교는 높이, 두께, 무게, 길이, 대조, 음영, 대결, 컬러, 깊이, 면적 등 다양한 방법으로 적용이 가능한데 이 중에서 무게를 달아서 정보를 보여주는 양팔 저울은 어느 산업, 어떤 정보에도 잘 어울리는 만능 인포그래픽 패턴이라고 할 수 있다. 균형과 기울어짐을 잘 활용하면 메시지도 함께 전달할 수 있는 것은 덤이다.

01 저울 위에 정보 올리기

이렇게 이야기를 풀어내면 어떨까? "이번 사업을 성공적으로 이끌기 위해서는 전문 인력과 최적화된 기술이라는 두 개의 조화(균형감각)가 필요한데 우리 프로젝트팀은 기술에만 치우쳐 있어서 사업 경험이 많은 인력이 보강되어야 합니다." 또 이런 것도 가능하다. "인간이 누려야 하는 행복한 삶이란 일을 하는 삶과 개인적인 삶 사이의 균형을 맞추는 것입니다. 하지만 우리나라의 경우 OECD 기준으로 노동생산성을 비교해보면 최하위에 위치하고 있습니다. 그래서 이번 회사 내 창의제안은 조직의 노동생산성과 개인 삶의 질을 동시에 높이는 방안에 대한 주제로 발표하겠습니다." 이처럼 정보를 저울 위에 올려놓는다는 것은 상대방에게 보다 확실한 정보를 전달하고 공감 메시지를 전달하기 위한 노력의 일환이다.

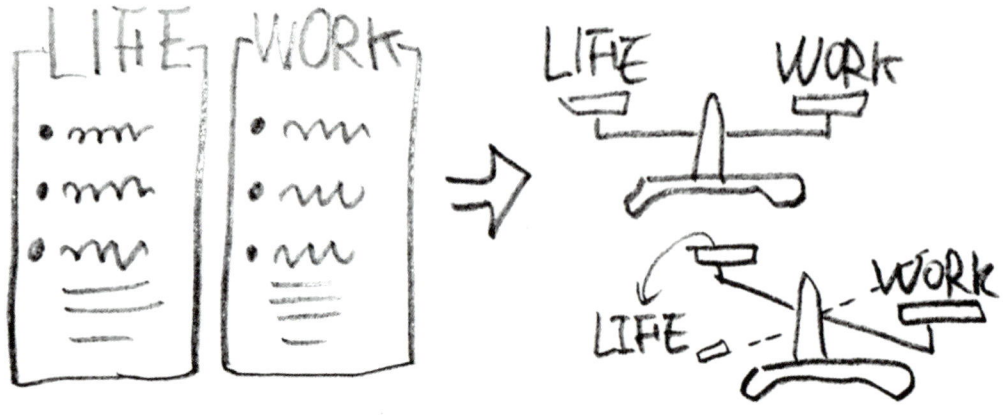

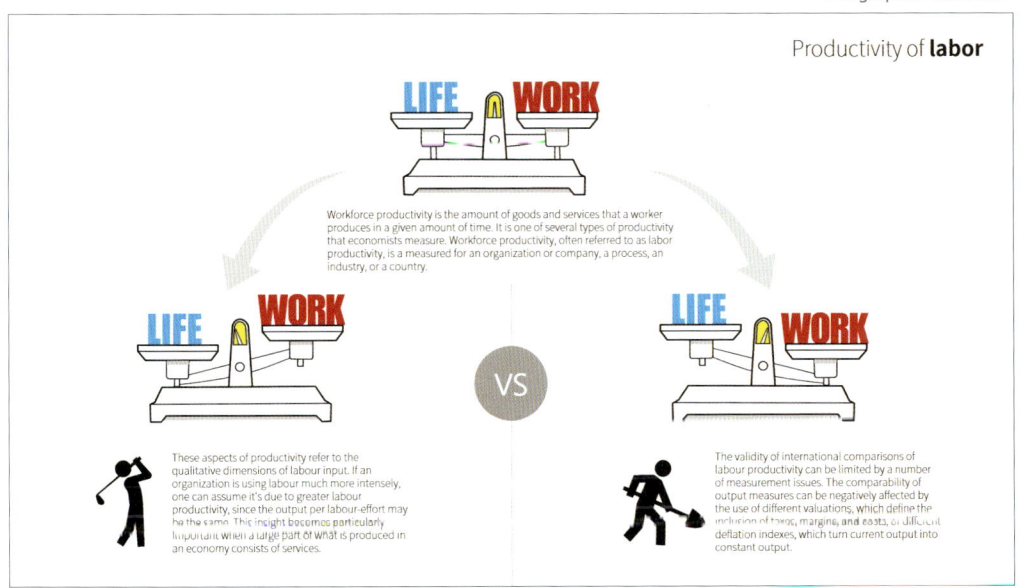

기준값으로 '균형'을 제시한 후 균형을 지키지 못하는 두 가지의 경우에 대한 이야기를 풀어내면 정보는 매우 재미있게 바뀐다.

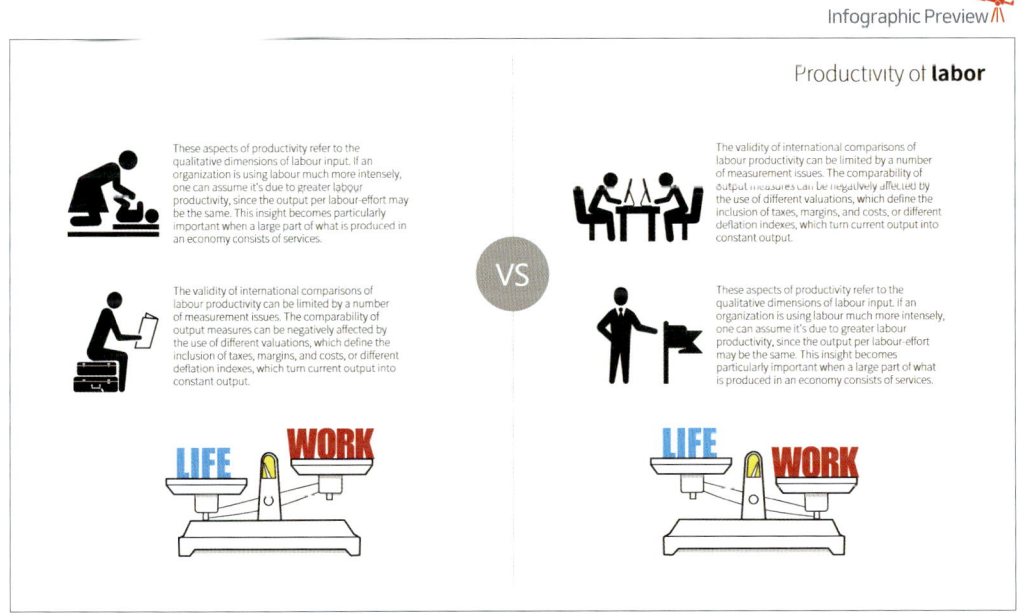

세부 전개 페이지에서는 두 가지 경우에 대한 문제 해결책을 제시한다. 즉 균형을 맞추기 위한 개선책과 실행방안, 그리고 효과를 말한다.

※ 회자쓰 포스트(post.naver.com/wooseokjin)에서 예제 다운로드와 동영상, 실전 팁까지 저자들이 꼼꼼히 알려드립니다.

02 양팔 저울 클립아트 검색하기

구글 크롬(Chrome) 브라우저를 실행하고 무료 클립아트를 제공하는 openclipart.org에 접속하자. 검색 창에 'balance'를 검색하면 다양한 저울들이 등장하게 되는데 이때 클립아트의 선택 기준은 파워포인트로 가져와서 분해한 후 수정 변경이 편리하면서도 의미가 잘 전달되는 것이다.

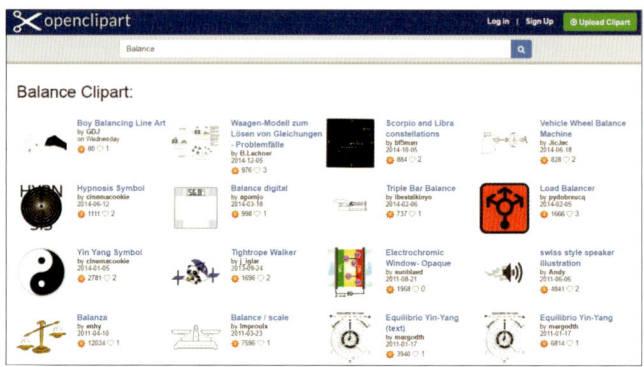

source : openclipart.org에서 'balance' 검색

자유로운 프리핸드로 그려진 클립아트는 정량적으로 보이기 어렵고 수정도 쉽지 않다. 반대로 너무 단순화된 픽토그램 형식의 이미지는 자칫 잘못하면 다루는 정보가 가벼워 보일 수 있어서 내용의 깊이가 떨어진다. 클립아트를 자세히 살펴가면서 수정 편집이 가능하고 의미를 담을 수 있는 양팔 저울을 골라보자. *사이트 접속이 원활하지 않다면 포스트에서 다운로드하자.(post.naver.com/wooseokjin)

Infographic TIP

오픈 클립아트는 무료 브라우저에서 제대로 사용이 가능하다. 이왕이면 검색이 편리한 크롬으로 접속하는 것이 유리하다. 윈도우 익스플로러로는 지원하지 않기 때문에 접속하면 화면이 깨져 보인다.

03 클립아트 분해하기

2016 버전 이상이라면 SVG을 받아 그대로 사용한다. 그 이하 버전은 Microsoft Office(WMF) 파일 형식을 다운로드해야 한다. WMF 버튼을 눌러 다운로드하고 파워포인트에서 [그림 삽입]으로 해당 파일을 불러오자.

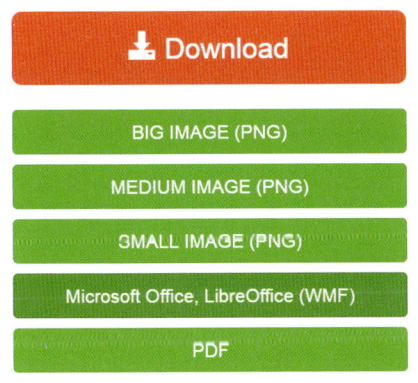
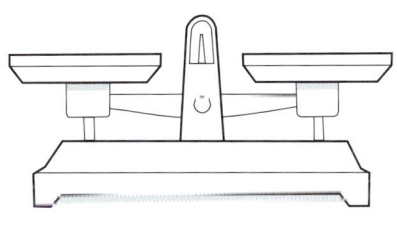

| Infographic TIP | 오픈클립아트에서 [Download]를 바로 누르면 SVG 파일이 저장된다. 이 파일은 잉크스케이프나 일러스트레이터에서 EMF 파일로 변환해야만 파워포인트에서 사용이 가능하다. |

도형 채우기에서 색을 채워보자. 하지만 배경색만 바뀌게 되는데 파워포인트에서는 도형으로 변환해야만 컬러와 크기를 수정 변형을 할 수 있다. 마우스 오른쪽 버튼을 누르고 [그룹해제]를 2회 적용한다. 그 결과 배경에만 적용되던 양팔 저울 클립아트의 모든 요소가 분해되어 도형으로 변경된다. 이제부터는 마음껏 변경 수성을 할 수 있는 상태가 된 것이다.

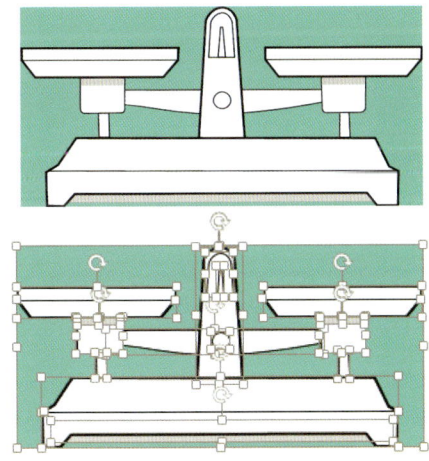
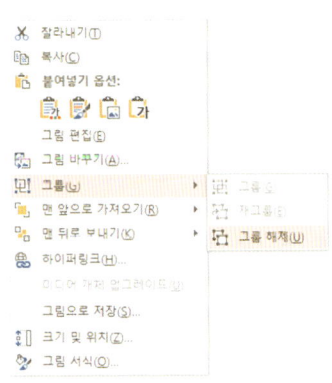

04 원하는 형태로 클립아트 변형하기

모두 분해 되었다면 저울 부분의 여러 개 도형을 선택하여 재그룹한다. 그렇지 않으면 이동 복사할 때 함께 움직이지 않을 경우가 생기게 된다. 이제 양팔 저울은 몸통과 양쪽 저울판으로 각각 나눠어 있고 그룹이 되어 있는 상태가 된다.

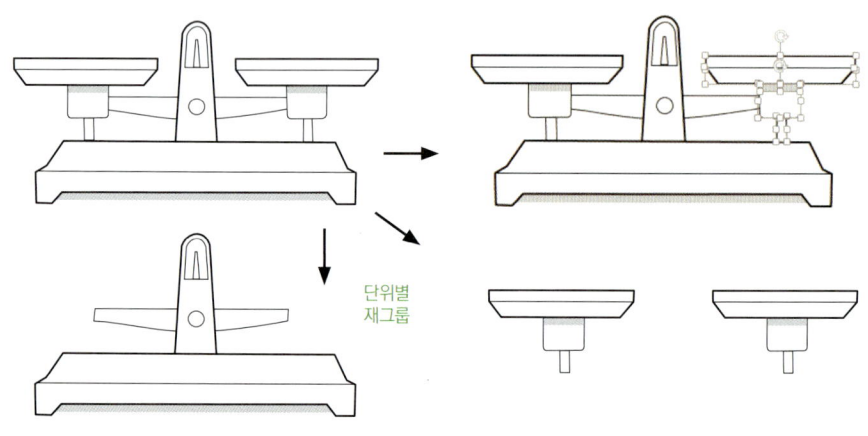

Infographic TIP 클립아트, 픽토그램, 차트 등을 그룹 해제하여 도형으로 변환한 경우 다시 소그룹별로 그룹을 지어주지 않으면 복잡한 도형은 제대로 조합되지 않거나 요소가 누락되는 경우가 있으니 꼭 다시 그룹하는 습관을 들이자.

서로 다른 두 개의 저울을 만들기 위해서 중앙에 있는 가로축을 회전시키고 좀 전에 분리했던 저울 판을 가져와서 조합한다. 가로축의 길이가 짧다면 살짝 늘려주어서 전체 비례가 맞도록 조정하자.

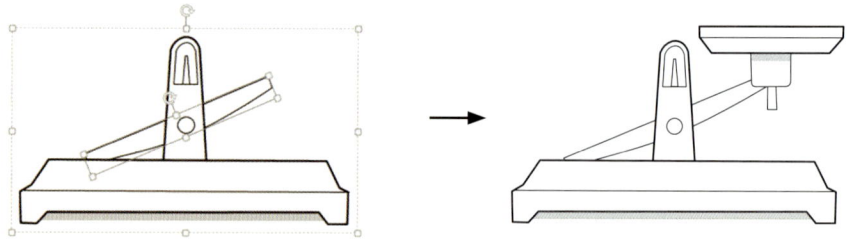

Infographic TIP WMF 파일은 벡터 방식을 지원하기 때문에 파워포인트 도형과 같다. 그러므로 자유로운 변형을 하거나 축소 확대를 적용해도 이미지가 손상되지 않는 장점이 있다.

양쪽에 모두 저울판을 배치하여 한쪽으로 기울어진 양팔 저울을 마무리한다. 만들어진 양팔 저울을 복사한 후 [홈] - [정렬] - [회전] - [좌우 대칭]을 적용하여 이번에는 반대쪽으로 기울어진 양팔 저울을 완성하자.

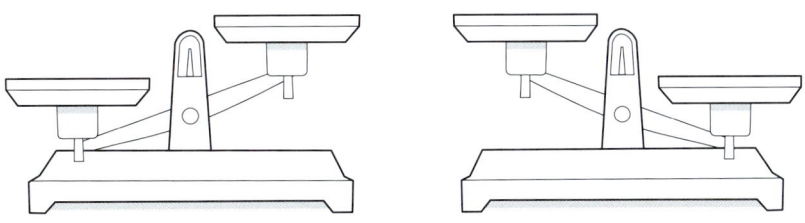

05 양팔 저울 최종 완성하기

균형이 잡힌 양팔 저울, 오른쪽으로 기울어진 양팔 저울, 왼쪽으로 기울어진 양팔 저울 이렇게 3개의 저울로 만들었다면 최종적으로 추가 작업이 필요하다. 중앙축 상단을 보면 저울의 눈금자(게이지)에 해당하는 도형이 있는데 선택해서 노란색으로 컬러를 채우고 게이지는 기울어진 쪽으로 넘어간 것처럼 보이도록 게이지 도형을 회전한다. 마지막으로는 좌측과 우측 저울 위에 'LIFE'와 'WORK'라는 문구를 입력해서 무게를 달고 있는 것처럼 만들어 보자.

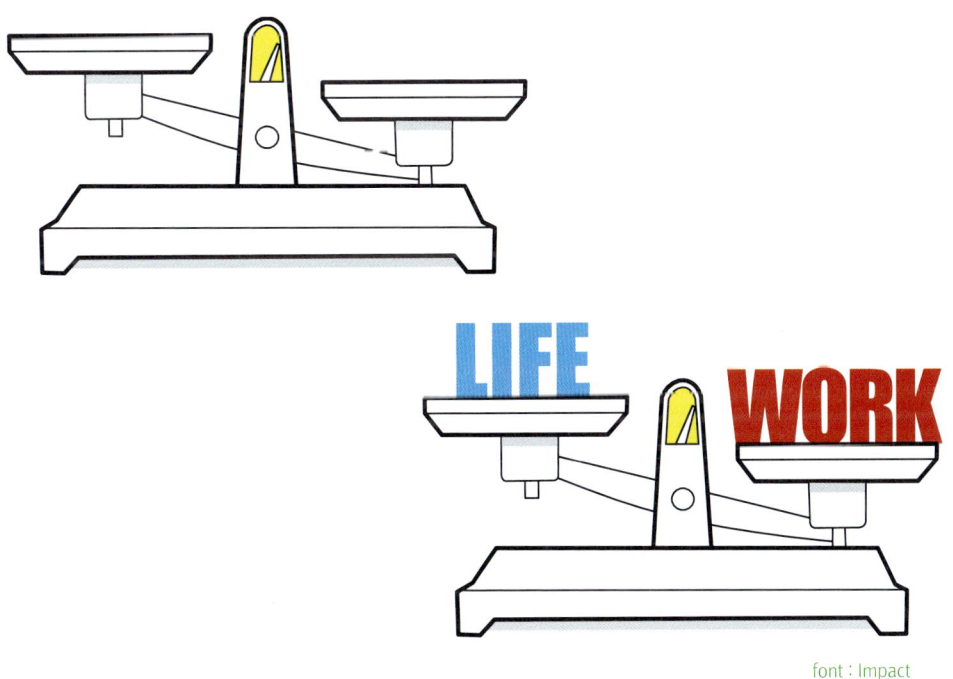

font : Impact

입력한 글자를 3개의 양팔 저울에 모두 복사하여 배치하자. 전체적으로 확인하면서 어색한 부분은 조금씩 손을 보자.

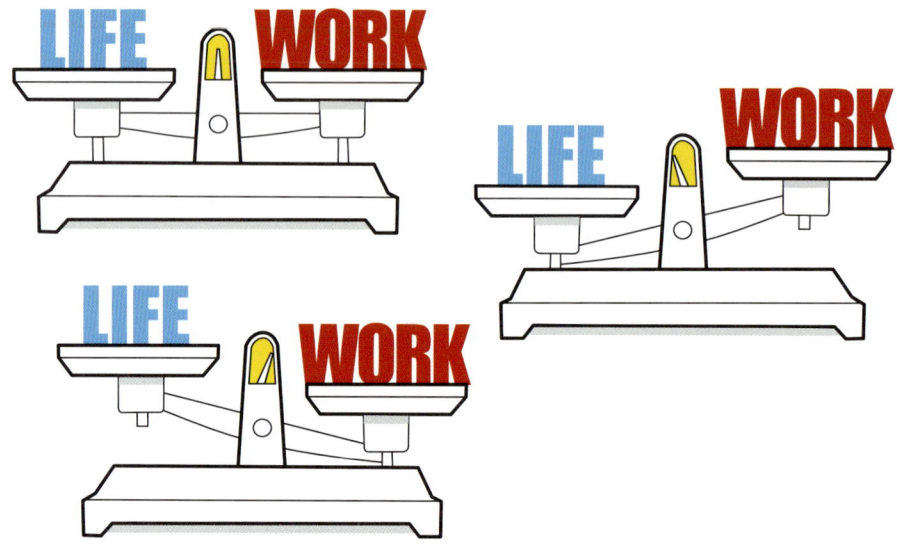

06 대비되는 픽토그램 구하기

세부 페이지에서는 일하는 삶과 개인의 삶을 비교해서 보여주어야 하므로 각각의 삶으로 상징될 수 있는 메타포가 필요하다. 각각 '일하는 사람'과 '여가를 즐기는 사람'으로 생각하고 픽토그램을 찾아보자.

source : thenounproject.com에서 'worker', 'golfing' 검색

| Infographic TIP | 좀 더 극적으로 비교하기 위해서는 동일하거나 비슷한 행위인데 상반되거나 서로 다른 결과를 가져오는 상징을 사용하면 의미가 더 풍성해진다. |

thenounproject.com에서 'worker', 'golfing'으로 검색해서 픽토그램을 가져온다. 만약 픽토그램을 검은색 원본 그대로 수정 변경 없이 사용한다면 SVG를 다운로드하여 변환하는 과정 없이 곧바로 PNG 파일을 다운로드하면 된다. PNG 픽토그램은 파워포인트에서 배경이 투명하게 처리되어 보인다.

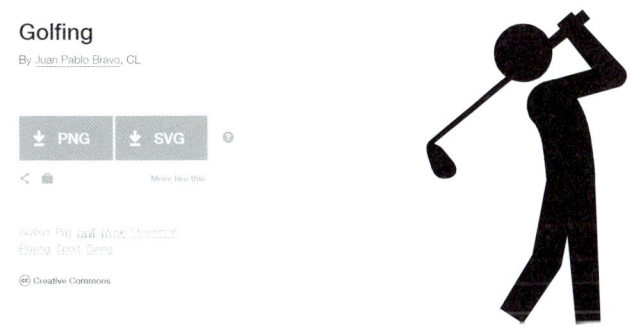

07 화살표로 흐름 구조 만들기

전체 흐름을 나타내기 위해서 자연스러운 화살표가 필요하다면 [삽입] - [Smart Art]를 실행하여 화살표 프로세스를 슬라이드에 삽입하자. 화살표 스마트 아트는 그룹해제를 2회 적용하여 회색 화살표를 완성하면 된다.

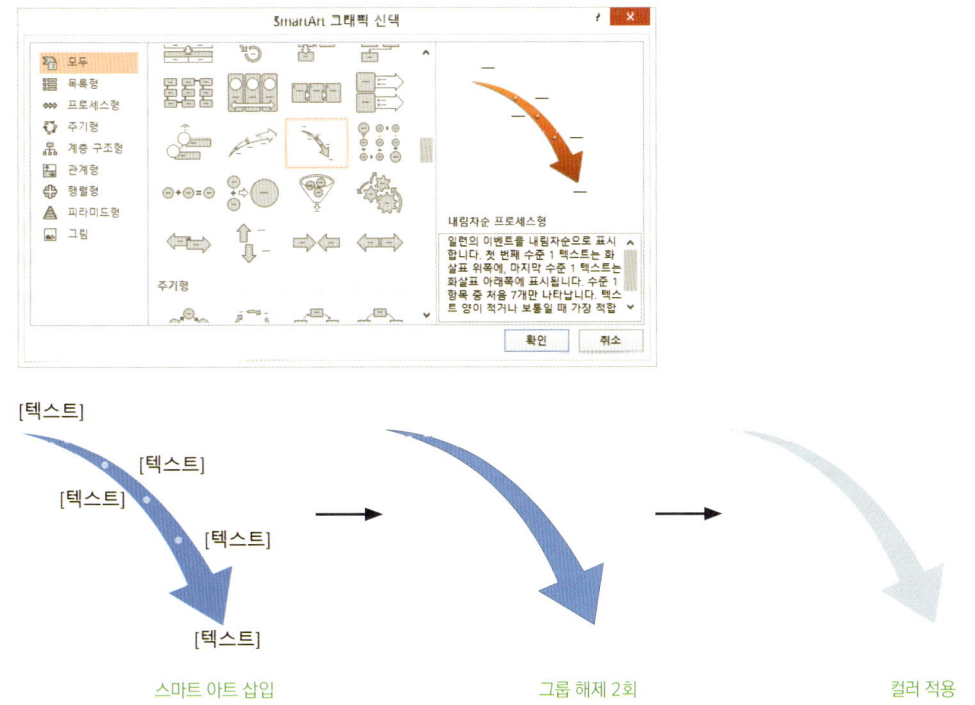

만들어진 양팔 저울을 상단 중앙과 하단 양쪽으로 배치하고 회색 화살표로 흐름을 보여주자. 화살표는 복사한 후 [정렬] - [회전] - [좌우 대칭]을 적용하여 반전시켜 사용하면 된다. 아래쪽으로는 중앙에 대결을 의미하는 VS를 회색 원 안쪽에 입력하고 골프를 치는 사람과 일을 하는 사람 픽토그램을 배치하면 전체 구도기 완성된다.

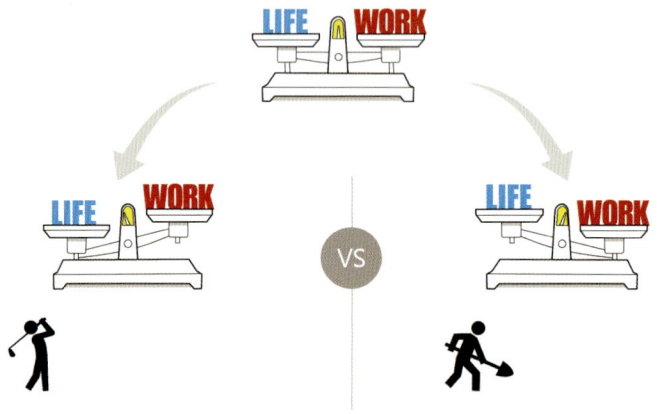

Infographic TIP

포스터, 뉴스, 신문 속의 인포그래픽에서 VS가 자주 등장한다. VS는 Versus의 약어로서 [애플 VS 삼성]처럼 스포츠 경기나 소송, 투표에서 경쟁자끼리의 상태를 나타내는 대(對), 대비, 대조 등을 강조할 때 사용되고 있다.

전체 구조가 만들어졌다면 해당하는 내용을 입력하여 마무리하면 된다. 전체적으로 각각의 이미지들은 너무 크지 않게 하여 정보 내용을 충분히 입력할 수 있도록 조절해야 한다.

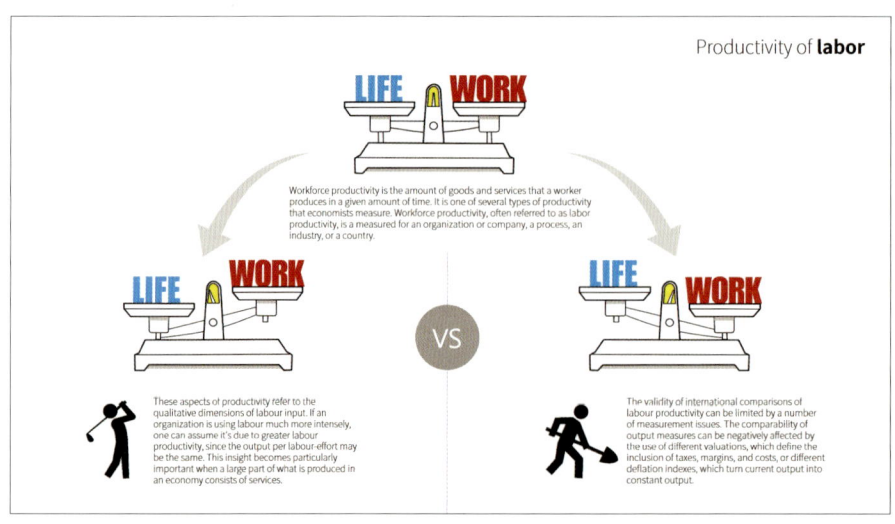

font : Impact, Noto sans

08 두 페이지 인포그래픽 만들기

만약 두 페이지로 요약해서 내용을 전달해야 하는 경우라면 앞쪽과 뒤쪽 페이지의 연계성이 매우 중요해진다. 두 번째 페이지에서는 앞쪽에 사용했던 양팔 저울을 상단에 배치하고 아래쪽으로 항목을 나열하는 방식으로 전개하는 것이 효과적이다. 이때도 중앙에 있는 VS를 기준으로 하여 대립되는 상황이나 이슈, 결과와 기대효과 등을 기록해주면 연결형 인포그래픽이 만들어진다.

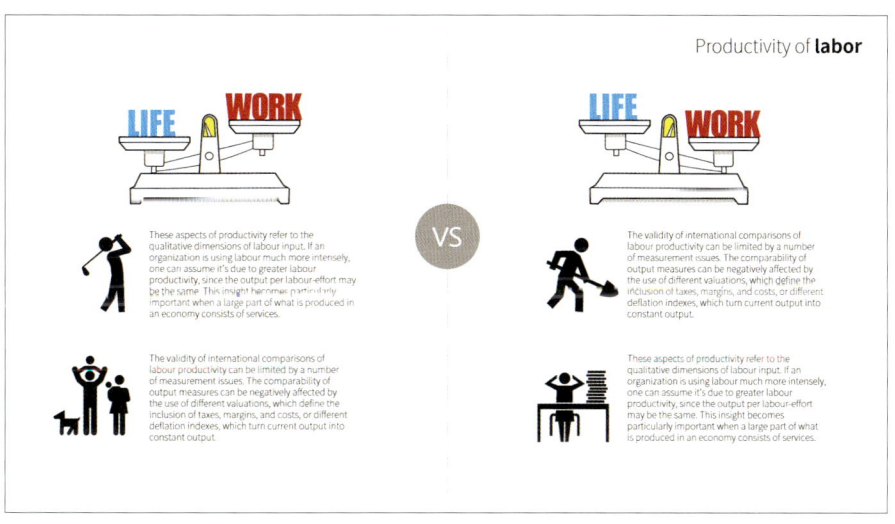

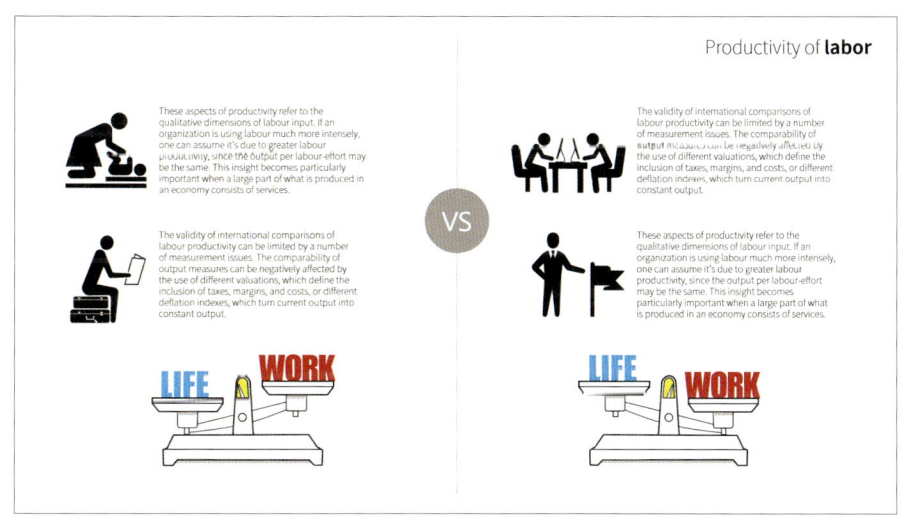

source : thenounproject.com에서 'baby', 'travel', 'goal' 검색

무료로 배포하는 이미지, 폰트, 픽토그램을
저작권 Free 콘텐츠로 사용하기

thenounproject.com에서는 모든 저작물에 출처를 밝힌다는 조건(Creative Commons)에서 무료로 사용할 수 있도록 하고 있다. Public Domain이라고 규정된 픽토그램은 해당하는 단어의 표준 픽토그램으로 규정되어 출처를 밝히지 않아도 상업적으로 무료 사용이 가능하다. 모든 단어에는 한 개 이상의 퍼블릭 도메인이 존재한다. CC(Creative Commons)의 경우라 할지라도 해당 그래픽 파일을 구매한 경우는 저작권을 구매한 것과 같으므로 출처를 밝히지 않아도 된다.

site : thenounproject.com

이미지 공유 사이트인 플리커(www.flickr.com)에서도 상업적으로 무료 사용이 가능한 이미지를 검색해서 사용할 수 있다. 고급 검색 설정으로 들어가 라이선스 항목을 [상업적 이용 허용]으로 선택하여 정렬하면, 다양한 크기의 이미지를 다운로드하여 사용이 가능하다.

site : www.flickr.com

폰트의 경우는 이미지보다 저작권에 더욱 민감하다. 누구든지 재사용 및 수정을 할 수 있는 폰트가 있는 반면, 상업적 이용이 가능하지만, 개인용으로만 한정되어 있거나 범위가 별도로 지정되어 있는 경우도 있기 때문이다. 그러므로 반드시 [사용범위]에서 무료 사용인지, 개인/기업이 가능한지, 국내/국외가 가능한지 살펴보아야 한다. 블로그와 전자매체를 통한 폰트 자체를 재배포하는 것은 대부분 금지된다.

이미지, 클립아트 등 서비스 전체를 상업적 이용이 가능한 퍼블릭 도메인으로 제공하는 사이트들이 늘어나고 있다. 대표적으로 openclipart.org와 pixabay.com은 클립아트와 고해상도 이미지를 출처를 밝히지 않고도 개인 및 기업에서 상업적으로도 무료로 사용이 가능하기 때문에 활용도가 매우 좋다.

무료로 배포하는 이미지, 폰트, 픽토그램을
저작권 Free 콘텐츠로 사용하기

구글에서도 이미지 검색에 [라이선스] 필터링을 추가했다. 이미지를 검색한 후 [검색 도구]에서 [재사용 가능]이나 [비상업적 용도로 재사용 가능]이라는 항목을 선택하면 공개된 이미지들을 필터링해서 찾을 수 있다. [재사용 가능]은 상업적 용도로 사용이 가능하며 정확한 범위는 해당 사이트에서 확인하면 된다.

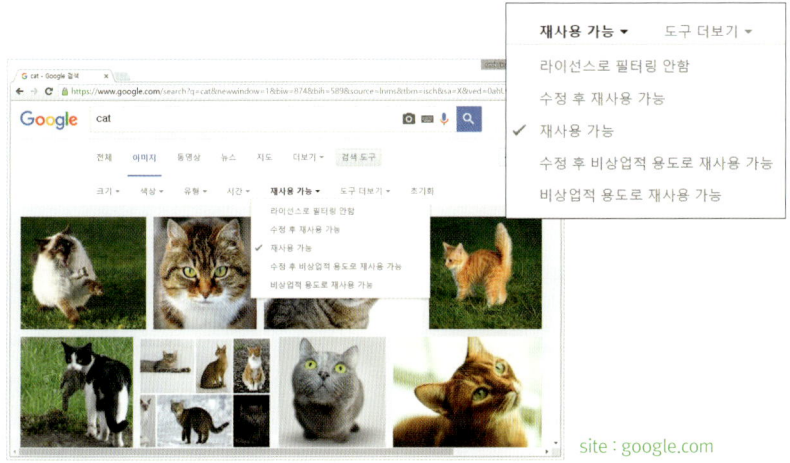

site : google.com

파워포인트에서 편리하게 사용되었던 [클립아트 삽입] 기능이 없어지고 [삽입] - [온라인 그림]이라는 기능이 추가되었다. 마이크로스프트의 브라우저 Bing에서 검색을 하는 기능인데 필터 중에서 [Creative Commons만]이라는 항목을 체크하면 저작권자가 무료로 공개한 이미지만 필터링되고, [삽입] 버튼을 누르면 파워포인트에 사용할 수 있다. 개인/상업 구분은 되지 않으므로 해당 사이트에서 확인해야 한다.

site : www.bing.com

다양한 형식의 콘텐츠를 무료 제공하는 사이트에서는 자신들의 라이선스 범위와 규정을 해놓고 있는데 대체적으로는 출처와 링크를 밝혀주는 정도의 수준이다. 예를 들어 Flaticon의 경우 저작권 관련 문구를 웹사이트, 또는 해당 제작물에 기입하여 링크를 걸도록 규정하고 있다. 출판물의 경우는 처음, 또는 끝의 감사 페이지에 저작권자 도움이 있었음을 밝혀주기를 요구하고 있다.

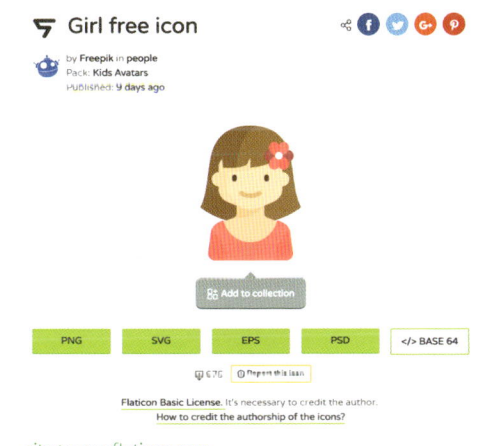

site : www.flaticon.com

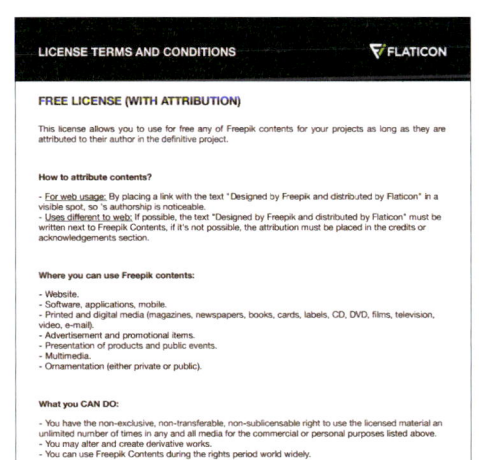

"Designed by Freepik and distributed by Flaticon"

무료로 제공받는 콘텐츠라고 해도 사용자는 저작물에 대한 기본적인 예의를 지켜야 한다. 특히 국내 블로그와 포스팅에는 해외 사이트에서 무료로 배포되고 있는 콘텐츠를 자신이 임의로 편집해서 재배포하고 있는 경우를 많이 발견할 수 있는데 저작권 범위를 충분히 검토해서 개선되어야 할 부분이다. 이런 경우는 재배포를 하는 주체가 블로거 자신이 되므로 해당 글에 저작권자와 사이트 주소를 밝히더라도 무단/불법 사용으로 규정되기 때문이다.

퍼블릭 도메인을 올바르게 사용하는 방법은 규정을 지키는 것이다. 또한, 출처를 밝히지 않아도 되는 경우라도 되도록 출처를 기재하여 밝혀주자. 자신의 인포그래픽 제작물에 사용된 콘텐츠의 출처를 밝히는 것은 창피하거나 실력이 부족함을 뜻하지 않는다. 저작권 사용의 기본을 지키는 행위는 무료 콘텐츠를 아낌없이 제공하고 있는 많은 사람들에 대한 최소한의 예의라는 것을 명심하자.

18 핵심 정보를 상대적으로 비교하는
올림픽 단상 인포그래픽

보고서와 기획서에 빠지지 않고 등장하는 것은 SWOT 분석이 아닌가 싶다. 내부 환경과 외부 경쟁상황을 고려하여 그 결과와 방향을 제시하는 SWOT 분석은 당연히 열 십자로 선을 그어 4분 면을 만들어 제시하곤 한다. 늘 그래왔고 앞으로도 그럴 것이다. 여기서 의문 하나. 꼭 그래야 할까? 동일한 크기의 영역에 끼워 맞추듯이 들어간 내용을 보고 팀장과 우리 팀원들은 고개를 끄떡일까? 좀 더 이해되도록 핵심을 제시하고 싶다면 올림픽 단상을 떠올려 보자. 무엇이 더 우선인지, 더 중요한 것은 무엇인지, 더 집중해야 하는 것이 어떤 부분인지 제시해보자. 지금 이 순간은 선부터 긋는 우리의 전형성을 깨뜨릴 시간이다.

01 말하려는 핵심을 단상으로 그리기

곰곰히 생각해 보면 SWOT을 4개의 면으로 구분하여 분석 결과를 정리하는 것은 자신에게 필요한 것이고, 그 결과의 핵심을 정의해서 보여주는 것이 비로소 회사와 팀을 위한 것이다. 4개의 항목에서 하나, 또는 두 개의 항목을 중점적으로 제시하고자 한다면 항목의 중요도에 따라 올림픽 단상 위에 정보를 올려보자. 듣는 사람도 말하는 사람도 무엇이 중요한지 바로 알아차릴 수 있게 된다.

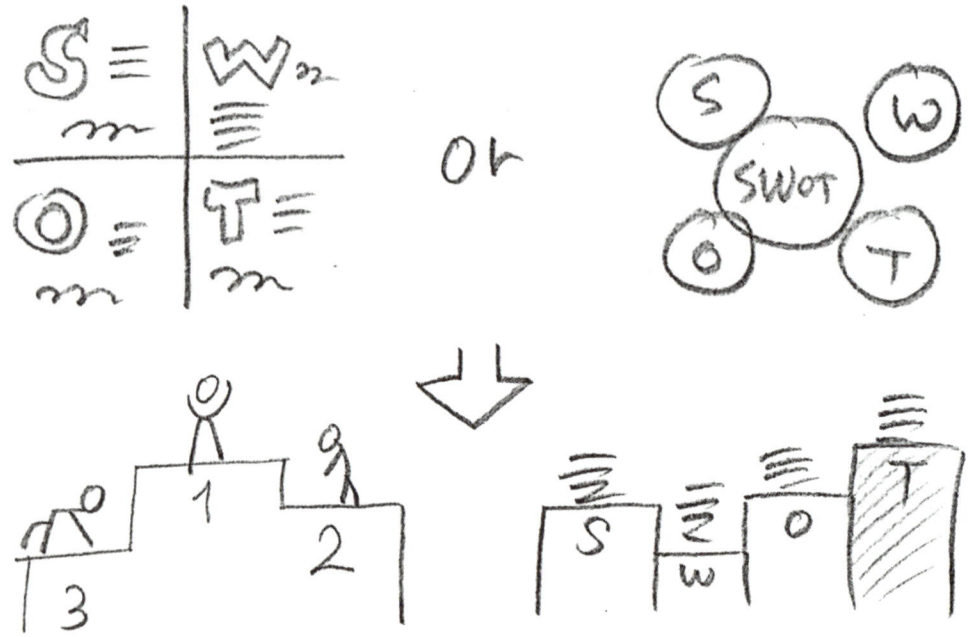

Infographic Preview

분석한 결과에서 현재 무엇이 더 중요한지, 어떤 것에 더 집중해야 하는지를 보여주려 한다면 올림픽 단상 위에 값을 올려보자.

Infographic Preview

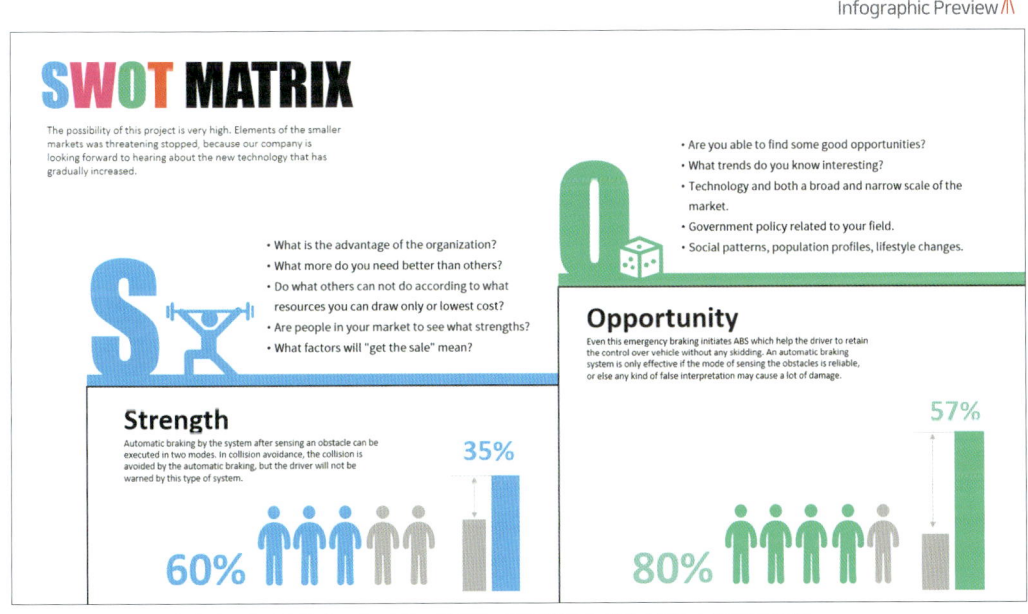

단상 비교 방법을 적극 활용해 보자. 전달하려는 정보가 비교 제시되는 다양한 인포그래픽을 만들 수 있기 때문이다.

※ 회자쓰 포스트(post.naver.com/wooseokjin)에서 예제 다운로드와 동영상, 실전 팁까지 저자들이 꼼꼼히 알려드립니다.

02 흑과 백으로만 SWOT 항목 구분하기

SWOT 각 항목을 동일한 크기의 박스로 만들어서 구분하자. 4개의 사각형을 균일하게 만들어서 가로 형태로 배치한 후 상단에는 해당하는 이니셜을 크게 보이도록 입력하고, 내용을 정리한다. *폰트 활용에 대한 자세한 사항은 232~233쪽을 참조.

font : Impact, Calibri

인포그래픽에서 가장 중요한 것은 정보라는 사실은 아무리 강조해도 과하지 않다. 그러므로 처음 작성을 할 때는 기본 도형과 흑백 포맷을 만든 후 그 위에서 전달하려는 내용을 충분히 고민하여 완성해야 한다. 그 이후 작업으로 다양한 디자인과 패턴, 컬러를 적용해 나가야 한다.

Infographic TIP 어떤 내용일지라도 인포그래픽을 만들 때의 시작은 흑과 백으로 내용을 구성하는 것이 바람직하다. 출발부터 컬러를 적용하면 내용보다는 디자인과 배색에 신경을 쓰게 되어 정보의 핵심을 놓치는 실수를 하게 된다.

03 높이와 컬러로 핵심 항목 결정하기

SWOT 항목은 각각의 특징을 가지고 있다. 강점(Strength)과 기회(Opportunity)가 하나로 묶이고, 약점(Weakness)과 위협(Threat)이 비슷한 속성이 된다. 내부와 외부 요인으로 보면 S와 W가 내부, O와 T가 외부로 구분된다. 강점과 기회는 안전, 긍정을 뜻하므로 초록과 파랑을, 약점과 위협은 불안, 위험요소이므로 자주와 빨강이 어울린다. *컬러 선정에 대한 사항은 188~189쪽을 참조.

컬러로 그룹을 구분한 후 좀 더 항목별 중요도를 제시하기 위해 올림픽 단상 형식으로 높이를 조절하자. 분석 결과로 약점과 위협보다 강점과 기회 요소가 더 크다면 S와 O를 더 높게 만들면 된다. 이때 각 항목의 높낮이를 결정하는 잣대가 있다면 그 의미는 더욱 커지게 되므로 기준을 찾아보자.

04 항목을 상징하는 픽토그램 만들기

인포그래픽을 완성하기 위해 직관적인 픽토그램이 필요하다면 www.flaticon.com에서 쉽고 빠르게 가져와서 작업하자. 마구잡이로 픽토그램을 찾기보다는 먼저 각 항목을 새롭게 정의해야 한다. 왜냐하면 약점(Weakness)과 위협(Threat)이라는 영문을 그대로 입력하여 찾으면 결과가 없거나 식상한 픽토그램이 검색되기 때문이다.

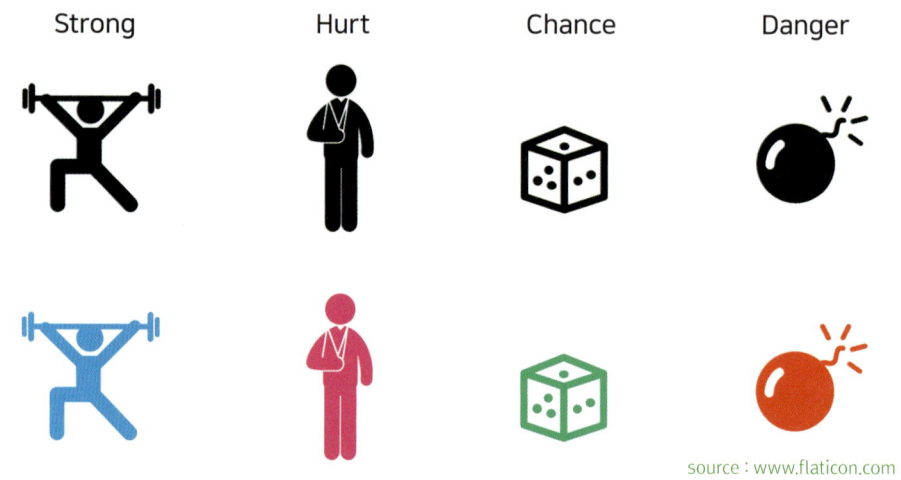

source : www.flaticon.com

강점인 Strength는 Strong으로 정의해서 검색하는 것이 인포그래픽 제작에 알맞은 픽토그램을 찾기에 유리하다. 검색된 결과에서 SWOT 분석에 가장 잘 어울리는 픽토그램을 선택하자.

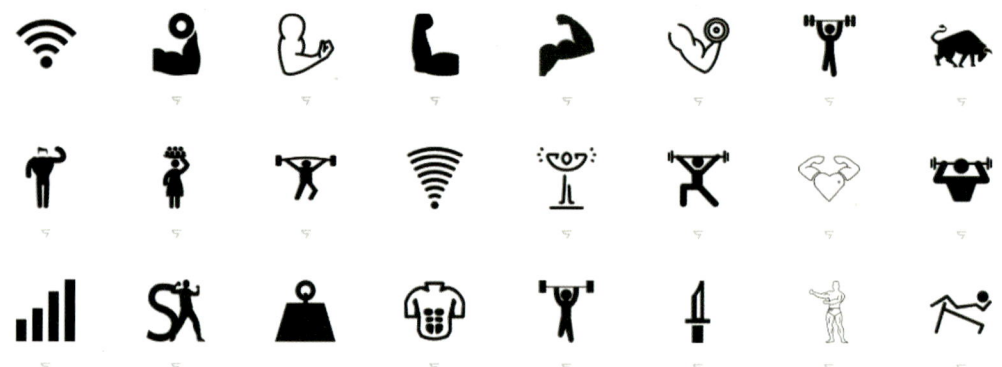

풍부한 상징을 위해서는 1% 비주얼 씽킹의 느슨한 연상을 사용해 보자. 바로 떠오르는 상징은 버리고 좀 더 멀리 떨어진 연상 결과를 찾아야 한다. 약점은 아픈, 상처(Hurt)로, 기회는 주사위(Chance)로 위협은 폭탄(Danger)으로 재정의해서 검색한 후 가장 적절하게 연상되는 픽토그램을 선별하는 것이 더 매력적이다.

강점(Strength)

강점 → 잘하는 → 건강한 → 힘이 센 → Strong

약점(Weakness)

약점 → 나약한 → 병든 → 아픈 → Hurt

기회(Opportunity)

기회 → 선택 → 주사위 → Chance

위협(Threat)

위협 → 두려운 → 위험 물질 → 폭탄 → Danger

Infographic TIP 구글 검색을 비롯하여 무료 이미지와 픽토그램을 제공하는 사이트에서는 모두 영문으로 검색해야만 더 많은 결과가 나타난다. 영문 사전과 국어 사전을 옆에 끼고 유의어를 찾아 검색하는 것은 아주 훌륭한 방법이다.

www.flaticon.com에서 픽토그램을 가져오는 방법은 다른 사이트보다 빠르고 쉬운 편이다. 단어에 따라 연상되는 픽토그램을 검색하여 다운받으면 된다. [PNG]는 배경이 투명한 이미지, [SVG]는 파워포인트 2016 버전 이상에서 사용 가능한 벡터 그래픽, [EPS]는 호환방식 벡터 그래픽을 지원한다. 2016 이하 버전에서는 [SVG]를 다운 받아서 변환 사용한다.

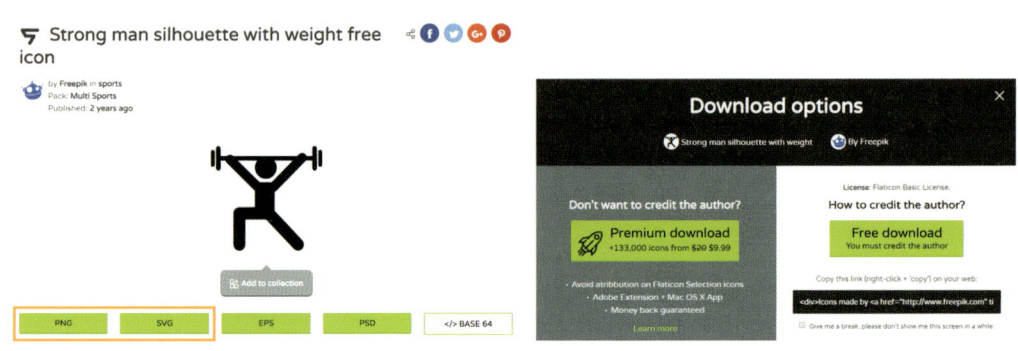

다운로드한 픽토그램은 해당 폴더에서 파일을 클릭 선택한 후 파워포인트 창으로 직접 드래그 앤 드롭하거나 [그림 삽입]한 후 그룹 해제를 2회 실시한다. 해제 후에는 배경에 있는 투명한 박스와 필요 없는 도형들을 없앤 후 윤곽선은 없음, 채우기는 각 픽토그램에 해당하는 컬러를 적용한다.

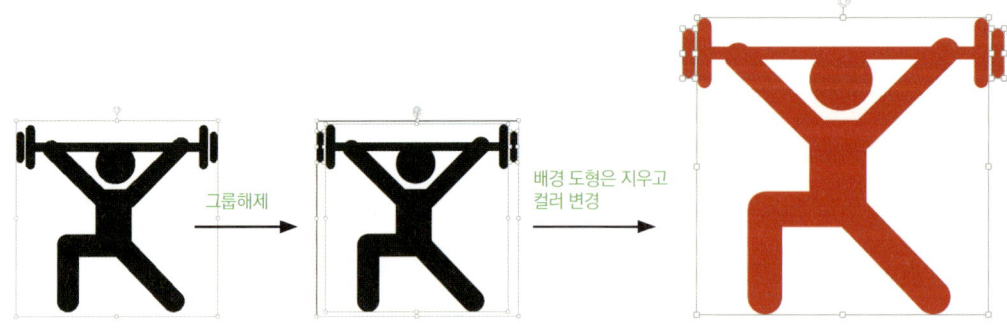

Infographic TIP

파워포인트에서 도형으로 변경하여 크기와 색을 수정할 수 있는 파일 형식은 WMF, EMF, EPS 등이 대표적이다.
파워포인트 2016 이하에서는 SVG를 EMF로 변환해야만 파워포인트에서 사용이 가능하다.

05 SWOT 인포그래픽 완성하기

검색해서 다운로드한 픽토그램은 SWOT 각 항목에 맞게 컬러를 적용하고 크기를 조절한 후 이니셜 옆에 배치해 보자. 주사위의 경우 배경이 투명하게 뚫려 있으므로 [자유형]으로 다각형을 만들어 흰색을 적용하여 뒤쪽으로 이동시키면 흰색 주사위를 완성할 수 있다. *신으로 뚫린 아이콘의 바탕을 채우는 방법은 162쪽을 참조.

기본적인 인포그래픽이 완성되었다면 SO 전략, WT 전략 등으로 그룹 지어서 설명할 페이지가 필요하게 된다. 이때는 설명하려는 항목은 그대로 유지하고, 나머지 항목은 검정이나 회색으로 처리해주자. 자연스럽게 강약 조절이 되어서 주목을 끌게 된다.

06 SWOT 인포그래픽 추가 페이지 만들기

전체 전략을 큰 그림으로 제시한 후에는 각각의 전략을 세부적으로 설명해야 할 필요가 생긴다. 이때는 앞쪽에서 만들어 두었던 이니셜, 픽토그램, 컬러, 폰트 등을 그대로 활용하여 작업해야만 일관성 높은 정보구조가 완성된다. 예를 들어 교차되는 전략을 말하려고 한다면 이니셜을 상단과 좌측 바깥쪽으로 이동시키고 교차되는 박스에 컬러를 적용한 후 내용을 입력하면 된다.

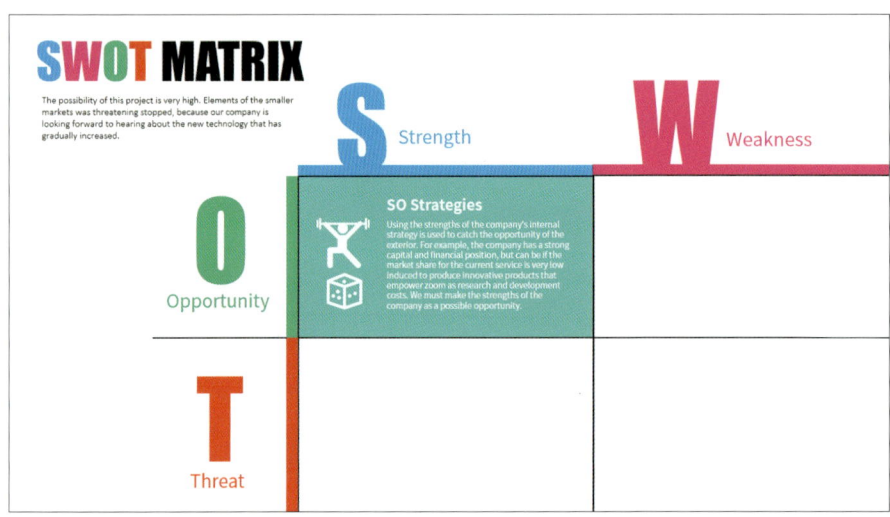

만약 흰색 바탕을 기본으로 하는 보고서와 제안서의 경우라면 컬러를 최소한으로 써야 하므로 앞에서 만들었던 인포그래픽 중에서 핵심인 이니셜, 픽토그램, 컬러 등을 최소한의 표현으로 구성하여 재편집할 필요가 있다.

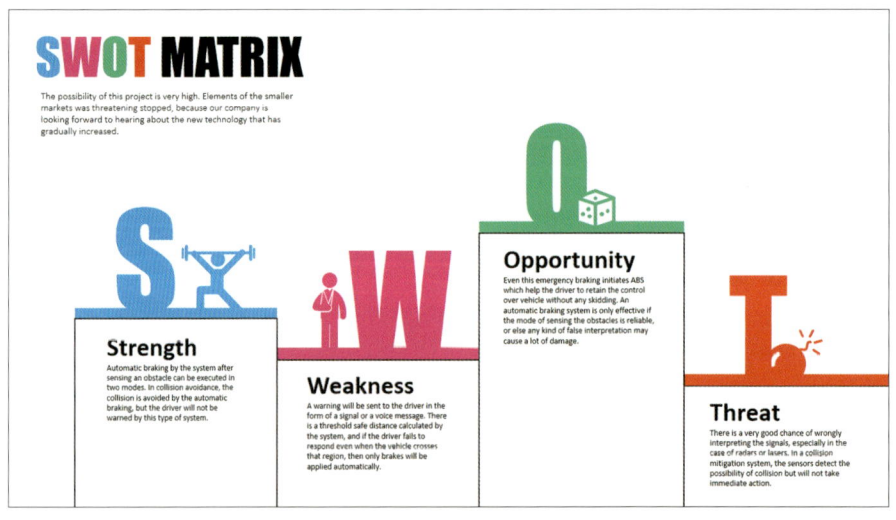

흰색 바탕이 기본인 경우 특징이 두드러지지는 못하는 반면, 내용의 구성이나 변경이 좀 더 쉽고 화면과 출력을 동시에 처리할 수 있는 매력을 지니고 있다. 가독성이 높은 결과물을 만들고 싶다면 내용 글자에는 되도록 컬러를 적용하지 말고 폰트 굵기와 크기로만 강약 구분을 해줄 필요가 있다.

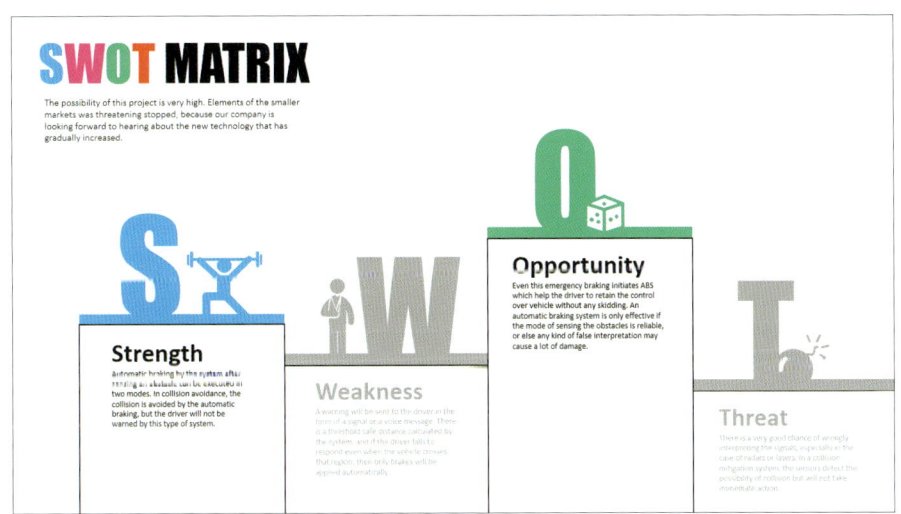

전달할 내용과 들어갈 차트 이미지가 많은 슬라이드를 만들 경우라면 단상 구분과 동시에 내용을 넣을 충분한 공간을 확보해야 한다. 내용을 상소하고 구분한다는 핑계로 의미 없는 박스와 테두리를 만드는 것은 시간 낭비다.

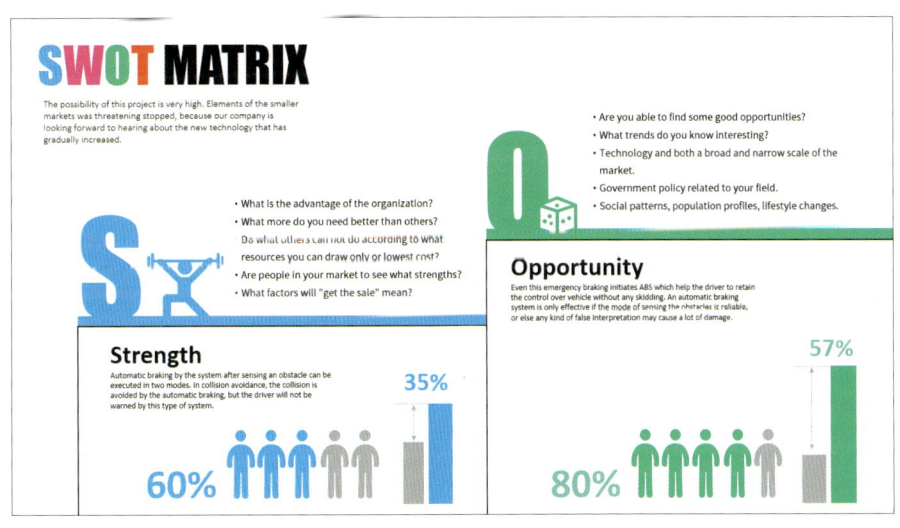

font : Impact, Calibri

인포그래픽에 공감각을 더하는
공감각 연상 컬러 선정하기

색은 색상, 명도, 채도로 구성되어 있다. 이 중에서 사람의 기분과 감정을 크게 좌우하는 것은 컬러 자체인 색상이다. 즉 우리가 보는 사물의 고유 색상이 우리의 감정과 섞여서 연상할 때 영향력을 행사한다. 물과 지구에서 파랑을 느꼈다면 우리의 감정은 시원함, 투명함, 상쾌함, 깨끗함, 청렴함 등을 떠올리면서 안전함과 편안함을 연상하기도 한다. 하지만 이것은 좋은 측면에서의 연상이고 반대의 측면도 존재하는데 짙은 바닷속을 볼 때면 불안, 우울, 피로가 떠올려진다. 실제로 현장 근로자는 블루 칼라(Blue Collar), 사무실 근로자는 화이트 칼라(White Collar)라고 부르곤 하는데 이는 현장에서 사용하는 작업복의 컬러는 칙칙한 파랑이 많기 때문이다.

긍정적 측면	색의 공감각	부정적 측면
열정, 태양, 젊음		정지, 불안, 피, 불
활기, 유쾌, 만족		금지, 저조, 위험
희망, 접근, 소통		나약한, 신경질, 주의
피로회복, 위안, 안정		구급, 초기, 여린, 모호한
안식, 미래, 진정		우울, 마취, 차가움, 하락
신비, 숭고, 점잖은		공포, 침울, 냉철
창조, 우아한, 애정		추함, 위엄, 슬픔

결국, 연상은 자신의 경험과 지역, 문화, 환경, 종교, 지식 등에 따라 다르게 생성되지만 대체적으로 사람이 느끼는 연상은 특별한 경우를 제외하고는 비슷하다. 인포그래픽을 제작할 때는 컬러가 긍정과 부정이라는 두 가지 측면이 항상 존재한다는 것을 기억해야 한다. 그러므로 컬러를 결정할 때는 즉흥적인 느낌으로 선정하지 말고 1단계로 긍정과 부정 중에서 하나를 선택하고, 2단계로 전달하려는 감정이 무엇인지 결정하여 사용해야 한다. 스스로 색에 대한 공감각을 느껴보고 그 감성을 정의하는 것도 많은 도움이 된다.

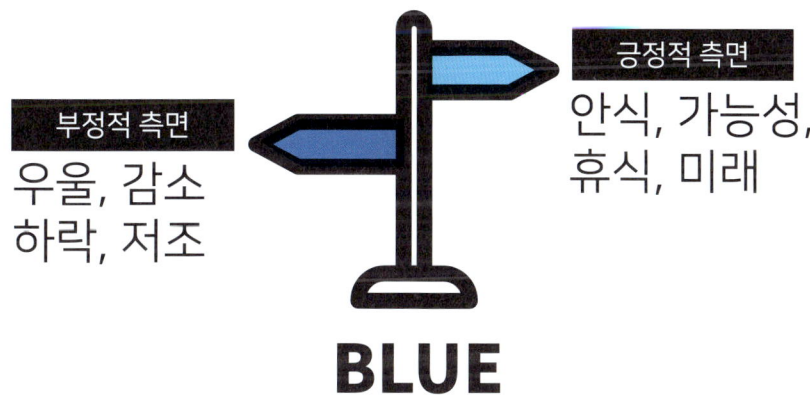

컬러 전문가의 노하우를 빌리자. colourlovers.com / color.adobe.com

한 개의 컬러를 사용하기는 쉽지만, 두 개 이상의 컬러 사용하여 배색하는 것은 어려운 일이다. 이때는 전문가들이 만들어 놓은 컬러 배색 템플릿을 참고하자. 두 사이트는 검색하거나 주어진 이미지에서 컬러 정보를 추출하여 인포그래픽에 응용할 수 있게 도와준다. 컬러 적용을 할 때는 찾은 RGB 수치를 입력하면 된다.

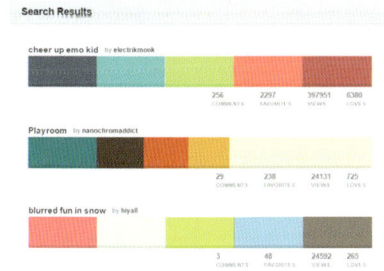

'kids'로 검색한 결과, colourlovers.com

이미지에서 컬러를 추출한 결과, color.adobe.com

19 전체 중에서 부분의 크기를 비교하는
트리맵 인포그래픽

사람이 값을 이해하는 방법은 다양하다. 아직까지도 값을 수치로 입력해서 제시하는 것이 가장 보편화되어 있지만, 그것은 몇 개 되지 않은 항목을 제시할 때 가능한 정도가 될 뿐 복합적인 정보를 비교하기에는 부족함이 따른다. 데이터 시각화와 인포그래픽에서는 이런 문제를 해결해야만 직관적인 정보를 전달할 수 있는데 특히 사람이 지각하는 방법 중 공간, 면적, 부피, 높낮이 등으로 구분하는 공감각에 관심을 가져야 한다. 예를 들어 길이를 나타내는 막대그래프를 제시하는 것보다 사각형과 원 등을 이용하여 면적으로 치환해서 제시하면 정보를 받아들이는 사람들은 좀 더 쉽게 이해하게 된다.

01 직관적으로 정보를 전달하는 방법

데이터를 다루는 마케터와 프로그래머, 정보를 전달하는 기획자와 디자이너, 그리고 데이터 사이언티스트까지 공통적인 고민거리는 주어진 데이터에서 핵심을 뽑아서 직관적으로 전달할 수 있는 가장 좋은 방법을 찾는 것이다. 데이터 시각화와 인포그래픽에서도 마찬가지로 정보를 최적화시킨 후에는 그 결과를 직관적으로 이해시키고 전달하는 것이 주된 목적이 될 수 있다. 특히 교차적이고 많은 항목의 값을 비교해줘야 하는 상황에서의 데이터 시각화는 매우 어려운 일이 된다. 이때 주요하게 사용할 수 있는 구조가 트리맵 인포그래픽이다. 트리맵은 전체의 값을 영역으로 구분하여 그 차이를 비교해주는 역할을 한다.

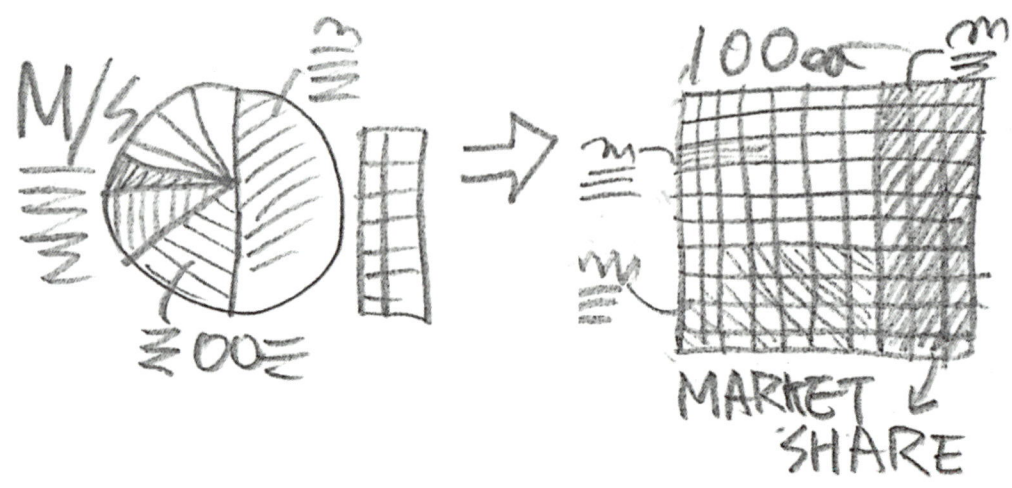

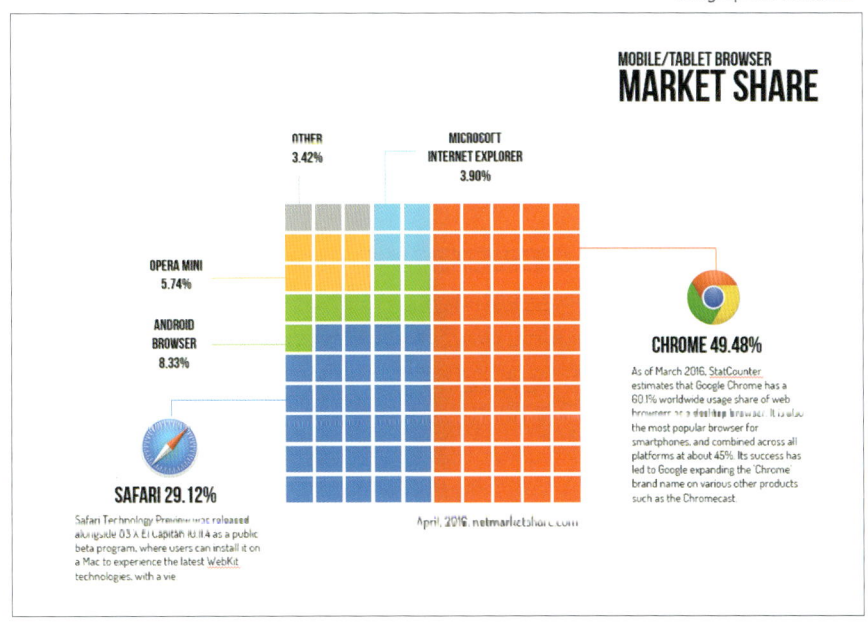

전체 값을 100으로 놓고 주어진 대상들의 계층을 비교해주는 것은 트리맵의 핵심 기능이다. 기존의 그래프로는 어렵다.

파워포인트 2016 버전부터는 트리맵이 차트 기능으로 추가되어 손쉽게 트리맵 구조의 인포그래픽을 구현할 수 있다.

※ 회자쓰 포스트(post.naver.com/wooseokjin)에서 예제 다운로드와 동영상, 실전 팁까지 저자들이 꼼꼼히 알려드립니다.

02 트리맵 이해하기

트리맵(Treemap)은 실시간 선거 데이터, 인구 분석, 주식시장 데이터 분석까지 다양한 분야에서 볼 수 있는 데이터 시각화 방식이다. 현재 대부분의 데이터 시각화 프로그래밍에 사용되고 있는 트리맵은 컴퓨터 과학사 Ben Shneiderman이 개발했고 사각형의 변화를 통해 주어진 데이터들의 패턴과 계층을 쉽게 확인할 수 있다. 예를 들어 AIDS의 심각성을 알리기 위해 AIDS와 함께 하는 사람들에 대한 데이터를 트리맵 구조로 시각화하면 계층 변화에 따른 패턴을 빠르게 이해하게 된다.

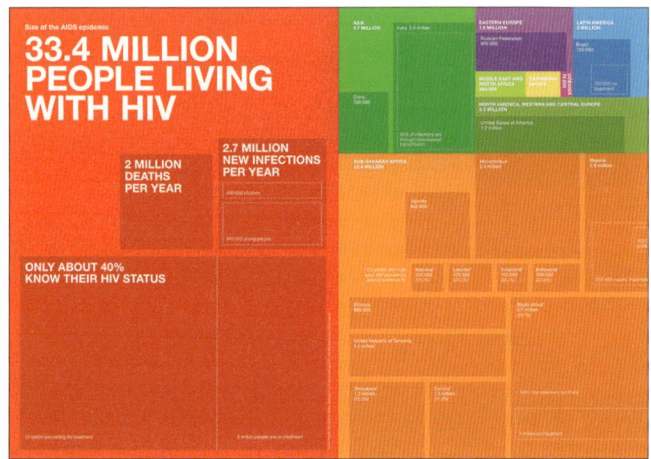

www.unaids.org

농구의 광팬이라면 실시간으로 NBA 팀과 선수들의 인기를 알 수 있다면 더할 나위 없이 좋을 것이다. 몇 년 전 나이키에서는 실시간으로 팀과 선수들의 인기도를 트리맵 구조로 웹상에서 확인할 수 있도록 했다. 웹사이트 방문자들은 실시간으로 변하는 사각형 크기에 따라 환호성과 한숨을 지었을지 모른다. 트리맵 구조는 전체에서 누가 더 잘했는지 보여줄 때 효과적이다.

nikebasketball.com

> **Infographic TIP**
> 자신이 만들고 싶은 인포그래픽의 아이디어를 구하고 싶다면 구글(google.com)에서 해당하는 [단어 + infographic]을 검색해 보자. 예를 들어 인력 배치에 대한 인포그래픽이 필요하다면 'people infographic'을 입력하면 된다. 수억 개의 인포그래픽이 아이디어를 제공해 줄 것이다.

03 데이터 검토하기

문서로 만드는 인포그래픽에서는 실시간으로 변화 추이를 보여줄 수는 없지만 주어진 값을 트리맵으로 만들어 계층을 구조화할 수는 있다. 먼저 트리맵 구조로 만들 인포그래픽 데이터를 살펴봐야 한다. 트리맵 구조로 인포그래픽을 만들 때는 가장 큰 값이 50(%) 정도를 치지히기니 넘어야 효과가 나타난다. 그래야 값 비교가 확실히 되기 때문이다. 주어진 데이터를 살펴보면 큰 값 1, 2는 합쳐서 80(%) 가까이 되므로 적당하다.

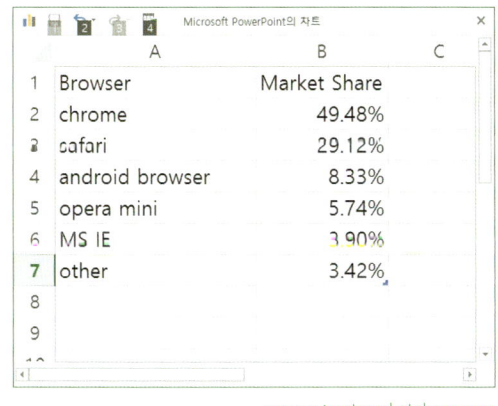
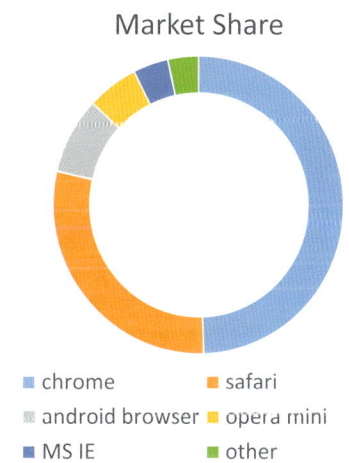

04 전체 범위 만들기

먼저 전체 100이라는 숫자를 의미하는 전체 범위의 값을 만들어야 한다. 이때는 계산하기 편리하도록 사각형을 100개 만들어 사용하면 된다. 한 개의 사각형을 만든 후 복제하여 가로 10줄, 세로 10줄을 만들고 [정렬] 기능으로 상하좌우를 맞춰주자.

Infographic TIP [다단 복제] 기능으로도 손쉽게 100개의 사각형을 만들 수 있다. 하나의 사각형을 복사하여 붙인 후 키보드 화살표를 이용하여 원하는 위치로 이동하고 Ctrl + D를 연속해서 누르면 같은 간격으로 복제된다.

05 전체 중 부분 나타내기

트리맵 구조 전체 값에서 각 해당하는 영역의 값을 컬러로 채워나간다. 이때는 세부적인 숫자까지 표현이 어렵기 때문에 1~100까지의 숫자 단위로만 가감하여 표시하면 된다. 컬러는 값의 중요도에 따라 적용하거나 상싱될 수 있는 컬러로 신정하면 더 직관적인 느낌을 줄 수 있다.

전체 중에 부분 값을 모두 채웠다면 해당하는 영역의 항목 이름과 값을 기재하고, 필요하다면 심벌마크, 로고, 픽토그램 등을 함께 배치하여 전체적인 값을 한눈에 알아볼 수 있도록 한다. 심벌마크와 로고는 구글 크롬에서 '영문 + PNG' 형식으로 검색하여 가져오면 된다.

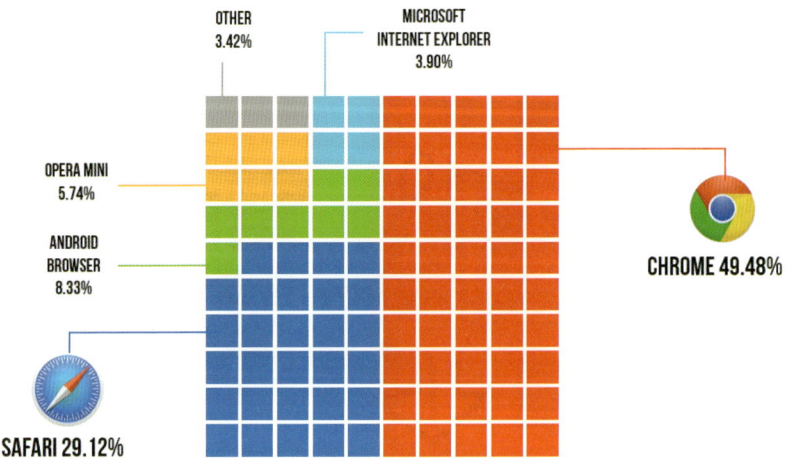

Infographic TIP — 대략적으로 큰 값의 비중이 50% 정도 육박했을 때 트리맵을 사용해야 효과적이다. 큰 값 없이 비슷한 비중을 가지게 되면 트리맵이 오히려 더 혼란을 주게 된다.

만약 특정 값이 매우 커서 두 개의 값만을 강조해서 비교하고 싶거나 자사의 영역을 표시하고자 할 때는 중요한 값 외의 영역을 모두 회색 음영으로 처리해주면 된다. 그러면 자연스럽게 강조되는 영역과 소외되는 영역이 비교되면서 감정적인 차이의 변화를 꾀할 수 있다.

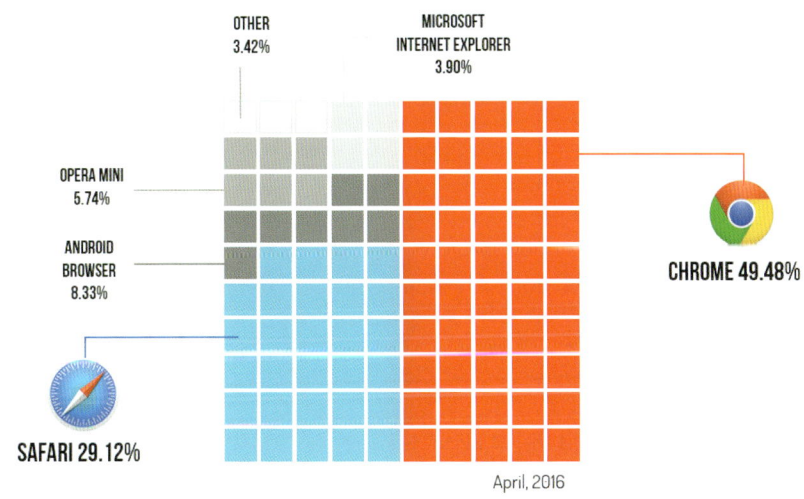

Infographic TIP 2개 항목을 비교할 때는 되도록 컬러도 대결 구도로 만들면 흥미를 끌 수 있다. 예를 들어 값 1이 빨강이라면 값 2는 파랑이나 초록색을 배색하는 것이다. 노랑 – 남색, 연두 – 보라 등의 배색도 좋다.

06 트리맵 인포그래픽 완성하기

인포그래픽 문서 중간에 트리맵을 배치하고 각 영역의 값과 이름을 기록한 후 내용을 입력한다. 이처럼 트리맵 구조 인포그래픽은 대립, 경쟁 관계에서의 데이터 계층과 패턴을 정확히 제시해 줄 수 있는 매력을 지녔다.

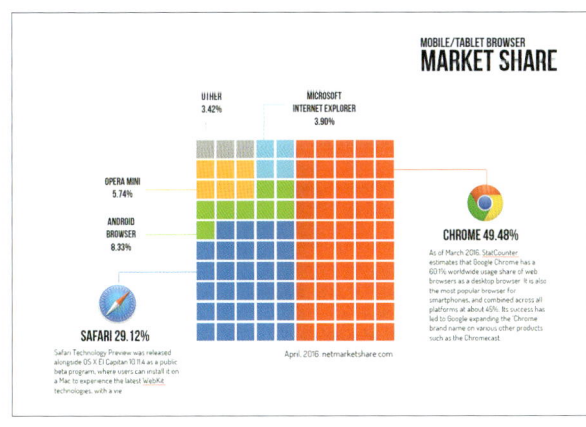

font : Bebas Neue, Dosis

07 막대그래프 형태의 트리맵 만들기

100개의 사각형으로 전체를 만들어서 완성된 트리맵 인포그래픽을 변형해서 막대그래프 형태로 제작을 해보자. 먼저 값을 보면 상위 두 개의 값이 높기 때문에 가로 형태의 막대보다는 세로 형태의 막대가 더 잘 어울린다.

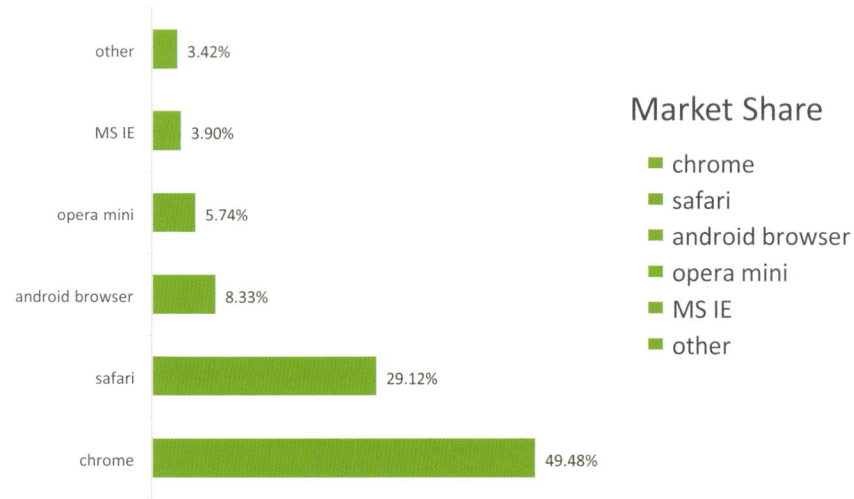

경쟁사를 비교할 때 세로 막대는 시간의 흐름과 혼동이 되기 때문에 잘 사용하지 않지만 트리맵 변형에서는 재미있게 활용이 가능하다. 만들어진 100개의 사각형을 분해하여 가로 5열 정도로 범위를 만들고 위쪽으로 쌓아 올리는 형태로 만들면 제작도 간편하고 전체와 부분의 값에 대한 이해도 쉬워진다.

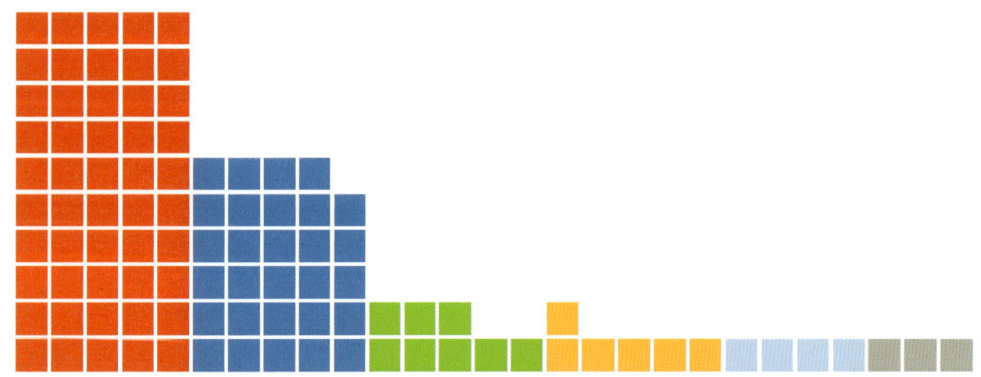

해당하는 값에 따라 사각형을 쌓아 올리고 컬러를 적용한다. 끝으로 수치와 내용을 입력하고 심벌을 배치해서 완성한다. 막대그래프는 숫자가 없을 경우 대략 누가 더 크고 높은지 정도만을 확인할 수 있지만 트리맵 형태의 막대는 개수를 파악할 수 있기 때문에 더 직관적인 정보 전달이 가능하다.

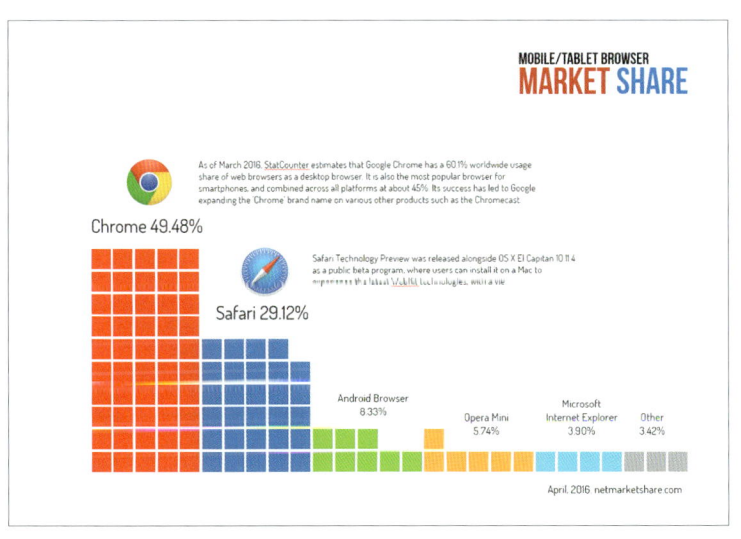

Infographic TIP 인포그래픽은 정보화 – 구조화 – 시각화 단계를 제대로 거쳐야만 사람들에게 도움이 되는 결과물을 만들어 낼 수 있다. 특히 정보화와 구조화 단계를 많이 고민할수록 깊이 있는 인포그래픽을 구현해 낼 수 있다.

08 파워포인트 차트로 트리맵 만들기

데이터 시각화와 인포그래픽 열풍은 파워포인트의 새로운 기능 개발에도 영향을 미치고 있다. 파워포인트 2016 버전부터 손쉽게 트리맵 차트를 구현할 수 있게 된 이유이기도 하다. [삽입] - [차트]에서 [트리맵]을 선택하면 가지 - 줄기 - 잎 구조의 트리맵이 삽입된다.

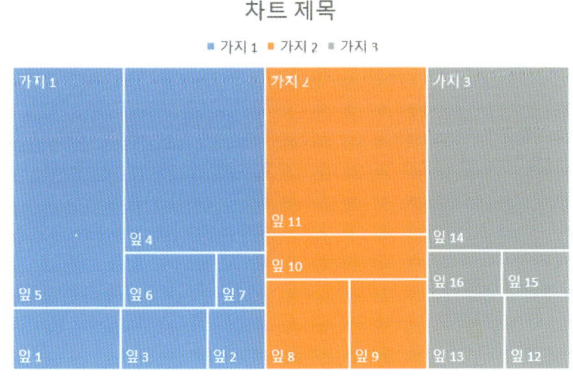
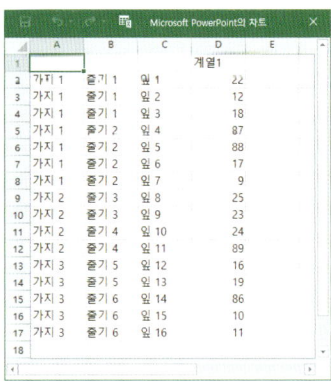

주어진 차트를 [차트 변경] 기능을 이용하여 트리맵 차트로 바꿔보자. 자동으로 전체 값을 가진 사각형에서 계층별로 다시 사각형으로 구분되는 트리맵이 만들어진다.

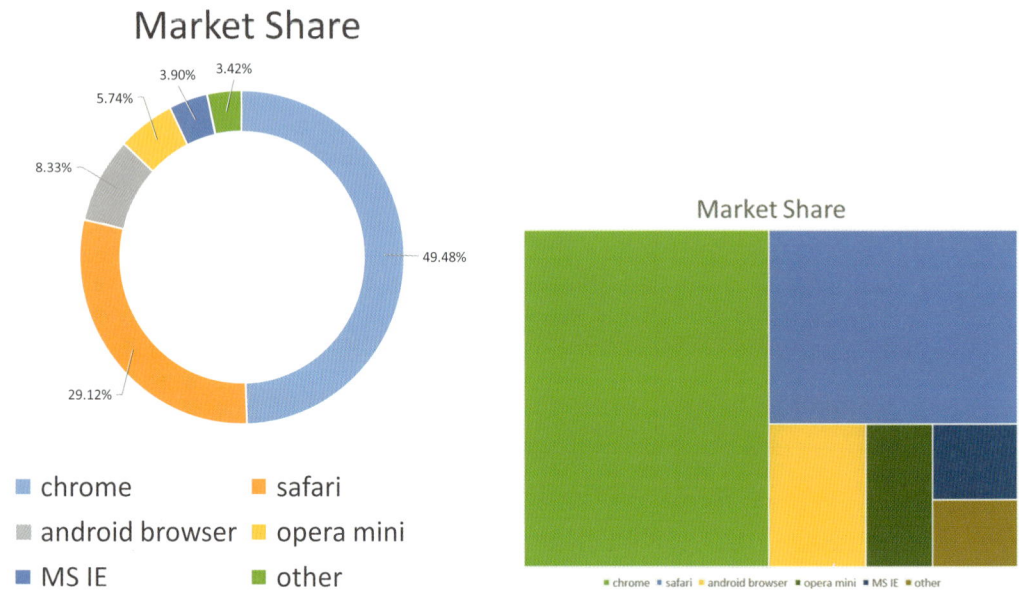

09 트리맵 차트 비례 및 컬러 변경하기

트리맵 차트는 배치할 문서와 슬라이드 영역에 따라 사각형의 비례를 직사각형으로 변경하는 것도 가능하다. 주어진 값이 동일한 상태에서 사각형의 비례만 변경될 뿐 전체 계층은 변하지 않기 때문이다. 차트의 자동 계산 방식을 적극적으로 활용해서 가로 형태의 트리맵을 구성하는 것도 아이디어가 될 수 있다.

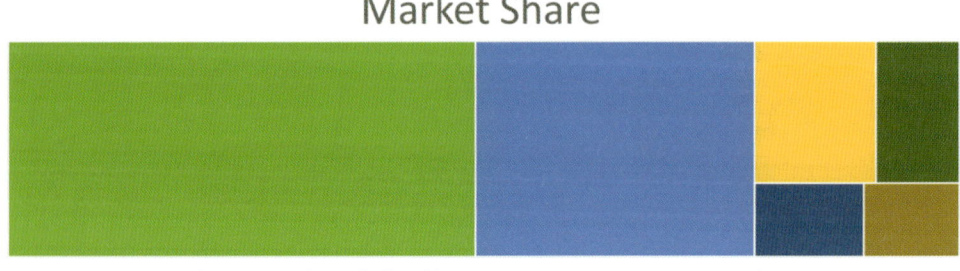

주어진 차트의 컬러는 파워포인트 기본값을 가지게 되므로 각 영역을 선택하여 상징 컬러로 변경하자. 항목과 제목의 크기 등은 수작업으로 정리해주는 것도 필요하다.

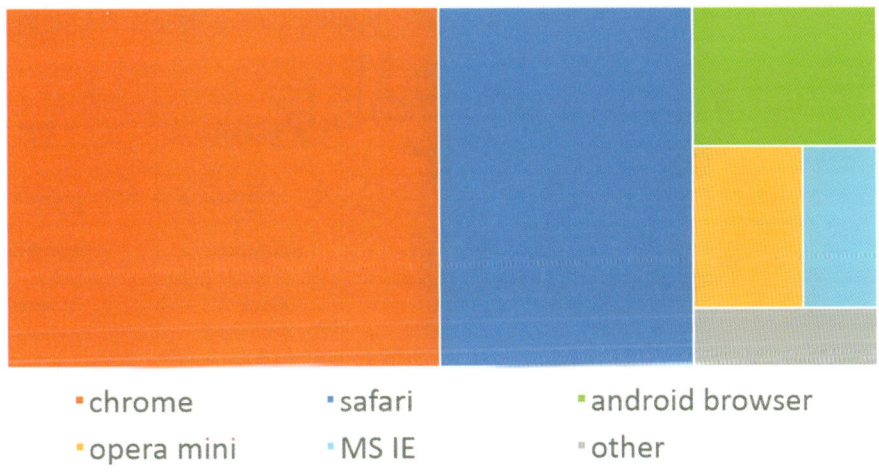

파워포인트에서 트리맵 차트로 만든 후에는 전체 크기를 확대한 후 관련 정보를 안쪽으로 넣어 배치하는 것도 좋은 방법이 될 수 있다. 관련 심벌마크는 배경이 투명한 PNG 파일을 구하여 배치하고 헤드라인, 수치 등을 정확히 기입하여 완성한다.

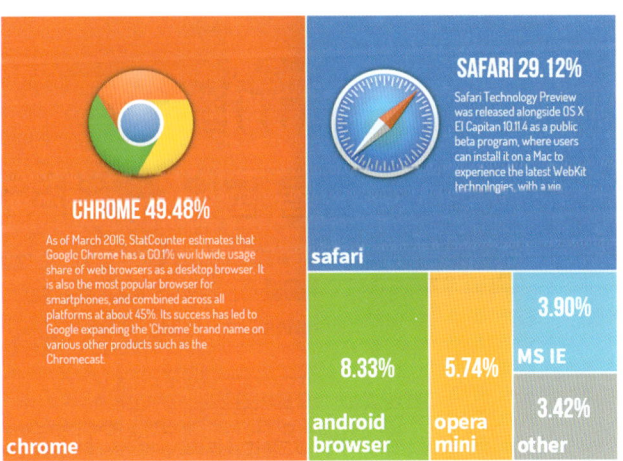

20 집중, 분산, 연계를 자유롭게 설계하는
Hexagon 인포그래픽

자연의 구조 중에서 가장 튼튼하고 완벽한 것은 벌집이다. 육각형 모양으로 설계된 벌집은 최소한의 재료로 최대한의 공간을 확보할 수 있는 뛰어난 경제성을 지니고 있다. 또한, 힘의 배분이 정확하고 균등해서 가장 안정적인 구조로 알려져 있다. 이런 장점을 지닌 벌집 구조는 확산적인 정보를 담아야 하는 인포그래픽에도 유용하게 쓰인다. 미래 성장을 위해 연구의 다양한 확장과 연계를 제시하거나 제도의 범위와 조직의 결집력을 보여주어야 한다면 벌집 구조 위에 정보를 올려보자. 벌집의 속성이 정보를 빛나게 만들어줄 수 있도록.

01 기존 도해를 육각형 구조로 바꿔 보기

다이어그램을 제작하거나 인포그래픽 구조를 짤 때는 많이 해왔던 방법과 모양으로 설계하게 된다. 그래서인지 몰라도 원과 사각형을 많이 사용하고 삼각형은 가끔 쓰일 때가 있지만 육각형을 사용하는 일은 드물다. 하지만 다양한 이야기를 담아낼 수 있는 육각형 구조는 손쉽게 만들 수 있을 뿐만 아니라 변형이 자유롭기 때문에 인포그래픽을 제작할 때도 안성맞춤이다. 종이 위에 기존 다이어그램을 육각형 벌집 구조로 변경해서 한 번 그려보고 파워포인트에서는 육각형을 복사하여 만들어 보자. 좋은 것도 자꾸 써봐야 그 쓰임새를 아는 법, 지금 당장 쓰던 도형을 잠시 뒤로 미루고 육각형의 놀라운 세계에 빠져보자.

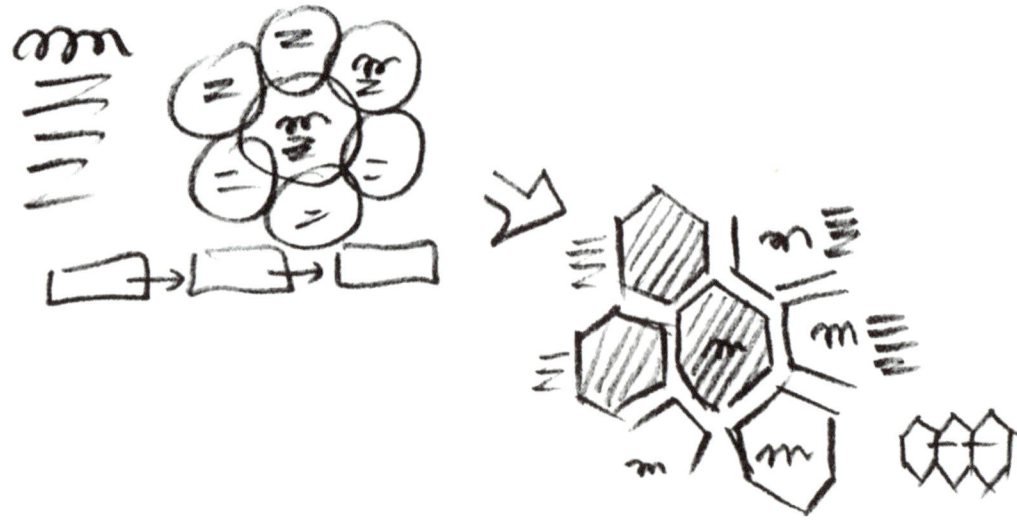

중심에서 바깥으로 뻗어 나가는 형태의 벌집 구조는 확산과 집중, 연결이라는 의미를 제시한다. 가장 중요한 항목을 중심에 넣고 정보를 펼쳐보자.

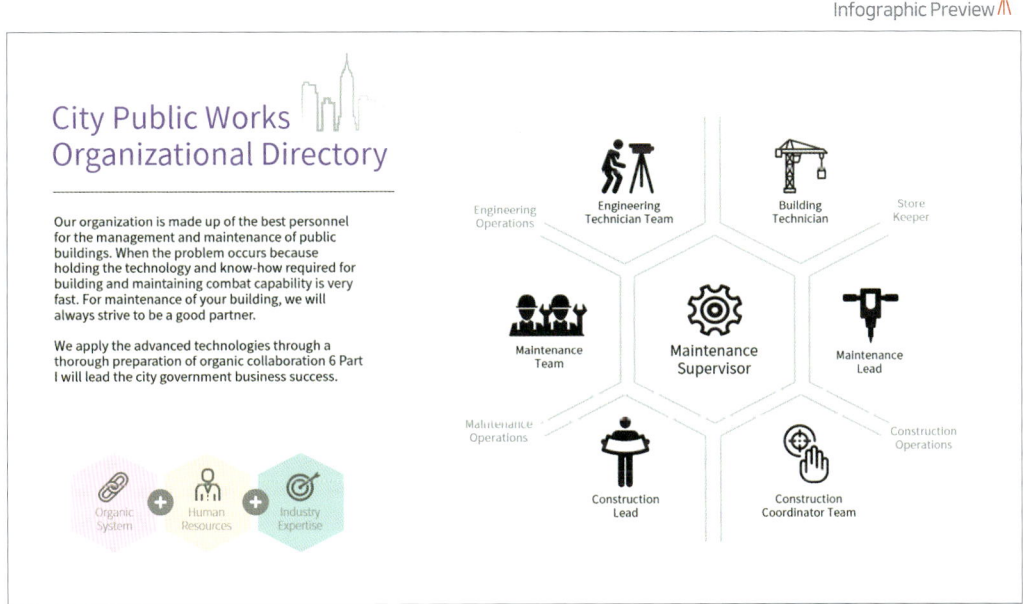

육각형 라인만으로도 벌집 구조의 표현은 가능하다. 육각형이라는 틀 때문에 내용 입력이 비좁다면 열린 도형으로 변경하여 사용하자.

※ 회자쓰 포스트(post.naver.com/wooseokjin)에서 예제 다운로드와 동영상, 실전 팁까지 저자들이 꼼꼼히 알려드립니다.

02 육각형 구조가 말해주는 것들

동일하게 분배되거나 분할되는 정보 구조를 만들 때는 사각형이나 원보다는 육각형이 유리하다. 결합, 확장된 프레임 구조로 이야기하는 것도 가능하고 육각형이 모인 모양과 구조에 따라 다양한 이야기를 할 수 있으니 이 또한 장점이 된다.

source : thenounproject.com에서 'Hexagon' 검색

하나의 지점, 또는 중심으로부터 바깥쪽으로 뻗어 나가는 정보 구조도 역시 육각형이 좋다. 특히 전체 중에 몇 개의 핵심 항목을 다시 집중해서 이야기하는 방식도 구현이 가능하다.

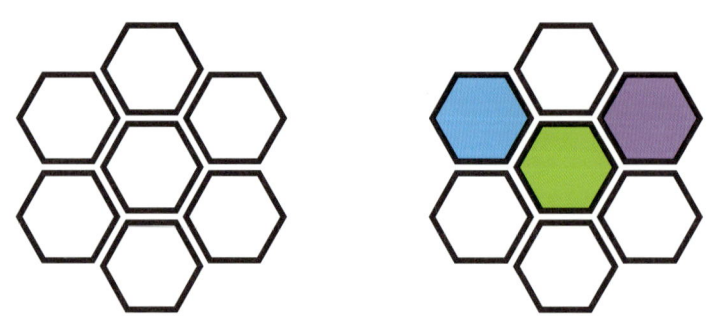

03 가장 빠르게 육각형 구조 만들기

웹상에서 육각형 구조의 픽토그램이나 클립아트를 가져오는 것도 좋은 방법이지만 오히려 파워포인트에서도 빠르게 육각형 구조를 만들어낼 수 있다. [삽입] - [Smart Art]를 실행한 후 목록형에 있는 [교대 육각형]을 클릭하여 슬라이드에 삽입해보자. 6개의 육각형으로 구성된 벌집 모양의 나이어그램이 나타난다.

스마트 아트는 그대로 사용하면 오히려 원하는 모양을 만들기 어렵고 불필요한 공정이 생겨나므로 그룹 해제를 2회 적용하여 도형으로 분리하고 좌측에 육각형 도형 하나를 더 복제하여 7개의 육각형으로 구성된 구조를 만든다.

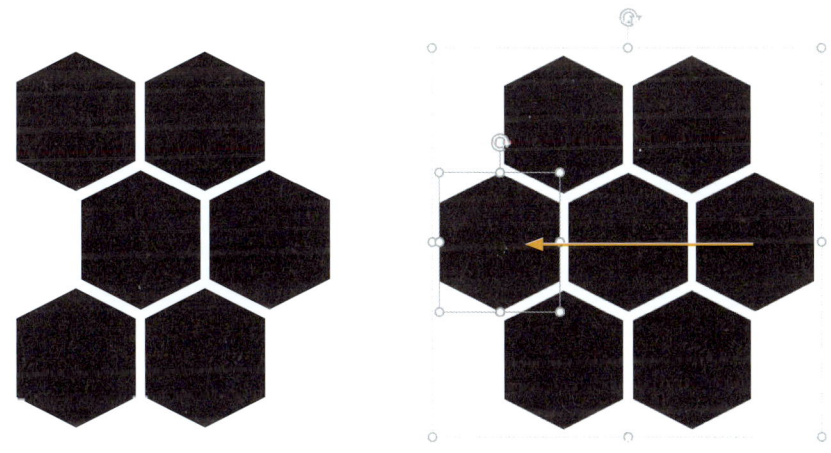

Infographic TIP

[Smart Art]에 있는 다이어그램은 모두 분해가 가능하므로 어떤 모양의 구조를 만들지를 머릿속으로 구상한 후 기본 요소가 되는 다이어그램을 삽입하고 그룹 해제하여 사용한다.

04 목적에 따른 육각형 구조 만들기

육각형(Hexagon)은 연결, 확장, 결합, 분배 등의 구조에 사용된다. 만약 회사의 차별적인 기술이 적용되는 다양한 B2B와 B2C 분야를 설명해야 한다면 중앙에 기술을 배치하고 6개의 육각형에 해당 내용을 입력한다. 조직의 구성도 마찬가지로 구현해 낼 수 있다.

각각의 목소리를 내야 하는 경우

많은 것 중에 몇 개가 핵심 사업이거나 주축이 되는 팀이어서 강조해야 한다면 다른 육각형을 회색으로 처리하고, 중요 항목만을 원색 컬러로 지정하여 사용한다. 만약 회사의 상징인 코퍼레이트 컬러를 사용해야 한다면 같은 톤으로 주요 항목을 조절하면 상징을 높이면서 통일성을 유지할 수 있다.

3개의 항목이 각자 중요한 경우   회사의 CI 규정 컬러를 사용하는 경우

05 상징물 찾아서 적용하기

육각형 다이어그램 구조는 내용만으로도 완성이 가능하지만 보조적인 그래픽 요소가 포함되면 설득력은 좀 더 높아진다. 팀에 대한 설명을 위한 인포그래픽이라면 각 팀에 해당하는 대표적인 상징물을 찾아서 가져온다. thenounproject.com이나 flaticon.com에서 관련 키워드를 검색하고 SVG, 또는 EPS 파일을 다운로드 한다. SVG 파일은 필요에 따라 잉크스케이프에서 EMF로 변환 저장하여 파워포인트로 가져온다. *잉크스케이프를 활용하여 도형으로 변환하는 방법은 142쪽을 참조.

source : www.flaticon.com 에서 키워드 검색

육각형은 가로로 붙여서 3개의 요소를 설명할 수도 있다. 연결되었다는 것을 알리기 위해 '+' 표시를 추가하고, 해당 픽토그램을 가져와서 회색을 적용하여 완성한다. EMF, EPS 파일 모두 파워포인트로 가져와서 그룹 해제를 두 번 적용해서 사용한다.

source : www.flaticon.com에서 키워드 검색

> **Infographic TIP**
> 픽토그램을 사용할 때는 느낌이 비슷한 것들을 찾아야 한다. 이 때 라인으로 되어 있는 것들만 골라서 사용하거나 모양이 비슷한 것들끼리 사용하면 전체적으로 일관성이 적용되어 직관적이고 세련된 느낌의 인포그래픽을 만들어 낼 수 있다. 컬러, 모양, 음영, 두께, 선 등의 속성을 유사한 것들을 고르는 방법도 가능하다.

06 벌집 구조 인포그래픽 완성하기

육각형(Hexagon)으로 다이어그램 구조를 만들어서 사용하는 경우 바깥쪽 여백이 생각보다 커야만 한다. 특히 다른 도형과 병행해서 사용하는 것은 혼란스럽게 보일 수 있으므로 주의해야 한다. 만약 전체 항목들이 각각의 목소리를 내야 히는 경우 는 다른 컬러를 사용하더라도 명도와 채도는 비슷하게 적용한다. 즉 눈으로 봤을 때 어느 것 하나가 너무 튀지 않도록 컬러의 균형을 맞춘다.

헤드라인과 내용, 그리고 보조 그래픽까지 한 페이지에 담아서 완성한다. 육각형 구조 중에서 부분적으로 강조해야 하는 경우는 컬러를 적용하고 나머지는 회색으로 처리해주면 강약이 적용되어 선명한 인포그래픽이 완성된다.

07 개방형 벌집 구조로 변경하기

육각형을 닫힌 도형으로만 쓰지 말고 열린 도형으로 색다르게 사용하는 것도 유용한 방법이다. 이때는 파워포인트의 [점 편집] 기능을 활용하게 된다. 도형을 선택한 후 마우스 오른쪽 버튼을 클릭하여 빠른 실행 메뉴에서 [점 편집]을 실행한다. 바깥쪽 점 하나를 클릭하여 선택한 후 마우스 오른쪽 버튼을 눌러 [점 삭제]를 실행하면 점이 삭제된다.

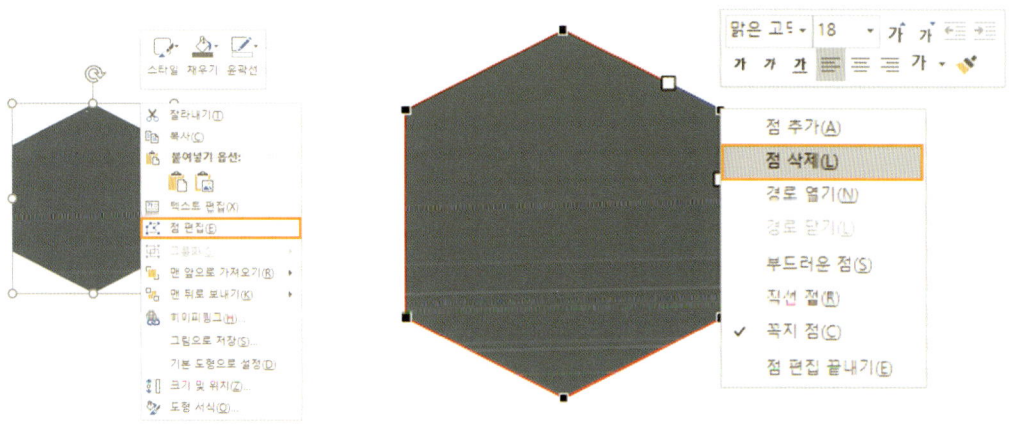

두 개의 짐을 삭제한 후 바깥쪽 점을 편집 상태로 만들고 [경로 열기]를 실행해 보자. 그러면 연결되어 있던 점이 두 개로 분리된 것을 알 수 있다.

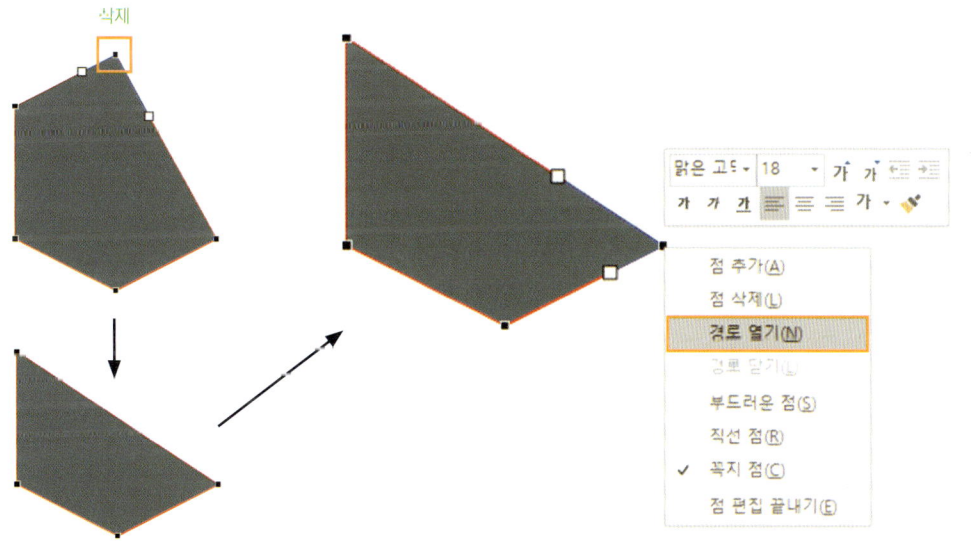

Infographic TIP 파워포인트에서 [점 편집]은 도형일 경우 사용 가능한 기능이다. [점 편집] 상태에서는 새로운 점을 추가하거나 삭제, 경로를 열 수도 있다. 또한, 선을 부드럽게 만들거나 직선으로 변경할 수 있다.

열린 도형으로 변경하면 해당 점이 두 개로 분리되는데 그 점을 선택해서 삭제해 준다. 그 결과 닫혀 있던 도형이 열리면서 그 부분의 선은 없어진 것을 확인할 수 있다. 현재는 도형 채우기 색이 적용되어 있기 때문에 도형처럼 보이지만 채우기 색을 [채우기 없음]으로 하고 도형 윤곽선을 회색으로 적용하자. 그러면 확실하게 열린 도형임을 알 수 있다.

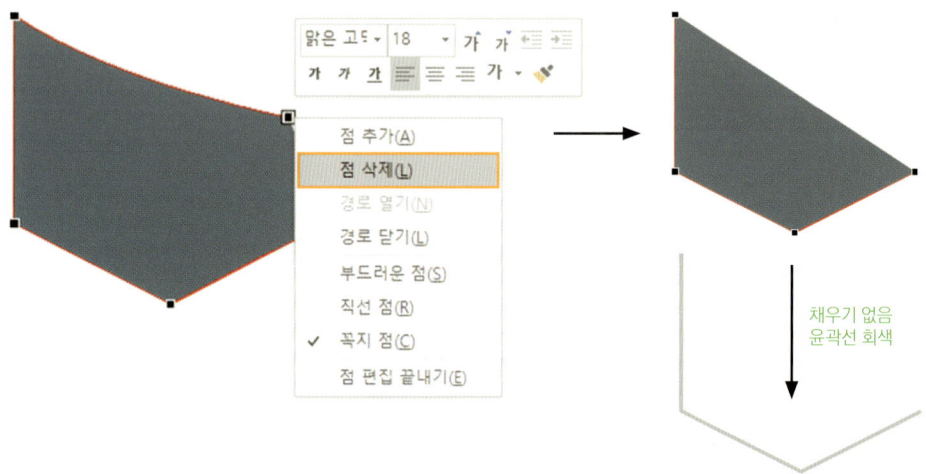

08 개방형 벌집 구조 완성하기

앞선 방법을 이용하여 각각의 육각형을 열린 도형으로 바꿔주거나 하나를 변경한 후 복제, 회전하는 방법으로 6개의 육각형 모두를 열린 도형으로 만들어주고, 해당 내용을 입력한다. 이런 경우는 보조 그래픽 요소에 컬러를 적용해주면 강조되는 효과를 누릴 수 있게 된다.

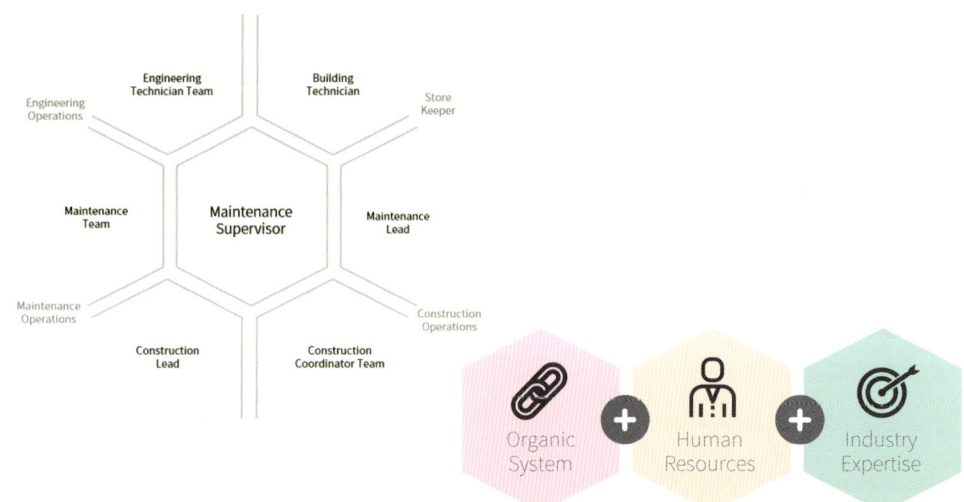

컬러의 경우 픽토그램은 검정, 또는 원색으로 처리하고 육각형 구조는 회색으로 처리해서 주인공이 더 잘 돋보이도록 한다. 마지막으로 제목과 내용을 입력하고 보조 그래픽 요소까지 배치하여 완성한다. 육각형이 모두 닫힌 도형일 때와는 느낌이 다르게 개방적인 이미지를 연출하면서 내용을 많이 입력할 수 있는 장점을 가진다. 작업의 목적에 따라 선택하여 사용해 보자.

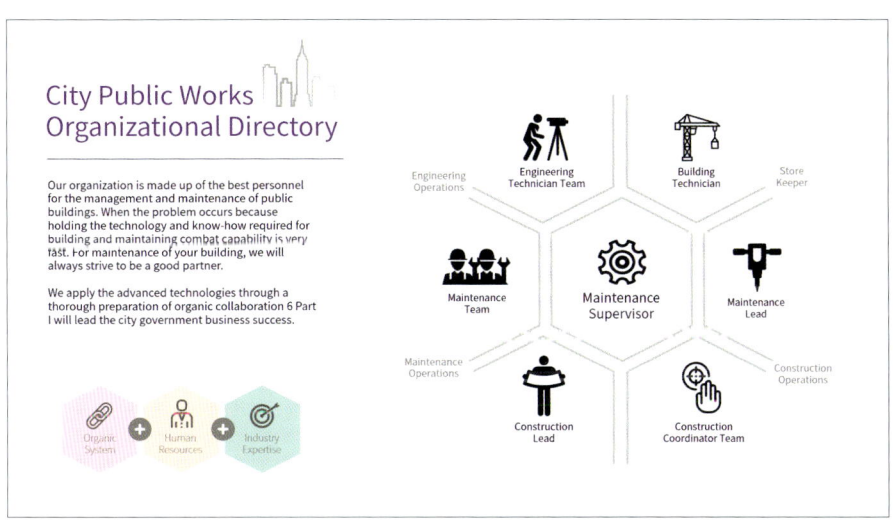

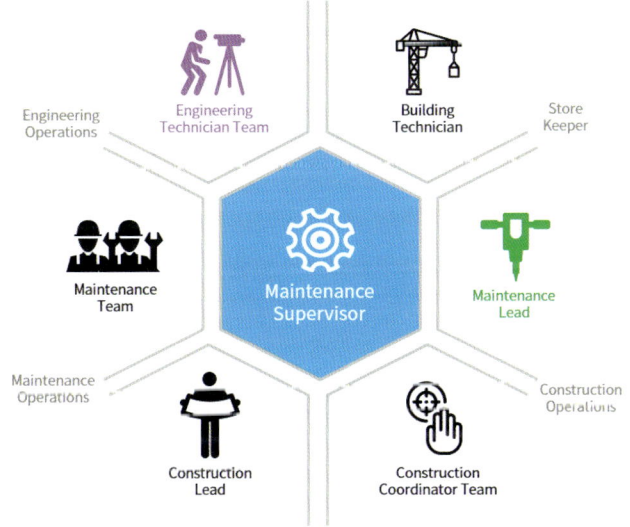

Infographic TIP

다이어그램 구조 속에 사용된 각각의 픽토그램들은 세부 페이지를 만들어서 전개할 때 대표적인 상징물로 사용하자. 앞쪽에서는 큰 그림으로 전체를 보여주고 세부 페이지에서 상징을 연결해서 정보를 전달하는 방식이 되므로 효과적인 시각화가 만들어진다.

내가 만들 인포그래픽을 도와주는
구글에서 인포그래픽 아이디어 찾기

인포그래픽을 잘 만들고 싶은 욕심은 많은데 머리와 손이 따라주지 않을 때는 지원군을 요청하자. 구글에서 자신이 만들고 싶은 인포그래픽 주제를 찾아보는 것이다. 만약 회사 내 연구 인력에 대한 현황을 보고한다고 했을 때는 'people infographic'을 입력하여 검색하면 된다. 즉 [단어 + infographic]을 검색하면 되는데 영문으로 검색해야 많은 결과를 얻을 수 있다.

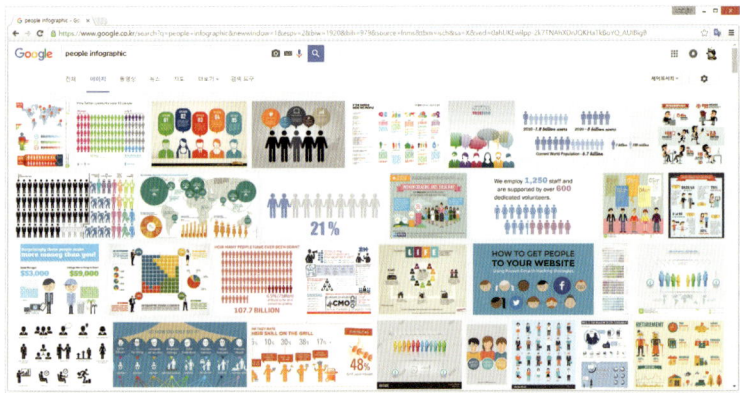

site : google.com

주의할 것은 디자이너와 디자인 에이전시가 만든 화려한 시각화에 눈을 뺏기지 말고 어떤 구조로 인포그래픽을 만들었는지를 살펴야 한다. 다음과 같은 인포그래픽을 발견했다면 성공 습관이라는 주제를 놓고 성공한 사람과 실패한 사람을 대결 구도로 하여 실루엣 중심의 인포그래픽을 만들었다고 분석하면 된다.

site : dailyinfographic.com

인포그래픽에 대한 아이디어를 얻었다면 가장 적합한 사이트에서 그래픽 요소를 가져오자. 실루엣 처리된 그래픽 요소는 오픈클립아트가 가장 많으니 'people silhouette'으로 검색해서 성공과 실패라는 키워드에 어울리는 클립아트를 찾아보고 WMF 파일을 다운로드하여 파워포인트로 가져온다.

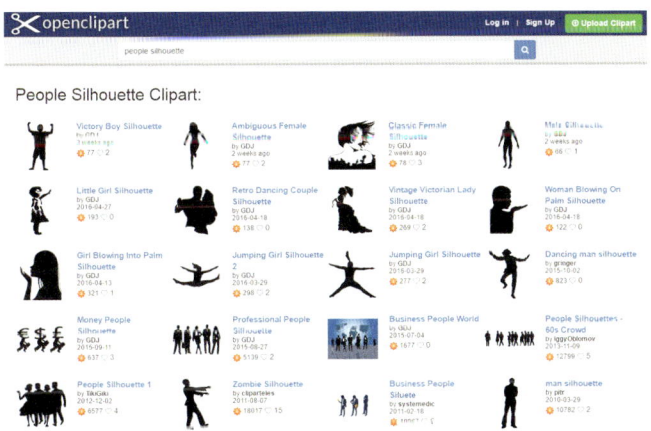

source : openclipart.org

연구 인력이 만족하고 있는 부분과 어려워하고 있는 부분과 함께 개선책을 제시하고 싶다면 두 개의 실루엣을 이용한 인포그래픽 작성을 진행하면 된다. 이런 방식으로 아이디어를 외부에서 얻어 자신의 인포그래픽의 완성도를 높이는 훈련을 하면 인포그래픽 능력을 키우는 데 매우 효과적이다. 늘 생각해야 하는 것은 인포그래픽에서는 정보가 우선이고 그래픽은 보조의 역할이라는 것이다. 그러므로 시각화 단계는 가장 빠르고 쉽게 만들 수 있는 방법과 수준을 선택하는 것이 옳다. post.naver.com/wooseokjin 참조

21 지역별로 구분하여 정보를 제공하는
지도 패턴 인포그래픽

국가, 지역, 위치에 관련된 정보들은 데이터 시각화와 인포그래픽으로 구현하는 것이 매우 복잡해 느껴진다. 그래서 이런 인포그래픽을 만들 때 가장 쉬운 방법은 지도를 깔고 시작하는 것이다. 우리 기업의 글로벌 마켓 현황이나 수출 국가, 나라별 시장 동향 등도 그냥 말하면 어렵지만, 지도 위에서 정보를 보여주면 그렇게 어렵지 않다. 다만 생각보다 지도를 이용하여 정보를 담아내는 방법은 쉽지만은 않은데 그것은 수정 편집이 가능한 상태의 지도를 찾는 것부터 어려움을 겪기 때문이다. 이제부터는 빠르고 쉽게 지도를 구해서 인포그래픽의 수준을 높여보자.

01 저작권 Free 지도 구하기

지도 위에 정보를 표시할 때는 알맞은 지도를 직접 구해서 그 위에 정보를 올려놓는 것이 옳은 방법이다. 그러므로 파워포인트 도형처럼 언제나 수정 편집해서 사용할 수 있는 지도 파일이 필요한데 이때는 가장 손쉽게 구할 수 있는 방법으로 위키미디어 커먼스(commons.wikimedia.org)에서 공개된 지도를 다운로드하여 사용하면 된다.

site : commons.wikimedia.org

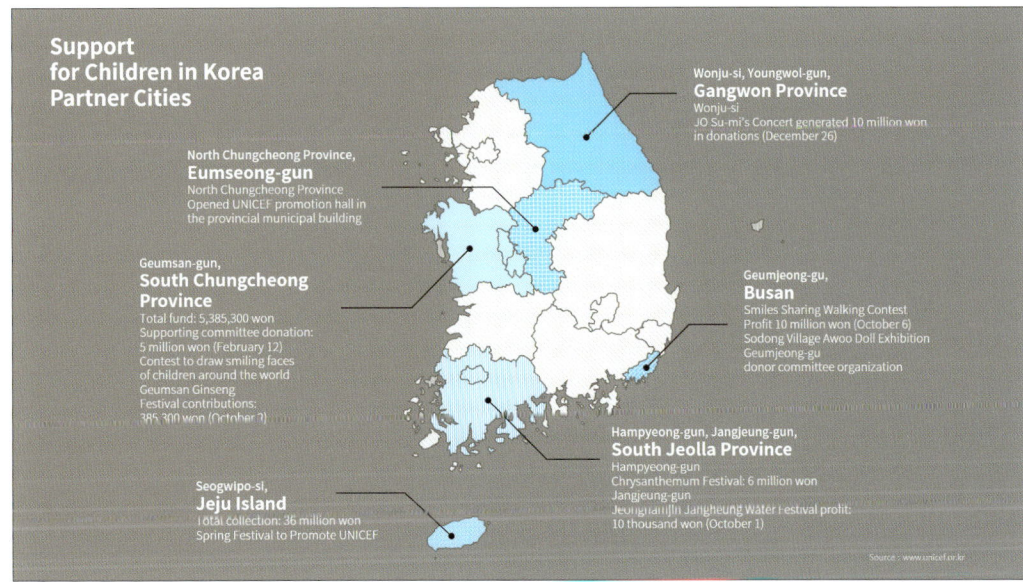

지도 위에서 정보를 표시할 때 같은 컬러에서 변화를 주고 싶다면 패턴 채우기를 활용하자. 전체 통일성을 유지하면서 변화를 꾀할 수 있다.

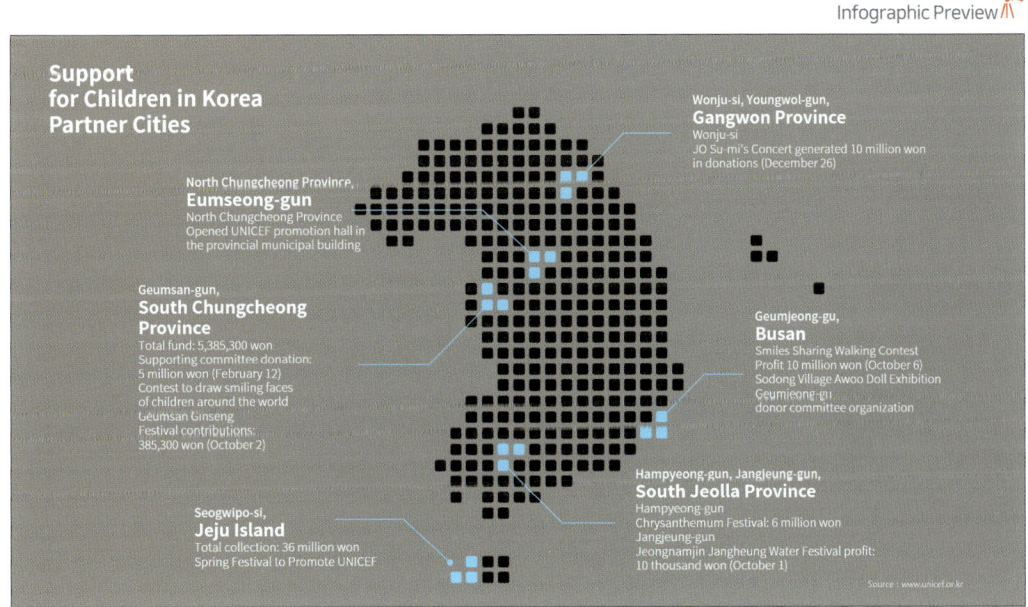

정밀한 지도가 언제나 정답은 아니다. 나라와 도시가 어디쯤인지만 말해주면 된다. 때론 개략적인 표현이 더 좋을 때가 많다.

※ 회자쓰 포스트(post.naver.com/wooseokjin)에서 예제 다운로드와 동영상, 실전 팁까지 저자들이 꼼꼼히 알려드립니다.

위키미디어 커먼스(commons.wikimedia.org)는 위키미디어 재단의 프로젝트로 누구나 사용이 가능한 공용 멀티미디어 콘텐츠(소리, 그림, 지도, 일러스트, 로고, 심벌 등)를 모아 놓은 곳인데 자유로운 이용이 어려운 상업적으로 금지된 콘텐츠는 올리지 못하도록 되어 있다. 저작권 표시를 하면 자유롭게 사용할 수 있는 크리에이티브 커먼즈(Creative Commons, CC) 라이선스와 아무런 사용 제약이 없는 퍼블릭 도메인(Public domain) 등을 손쉽게 구해서 사용할 수 있는 매력을 지녔다. 검색창에 'south korea'를 검색하자.

source : commons.wikimedia.org

저작자 표시를 하면 자유롭게 사용 가능한
크리에이티브 커먼스

누구나 사용 가능한 퍼블릭 도메인

검색 결과는 방대하다. 대한민국과 관련된 다양한 멀티미디어 파일을 찾아볼 수 있는데 그 중에서 [지도-MAP]항목에 있는 [Maps of South Korea]를 클릭해서 세부 페이지를 연다.

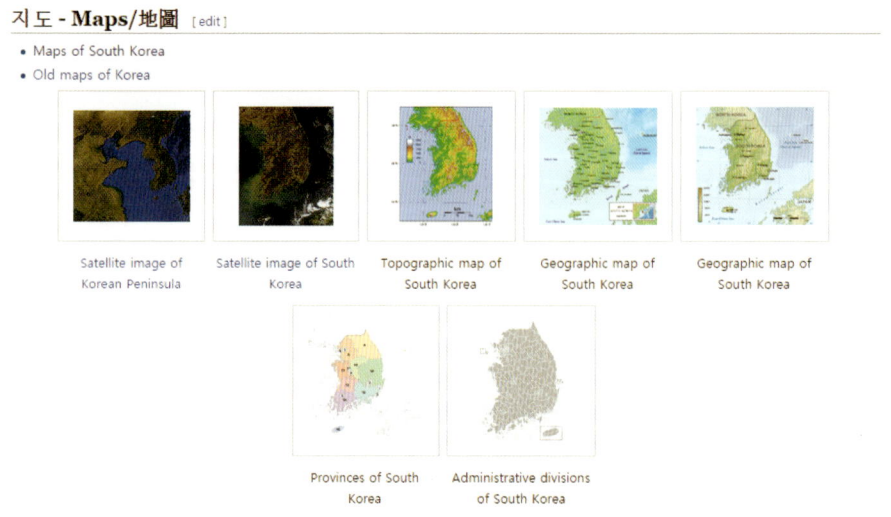

02 도형처럼 사용이 가능한 지도 사용하기

JPG와 PNG 형식의 파일은 수정이 어려운 픽셀 이미지 방식이므로 지도로 사용하기에는 불편함이 생긴다. 이때는 WMF, EMF, EPS 파일을 구해서 파워포인트에서 바로 사용하거나 SVG 형식의 파일을 다운로드하여 잉크스케이프에서 EMF로 변환 저장하여 파워포인트에서 사용하면 된다.

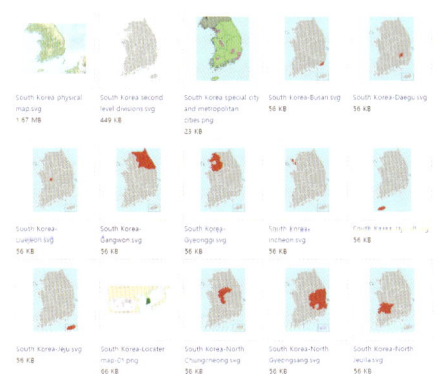

검색된 지도 중에서 확장자가 SVG로 되어 있는 파일을 클릭하고 다운로드한다. 잉크스케이프로 열어서 [Save As]하여 EMF 파일로 변환 저장하고, 파워포인트로 가져와 그룹을 해제한다. 그 결과 지역별로 구분된 지도가 모두 도형으로 변경된다. *SVG 파일을 도형으로 변환하는 자세한 방법은 142쪽을 참조.

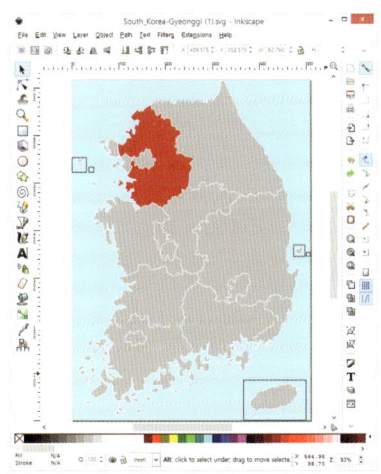
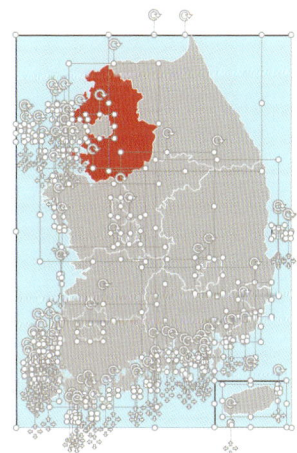

Infographic TIP

위키미디어의 지도는 국가 전체, 전국, 도, 시, 구 등으로 다양한 구분과 분할로 지도가 등록되어 있다. 먼저 어떤 지도의 분할이 필요한지 결정한 후 해당하는 파일을 SVG로 다운로드하여 EMF로 변환하여 사용하면 된다.

03 지도 위치 조정하기

만약 다운로드한 지도 파일의 위치가 다르게 표시된 경우가 있는데 이것은 지도 파일의 면적을 줄이기 위해서 섬과 특정 지역을 박스 형태로 표시하여 별도 공간에 배치한 것이다. 그러므로 위키 미디어에서 선체 시도가 나와 있는 이미지를 다운로드하여 가져온 후 지도 위치에 맞게 섬 위치를 이동시켜 주어야 한다.

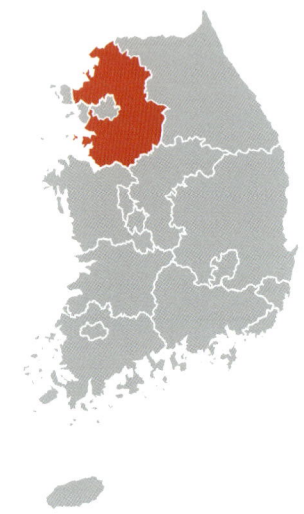

source : en.wikipedia.org

04 지도 패턴 채우기

지도의 분할 영역은 도형 외곽선으로 되어 있기 때문에 도큐먼트(슬라이드)의 배경색과 지도의 윤곽선 색을 동일하게 맞추면 된다. 단색이 아닌 패턴을 채울 때는 [배경]을 원하는 컬러로 지정하고 그 위에 패턴으로 보여줄 컬러는 [전경 색]을 설정하면 된다. 배경 - 파랑, 전경 - 흰색으로 지정하자.

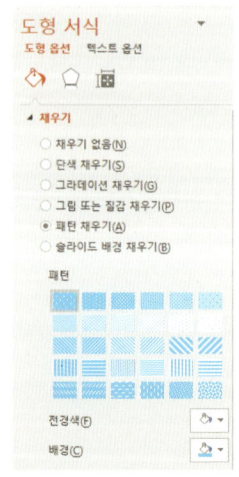

지도 인포그래픽에서 패턴을 채워서 사용하는 경우는 동일한 그룹 내에서 작은 변화를 적용할 때다. 그러므로 패턴을 지역별로 조금씩 다르게 처리해주면 전체적인 통일성을 유지하면서 각각의 변화를 가지는 지도를 만들 수 있게 된다.

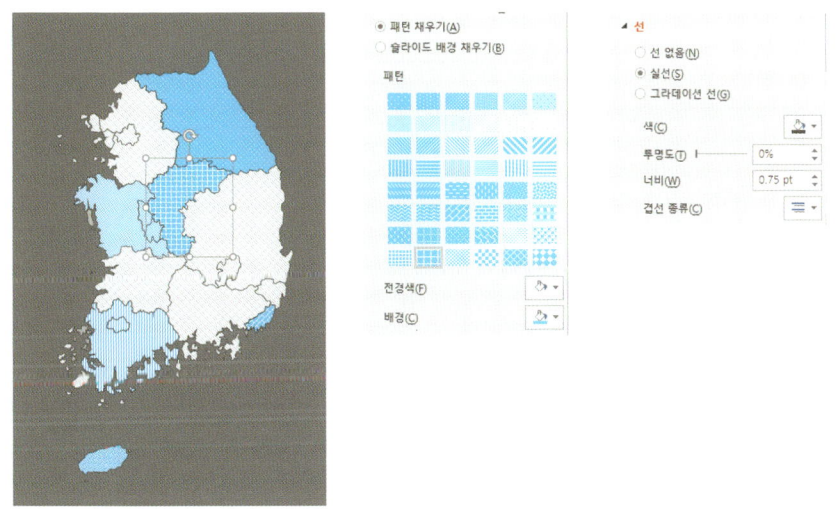

05 지도 위에 라인 표시하기

지도 위에서 특정 지역을 표시하기 위해서 라인을 그어서 사용하게 되는데 이때는 [꺾인 연결선]보다는 [자유형]으로 Shift를 누르면서 클릭하여 수평과 45° 각도의 지시선을 만들어주고 화살표 머리 모양과 크기를 조절한다. *자유형 도형을 사용하는 제세한 방법은 61쪽을 참조.

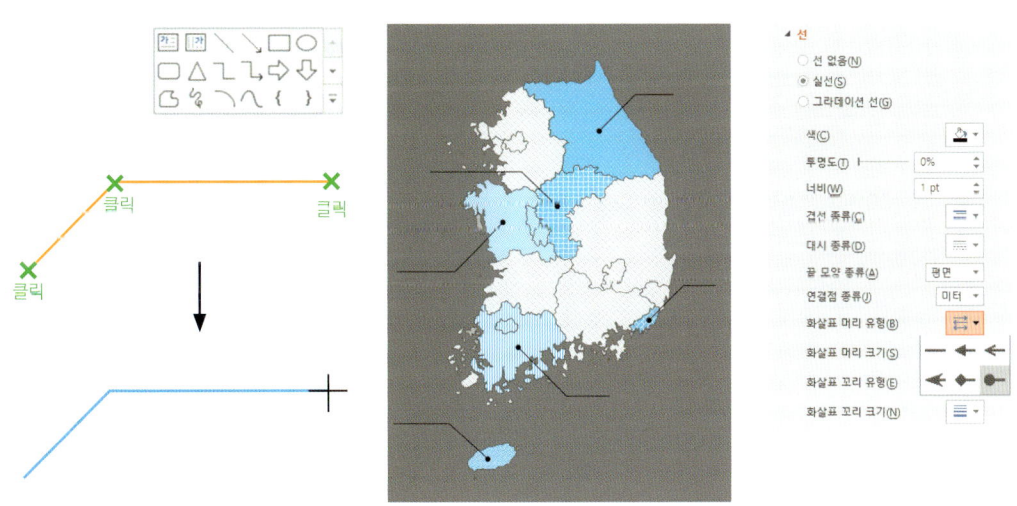

06 지도 인포그래픽 완성하기

지도 위에 각 지점에 해당하는 패턴 적용과 라인을 그었다면 관련 내용을 입력하여 지도 인포그래픽을 완성한다. 이때 폰트는 고딕체로 하고 소제목과 내용의 구분은 두께와 크기로 대비하여 지역별 내용이 잘 보이도록 한다.

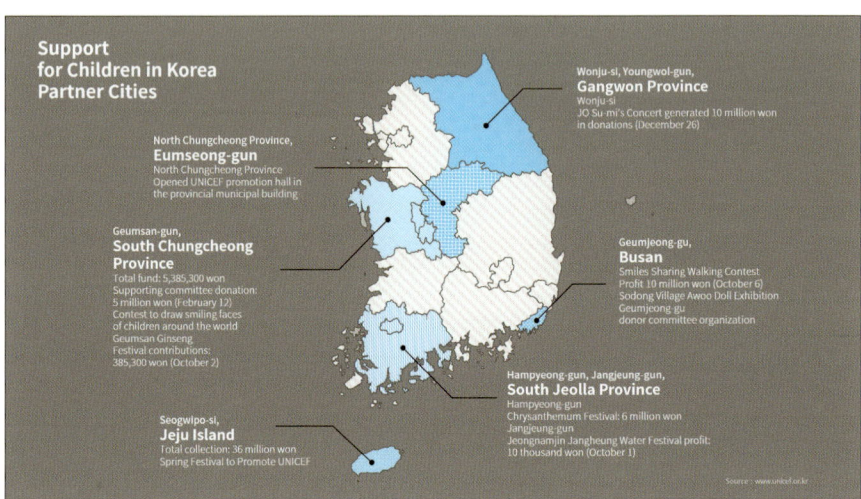

만약 전체 지도로 핵심 내용을 보여주고 세부 페이지에서는 각 지역별 현황에 대한 정보를 전달해야 한다면 각 지역의 지도만을 복사하여 붙인 후 세부 내용을 기록해서 인포그래픽을 만들면 된다. 도형으로 변환했기 때문에 복사하여 붙이고 확대하여 배치만 하면 작업은 쉽게 끝낼 수 있다.

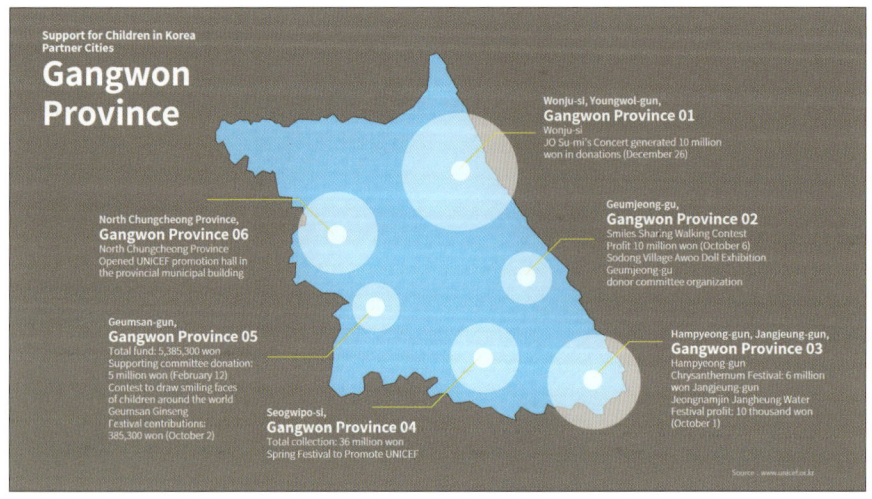

Infographic TIP 전체 지도만 간단히 보여주는 자료를 만든다면 애써서 SVG 파일을 EMF로 변환해서 사용하기보다는 PNG 파일을 구해서 사용하는 것이 효율성을 높이는 방법이다.

07 개략적으로 표현하는 Dots Map

지도 정보는 반드시 정확하게 세밀하게 표현하는 것이 정답이 될 수 없다. 전체적인 흐름만 이야기하거나 대강의 위치와 해당 정보를 보여주는 것도 경우에 따라서는 필요하기 때문이다. 오히려 대략적인 표현이 더 좋은 표현이 되기도 한다. 똑같은 지도인데도 국가 전체, 지역 구분, 점으로 구성한 지도 등으로 다양한 표현이 가능한 것이다.

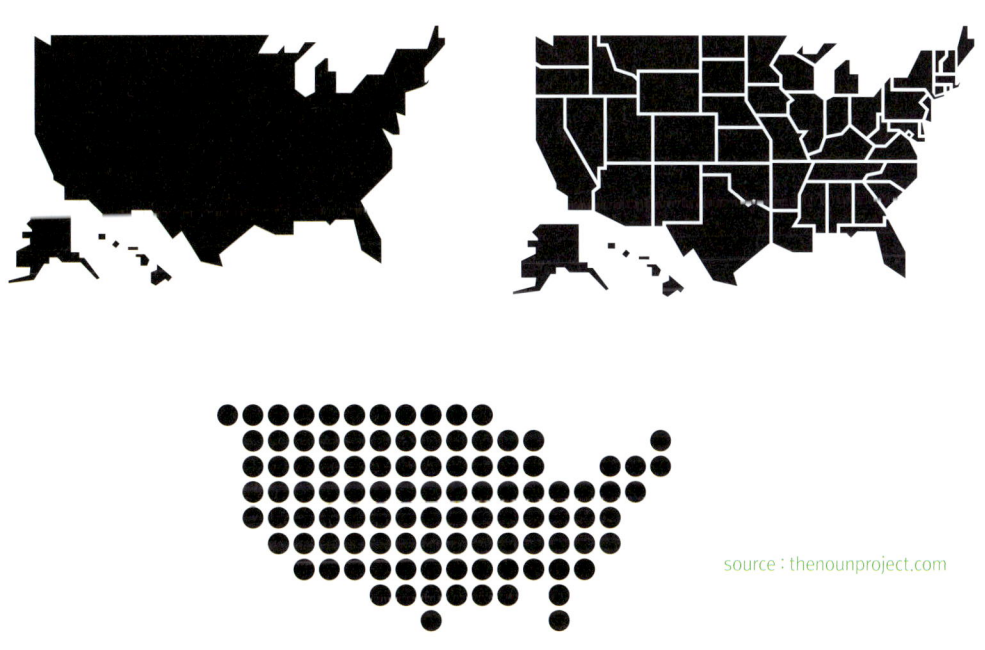

source : thenounproject.com

Dots map 작업을 위해서 thenounproject.com에서 'korea'를 검색하고, 결과 중에서 Dots 형식으로 만들어진 지도를 SVG로 다운로드하여 잉크스케이프에서 EMF로 변환하고, 파워포인트에서 분해한 후 필요한 영역만 남기고 나머지는 삭제한다.

08 Dots Map 완성하기

지도 인포그래픽은 지도 자체가 주인공이 아니라 지도에 표시되는 작은 영역과 정보가 핵심이기 때문에 되도록 지도는 배경과 함께 은은하게 표현되는 것이 바람직하다. 도큐먼트(슬라이드) 배경을 검성 50% 정도의 회색으로 변경한 후 정리된 Dots Map을 올려놓는다.

 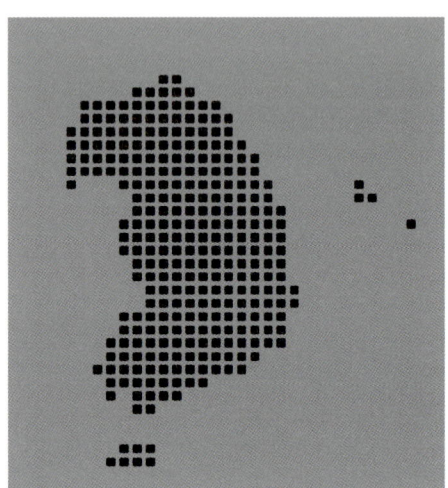

정보를 말해줘야 하는 해당 지역은 몇 개의 Dot로 표시해주면 된다. 해당하는 Dot를 선택하고 밝은 컬러를 적용해서 눈에 잘 띄도록 한다. 지시선은 [자유형] 도형으로 만들어 배치한다. 이때는 Shift를 눌러 수평선과 45°선으로 작성해야 깨끗하게 처리된다.

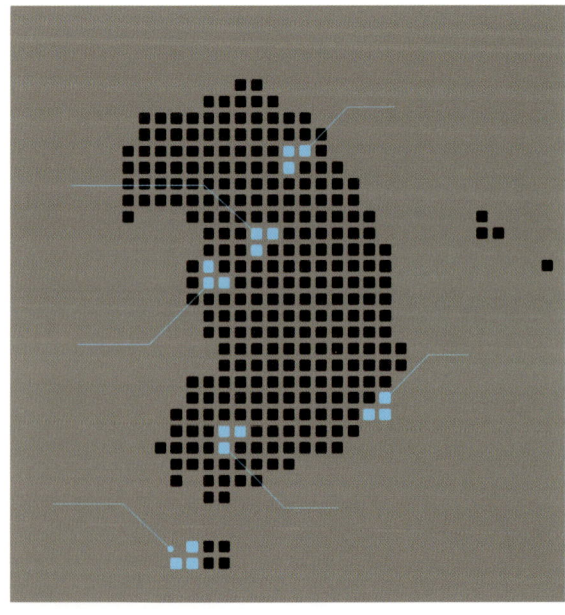

마지막으로 관련 정보를 배치하여 Dots Map 인포그래픽을 완성한다. 지도가 검은색인데 배경을 밝은 색으로 사용하면 지도가 너무 강하게 보이기 때문에 회색, 또는 채도가 낮은 파랑, 초록 등을 사용하면 전체적으로 조화를 이룰 수 있다. 만약 회사의 상징 컬러를 사용해야 한다면 배경 컬러가 아닌 강조 컬러로 사용하면 된다.

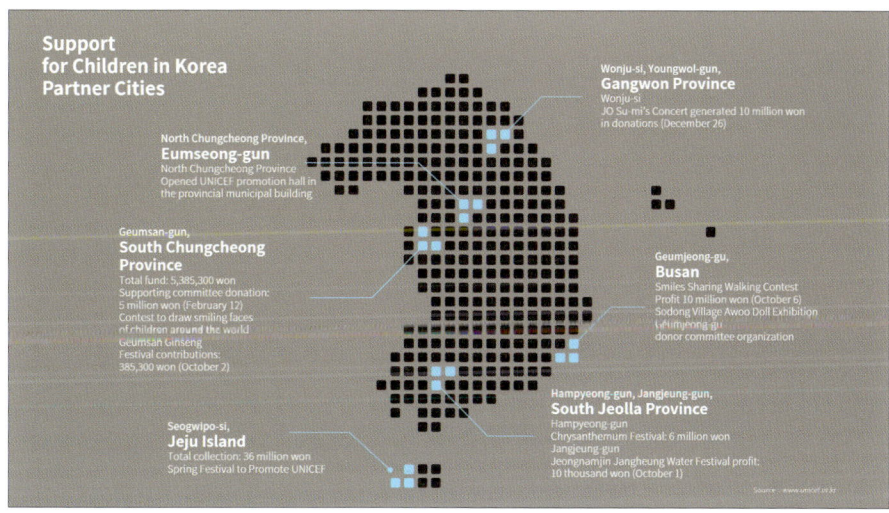

Infographic TIP

지도 인포그래픽을 제작할 때 문서와 슬라이드 배경이 흰색일 경우라면 지도의 컬러를 회색(검정 30% 이하)으로 처리해야 정보가 눈에 잘 들어온다. 지도가 주인공이 아님을 늘 생각하자.

22 상대적인 차이를 극대화하는 면적 치환 인포그래픽

길이로 말하거나 높이로만 비교해도 그 차이를 보여줄 수 있지만, 사람이 가지고 있는 오감을 통한 공감각으로 차이를 느끼게 하려면 높이와 길이를 양, 면적으로 치환해서 비교하는 것이 더 강력하다. 즉 막대 차트와 파이 차트에서 말할 수 있는 '높아요'와 '길어요'가 아니라 '우리가 더 성장했어요', '작년 대비 올해는 이렇게 확장됩니다'라는 식의 메시지 표현이 가능하게 도와주기 때문이다. 그래서 지도뿐만 아니라 정보를 비교할 때 면적 치환해서 차이를 설명하는 인포그래픽 방식은 신문이나 뉴스 그래픽에서 즐겨 사용하는 만능 패턴으로 자리매김하고 있다.

01 차이를 치환해서 말하기

많은 전문가들이 데이터 시각화와 인포그래픽을 만들 때 숫자를 표로, 표에서 차트와 그래프로, 다시 도형으로 치환하고 마지막으로는 상징물인 메타포로 치환하려고 애쓰는 것은 어떻게든지 직관적인 이해라는 목표를 달성하고 싶기 때문이다. 둘 이상의 차이를 치환해서 직관적으로 표현하는 능력은 누구에게나 필요하다. 특히 복합적인 정보의 차이를 보여줄 때 유용하게 사용된다.

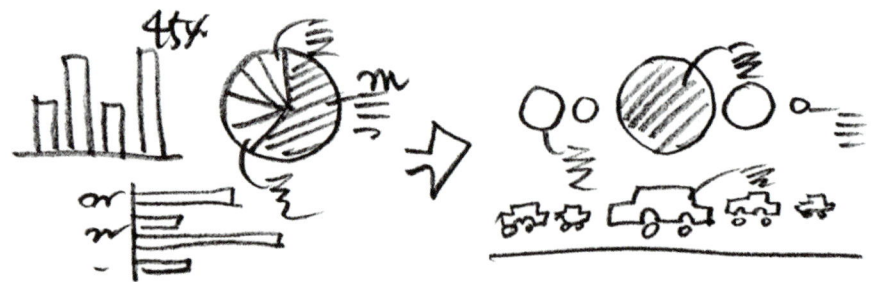

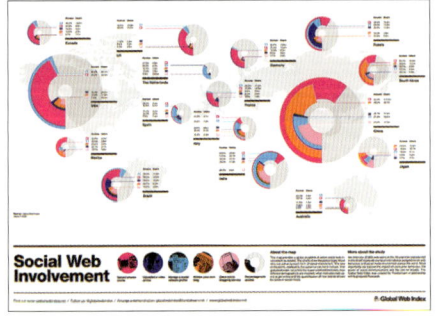

데이터를 면적으로 치환한 후 그 위에 정보를 추가하자.
매력적인 결과물은 독자들에게 높은 점수를 받을 수 있다.

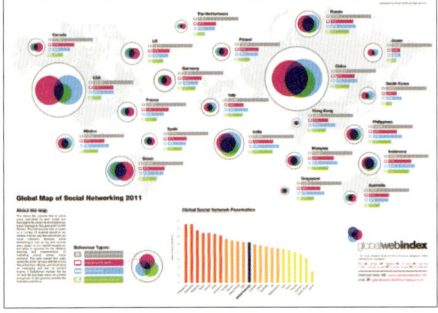

www.globalwebindex.net

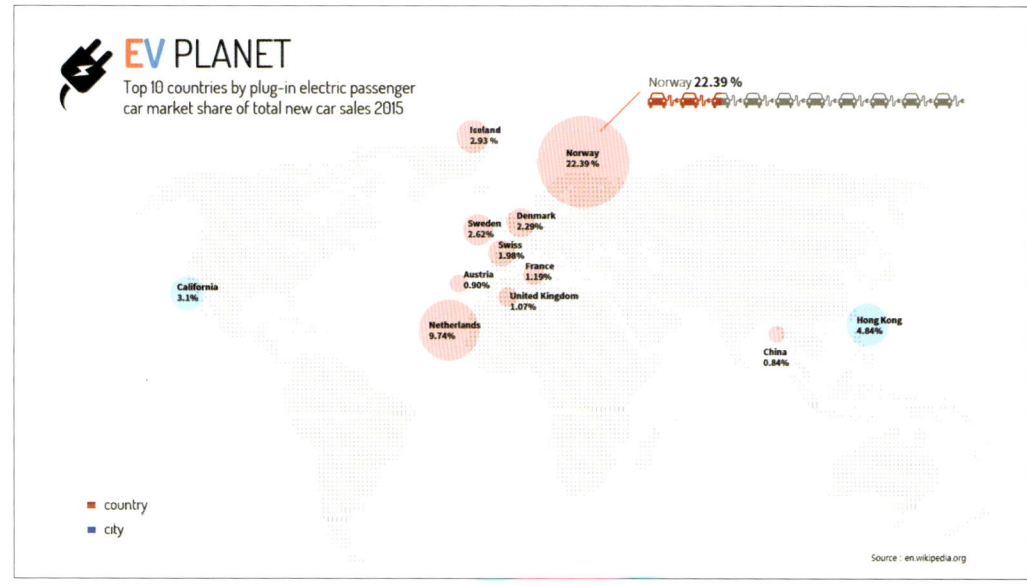

자체의 크기를 보여주면서 상대적인 크기를 동시에 비교하는 방법으로는 원 형태의 면적그래프가 가장 훌륭하다.

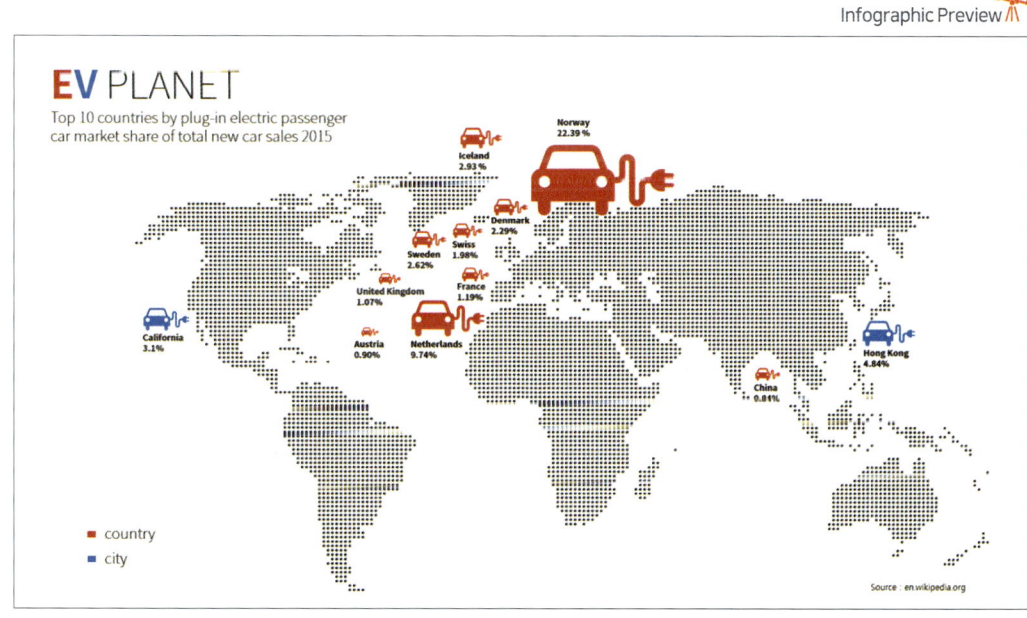

수치를 면적으로 면적을 다시 메타포(상징)로 치환해서 사용하면 주제에 대한 상징과 의미를 담아낼 수 있다.

※ 회자쓰 포스트(post.naver.com/wooseokjin)에서 예제 다운로드와 동영상, 실전 팁까지 저자들이 꼼꼼히 알려드립니다.

02 세계 지도 구하기

구글(www.google.com)에서 위키미디어 커먼스를 검색하여 commons.wikimedia.org 사이트에 접속하자. 그리고 'world map'을 검색하고 결과 중에서 The World with points 지도를 클릭해서 다운로드한다.

source : commons.wikimedia.org에서 'world map' 검색

Point 지도는 Dots로 되어 있는 지도처럼 작은 점들로 이루어져 있다. 그래서 SVG 파일로 다운로드하여 EMF로 변환하여 사용하는 경우 용량이 커져서 파워포인트에서 작업이 어려울 수 있다. 그러므로 하단에 있는 PNG 이미지 중에서 큰 이미지(1000~2000px)를 다운로드한다.

Infographic TIP SVG 파일을 EMF로 변환할 경우 컬러와 음영에 그라디언트(변화)가 적용된 파일은 에러가 발생한다. Dot로 구성된 경우도 용량이 커져서 작업이 어려울 수 있으니 편집이 필요한 경우를 제외하고는 PNG 파일을 활용하자.

03 PNG 이미지 컬러 변경하기

파워포인트에서 컬러를 자유롭게 사용하려면 도형으로 되어 있어야 하지만 PNG 이미지의 경우는 기본 테마색에 있는 컬러로는 변경이 가능하다. 이때는 이미지가 어두운 경우는 테마색 중에서 밑에서 두 번째 컬러로 변경이 가능하고 밝은 이미지일 경우는 위쪽의 밝은 컬러로 변경이 가능하다.

Infographic TIP 지도 이미지를 수정 편집해야 하고, 원하는 컬러로 정확하게 변경해야 한다면 PNG 파일보다는 SVG 파일이 필요하다. 해당 파일을 다운로드하여 잉크스케이프, 또는 일러스트레이터에서 EMF 형식으로 변경한 후 파워포인트로 불러오자.

지도 이미지는 특별한 경우를 제외하고는 주인공이 아니므로 섬성 50% 이하로 조절해야 한다. 파워포인트로 PNG 이미지를 불러온 후 선택하고 [서식] - [색] - [다시 칠하기]에서 흐린 회색 정도의 수준으로 변경하면 된다.

Infographic TIP SVG 파일 형식은 개체가 많을 경우 EMF로 분해거나 파워포인트에서 수정 편집하는 시간이 오래 걸리게 된다. 그 이유로 Dot 지도는 PNG를 사용하는 것이 작업 측면에서는 쉽다.

04 위키피디아에서 공개 데이터 찾기

공개된 데이터를 찾을 때는 위키피디아를 활용해 보자. 구글(www.google.com)에서 '위키피디아 영어판'을 검색한 후 en.wikipedia.org를 방문한다. 전기 자동차의 국가별 이용률(Market Share)을 지도 위에 표시해야 한다면 검색창에 'electric car use by country'를 입력하자. 최근의 자료까지 자세하게 확인할 수 있다.

source : en.wikipedia.org에서 'electric car use by country' 검색

Infographic TIP
위키피디아는 세계인들이 함께 만드는 백과사전이므로 모든 정보들이 링크되어 있다. 특히 기호도가 높은 주제일수록 업데이트가 자주 생기므로 최신 자료와 연관된 내용을 자세하게 확인할 수 있는 매력을 지녔다.

05 값을 면적 크기로 치환하기

주요 국가의 전기 자동차 이용률을 면적으로 치환하여 보여주고 싶다면 [거품 차트]를 활용하자. [삽입] - [차트] - [분산형 - 거품형]을 선택하여 거품형 차트를 슬라이드에 삽입하고 10개국의 마켓 쉐어 값을 숫자로 입력한다.

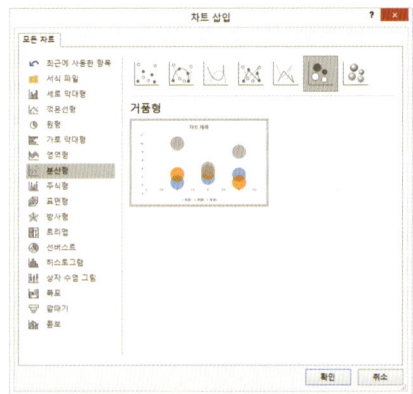

파워포인트 2010 버전 이하에서는 차트 항목에서 [거품형 차트]를 선택

06 차트 분해하기

완성된 거품형 차트는 수치를 면적으로 변경하여 상대적인 크기를 비교해주는데 이 상태(각 값의 컬러가 동일한 경우)에서 차트를 분해하면 전체가 하나의 그룹으로 분해되어 사용이 어려워진다. 그러므로 각 값을 클릭하여 다른 컬러로 변경한다. 이렇게 각각 다른 컬러로 적용되어 있어야만 분해했을 때 각각의 면적으로 분해가 된다.

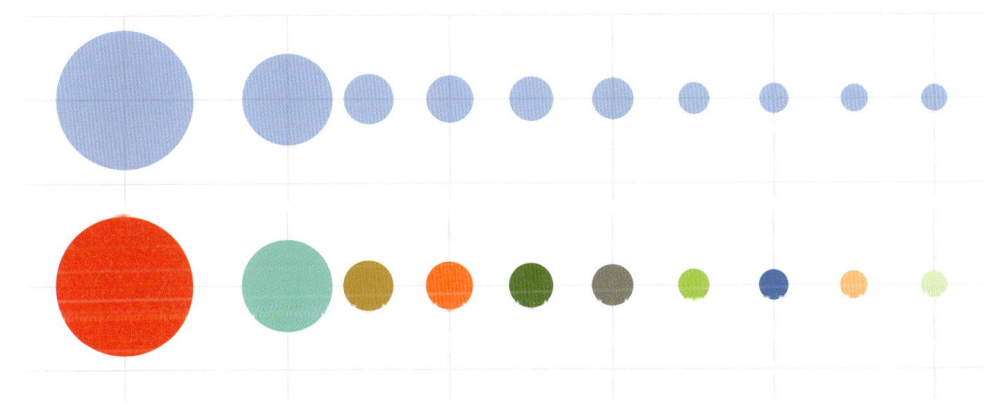

Infographic TIP
파워포인트에서 차트는 항목이 많아도 계열이 하나인 상태에서는 동일한 컬러가 적용된다. 이럴 경우 분해하면 전체가 묶여서 더 이상 분해되지 않기 때문에 각각의 그래프 값에 서로 다른 컬러를 적용하여 여러 계열로 만들어주어야 한다.

컬러가 바뀐 차트를 전체 선택한 후 복사하고 [홈] - [붙여넣기] - [선택하여 붙여넣기] - [그림-확장 메타파일]을 실행한다. 이때는 그룹 도형으로 붙여지므로 마우스 오른쪽 버튼을 클릭하여 [그룹] - [그룹 해제]를 2회 적용하여 완전한 도형으로 분해하자.

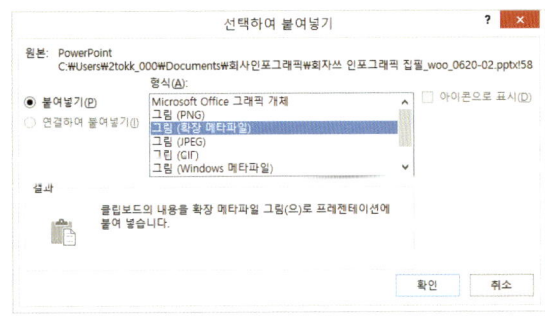

Infographic TIP
확장 메타파일로 붙여넣은 후에는 항상 두 번의 그룹 해제를 적용해야 한다. 해제 후에는 배경에 있는 투명한 박스는 선택하여 삭제하고 해제된 도형 중에서 필요한 요소만을 골라 사용한다.

07 지도 위에 정보 표시하기

도형으로 변환된 거품 차트는 수치가 면적으로 반영된 것이므로 크기를 변경할 때는 전체 도형을 함께 조절해야만 오류 없이 크기가 유지된다. 지도 위에 정보를 올리는 경우 국가와 도시는 컬러로 구분한다. 국가는 빨강으로 도시는 파랑을 적용한 후 세계 지도에서 각 나라와 도시 위에 배치하자. 국가와 도시를 표시하는 원이 집중되어 겹치게 될 경우는 지도 위에 국가와 도시 이름을 입력할 예정이므로 정확한 위치보다는 대략 근처에 위치하도록 한다.

Infographic TIP | 세상에 완벽한 통계와 표현은 있을 수 없다. 그러므로 인포그래픽과 데이터 시각화에서도 미미한 위치 변화와 수치의 정확도에 민감해할 필요는 없다. 오히려 극대화하여 전달하려고 과장하거나 생략 기법을 쓰기도 한다. 그래프가 대략적이라면 수치를 정확하게 제시하면 되고, 위치가 모호하다면 이름을 직접 명시하면 된다.

바탕이 되는 지도 위에 국가별 마켓 쉐어 크기를 비교해주는 것이니 투명도를 조절하여 지도가 살짝 보이도록 조절하면 더 정확한 정보를 제시해 줄 수 있다. 도형을 선택하고 마우스 오른쪽 버튼을 눌러 [도형 서식] - [채우기] - [투명도]에서 값을 조절한다.

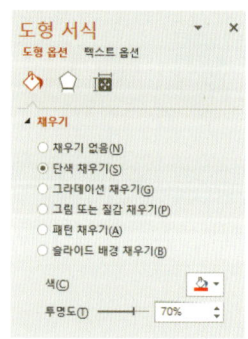 

국가와 도시 이름을 작성하고 해당하는 위치에 배치한다. 각 국가별 마켓 쉐어 수치도 함께 기재하여 원의 크기와 함께 인지할 수 있도록 하자. 범례로는 작은 사각형이나 원을 그린 후 빨강과 파랑을 적용하고 문구를 작성하면 된다.

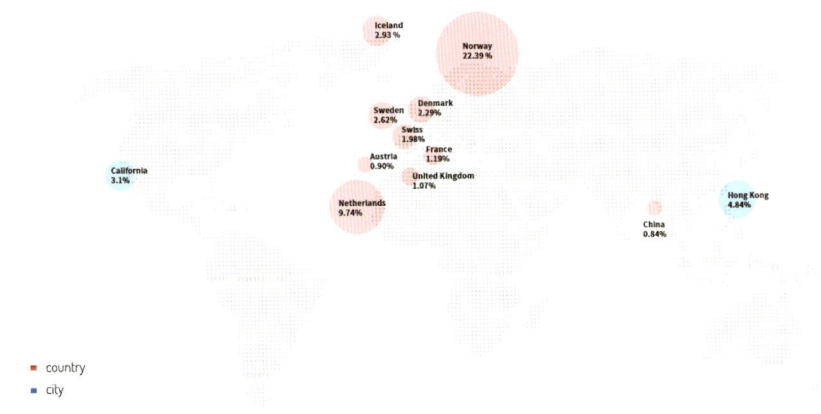

08 전체 중 부분 값 나타내기

각 나라들의 전기자동차 점유율을 표현하기 위해서 thenounproject.com에서 'electric + car' 또는 'EV'라고 검색하여 전기 자동차 픽토그램을 SVG 형식으로 다운로드하고 잉크스케이프로 가져가서 EMF 형식으로 변환 저장한다. 파워포인트에서는 복사히여 해당 수치민큼 뻴깅을 적용하고 나머지는 [붙여넣기] – [선택하여 붙여넣기]에서 이미지(PNG)로 붙이고 [서식] – [자르기]로 필요 영역만 보이도록 잘라낸다. 도형을 자를 수 없지만, PNG 이미지는 자를 수 있다. *이미지 자르기에 대한 자세힌 빙빕은 88쪽과 326쪽을 참소.

source : thenounproject.com에서 'electric + car' 검색

만들어진 픽토그램을 노르웨이 위쪽에 배치하고, 전체 페이지를 만들어 완성한다. 전체 중 부분 값을 표현하는 것이므로 너무 크지 않게 조절하자.

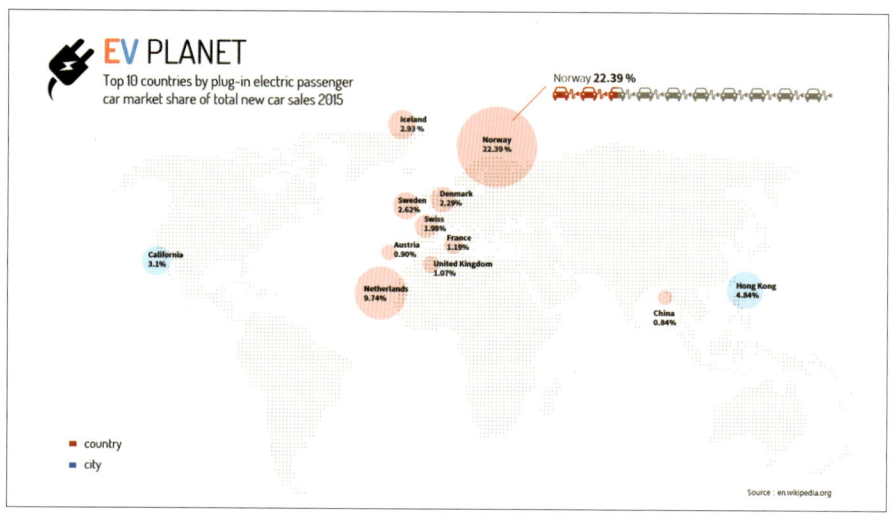

font : Dosis, Noto Sans

09 상징 아이콘으로 치환하기

시장 점유율을 원형이 아닌 전기 자동차로 치환하고 싶다면 어떻게 해야 할까? 원으로 치환한 도형 위에 전기 자동차 픽토그램을 올려서 크기를 맞게 조절하면 된다.

Infographic TIP

파워포인트에서 인포그래픽 작업을 할 때 크기를 자유롭게 변형할 경우는 이미지가 벡터 방식인 EMF, WMF, EPS 등의 파일 형식이어야 한다. PNG, JPG와 같은 픽셀 방식 이미지는 확대 축소할 경우 이미지에 손상을 입게 되고 출력하거나 화면에서 지글거려 보이므로 변형을 하지 않고 1:1로 사용하는 게 원칙이다.

이때는 완벽하게 정확한 크기를 조절할 수 없기 때문에 왜곡되지 않도록만 조절하고 나머지는 수치를 통해 정확한 정보를 알 수 있도록 해준다. 자동차 메타포로 치환했다면 적당한 위치에 배치하여 인포그래픽 전체를 완성한다.

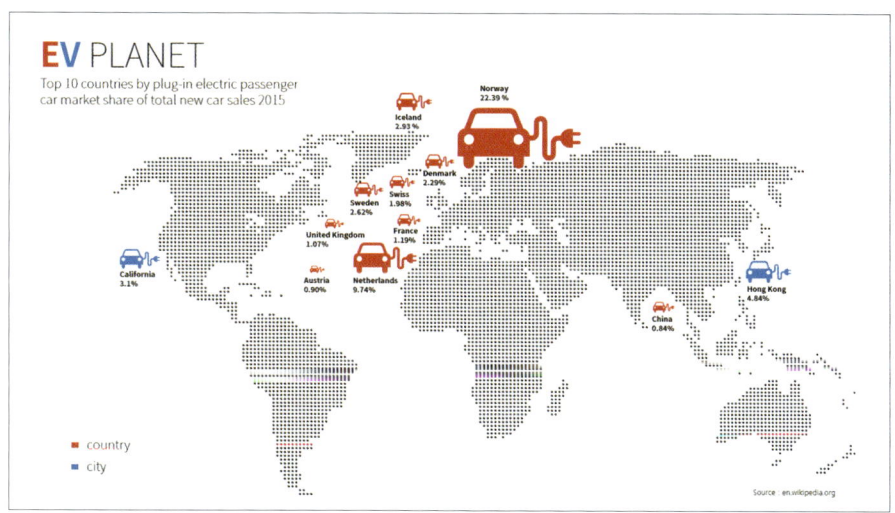

10 어두운 바탕 만들기

출력이 아니라 프레젠테이션을 할 경우에는 흰색 바탕의 어두운 글자보다 어두운 바탕에 밝은 글자가 더 잘 보인다. 즉 가독성은 어두운 바탕에 흰색이나 노랑 글자가 더 효과적이다. 배경을 어둡게 변경할 때도 지도는 배경 색에서 더 어둡게 처리하여 차트와 정보가 두드러지도록 한다.

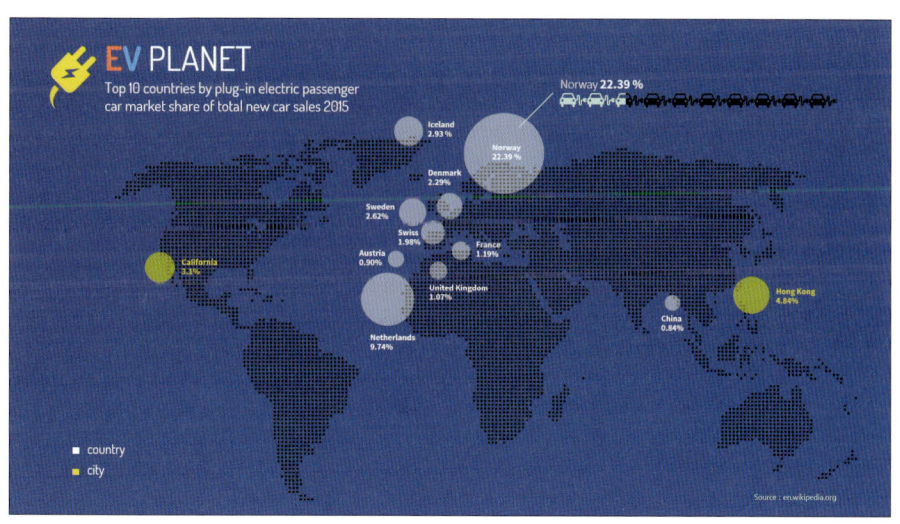

인포그래픽에 제법 잘 어울리는
가독성 높은 무료 폰트 사용법

컴퓨터의 기본 폰트는 최근 개발된 폰트가 아니다. 그 말은 가독성과 유려함이 다소 부족하다는 뜻이 된다. 이때는 기업이나 단체에서 무료 배포하는 폰트를 사용하자. 예전과 다르게 기업에서 무료로 배포하는 폰트들의 수준이 매우 높기 때문에 가독성과 아름다움이라는 두 마리 토끼를 잡을 수 있다.

1. 구글과 어도비의 Noto Fonts
세계 모든 언어를 동일한 형식의 7개 두께로 만들어진 고딕체(Sans)와 명조체(Serif). 다국어로 작업을 해야 하거나 다양한 두께가 필요하다면 제격이다. 7개의 두께를 제공하고 개인 및 회사 상업용으로 사용 가능하다.
www.google.com/get/noto

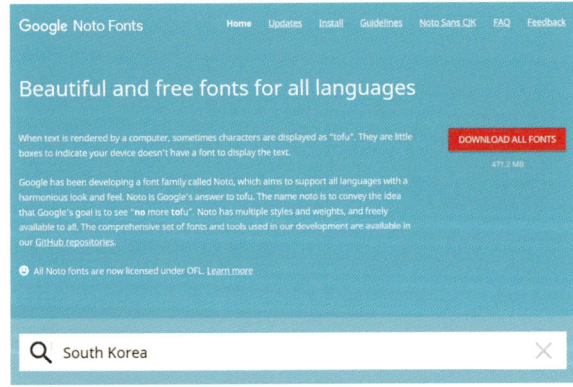

구글 폰트 Noto sans
구글 폰트 Noto sans
구글 폰트 Noto sans
구글 폰트 Noto sans
구글 폰트 Noto sans
구글 폰트 Noto sans
구글 폰트 Noto sans

2. 네이버의 나눔체
기업이 배포하는 무료 폰트의 대표주자. 매년 다양한 수준 높은 무료 폰트를 배포한다. 개인/회사 상업용 가능.
hangeul.naver.com

나눔고딕　　　**나눔고딕 EB**　　　나눔고딕 L
나눔바른고딕　나눔바른고딕 L　나눔바른고딕UL
나눔명조　　　나눔명조 B　　　**나눔명조 EB**
나눔스퀘어　　**나눔스퀘어 B**

3. 배달의 민족 – 도현, 주아, 한나, 연성체
B급 감성 폰트를 무료로 배포한다. 배달의 민족이 하는 일만큼 매력적이다. 개인/회사 상업용 가능.
woowahan.com

도현체 주아체 한나체 연성체

4. 영문체
한글과 영문을 혼용해서 사용할 경우 자간과 기준선이 어긋나는 등 불편함이 많이 생긴다. 이때는 Noto Sans가 유리하다. 영문만을 사용한다면 한글 폰트가 아닌 영문 폰트를 사용해야 가독성이 높아진다.

Impact   Calibri   **Noto**   Times

Dosis 0123   BEBAS NENU 0123   MASQUE

5. 도움되는 폰트들
포털에서 무료 폰트를 검색하고 저작권을 확인(상업용 사용 가능)한 후 사용하자.

서울시남산   서울시한강   대한체   Kopub 돋움

야놀자체   청소년체   조선일보 명소체

6. 무료 폰트 사용 시 주의사항
추천한 폰트를 포함하여 다양한 무료 서체는 네이버 자료실 (카테고리 – 폰트)에서 검색해서 다운로드하자. 무료 폰트라고 해서 마구잡이로 사용해서는 위험하다. 상업적으로 사용이 가능하더라도 저작권 사용 권한에서 개인, 기업 모두 포함되는지 살펴봐야 한다. 팁에서 제시한 폰트는 개인/기업 모두 사용이 가능하다.

software.naver.com

23 계층 구조와 원인 결과를 알 수 있는
이슈 트리 인포그래픽

조직도를 그려보라고 하면 대부분 박스부터 그린 후 로직 트리 방식으로 라인을 이어 상하 계층을 표현하는 것이 일반적이다. 하지만 이런 조직도는 상하 관계, 또는 수평 관계의 연결과 종속 정도만을 나타낼 뿐 교차되는 정보를 전달하기에는 어려움이 따른다. 이때는 트리 구조를 이용하면 문제 해결이 가능하다. 조직 전체의 구성을 한눈에 보여주면서 각 팀의 역할을 말해주거나 팀의 리더와 규모까지 포함하여 정보를 제시할 수 있기 때문이다. 이슈 트리 방식의 인포그래픽은 [부모 – 자식] 개념을 넘어 [문제 – 해결], [이슈 – 원인]이라는 정보 구조를 만들 수 있어서 예산을 보여주거나 매출 구조를 이야기할 때도 자주 사용되고 있다.

01 손으로 트리 구조 그려보기

예산 편성을 쉽게 설명하라는 미션이 주어졌다고 가정해보자. 무조건 컴퓨터를 켜고 파워포인트와 엑셀을 실행하고 기존의 파일을 열어 그 위에 무엇인가를 덧칠하기 시작한다면 쉽게 설명되는 결과물은 나오지 않을 확률이 크다. 우리는 대부분의 문서 작성을 너무 바쁘다는 핑계로 기존 것을 그대로 쓰거나 조금 수정해서 사용하는 습관적인 전형성에 길들어 있다. 하지만 의미 있는 인포그래픽을 만들고 싶다면 종이 위에 전달하려는 정보를 손으로 한 번 그려봐야 한다. 멋진 그림이 아니라 선과 도형만으로 이해되기 쉬운 조직도와 예산 편성도를 그릴 수 있어야 한다. 되도록 기존 방식에서 벗어나 새롭고 다른 구조로 그려보자.

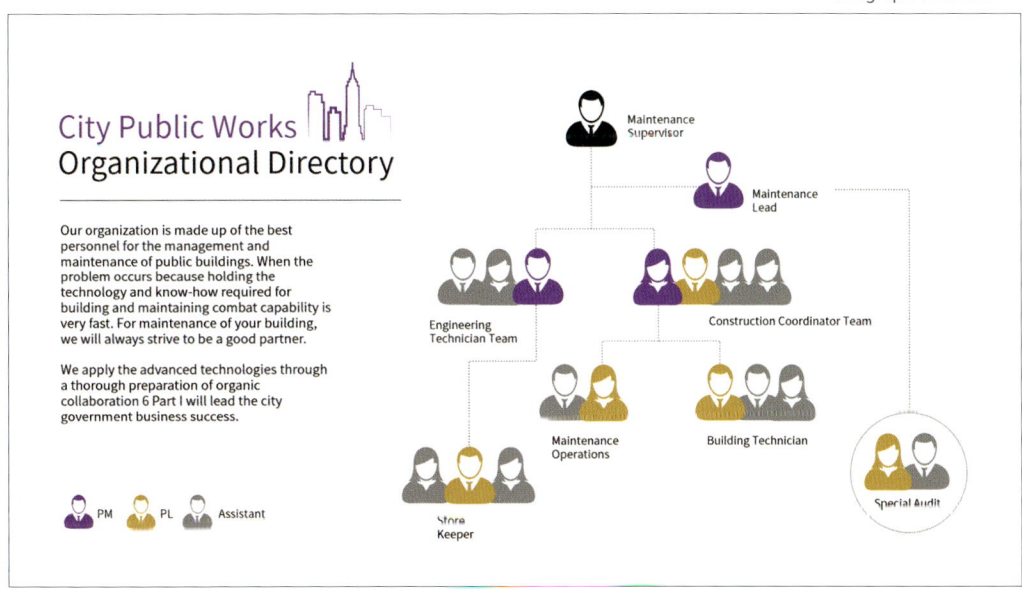

상하 구조의 조직도는 트리 구조로 만들어진다. 이때 밋밋한 박스 구조를 인력 구성 비율로만 살짝 바꿔도 훌륭한 조직도 인포그래픽이 만들어진다.

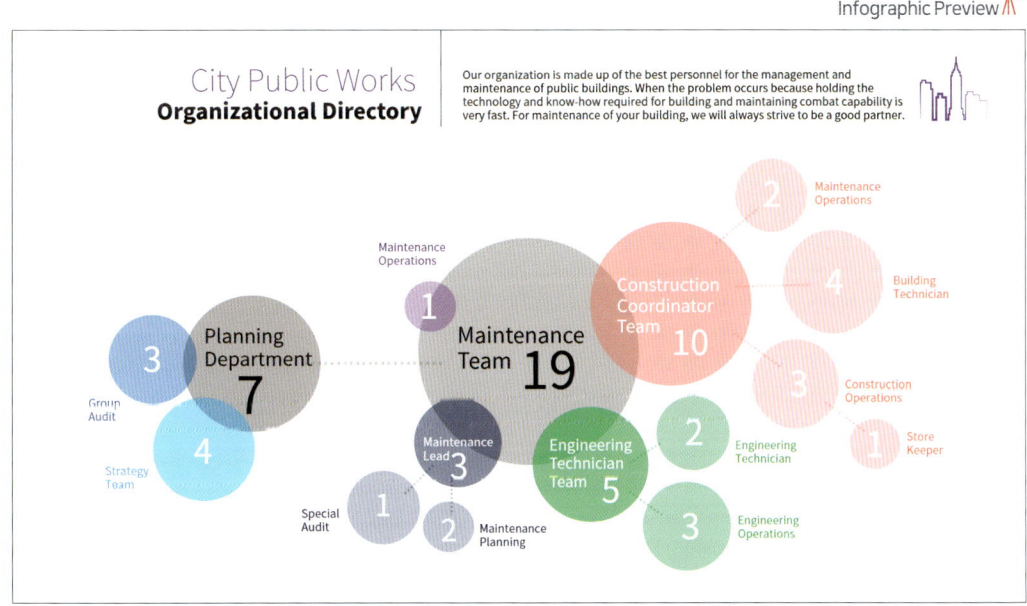

이슈 트리 방식은 규모와 관계를 명확하게 보여줄 뿐만 아니라 전체 구조도 확실하게 제시하는 능력이 있다.

※ 회자쓰 포스트(post.naver.com/wooseokjin)에서 예제 다운로드와 동영상, 실전 팁까지 저자들이 꼼꼼히 알려드립니다.

02 이슈 트리 구조 이해하기

로직 트리를 바탕으로 하는 이슈 트리는 하나의 문제를 해결하는 방법으로 자주 사용되는 구조다. MECE(Mutually Exclusive Collectively Exhaustive, 상호배제와 전체 포괄)의 문제 해결도 이슈 트리를 이용하고 마인드맵도 이슈 트리 방식으로 생각을 세분화하여 풀어낸다. 정부의 예산은 책정된 각각의 예산을 분해하여 그 속에 포함된 세부 예산 내역을 보여주고, 기업의 지배 구조도 트리 구조로 큰 그림으로 그려낸다. 이런 장점 때문에 데이터 시각화와 인포그래픽에서도 이슈 트리 구조는 인기가 높다.

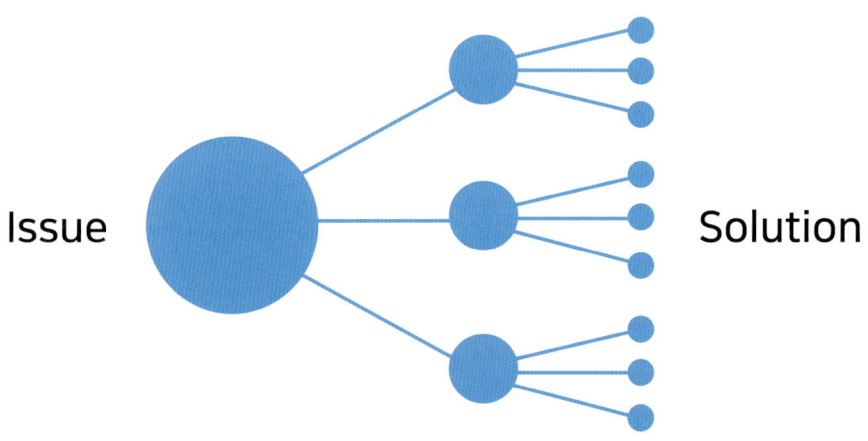

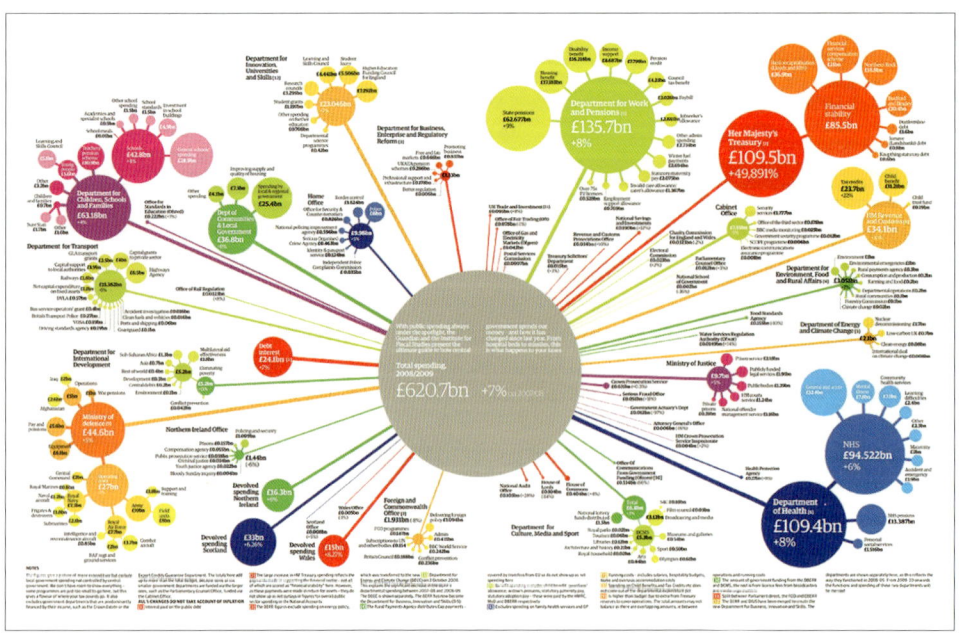

영국 정부 예산 인포그래픽
UK public spending by government department, 2008/09, www.theguardian.com

간단히 원과 선으로 연결하거나 Yes와 No의 선택을 따라가거나 메타포를 활용한 방법까지 다양한 이슈 트리 인포그래픽까지 가능하다. 중요한 것은 이슈 트리를 통해 전달되는 교차 정보를 발견할 수 있어야 한다. 예를 들어 [The Gold Tree]는 실제 나무의 뿌리와 가지 구조를 빗대어 원인과 결과, 생산과 소비라는 비교를 동시에 보여줌으로써 복잡한 내용을 쉽게 설명하면서도 정보와 메시지라는 두 마리 토끼를 모두 잡은 결과물이다.

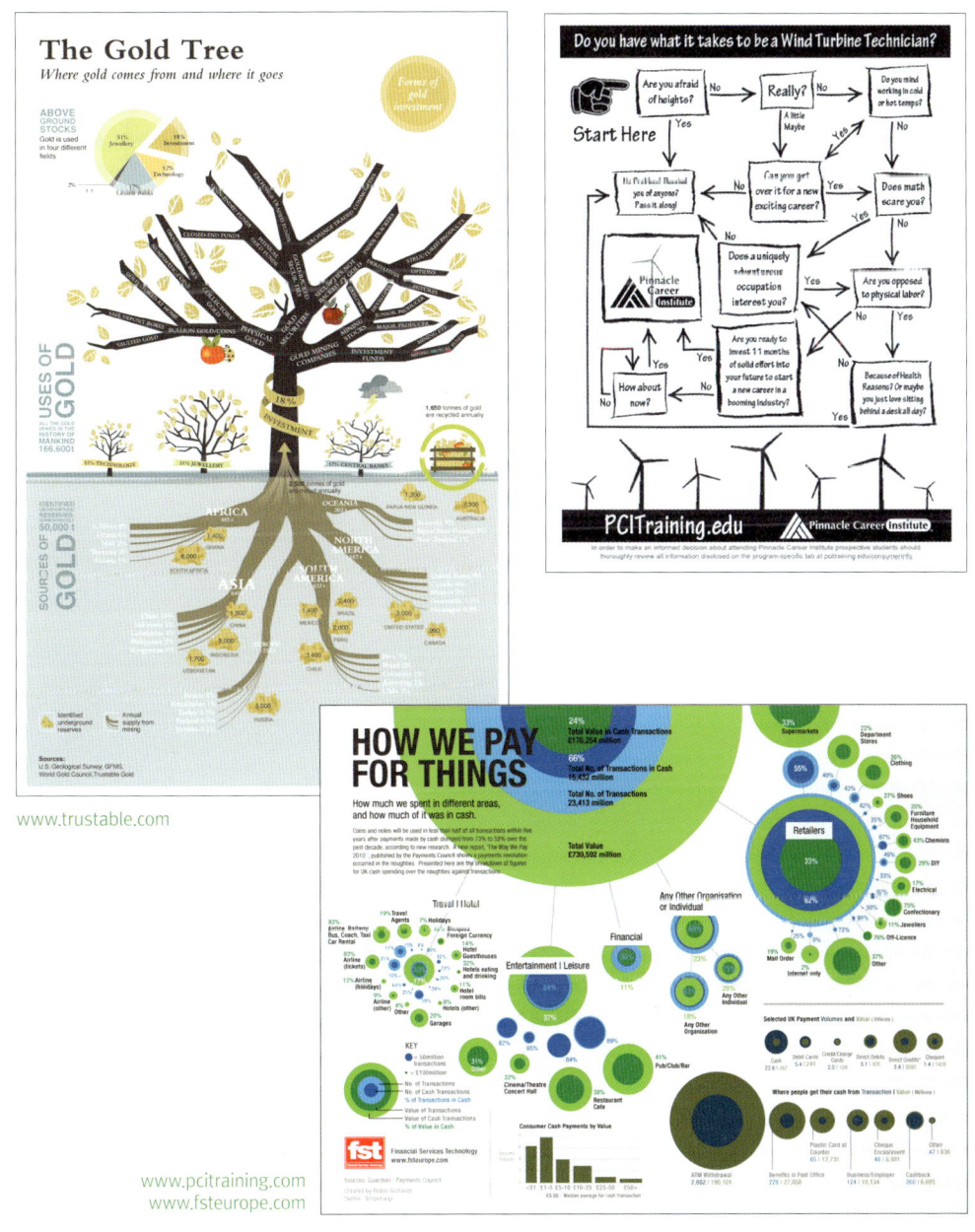

www.trustable.com

www.pcitraining.com
www.fsteurope.com

03 픽토그램으로 조직도 요소 만들기

'team'이라는 단어로 검색해 보자. 다양하게 조합된 팀을 찾아볼 수 있는데 목적에 따라 다운로드를 해야 한다. 만약 전체적으로 조직의 계층 구성만 보여주고 싶다면 남녀 구별이 없는 픽토그램을 선택하고, 계층과 함께 남녀 비율까지 보여주고 싶다면 남자와 여자가 함께 있는 구조를 찾아서 SVG 형식으로 다운로드한다.

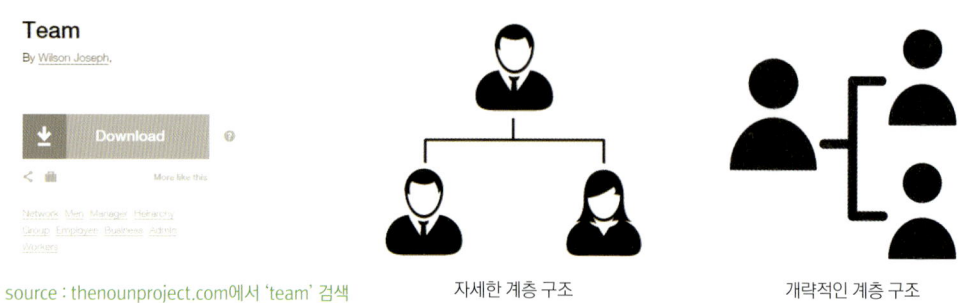

source : thenounproject.com에서 'team' 검색   자세한 계층 구조   개략적인 계층 구조

SVG 파일을 파워포인트에서 사용하려면 잉크스케이프로 열어서 EMF 형식으로 변환하고 파워포인트로 가져온 후 그룹 해제를 두 번 실행하자. 분해된 픽토그램으로 조직도의 기본 범례를 만들어야 하는데 계층에 따라 컬러를 다르게 하여 구분하면 효과적이다.

분해하여 범례 만들기

Infographic TIP
여러 항목에 컬러를 적용할 때는 모두를 강조할 수가 없으므로 중요도에 따라 컬러를 지정해서 사용하자. 되도록 2개의 컬러를 넘지 않도록 하고 나머지 항목은 회색 음영의 차이로 구분되도록 해야만 산만하지 않은 인포그래픽이 만들어진다.

04 조직도 계층 만들기

조직도의 구성과 인원수에 따라 픽토그램을 겹쳐서 묶음 형태로 정리한 후 [자유형]으로 Shift를 누르면서 클릭하여 직선 형태의 조직도 라인을 만든다. 선은 실선도 가능하지만, 점선이나 대시로 할 경우 각 팀을 더 강조하는 효과를 낼 수 있다. [도형 윤곽선] - [대시]에서 적당한 형태를 적용한다.

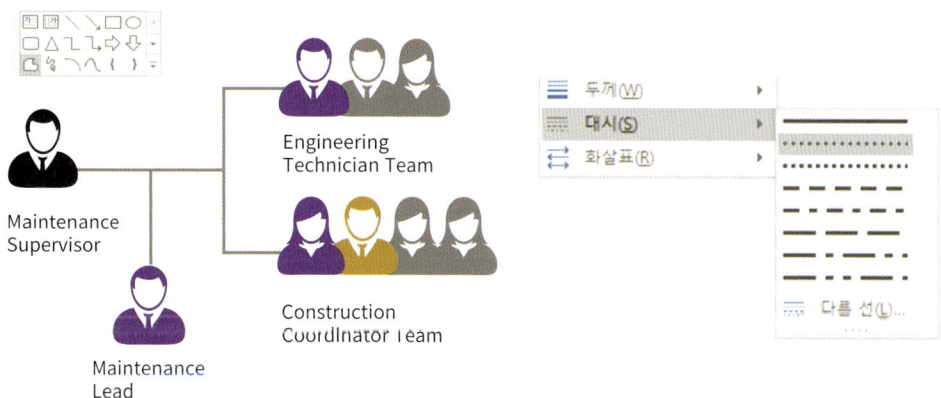

EMF로 변환된 픽토그램은 조직도의 변화에 따라 빠르게 변경 수정할 수 있는 장점이 있다. 페이지(슬라이드) 위에 픽토그램으로 구성한 팀과 라인을 올려놓고 조합하여 조직도 전체를 구성해 나간다. 대시 선은 필요에 따라 방향을 바꿔서 전체에 균등하게 배치되도록 한다.

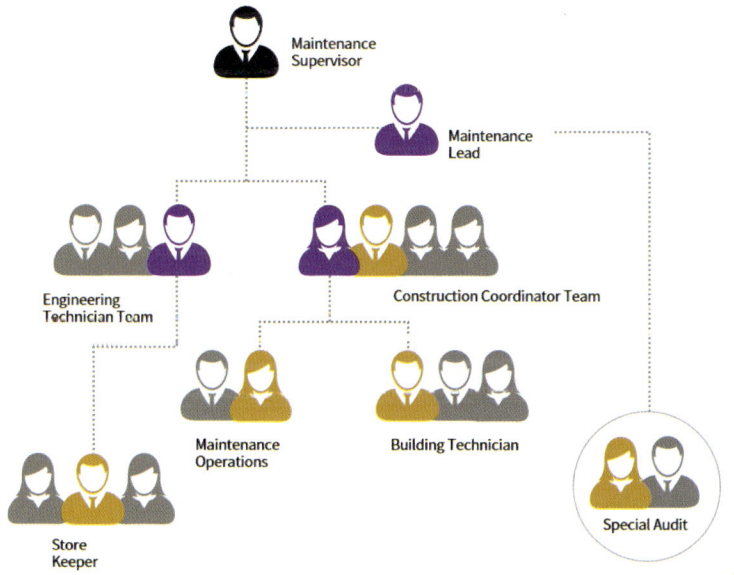

font : Noto Sans, Calibri

05 로직 트리 조직도 완성하기

조직도 인포그래픽 전체를 완성한다. 제목과 내용을 작성하고, 만들어진 조직도는 전체를 그룹하여 크기를 조절한다. 이때는 Shift를 누르면서 대각선 핸들을 조절해야만 정비례로 크기가 변경된다. 마지막으로 범례는 우측이나 좌측 하단에 작게 배치하자.

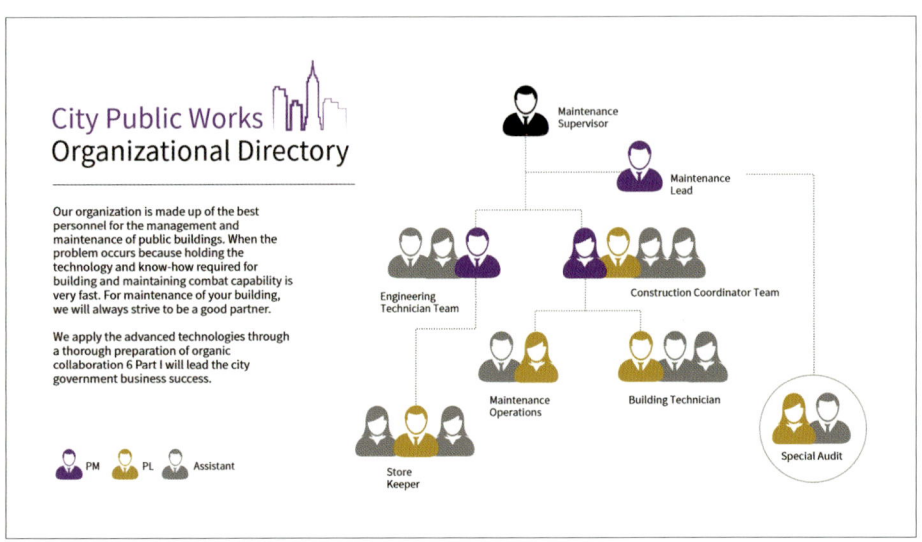

font : Noto Sans, Calibri

06 가로형 로직 트리 조직도로 변경하기

조직도는 꼭 상하 구조로 만들 필요는 없다. 오히려 좌우 수평 구조가 조직을 생동감 넘치게 보여주는 경우가 더 많다. 완성되었던 조직도를 그룹 해제한 후 좌우 구조로 변경한다. 선은 회전하거나 다시 그려서 배치하자.

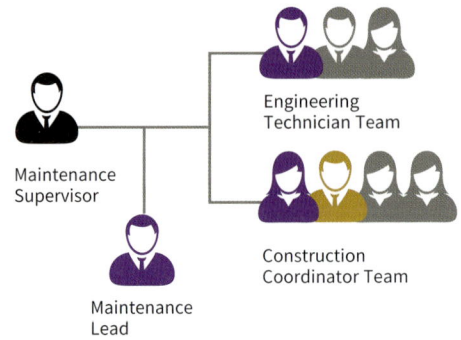

Infographic TIP

조직도는 지면의 한계 때문에 상하 구조로 만들곤 한다. 하지만 조직도의 크기와 길이가 문제 되지 않는다면 되도록 좌우 수평 구조로 만들자. 그러면 조직 자체도 수평적 구조로 보이게 된다.

최종적으로 제목과 내용, 범례 등을 추가하여 가로형 로직 트리 조직도를 완성한다.

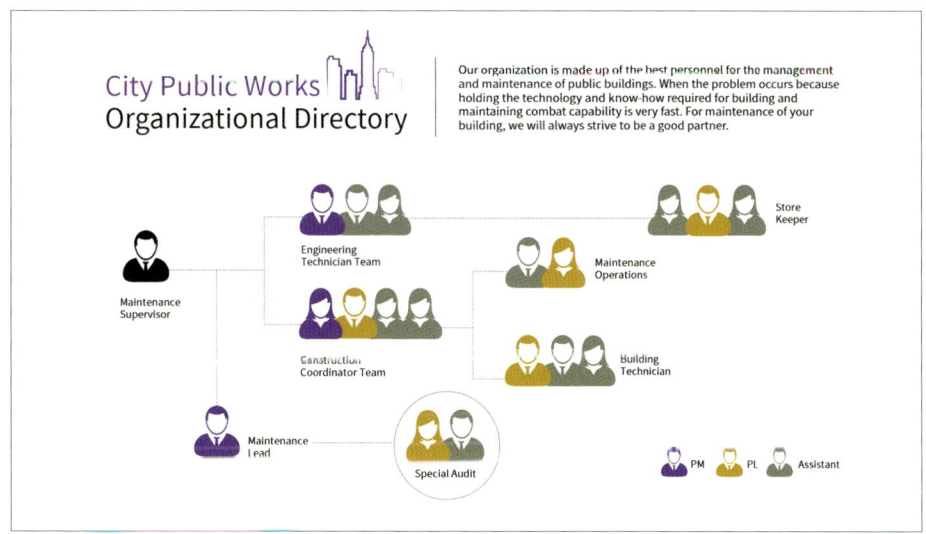

font : Noto Sans, Calibri

Infographic TIP 인포그래픽 작업을 할 때는 항상 정보를 대 - 중 - 소 묶음으로 구분하면 편리한데 이때는 각 묶음별로 [그룹]을 해 두는 것이 좋다. 복잡한 작업을 할 경우에는 이동 복사 등을 할 때 요소들이 분산되어 제대로 조절되지 않는 경우가 많기 때문이다. 그룹화된 요소들의 크기를 변경할 때는 대각선 핸들을 Shift를 누르면서 드래그해야 정비례로 조절된다.

07 이슈 트리 조직도를 위한 거품 차트 만들기

이슈 트리 조직노는 소식의 숫자를 면적으로 치환해서 보여줄 때 효과적이므로 [거품 차트]를 활용하자. [삽입] - [차트] - [분산형 - 거품형]을 선택하여 거품형 차트를 슬라이드에 삽입하고 해당하는 수치를 입력하자.

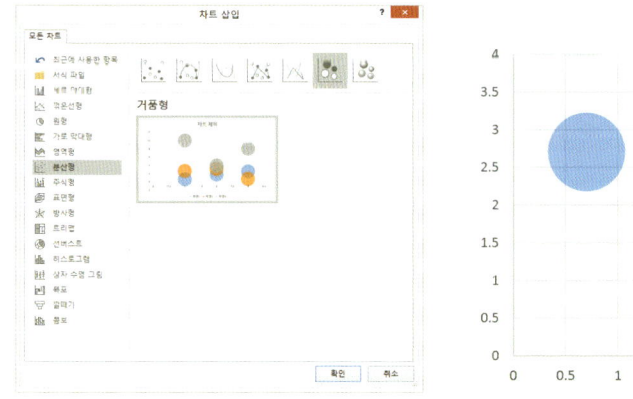

파워포인트 2010 버전 이하에서는 차트 항목에서 [거품형 차트]를 선택

08 거품 차트 분해하기

조직의 인원수에 따라 크기 항목에 숫자를 입력한다. 거품 차트는 수치를 상대적인 크기 면적으로 바꿔 주므로 전체를 더해 100이 나올 필요 없다. 인원, 매출, 예산 등을 그대로 입력하면 된다. 그 결과 각 값에 해낭하는 면적을 가진 원이 만들어진다.

거품 차트로 만들어진 면적을 각 도형으로 분해하기 위해서는 모든 원을 다른 색으로 변경해 주어야 한다. 클릭을 두 번 하면 각 원 차트가 선택되는데 이때 [도형 채우기]에서 컬러를 적용하자. 컬러를 모두 바꿨다면 복사한 후 [홈] - [붙여넣기] - [선택하여 붙여넣기] - [그림 - 확장 메타파일]을 실행한 후 마우스 오른쪽 버튼을 클릭하여 [그룹] - [그룹 해제]를 2회 적용하여 완전한 도형으로 분해하자.

*차트를 분해하여 도형으로 만드는 자세한 방법은 29~30쪽을 참조.

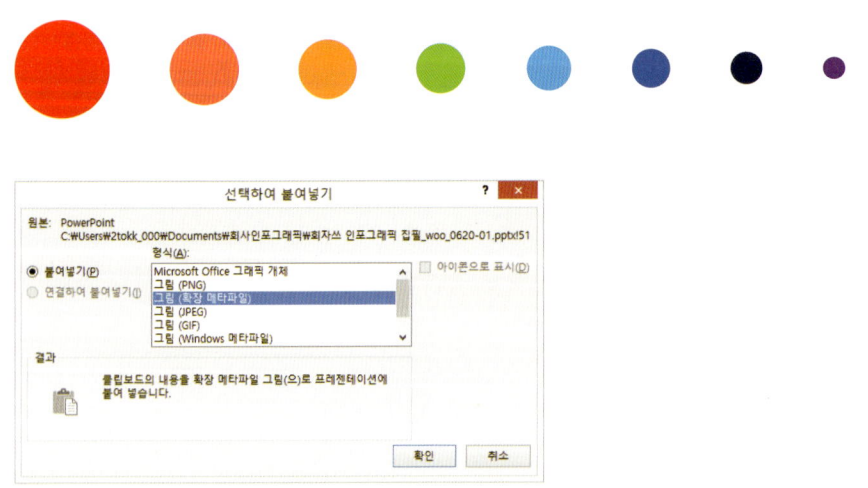

Infographic TIP
파워포인트 차트에서 동일한 색으로 된 차트는 하나의 묶음으로 인식하기 때문에 그룹 해제를 해도 더 이상 분해가 되지 않고 묶여 버린다.

09 이슈 트리 조직도 구성하기

거품 차트를 분해해서 만든 원들을 조합해서 이슈 트리 조직도를 만든다. 중심에는 가장 큰 조직을 배치하고 주변에 연결된 팀을 나열해 보자. 이때 팀들은 중요도에 따라 컬러를 지정하고 [도형 서식] - [채우기]에서 투명도를 20~50% 사이의 값을 적용해서 서로 겹치게 표현하면 연결 상대를 쉽게 표현할 수 있다.

전체 팀에서 1차 연결된 팀을 만든 후에는 각 팀에 소속된 인원을 보여주어야 하는데 이때는 만들어 놓은 면적 치환 원을 가져와서 배치하고 팀과 같은 컬러로 투명도를 더 높게 적용하여 같은 소속이라는 것을 알 수 있도록 조절하고 라인으로 연결한다.

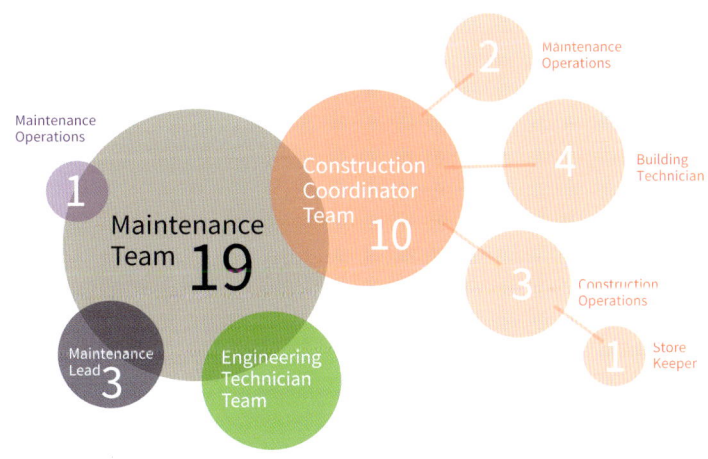

Infographic TIP   같은 그룹이라고 말해줄 때는 선으로 연결하거나 모양을 같게 하거나 컬러를 동일하게 해주면 된다.

10 이슈 트리 조직도 완성하기

연결된 다른 조직이 같은 등급이라면 동일한 색을 부여하고, 조직의 특성이 다르다면 소속된 인원들의 컬러는 기존과 다른 컬러를 적용해야만 구분이 확실하게 이루어진다.

Infographic TIP

컬러를 적용할 때 중요도가 높다면 빨강, 주황과 같은 난색 계통이 효과적이고, 중요도가 떨어지면 초록, 파랑과 같은 한색 계통의 컬러가 어울린다. 하지만 전체적으로 구분자를 가져야 할 경우는 이런 특성을 배제하고 컬러가 구분되도록 유사색과 반대색을 선택하여 사용하면 된다.

만들어진 두 개의 큰 조직을 페이지(슬라이드) 위에 올리고 구도를 조정한다. 이때는 그룹으로 지정하여 움직이면서 크기를 조절해야 한다. 최종적으로 제목과 내용을 작성하고 해당 조직의 이름을 기입하자. 그 결과 조직의 규모가 한눈에 파악되는 인포그래픽이 완성된다.

11 연결선 없는 이슈 트리 만들기

숫자가 면적으로 치환된 원들을 활용하면 연결선 없이도 조직도를 만들어 낼 수 있다. 만들어진 원들을 투명도를 적용한 후 팀별로 묶어서 큰 조직에 겹치도록 배치하면 연결선이 있는 조직도와는 다른 느낌의 조직도가 만들어진다. 단단하게 결집된 조직으로 보이게 된다.

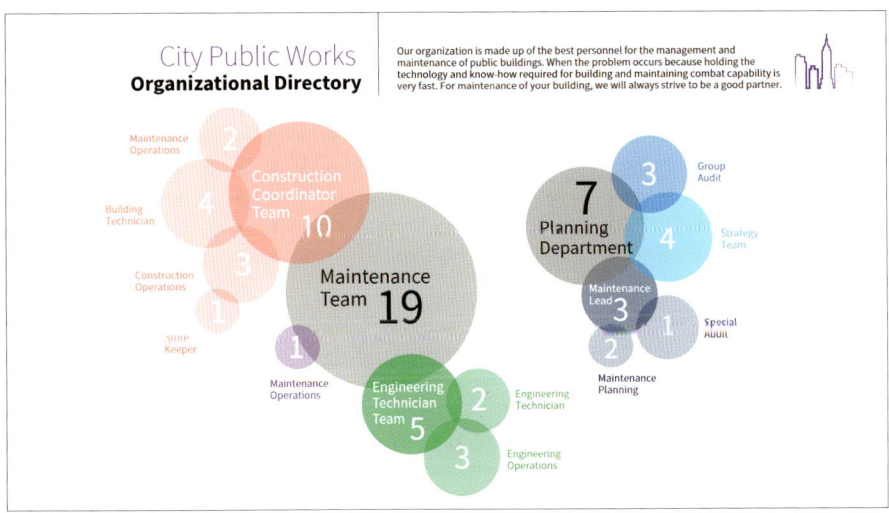

전체를 그룹으로 묶은 후 완성된 이슈 트리 조직도를 살짝 사선 느낌이 나도록 회선시켜 보자. 조직의 성향이 진취적이게 느껴지면서 매우 활동적인 조직으로 느껴진다.

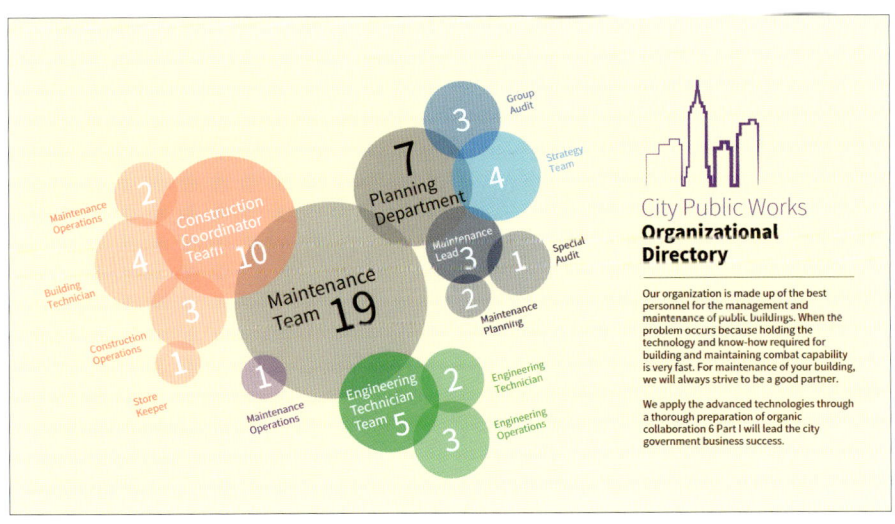

font : Noto Sans

24 시간의 흐름 위에서 이야기를 펼치는
타임라인 인포그래픽

정보를 시간의 흐름에 따라 제시하는 것은 정보를 읽어야 하는 사람들을 위한 훌륭한 장치다. 산의 탐방로 안내를 현재 위치에서 정상까지의 시간의 흐름에 따라 배치하거나 국가를 시간과 사건이라는 두 개의 축으로 설명하는 것도 가능하다. 시간 위에 사건과 사고, 실패와 성공, 이슈와 해결 등을 제시하는 것은 타임라인 인포그래픽의 정점이면서 정보 수용자들에게는 흥미를 일으키기 좋은 소재로 작용한다. 사업 진행 사항에 대해 보고를 할 경우는 타임라인 위에 이슈와 해결방안이라는 이야기를 풀 수도 있고, 물류 회사의 차별성을 설명해야 한다면 시간의 흐름과 물류 시스템이라는 두 개의 축을 가지고 이야기하는 것도 좋은 방법이다.

01 모든 정보를 시간 위에 올려놓고 말하기

빽빽한 표와 라인, 화살표로 구성된 스케줄 표는 만든 사람이 봐도 숨이 막히는 경우가 많다. 특히 외부 사람들에게 일정과 프로세스를 설명하는 경우 더 큰 문제가 생기곤 하는데 전혀 이해되지 않는다는 것이다. 사람들이 이해하지 못하고, 무슨 말인지 모를 내용을 복잡한 표와 다이어그램을 설명하는 것은 상대가 너무 많은 에너지를 써야 하는 상황을 만드는데 이때는 가능하다면 타임라인을 적극 활용해보자. 전체 시간 위에 발생하는 사건과 이슈, 해결방안과 결과 등을 올려놓고 흐름을 이야기하자. 분명히 설득력은 높아질 것이다.

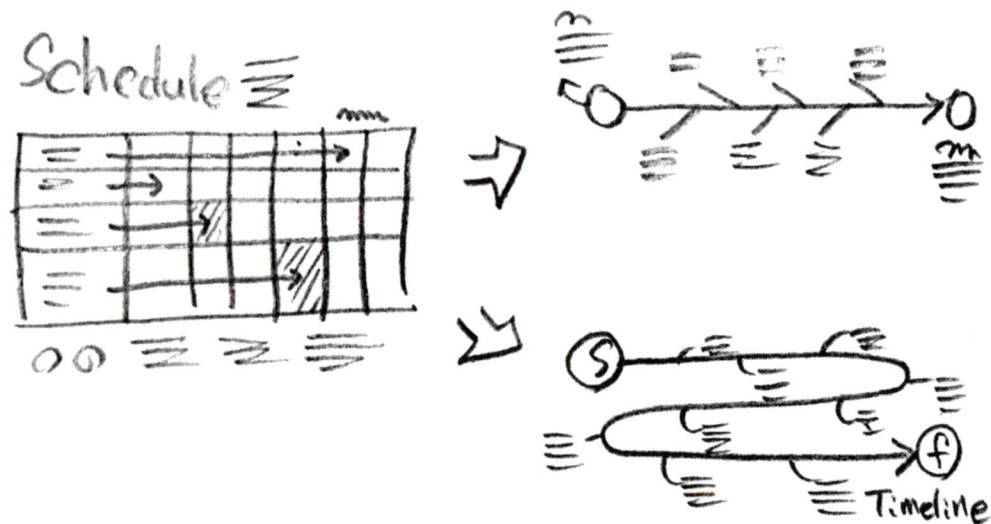

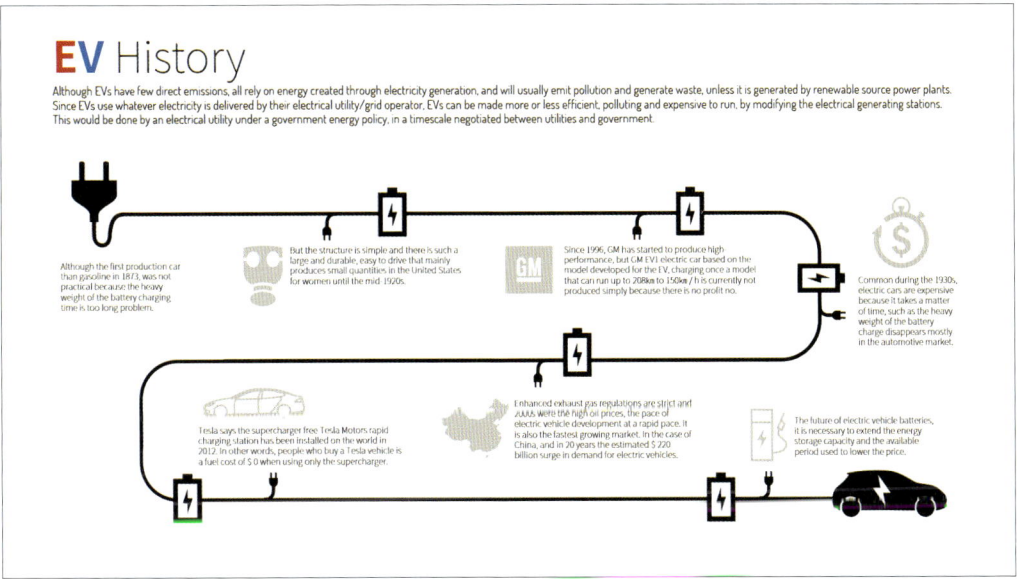

지하철과 버스 정류장을 상상해 보자. 가는 길 중간에 정류장 이름이 있고 저마다의 이야기가 있다. 길 위에 정보가 펼쳐진다.

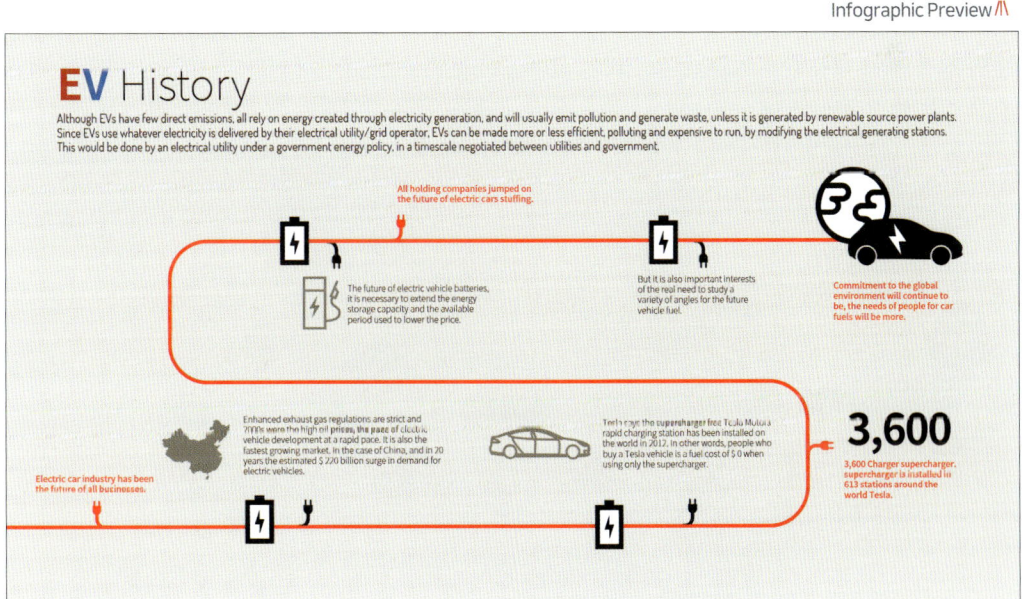

내용이 많아서 한장에 모두 담을 수 없다면 두 장을 붙여서 사용하자. 시간의 흐름도 1~2단계로 구분하거나 전후 시대별로 만들어도 좋다.

※ 회자쓰 포스트(post.naver.com/wooseokjin)에서 예제 다운로드와 동영상, 실전 팁까지 저자들이 꼼꼼히 알려드립니다.

02 타임라인 인포그래픽 설계하기

막연히 '이번 내용은 타임라인으로 만들자'라고 생각하는 것보다는 도움받을 자료를 먼저 찾아보고 '매출의 흐름을 산등성이로 구성하여 3년 동안의 변화를 인포그래픽으로 전달해보자'라는 식으로 구체적으로 목표를 정하는 것이 작업 시간을 단축하고 목적을 분명히 할 수 있다. 구글(www.google.com) 이미지 검색에서 'timeline infographic'을 검색해 보자. 그리고 작업에 어울릴 수 있는 인포그래픽 구조를 찾아보자.

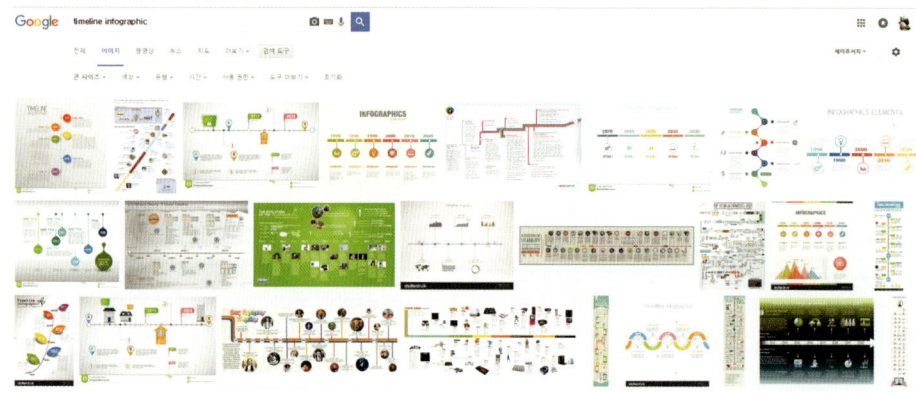

source : www.google.com 이미지 검색

단순히 시간 위에 내용만 올려놓는다고 해서 사람들이 흥미를 갖는 것은 아니다. 시간의 흐름과 함께 추가적으로 어떤 정보를 매칭해야만 더 좋은 인포그래픽이 될 것인지를 고민해야 한다.

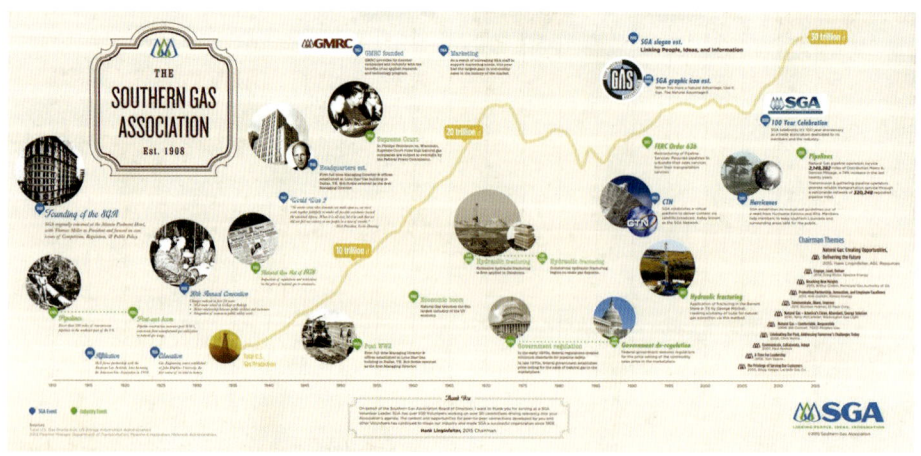

source : www.southerngas.org

Infographic TIP 구글 이미지 검색에서는 'timeline infographic' 형식으로 필요한 단어를 조합해야만 정확한 결과를 얻을 수 있다. 검색 도구에서 [크기] - [큰 사이즈]로 설정하면 1000픽셀 이상의 이미지만 찾아준다.

타임라인 인포그래픽에서는 시간의 흐름과 함께 보여줄 정보가 무엇인지 매우 중요하다. 단순히 멋지고 화려한 결과물보다는 무슨 내용을 어떤 구조로 만들어서 전달할지가 핵심인 것이다. 같은 내용이라도 시간과 중요도, 협업상태 등을 동시에 보여줄 수도 있고 전체 단계 그룹별 세부 내용에 대한 정보를 추가로 제공할 수도 있다.

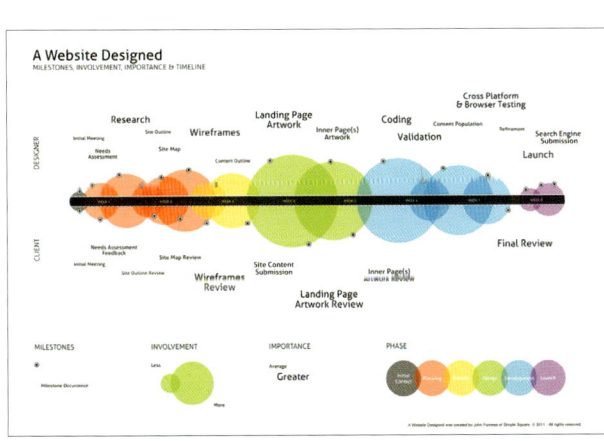

source : John Furness of Simple Square

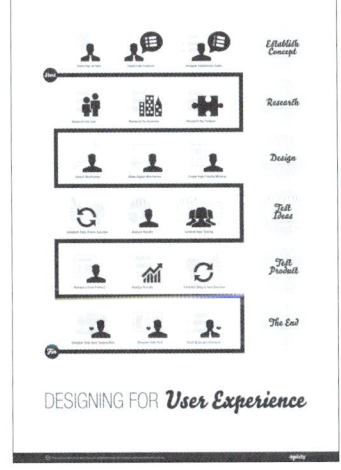

source : 1sixty.com

전달하려는 메시지와 정보를 밀 해주는 상징물의 속성을 이용하는 방법도 있다. 유방암을 예방하는 캠페인에는 상징물인 핑크 리본 사진을 의도적으로 사용하여 타임라인으로 풀어내는 감각적인 인포그래픽 결과물이 탄생했다.

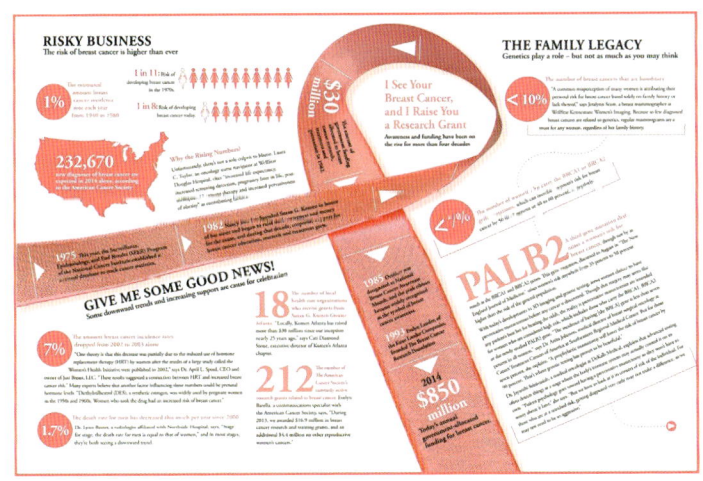

source : www.bestselfatlanta.com

03 도형으로 타임라인 기본 형태 만들기

타임라인 자체를 멋지게 만드는 것보다는 쉽고 빠르게 만드는 것이 더 중요하다. 파워포인트를 활용하면 간단한 타임라인부터 복잡한 타임라인까지 대부분 만들어 낼 수 있다. 경우에 따라서는 일자형 타임라인 위에 단계별 특징과 방법론을 입력하는 것만으로도 타임라인의 역할은 충분하다.

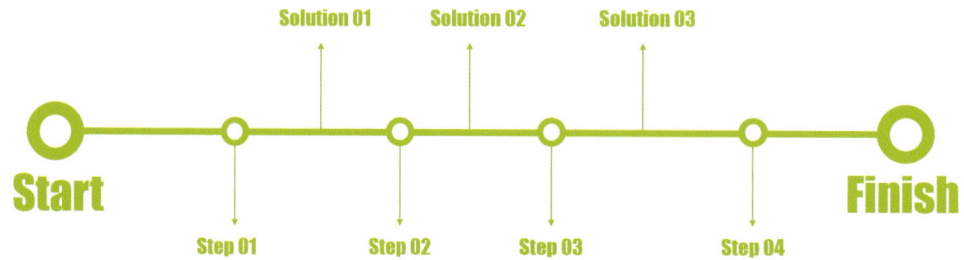

일자형보다 좀 더 흐름이 있는 타임라인을 만들 때는 [블록 화살표]를 사용하면 효과적이다. 먼저 [U자형 화살표]를 이용하여 화살표를 그린 후 5개의 노란색 조절점들을 변경하여 타임라인의 기본이 되는 패턴을 만들어야 한다. 중앙 원호를 둥글게 조절한 후 화살표 끝부분이 없어지도록 조절한다.

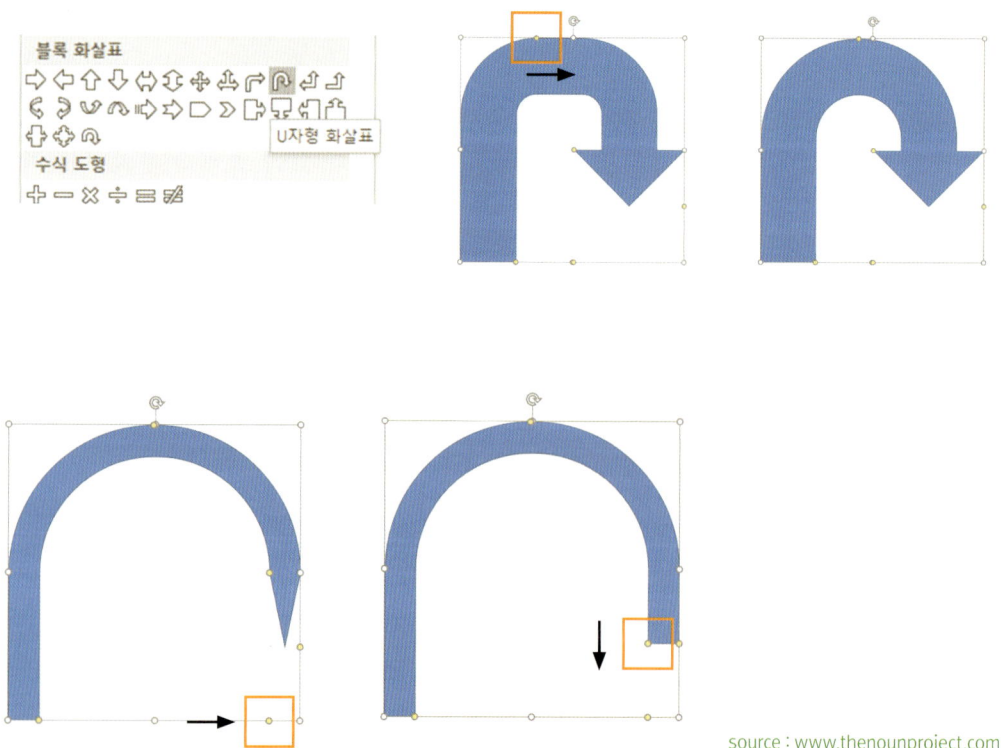

source : www.thenounproject.com

타임라인의 기본이 되는 U자형 도형을 만들었다면 복제하여 붙여서 사용하면 된다. 가로 형태로 길이를 늘이고 복사한 후 [회전]의 [상하 대칭]과 [좌우 대칭]을 적용한다.

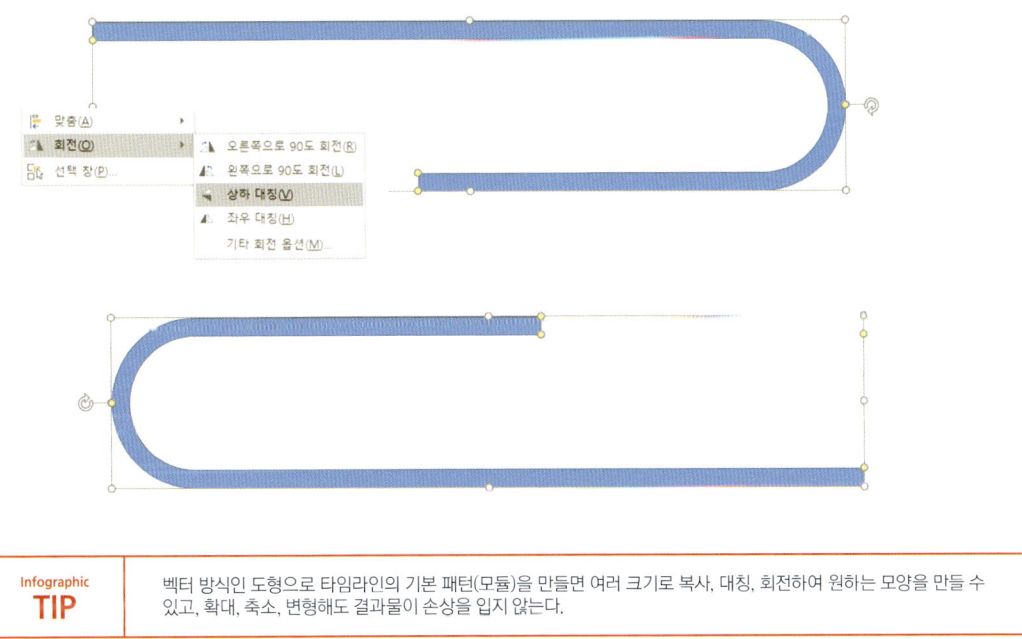

Infographic TIP 　벡터 방식인 도형으로 타임라인의 기본 패턴(모듈)을 만들면 여러 크기로 복사, 대칭, 회전하여 원하는 모양을 만들 수 있고, 확대, 축소, 변형해도 결과물이 손상을 입지 않는다.

직선형 타임라인보다 유선형 타임라인은 좀 더 동적이며 더 많은 이야기를 담아낼 수 있다. 특히 많은 내용을 작은 면적에 담아내야 할 때 유리한 방법이 된다.

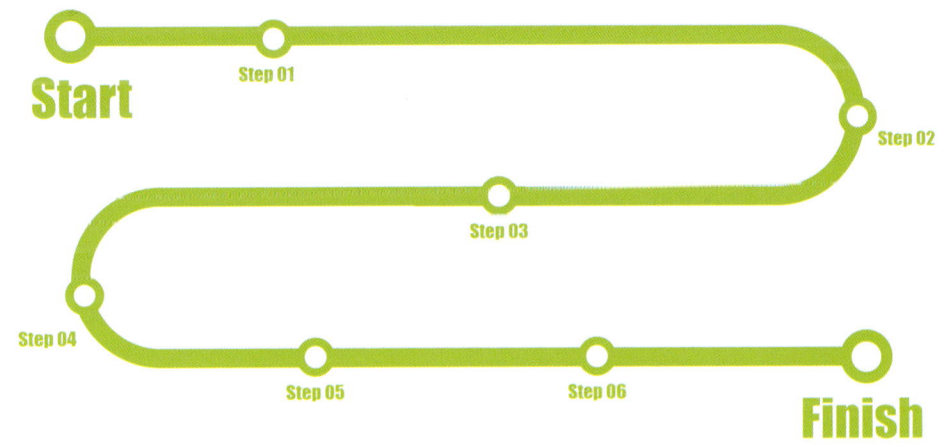

04 구간 구분이 가능한 타임라인 만들기

[굽은 화살표]는 [U자형 화살표]보다 좀 더 세밀한 타임라인을 만들어 낼 수 있다. 즉 구간별로 구분과 강조가 가능한 라인을 만들어 낸다. 먼저 굽은 화살표를 그린 후 4개의 조절점을 이용하여 구부러진 'ㄱ'자형 라인을 완성한다. 이때 화살표는 보이지 않도록 조절하고 라인은 얇게 처리한다.

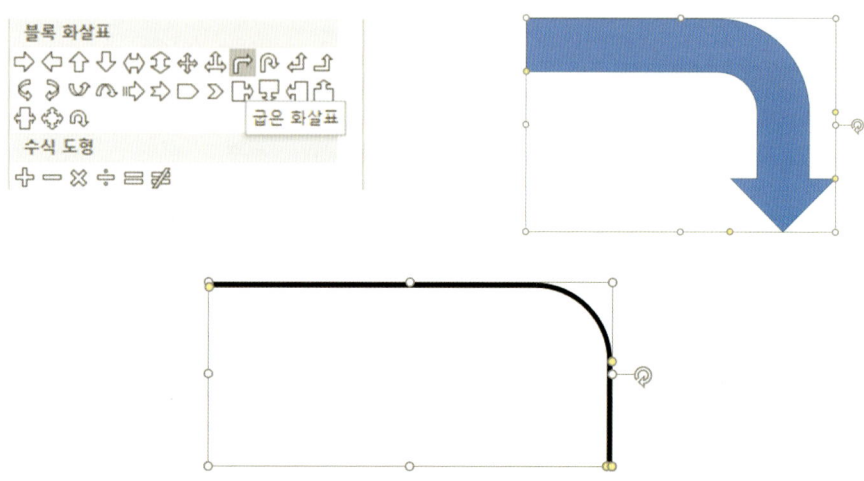

만들어진 'ㄱ'자형 라인을 복사, 회전, 반전하여 원하는 타임라인을 만들어 나간다. 도큐먼트, 또는 화면 슬라이드에 최대한 많은 내용을 소화해내려면 'ㄷ'자와 'ㄹ'자형으로 라인을 만들어야 한다.

Infographic TIP SNS용 인포그래픽의 경우 가로 스크롤이 어렵기 때문에 모두 세로 형태로 긴 인포그래픽을 제작한다. 하지만 회사 내에서는 보고 발표에 어울리는 가로형 인포그래픽으로 제작되어야만 활용도가 높다.

05 타임라인에 픽토그램 적용하기

전기차의 스토리에 대한 인포그래픽을 만든다고 했을 때는 'charging'과 'electric car'로 검색하면 더 빠르게 원하는 픽토그램을 찾아낼 수 있다.

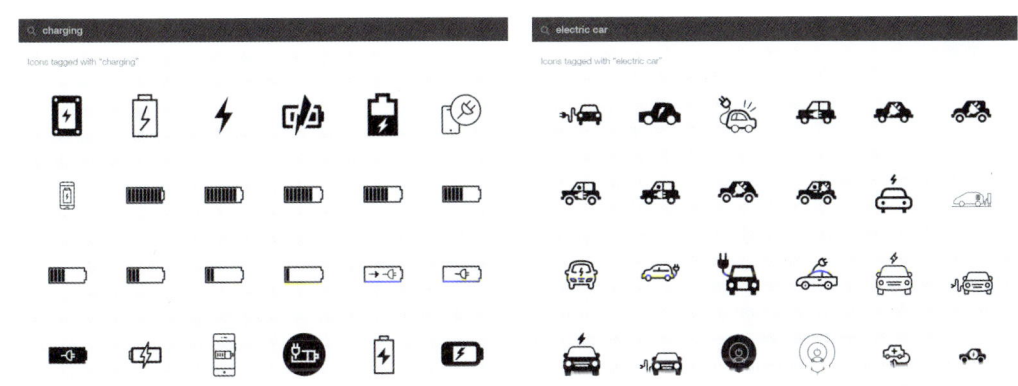

source : www.thenounproject.com

타임라인 인포그래픽에 사용되는 픽토그램은 구간별로 전달해야 하는 핵심 내용을 상징할 수 있는 것들로 찾으면 된다. 원하는 픽토그램을 찾았다면 SVG 파일을 다운로드하여 잉크스케이프에서 EMF 형식으로 저장하여 파워포인트로 불러온다. *잉크스케이프를 사용하는 방법은 142쪽을 참조.

Infographic TIP

인포그래픽에 사용되는 그래픽 요소는 통일성을 가져야만 좋은 인포그래픽이 될 수 있다. 그러므로 같은 종류로 사용하고 2종류 이상을 넘지 않도록 한다. 예를 들어 픽토그램으로 사용하거나 픽토그램 위주로 사용하고 일부를 아이콘이나 이미지를 사용하는 수준이어야 한다. 픽토그램, 아이콘, 클립아트, 사진, 이미지, 효과 일러스트레이션 등을 마구잡이로 사용하는 것은 인포그래픽의 가독성과 메시지를 분산시키므로 주의하자.

06 구간별 정보와 상징 만들기

시작과 끝을 먼저 설정하는 것이 좋다. 전기 자동차 스토리의 시작을 전원 플러그로 라인의 두께가 일치하도록 조절해서 연결하고 마지막을 전기 자동차를 배치한다.

각 구간을 정하고 각 지점에 해당하는 위치는 충전기 픽토그램을 배치한다. 구간별 내용은 가까이 배치하고 전원 플러그를 라인에 두께에 맞게 조절하여 배치한다.

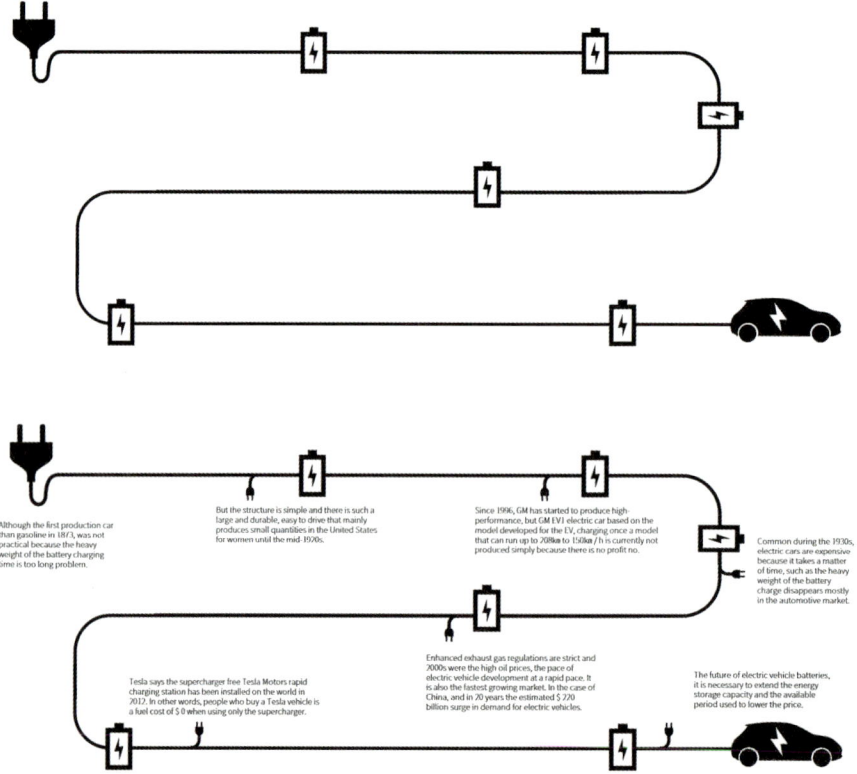

준비해 두었던 픽토그램을 시각적으로 너무 튀지 않도록 해야 하므로 모두 회색으로 바꿔서 크기를 조절해서 배치한다. 만약 구간에 심벌, 로고와 같이 픽셀로 되어 있는 이미지를 사용해야 하는 경우는 [서식] - [색] - [다시 칠하기] 기능을 이용하여 회색으로 변경하여 사용하면 된다.

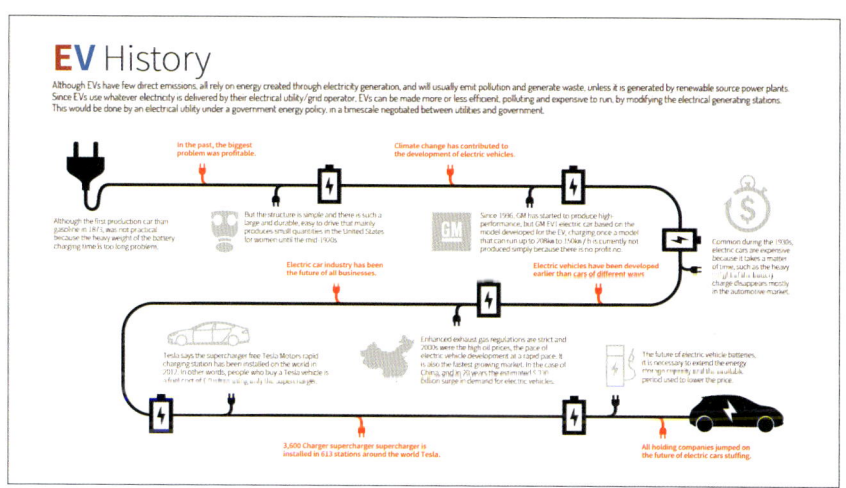

추가적인 정보를 적용할 때는 기존의 내용과 다르다는 것을 표시해주는 것이 좋다. 예를 들어 전기 자동차의 역사의 흐름에서 중요한 이슈들을 구간별로 별도로 제시하고 싶다면 강조되는 컬러를 사용해서 구간에 포함되도록 하자. 이슈가 핵심이라면 뻘겅을 적용해서 선명하게 보이도록 한다. 최종으로는 밝은 회색을 배경색으로 하여 완성한다. 이때 구간을 나타내는 충전기 픽토그램은 흰색 사각형을 만들어서 뒤로 보내어 충전기가 뚜렷하게 보이도록 한다.

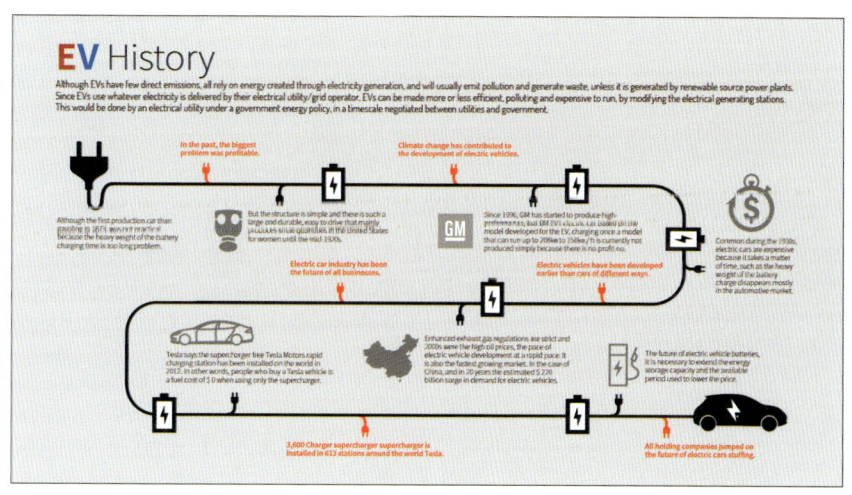

font : Noto Sans

07 많은 내용을 두 장으로 담아내는 타임라인 만들기

만약 이렇게 타임라인 인포그래픽을 만들었는데 추가되어야 하는 내용이 많다면 난감해질 수밖에 없다. 이때는 무조건 한장으로 끝내려고 욕심부리지 말고 두 페이지(슬라이드)를 하나의 큰 그림으로 생각하면 된다. 두 장으로 하나의 큰 타임라인을 만든다고 가정하면 앞쪽 페이지는 과거, 뒤쪽은 현재로 구분하는 방식도 좋은 아이디어가 된다.

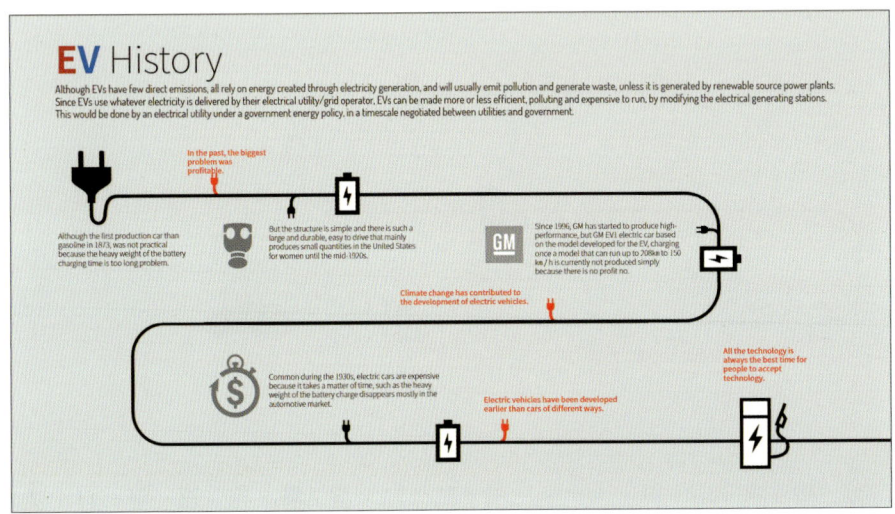

이때는 구간 영역의 여유가 있으니 구간별로 간격을 벌려서 작성하고 첫 페이지 끝부분에는 다음 장으로 넘기는 구간을 하나 더 두는 것이 좋다. 뒤쪽 두 번째 페이지는 앞쪽 페이지(슬라이드)를 그대로 복사한 후 기존 라인을 좌우 반전시켜서 라인이 연결될 수 있도록 만든 후 구간별 내용을 작성하면 된다.

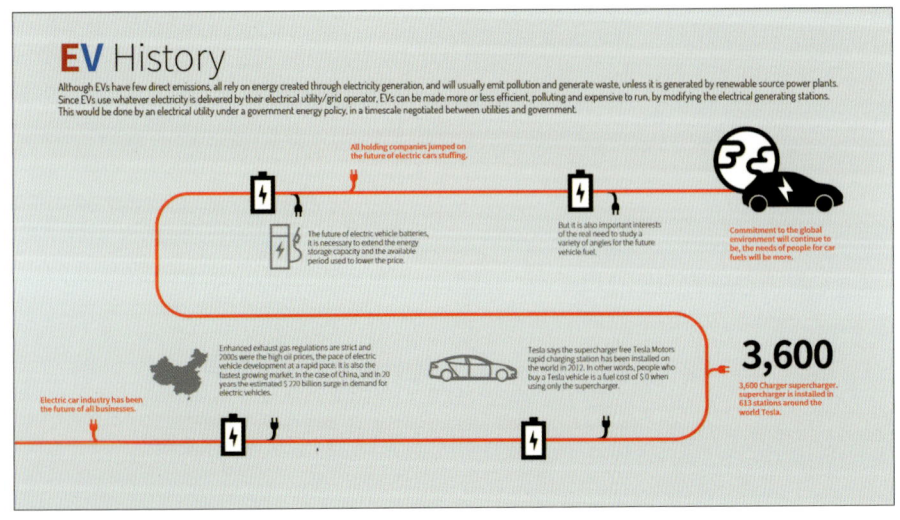

두 장의 흐름을 확인해 보자. 만약 내용 흐름상 페이지가 더 중요한 내용임을 강조할 때는 다른 요소보다 라인 자체를 강조 컬러(빨강, 오렌지, 파랑 등)로 변경하도록 하자.

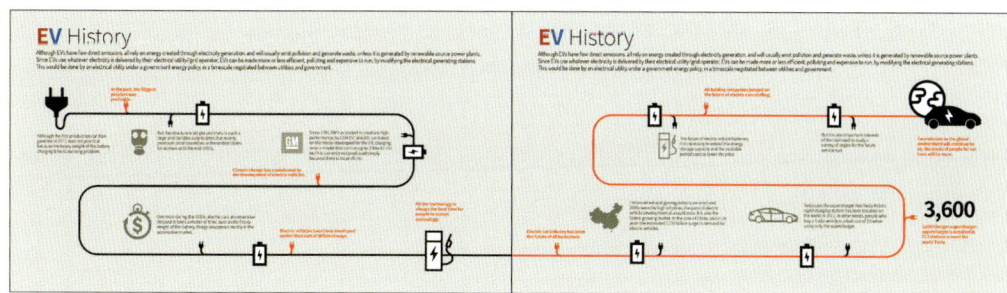

만약 슬라이드로 발표한다면 뒤쪽 두 번째 슬라이드를 [전환] [밀어내기]를 지용한 후 효과 옵션에서 [오른쪽에서]를 적용하면 자연스럽게 연결되면서 전환되는 슬라이드를 만들 수 있다. 3장을 붙여서 슬라이드를 만든다면 2, 3번 슬라이드에 [밀어내기] 전환효과를 적용하면 된다.

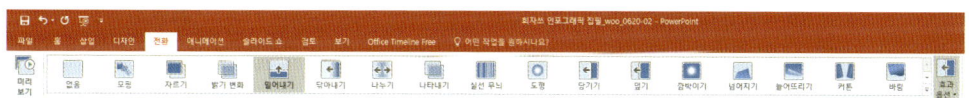

25 프로세스를 시간, 단계로 구조화하는
모듈 타임라인 인포그래픽

거대한 로봇도 분해를 해보면 수천 가지의 부품으로 이루어져 있고 자동차도 비행기도 마찬가지. 세상에 존재하는 것들은 나누고 쪼개면 무엇으로 이루어져 있는지 구조와 속성을 알 수 있다. 모듈 방식은 전체를 이루는 작은 조각으로부터 출발하여 모듈을 더하여 모양을 만들고 전체를 완성해 나가는 방식이다. 이런 모듈 방식은 인포그래픽에서도 적극적으로 사용되고 있는데 타임라인에서도 인기가 높다. 전체 조각을 완성할 수 있는 가장 작은 조각을 찾아서 연결하면 다양한 모양의 흐름을 가진 인포그래픽을 제작할 수 있다.

01 새로운 타임라인 구상하기

직선형, 순환형, 계단형 등의 타임라인은 쉽게 구현할 수 있지만 많은 정보를 다양한 이야기를 담아야 하는 상황에서는 아쉬움이 남는다. 이런 갈증을 풀어줄 방법을 찾고 있다면 작은 것이 모여 큰 것을 완성하는 모듈 방식으로 타임라인을 구상해서 만들어 볼 필요가 있다. 단순히 박스의 나열과 화살표로 이어진 흐름을 벗어나 새로운 흐름을 만들어 보자. 이를 위해서는 큰 그림을 그려보고 어떤 구조와 패턴으로 완성될 수 있는지를 꼼꼼히 살펴보아야 한다. 그리고 그 속에서 가장 작은 조각들을 찾으면 된다.

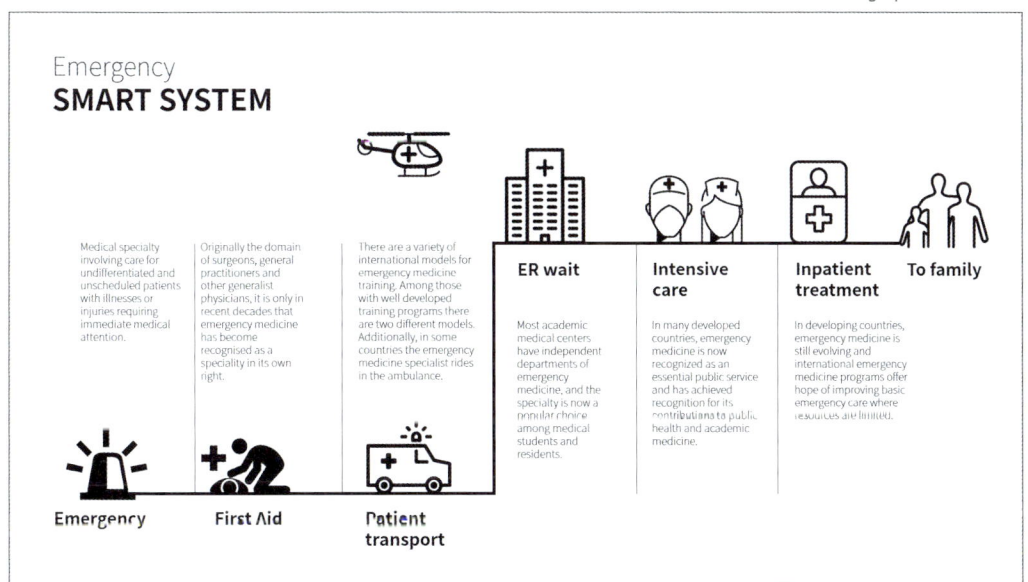

세로로 긴 형태의 사각형이 반복되는 도시 사이에 길을 만들자. 간단하지만 재미있는 타임라인이 만들어진다. 선 몇 개만 있어도 가능하다.

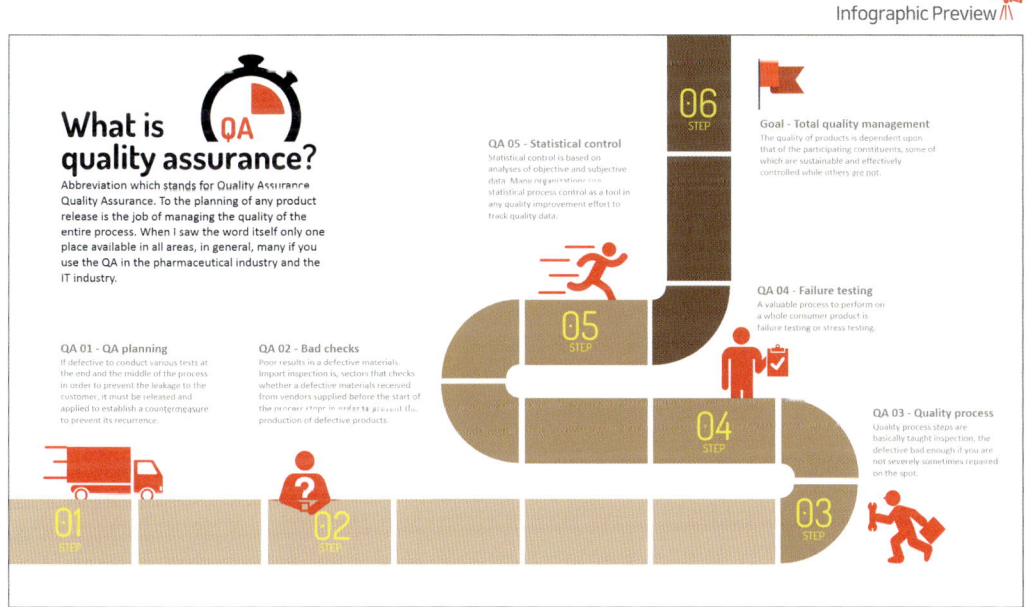

사각형과 원호만으로도 훌륭한 타임라인 인포그래픽이 만들어진다는 것은 인포그래픽이 디자이너의 소유물은 아니라는 것을 말해준다.

※ 회자쓰 포스트(post.naver.com/wooseokjin)에서 예제 다운로드와 동영상, 실전 팁까지 저자들이 꼼꼼히 알려드립니다.

02 필요한 모듈 만들기

모듈 방식의 타임라인을 만들기 전에 전달하려는 정보를 모듈화해야 하는데 가장 먼저는 시작과 끝을 잡아야 한다. [이슈 – 솔루션], [사건 – 해결], [현재 – 미래], [시행 전 – 시행 후] 등 A에서 B로 가는 목적을 고려하여 출발하는 쪽과 도착하는 쪽을 설정한다. 간단해 보이지만 가장 중요하다.

Emergency ———————————————————————————— To family

시작과 끝을 설정했다면 몇 개의 모듈이 필요한지 계산해 본다. 만약 응급환자 발생에서부터 병원 진료 후 가족에게 돌아가는 타임라인으로 6개의 모듈을 설정했다면 선을 그은 후 복사하여 6칸이 되도록 만든다. 각 모듈 칸에 필요한 내용을 입력하고 제목을 달아 준다.

Emergency	First Aid	Patient transport	ER wait	Intensive care	Inpatient treatment
Medical specialty involving care for undifferentiated and unscheduled patients with illnesses or injuries requiring immediate medical attention.	Originally the domain of surgeons, general practitioners and other generalist physicians, it is only in recent decades that emergency medicine has become recognised as a speciality in its own right.	There are a variety of international models for emergency medicine training. Among those with well developed training programs there are two different models. Additionally, in some countries the emergency medicine specialist rides in the ambulance.	Most academic medical centers have independent departments of emergency medicine, and the specialty is now a popular choice among medical students and residents.	In many developed countries, emergency medicine is now recognized as an essential public service and has achieved recognition for its contributions to public health and academic medicine.	In developing countries, emergency medicine is still evolving and international emergency medicine programs offer hope of improving basic emergency care where resources are limited.

To family

Infographic TIP
인포그래픽을 만들 때는 기존의 패턴 위에 내용을 끼워 넣는 것이 아니라 특정 패턴을 사용하겠다고 생각해야 한다. 그리고 내용에 맞게 수정 편집하여 구조를 자신의 것으로 만든 후 내용을 입력하자.

03. 모듈 타임라인 만들기

간단하지만, 모듈 방식의 타임라인이 만들어졌다. 상단에는 각 스텝에 해당하는 픽토그램을 검색하여 가져온다. 검은색으로 작은 상태로 사용할 것이므로 변환 없이 PNG 파일을 가져와서 배치한다.

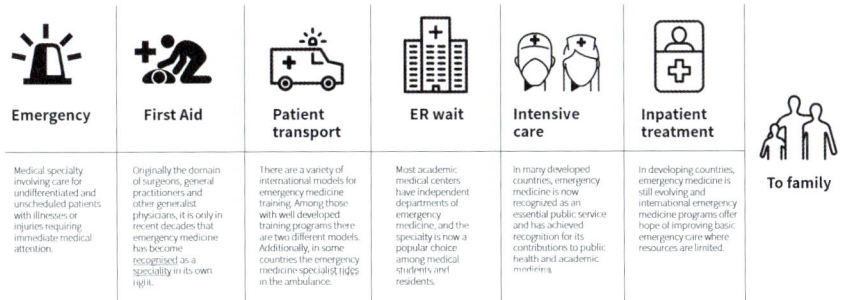

source : thenounproject.com에서 영문 키워드 검색

기본 타임라인이 만들어진 후에는 내용과 목적에 따라 모듈을 병합, 분리하고, 강약을 조절해야 한다. 필요한 부분이 있다면 그렸던 라인을 조절해서 분할, 병합하고 강조할 영역을 사각형으로 만들어 컬러를 입힌 후 [맨 뒤로 보내기]를 이용하여 순서를 바꿔주면 된다.

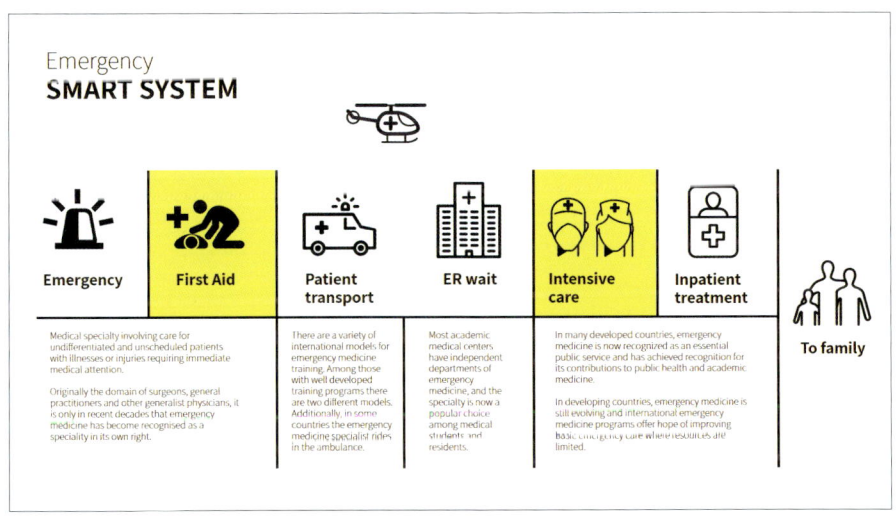

font : Noto Sans

Infographic TIP 인포그래픽으로 정보를 전달할 때는 어떤 정보가 우선인지 직관적으로 제시할 수 있어야 한다. 이를 위해서는 면적의 크기와 높이, 두께, 컬러, 음영 등 다양한 비교 방법을 사용하면 된다.

04 모듈 타임라인 변형하기

만들어진 직선형 타임라인은 조금의 변화만 줘도 전달되는 메시지는 분명히 달라지게 된다. 가장 쉬운 방법으로는 계단형으로 변형하는 것인데 2단계 3단계 형식으로 각 정보를 다시 재배치하는 방법이다. [홈] - [도형] - [자유형]을 선택하고 클릭하여 3단계의 계단 라인을 만든다. *자유형 도형을 사용하는 제세한 방법은 61쪽을 참조.

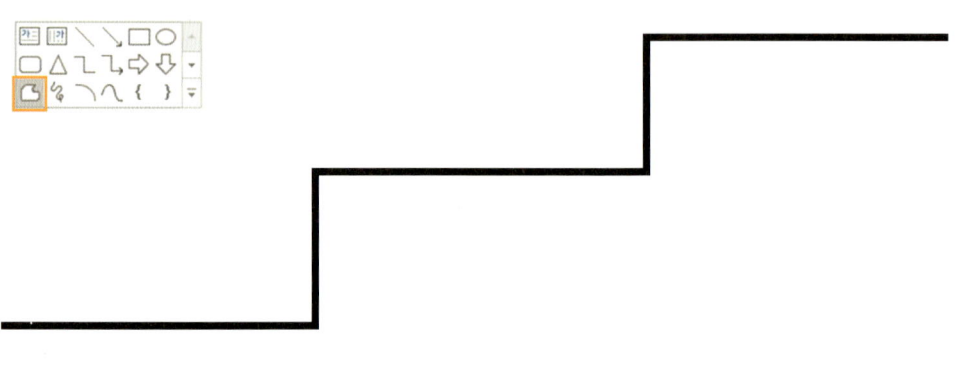

Infographic TIP 자유형 도형으로 직선을 만들 때는 마우스로 드래그하면 그려지지 않는다. Shift를 누른 상태에서 지점을 클릭해서 완성한 후 마지막은 더블 클릭하거나 Esc 버튼을 눌러 그리기 작업을 종료해야 한다.

만들어진 계단 라인을 중심축으로 하고 미리 만들어진 6칸의 모듈을 수정하여 재배치하자. 픽토그램은 라인 위에 올려놓고 내용은 위아래로 배치하면 안정적인 결과물을 얻을 수 있다. 강조하고 싶은 모듈은 사각형 도형을 만들어서 컬러를 적용하고 뒤쪽으로 보내서 완성한다.

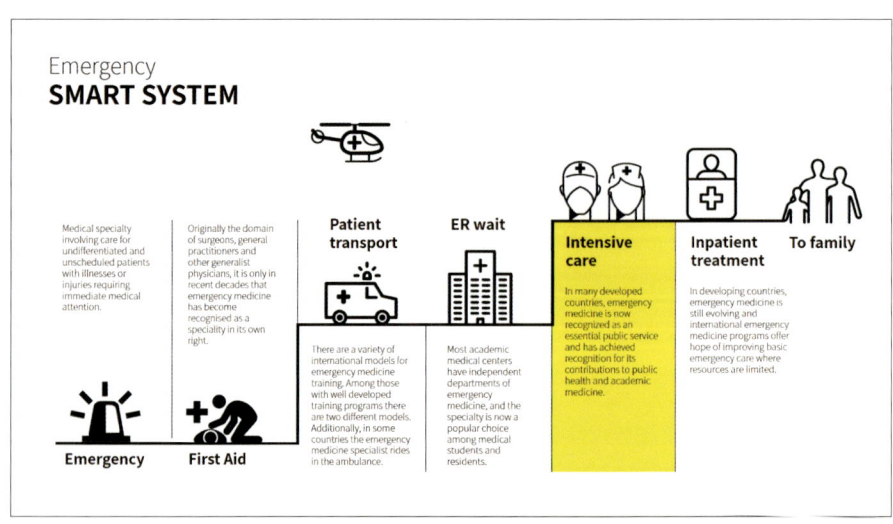

만약 [전 - 후] 상황을 말하고 싶거나 [1기 - 2기], [내부 - 외부] 등으로 정보를 크게 두 개로 분리해서 설명해야 할 경우에는 2단 형식의 계단을 사용하자. 오히려 정보를 뚜렷하게 전달할 수 있다. 컬러는 단색으로 처리해도 되고, 같은 계열의 색상에서 톤을 변경해서 강조하는 방법도 가능하다. 크게 두 개로 분리된 상태에서 세부 내용은 3으로 구분해주면 단단한 구조가 된다.

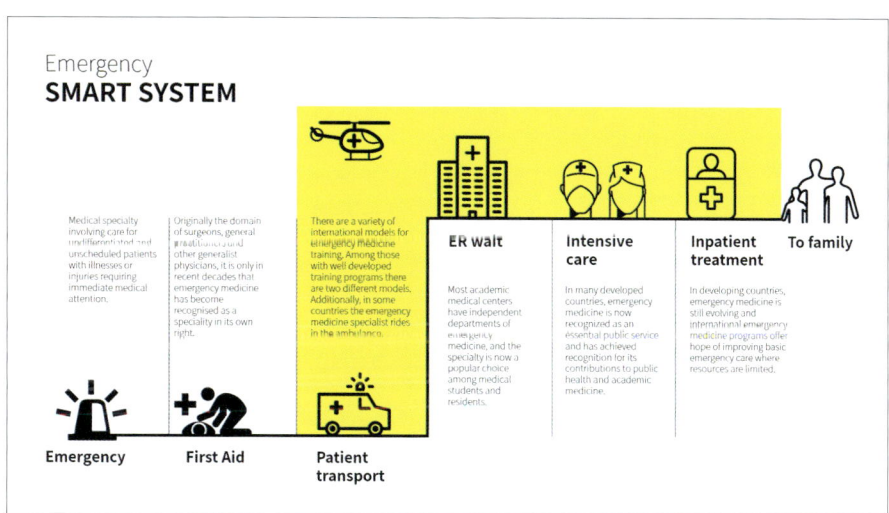

font : Noto Sans

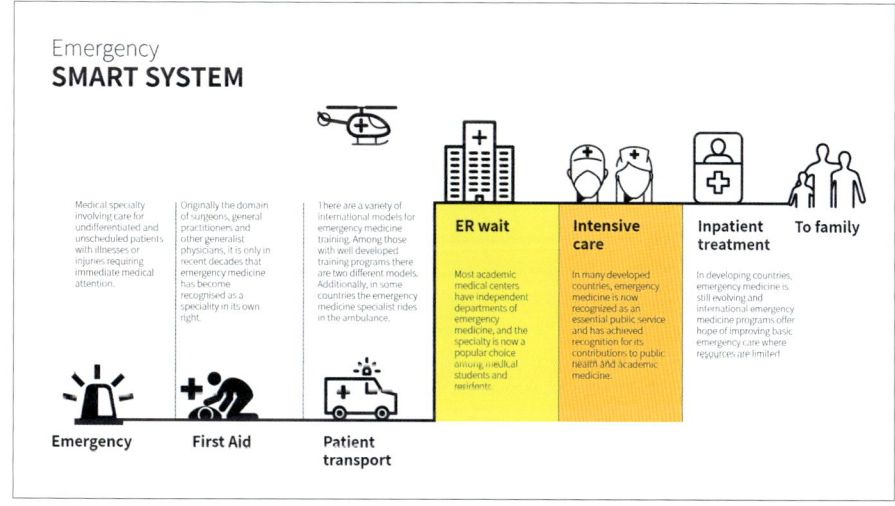

Infographic TIP 2개, 또는 2단계로 이야기를 전개하는 것은 앞뒤 관계의 뚜렷한 차이를 보여주거나 변화된 폭이 커서 강조하여 비교할 때 사용하면 효과적이다. 3개와 3단계로 말하는 것은 핵심 항목, 전개 방법, 단계별 이슈 등을 제시할 때 자주 사용된다.

05. 자유로운 형태의 모듈 만들기

타임라인으로 인포그래픽을 풀어 갈 때 가장 필요한 것은 작성해야 할 내용과 일치하는 타임라인을 만드는 것인데 이때는 원호 도형을 모듈로 활용하면 쉽게 타임라인을 구성할 수 있다. 먼저 [원호]를 선택하여 드래그하면서 Shift를 눌러서 원의 ¼ 정도 크기의 원호를 그린 후 윤곽선의 두께를 두껍게 적용한다.

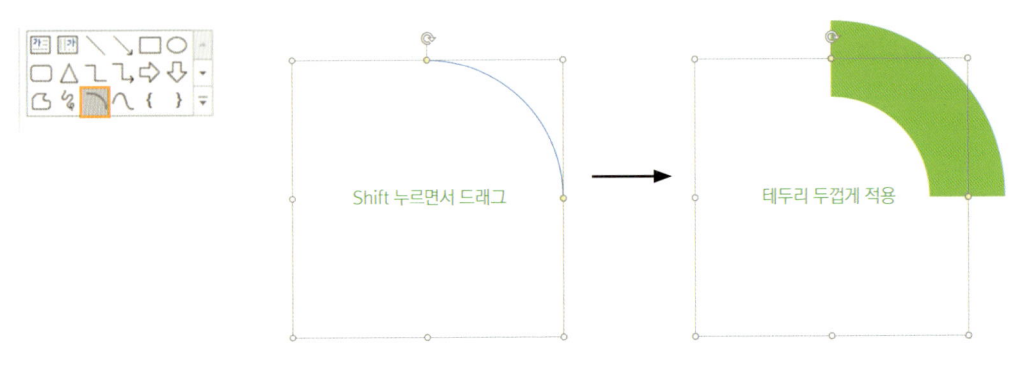

Infographic TIP 타임라인이 직선으로만 연결되어 있으면 꺾이는 부분이 자연스럽지 않고 공간 활용에도 불편함이 있다. 되도록 직선과 곡선을 활용하여 모듈을 세팅하여 타임라인을 만들어 사용하는 것이 좋다.

타임라인 제작을 위한 모듈은 두 개의 선(직선과 ¼ 원호 또는 ½ 원호)이 필요하다. ¼ 원호를 사용할 때는 복사하여 위아래 원호가 배치되도록 하고 직선은 수평 수직으로 이어지도록 하면 된다. 3개의 라인이 만들어졌다면 동일한 두께를 적용하여 도형이 연결된 것처럼 만들어 사용한다.

Infographic TIP 하나의 모듈을 정확히 만들어야 한다. 그런 다음 나머지 타임라인 요소들을 따로 만들지 말고 모듈을 회전하거나 대칭하여 복사하면 된다.

06. 모듈 연결하여 타임라인 모양 만들기

타임라인에 사용될 곡선과 직선 부분이 만들어졌으므로 복사 이동하여 원하는 타임라인 모양을 만들어간다. 이때는 Shift와 Ctrl을 누르면서 드래그하여 수평 수직으로 복사 이동하면 손쉽게 타임라인을 만들 수 있다. 원호를 복사하여 배치할 때는 필요에 따라 [정렬]▶[회전]의 [상하 대칭]과 [좌우 대칭]을 이용하면 된다.

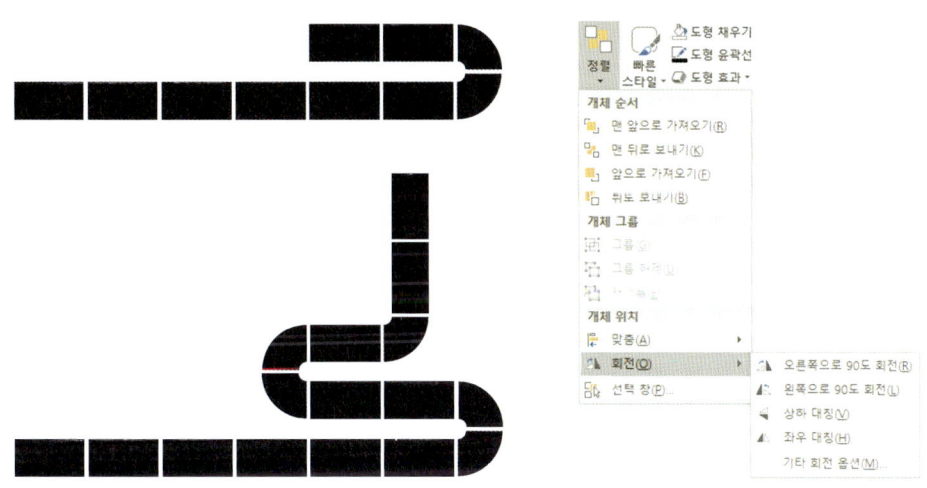

타임라인이 완성되었다면 단계별 컬러를 적용하자. 전체적으로 3단계로 구분한다면 컬러를 3개로 구분하고, 4개라면 4개로 구분하면 되는데 이때는 단계별로 모두 다른 컬러를 적용하기보다는 하나의 컬러에서 채도와 명도를 조절하여 일관성을 유지한다.

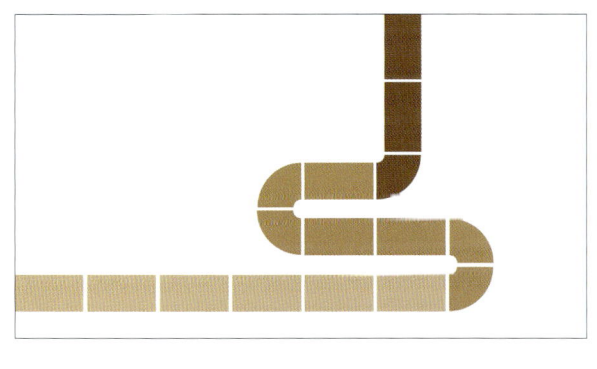

Infographic TIP   같은 색상에서 채도(색의 맑고 탁함)를 조절하면 부드러운 변화를 느끼고, 명도(색의 밝고 어두움)를 조절하면 명확한 대비의 변화를 느끼게 된다. 명도를 우선으로 하여 변화하고 채도를 살짝 조절하면 효과적이다.

07 모듈 타임라인 내용과 픽토그램 적용하기

항목별로 정리된 내용을 변경 없이 그대로 타임라인에 적용하면 정보 흐름이 어색해진다. 이때는 기존 내용을 시계열 흐름으로 다시 정리한 후 Step이나 번호를 붙여가며 항목별 내용을 기입해주는 것이 좋은 방법이다. 이후 픽토그램과 이미지를 사용하면 된다.

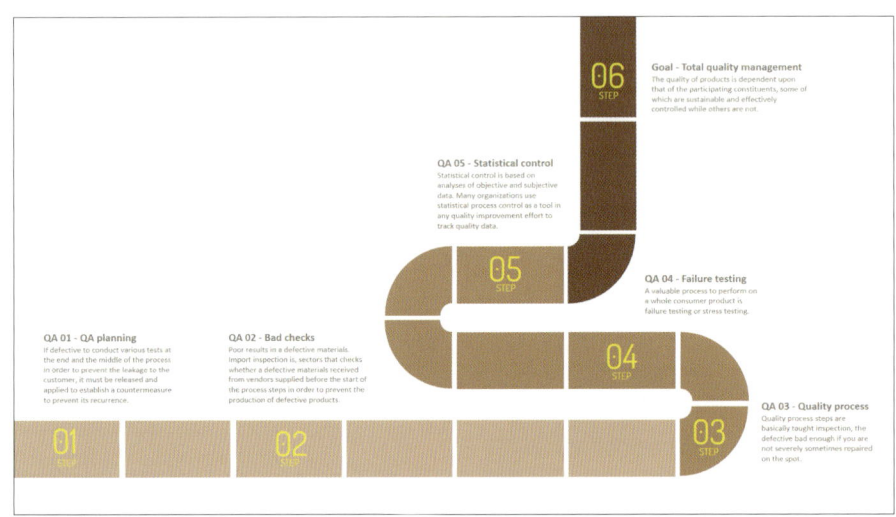

Infographic TIP

인포그래픽에서 타임라인은 주인공이 아니라 조연이다. 그러므로 너무 크고 강한 느낌을 주는 타임라인이 되지 않도록 주의해야 한다. 내용을 입력할 수 있는 공간을 60% 이상 확보하면서 타임라인을 제작하면 된다.

단계별로 상징물이 있으면 집중도가 높아지고 흥미를 유발할 수 있기 때문에 픽토그램과 클립아트, 아이콘 등으로 시선을 유도할 필요가 있다. 각 단계별로 상징할 수 있는 심벌형 픽토그램을 thenounproject.com과 flaticon.com에서 구해서 파워포인트로 가져온다.

source : thenounproject.com, flaticon.com에서 키워드 검색

Infographic TIP

픽토그램을 구할 때는 원하는 컬러와 크기를 정확하게 만들어야 한다면 SVG 파일을 다운로드하여 잉크스케이프에서 EMF로 변환하여 파워포인트에서 사용하고, 검정, 회색, 파워포인트 기본색으로 사용할 경우는 PNG 파일을 그대로 사용하자.

08 모듈 타임라인 완성하기

픽토그램을 EPS로 가져온 경우는 그대로 분해하여 사용하고 SVG를 다운로드했다면 잉크스케이프에서 EMF로 변환 저장하여 가져온 후 그룹 해제하여 원하는 컬러로 변경한다. 해당하는 위치로 이동한 후 [정렬] - [맨 뒤로 보내기]를 실행하여 타임라인과 조화되도록 구성하여 완성한다.

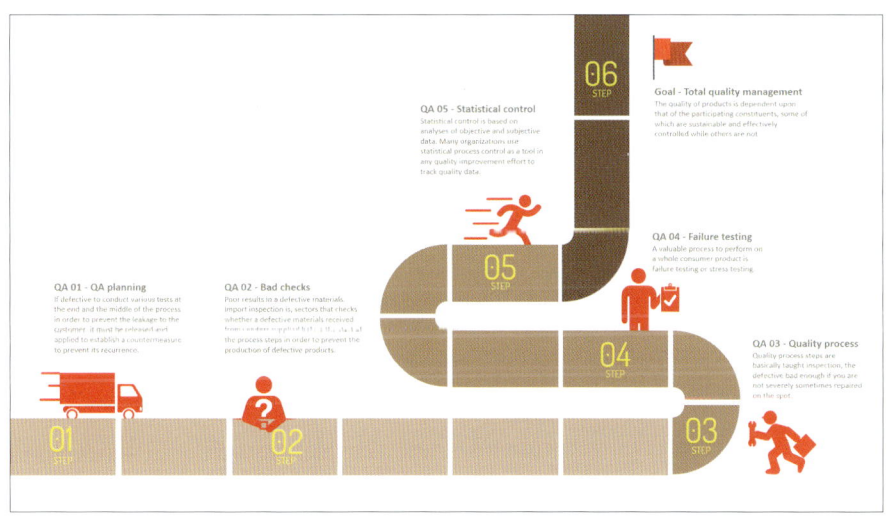

font : Dosis, Calibri

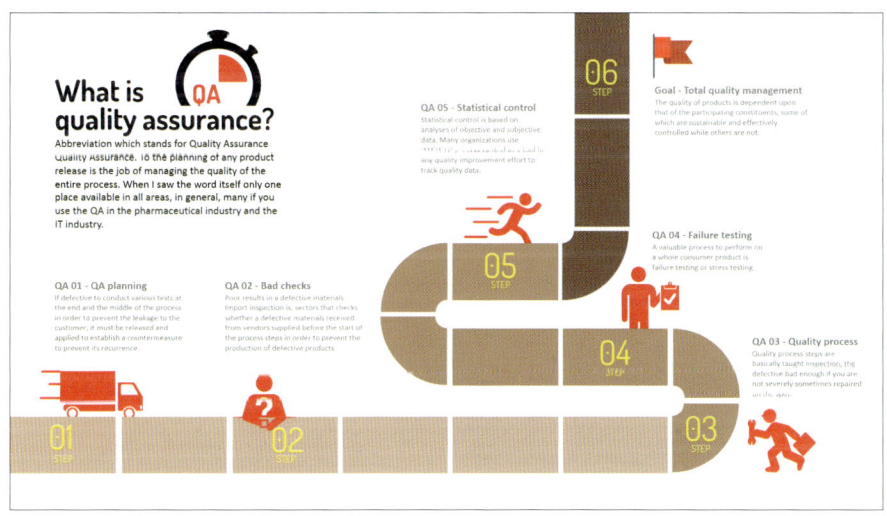

source : thenounproject.com에서 키워드 검색

언제 어디서나 직관적인 설득이 가능한
인포그래픽 숫자 123의 마법

회사의 업무를 떠나 우리가 소통하는 모든 분야에 적용 가능한 마법 같은 법칙이 있는데 바로 123으로 말하는 것이다. 1은 핵심, 속성, 집중을 담을 수 있고, 2는 비교, 선택, 결합, 변화, 분리, 원인 결과를 제시할 수 있으며, 3은 단계, 구조, 발전, 과정, 흐름, 요소 등을 담아서 빠르고 쉽게 표현하고 전달할 수 있다. 그러므로 인포그래픽에서도 어떻게든 123으로 정의해서 작성하고 표현 전달하는 습관을 들여야 한다.

하나에 집중해서   둘로 비교해서   셋으로 나눠서

1. 하나의 핵심에 집중하기
말하려는 핵심, 정보의 중심, 가장 중요한 요소, 시작, 목표 등의 메시지를 담을 수 있다. 인포그래픽에 담긴 정보의 결론, 주장, 메시지가 하나의 단어, 문장, 메타포로 정의되어야 한다. 2와 3으로 구성한다고 해도 미리 1을 통해서 정보의 방향과 메시지를 설정할 필요가 있다.

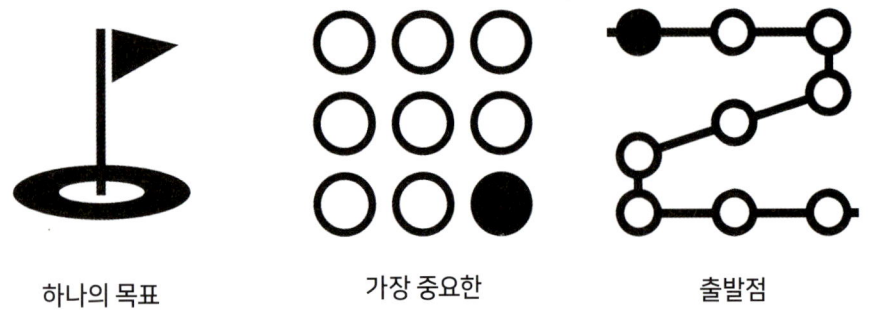

하나의 목표   가장 중요한   출발점

source : thenounproject.com

2. 두 개로 비교하고 경쟁하기

정보가 재미없이 밋밋하다면 두 개로 편을 나눠서 비교하거나 경쟁을 시키면 흥미가 높아진다. 누가 이기는지, 어떤 선택을 해야 하는지, 무슨 이유가 있는지, 왜 오르고 내렸는지를 쉽게 전달할 수 있다.

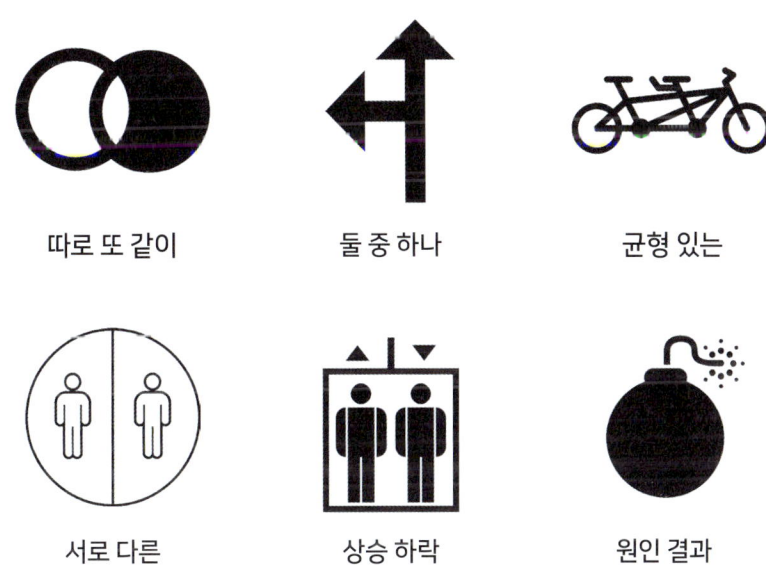

따로 또 같이 | 둘 중 하나 | 균형 있는

서로 다른 | 상승 하락 | 원인 결과

3. 세 개 항목으로 묶음 만들기

많은 내용을 전달해야 한다면 주제를 3개 항목으로 쪼개 보자. 3개로 만들어진 사물과 현상을 찾아보고 의미를 붙여보자. 안정적이고, 완벽하게 설명이 가능하다. 특히 3을 넘어 4부터는 사람들이 기억하기 어렵기 때문에 타임라인 패턴으로 풀어야 한다.

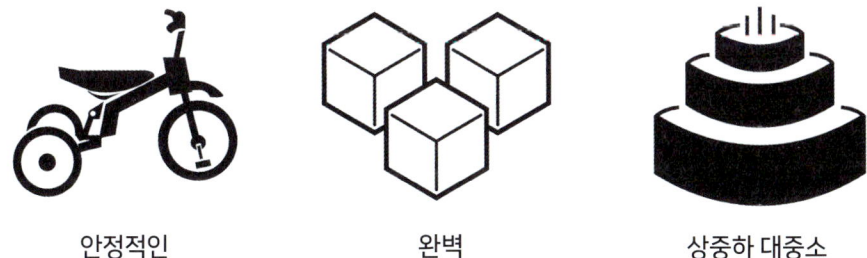

안정적인 | 완벽 | 상중하 대중소

PATTERN 03

메시지와 주장을 돋보이게 만드는
인포그래픽 시각화 패턴

26 숫자 키워드 인포그래픽
복잡한 내용에서 하이라이트만 뽑아내는

지속가능보고서와 IR 보고서, 신제품 발표 슬라이드에 이르기까지 세계 모든 기업이 쓰고 있는 인포그래픽 패턴이 있다면 바로 숫자와 키워드를 중심으로 하는 정보일 것이다. 복잡한 내용일수록 긴 문장과 도해를 통해 설명이 불가능하고, 많은 이미지를 사용하는 것 또한 결코 숫자와 키워드를 이긴다는 보장이 없다. 정보는 짧은 언어로 정의될 수 있을 때 시각화도 가능하다. 결국, 인포그래픽을 잘하는 사람은 정보를 개략화하여 복잡한 것을 단순하게 긴 것을 짧게 만드는 사람이다. 그러니 핵심이 되는 키워드 추출 능력은 언제나 중요하다.

01 숫자와 키워드로 말하기

길고 많은 문장과 복잡한 숫자가 결합되어 있는 문서를 상대가 한눈에 이해해 주기를 바라는 것은 어린아이에게 어려운 법칙을 강제로 가르치는 것과 다르지 않다. 늘 시간은 없고 전체 내용을 빠르게 전달하여 설득하고 싶다면 많은 내용을 하나의 문장과 키워드, 숫자로만 뽑아내는 훈련이 필요하다. 강조되는 키워드와 숫자는 그래픽 심벌 그 이상의 시각화 역할을 해낼 수 있다.

어떤 숫자가 더 의미가 있는지, 어떤 키워드가 전체를 포함할 수 있는지를 고민하자. 많은 정보를 키워드와 숫자만으로 설명해보자. 상징과 이미지의 도움을 받는 것은 그 이후의 문제다.

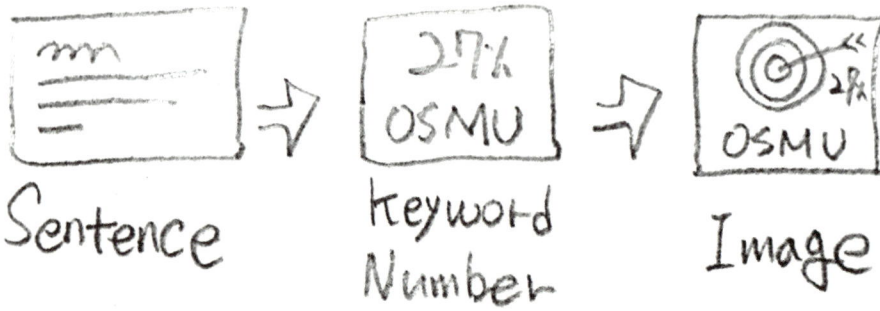

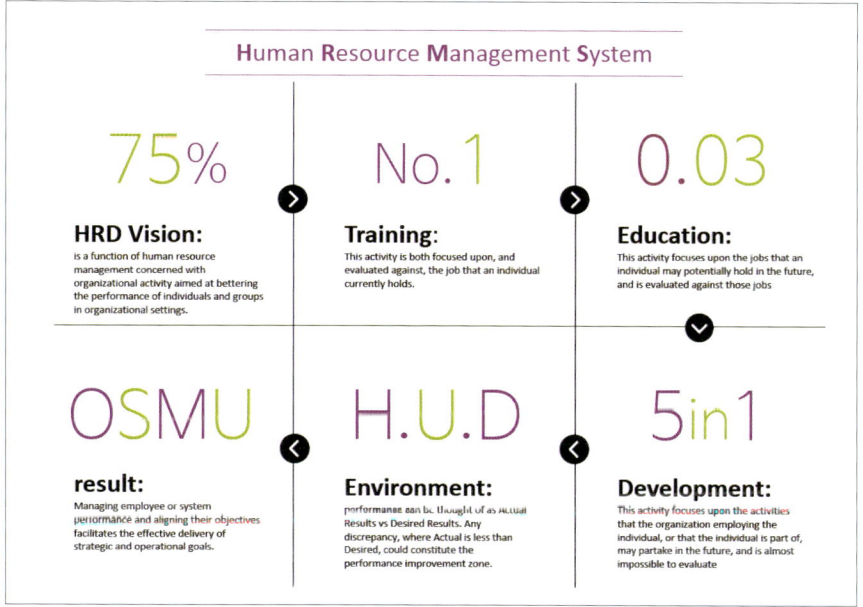

어떤 키워드와 숫자가 가장 중요할 것인지 비교와 대결로 도출하자. 확대된 숫자와 키워드는 강한 심벌로 느껴질 것이다.

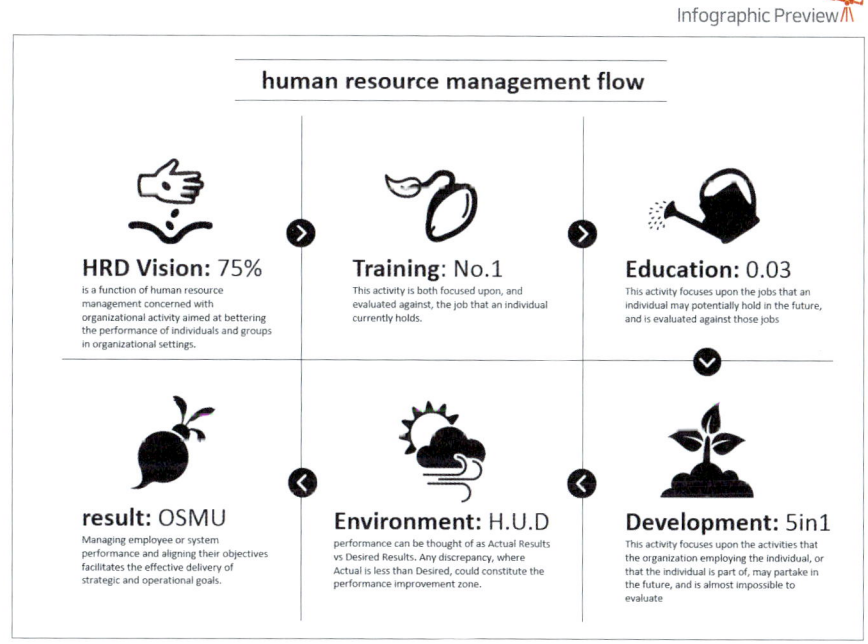

숫자 키워드 인포그래픽은 바둑판 형식의 모듈 전개가 효과적이다. 이때는 가로세로 간격과 여백을 잘 맞춰야 한다.

※ 회자쓰 포스트(post.naver.com/wooseokjin)에서 예제 다운로드와 동영상, 실전 팁까지 저자들이 꼼꼼히 알려드립니다.

02 정보에서 키워드와 숫자 추출하기

키워드를 추출하기 위해서는 먼저 핵심 항목을 설정한 후 관련 내용을 체계적으로 정리해야 한다. 아무리 급해도 내용의 완성도를 높이는 것이 가장 중요하다. 문서와 슬라이드 구조를 키워드와 숫자 중심의 모듈방식으로 전개하려고 한다면 6개 항목으로 규정하여 내용을 정리하면 된다.

Human Resource Management Flow

HRD Vision:
is a function of human resource management concerned with organizational activity aimed at bettering the performance of individuals and groups in organizational settings.

result:
Managing employee or system performance and aligning their objectives facilitates the effective delivery of strategic and operational goals.

Training:
This activity is both focused upon, and evaluated against, the job that an individual currently holds.

Environment:
Performance can be thought of as Actual Results vs Desired Results. Any discrepancy, where Actual is less than Desired, could constitute the performance improvement zone.

Education:
This activity focuses upon the jobs that an individual may potentially hold in the future, and is evaluated against those jobs

Development:
This activity focuses upon the activities that the organization employing the individual, or that the individual is part of, may partake in the future, and is almost impossible to evaluate

전달하려는 정보를 각 항목별로 정리했다면 내용을 충분히 반영하거나 상징할 수 있는 키워드와 숫자를 추출한다. 이때는 전달받는 상대방의 입장에서 궁금한 내용의 숫자, 의미가 포함된 키워드 등을 우선하여 뽑아본다.

75%   **No.1**   **0.03**

OSMU   **H.U.D**   **5in1**

> **Infographic TIP**
> 숫자와 키워드로 만드는 인포그래픽에서 주의해야 할 사항은 상대방에게 아무런 의미가 없거나 도움이 되지 않는 기업의 자랑, 규모, 수상 실적 등을 숫자와 키워드로 도출하지 않도록 하는 것이다. 제대로 된 핵심이 포함되지 않는다면 겉으로는 멋져 보일지 몰라도 내용에서 호감도가 떨어지기 때문에 실패한 인포그래픽으로 인식된다.

03 균등하게 영역 분할하기

키워드와 숫자가 중심이 되는 인포그래픽에서는 균등한 영역 구분이 중요하다. A4 용지 위에서 6개의 항목이 동일한 힘을 발휘할 수 있도록 가로 3단, 세로 2단의 영역을 만들어 보자. 영역의 구분은 검은색 라인으로 규정하자.

구분된 영역에 정리해두었던 내용과 추출한 키워드를 입력하고 배치한다. 이때 키워드와 숫자는 크고 두껍게, 중간 제목과 내용은 더 작게 구성하여 크기 대비가 확실히 나타나도록 한다.

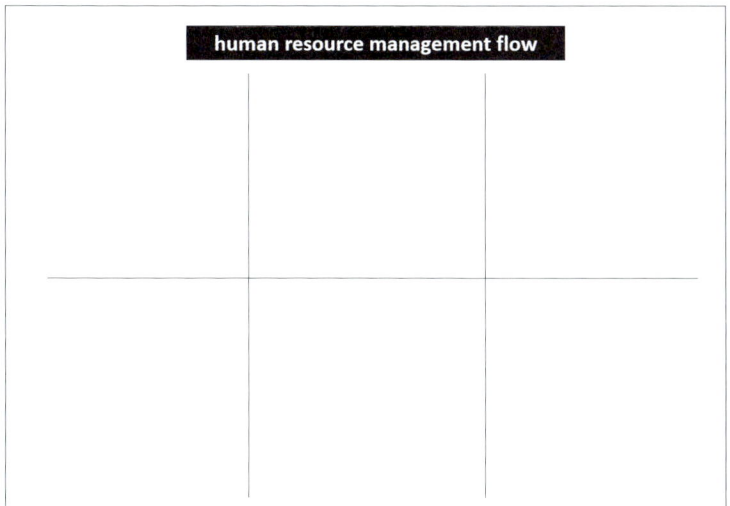

font : Calibri

04 화살표로 정보 흐름 만들기

해당하는 내용이 프로세스, 또는 Flow와 같은 단계와 흐름을 말해주는 것이라면 전체적인 내용의 방향을 제시해 주어야 한다. 파워포인트 그리기 도구에서 오른쪽 화살표를 사용하여 그린 후 복사, 회전을 통해 6개의 항목의 흐름을 만들어 준다.

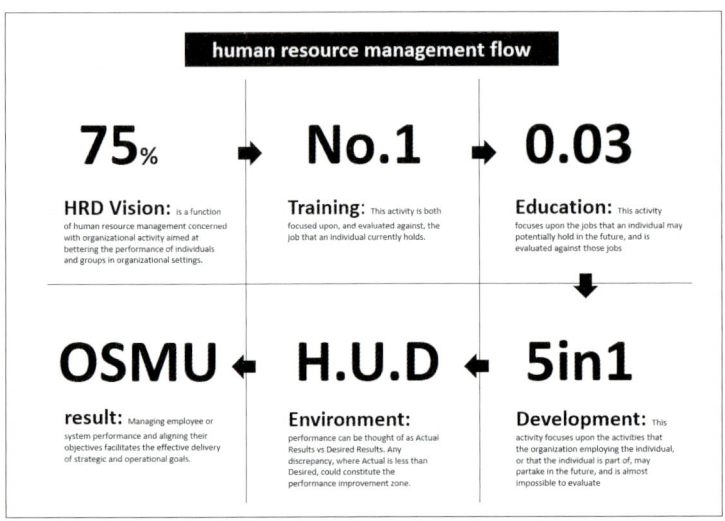

화살표, 라인과 같은 보조적인 표시에 색을 입히거나 그림자, 입체 효과 등을 적용하는 것은 금물이다. 주된 내용보다 주변 사항을 더 강조하는 꼴이 되기 때문이다. 이때는 요란하지 않은 화살표에 검은색, 회색, 흰색과 같은 무채색을 사용하는 것이 바람직하다. 검색할 경우는 'right arrow'로.

source : www.thenounproject.com

05 목적에 맞게 폰트 사용하기

핵심이 되는 키워드와 숫자를 어떤 폰트로 할 것인가는 중요한 문제다. 인포그래픽에서 가장 많이 사용되는 것은 고딕 계열의 폰트들인데 가독성이 뛰어나고 굵기와 대비가 확실하기 때문에 인기가 높다. 그만큼 폰트의 종류도 많지만, 무료 폰트를 선별하여 사용해도 충분하다. *폰트 활용에 대한 자세한 사항은 232~233쪽을 참조.

font : 배달의 민족 '도현체'

명조 계열의 폰트들은 인포그래픽에서 잘 사용되지 않지만 쓰지 말아야 할 정도로 금기사항은 아니다. 오히려 여성, 환경, 육아, 복지, 기부, 지식, 서비스 등의 분야에서 사용한다면 특별한 느낌을 전달할 수 있다. 다만 제목과 내용 전체를 명조체로 하는 것은 위험하다. 헤드라인에 적당하다.

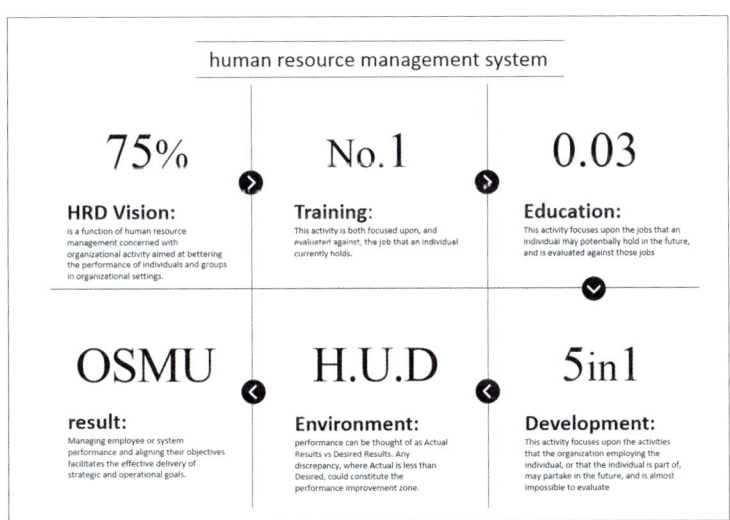

font : Times New Roman

06 폰트 결정하고 크기 대비 조율하기

인포그래픽에는 두껍고 딱딱한 폰트를 사용해야 한다는 법칙은 존재하지 않는다. 만약 지식 서비스, 환경, 첨단 기술을 말하는 자리라면 두껍고 딱딱한 폰트보다는 얇고 세련된 폰트가 더 어울릴 수 있을 것이다. 얇은 폰트를 사용할 때는 기존보다 폰트를 좀 더 크게 조절해줄 필요는 있다.

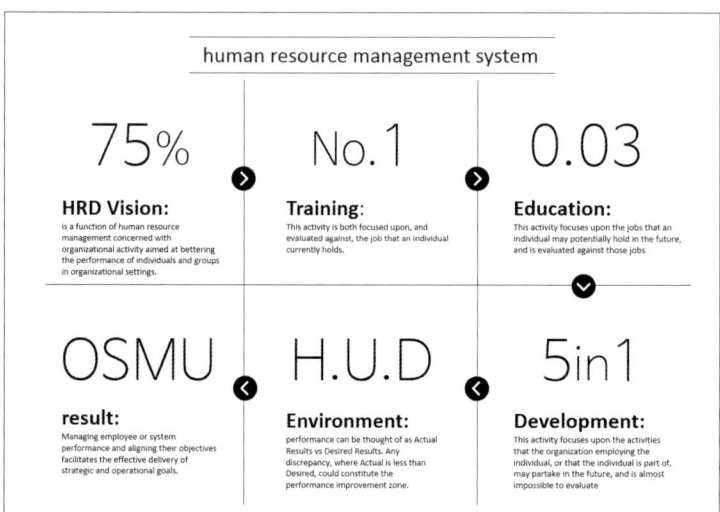

font : 나눔바른고딕 Ultra Light

흰 바탕에 검정 글자와 표시로만 인포그래픽을 완성한 후 필요하다면 컬러를 적용하자. 이때는 산업의 특징, 기업의 상징, 말하려는 의지 등을 고려하여 컬러를 결정하면 된다. 교육과 관련된 사항이라면 창의적인 보라색과 신선함을 주는 연두색의 배색도 조화를 이룰 수 있다.

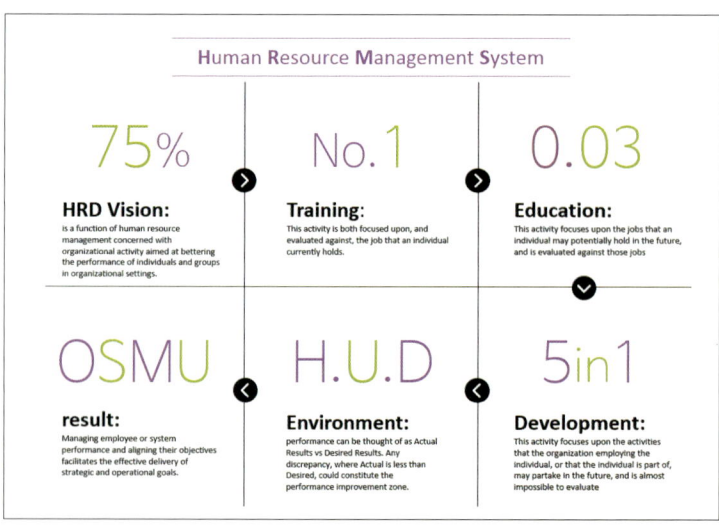

07 키워드 숫자를 상징하는 심벌 활용하기

키워드와 숫자로만 구성하여 완성할 수도 있지만, 내용을 상징하는 심벌을 활용할 수도 있다. 교육의 흐름과 단계, 성과를 나타내는 내용이라면 사람이 성장하거나, 씨앗에서 열매까지의 과정을 보여주는 것도 의미가 있을 것이다. 픽토그램을 찾아 배치하고 숫자와 키워드는 제목으로 합쳐준다.

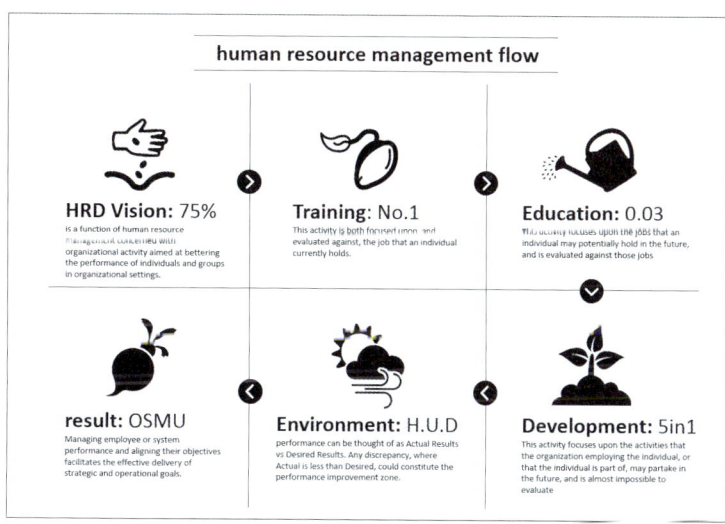

source : www.thenounproject.com

컬러를 적용할 때는 먼저 한 개의 상징 컬러로 전체를 통일시켜 주는 것이 좋다. 교육과 환경을 어필하고 싶다면 채도가 낮은 카키색을 사용해보자. PNG 이미지의 컬러를 파워포인트에서 간단하게 변경할 때는 [서식] - [색] - [다시 칠하기] 기능을 사용하면 된다.

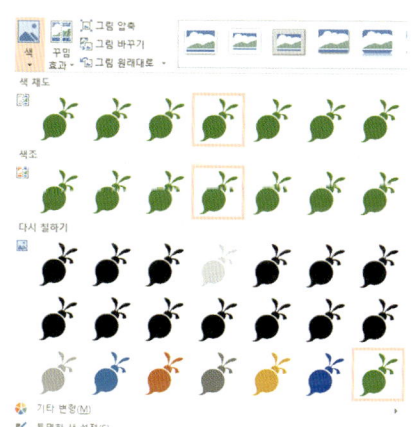 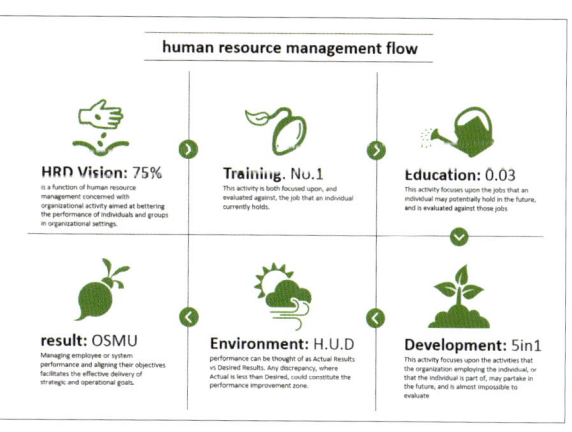

복잡하고 많은 내용을 깔끔하게 정리해주는
숫자 키워드 인포그래픽의 비밀

인포그래픽이 직관성을 높여준다는 말은 잘 만들고 난 후의 칭찬이다. 누구에게나 복잡하고 많은 내용 정보를 제대로 전달하는 것은 쉬운 일이 아니기 때문인데 이때는 가장 먼저 숫자와 키워드로 구성된 인포그래픽으로 시작해 보는 것이 좋다. 먼저 정보를 만드는 단계에서는 인포그래픽의 의도와 방향에 맞게 내용을 취합하고 선별한 후 가장 의미 있는 숫자와 키워드를 추출해야 한다.

Learn how to best leverage each platform with this social media comparison infographic.

Pinterest	70 million users Social site that is all about discovery Largest opportunities are in decor, crafts/diy, cooking, health, and fashion Users are 20% male and 80% female
Twitter	289 million active users Micro blogging social site that limits posts to 140 characters Largest penetration in the US but spreading slowly and steadily 9,100 tweets happen every second
Facebook	1.5 billion monthly active users Mobile is Facebook's cash cow – 1.31 monthly active mobile users Mobile ad revenue makes up 76% of all ad revenue ($2.9 billion in Q2 of 2015) Users share 1 million links every 20 minutes
Instagram	300 million active users Social sharing site all around pictures and now 15 second videos Many brands are participating through the use of hashtags and posting pictures consumers can relate to Most followed brand Nike
Google	300 million active users Social network built by Google that allows for brands and users to build circles Not as many brands active but the ones that are tend to be a good fit with a great following Hangouts and Photos have been separated from Google+ but posts remain as 'streams'
LinkedIn	380 million users worldwide Business oriented social networking site Brands that are participating are corporate brands giving potential and current associates a place to network and connect 79% of users are 35 or older

source : leveragenewagemedia.com

구조화 단계에서는 추출된 숫자와 키워드를 모듈과 그리드를 통해 큰 덩어리 구조에 배치 배열하고, 마지막 시각화 단계에서는 필요한 시각 요소를 찾아서 가져와 컬러와 배색을 조율하면 된다. 예를 들어 '사람들이 소셜 미디어를 활용하는 방법'을 인포그래픽으로 만든다고 했을 때는 5단계 프로세스(1. 대표적인 소셜 미디어 플랫폼을 선별 2. 핵심 정보 취합/선별 3. 키워드 숫자 추출 4. 모듈 방식으로 구조 짜기 5. 시각화)를 따르면 된다. 더 좋은 픽토그램을 찾는 것보다 더 좋은 키워드와 숫자를 찾는 것이 핵심이다.

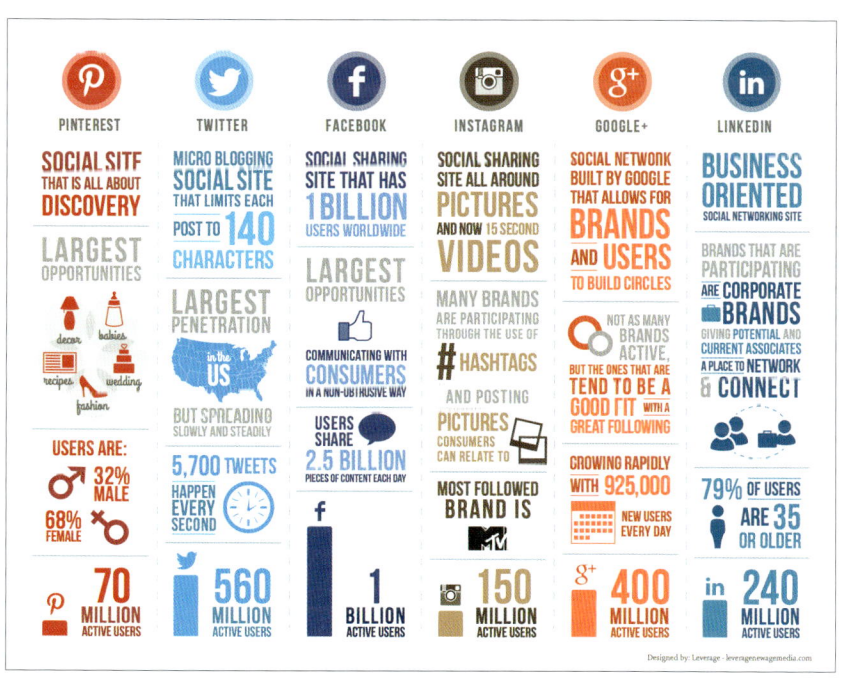

좌측 내용은 인포그래픽 제작 이후 업데이트 된 상태. 모듈과 패턴은 그대로 두고 시기별로 내용만 업데이트 된다.
source : leveragenewagemedia.com

27 아이콘과 그래프를 혼합해서 사용하는
뉴스 그래프 인포그래픽

숫자와 통계의 집합으로 만들어진 그래프는 정보의 명확함을 제공하지만 사람들에게 정보를 보고 느끼게 하는 동기 부여를 만드는 것은 시각적인 요소들의 역할이다. 인포그래픽의 시각화를 만들 때는 요란한 소리를 내는 효과 중심이 그래픽보다는 신문과 미디어가 보여주고 있는 뉴스 그래픽을 떠올리자. 꼭 필요한 그래픽과 상징만을 활용하여 정보의 직관성을 높이고 있는 사례들을 참고하자. 저널리즘이 가지고 있는 신속, 정확, 공정이라는 본질이 회사에서 사용하는 인포그래픽에도 필요한 필수 요소가 될 수 있기 때문이다.

01 뉴스 그래프에서 출발하기

인포그래픽을 제작하다 보면 오히려 데이터 시각화가 더 절실히 필요할 때가 많다. 그 이유는 많은 내용을 한장으로 압축해서 담아내거나 복잡한 정보를 작은 지면 위에 표현해야 하는 상황이 많기 때문이다. 그러므로 인포그래픽 시각화 감각을 익히기 위해서는 미디어에서 제공하는 뉴스 데이터 시각화에 관심을 기울여야 한다. 뉴스 그래픽과 데이터 시각화는 인포그래픽의 출발점이다.

source : Megan Jaegerman's, The New York Times

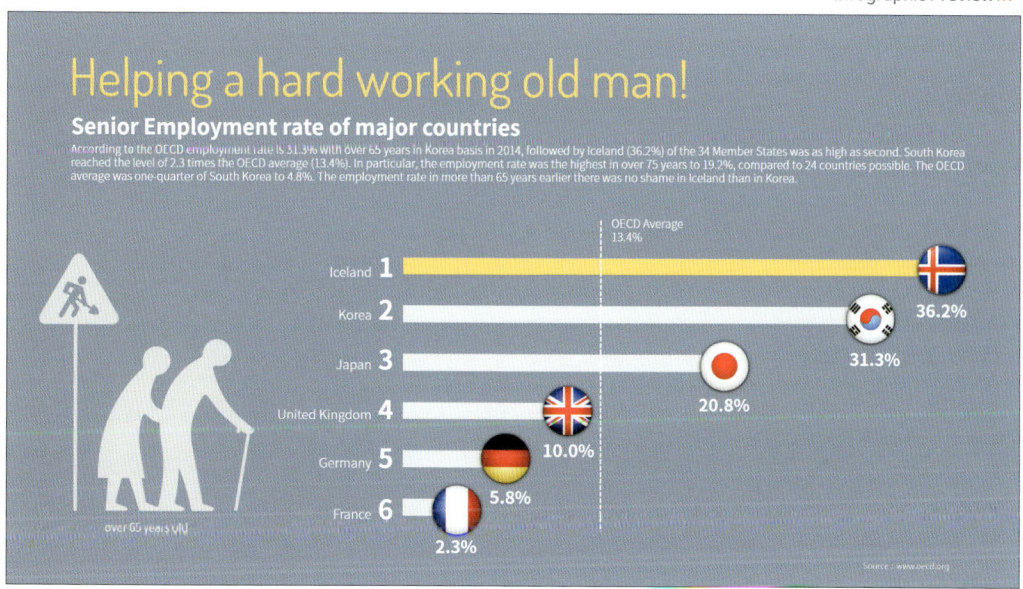

정보를 빠르게 전달함에 있어서 무엇이 우선되어야 하는지 고민해야 한다. 국기 이미지 같은 경우는 마지막 단계에 사용해도 무방하다.

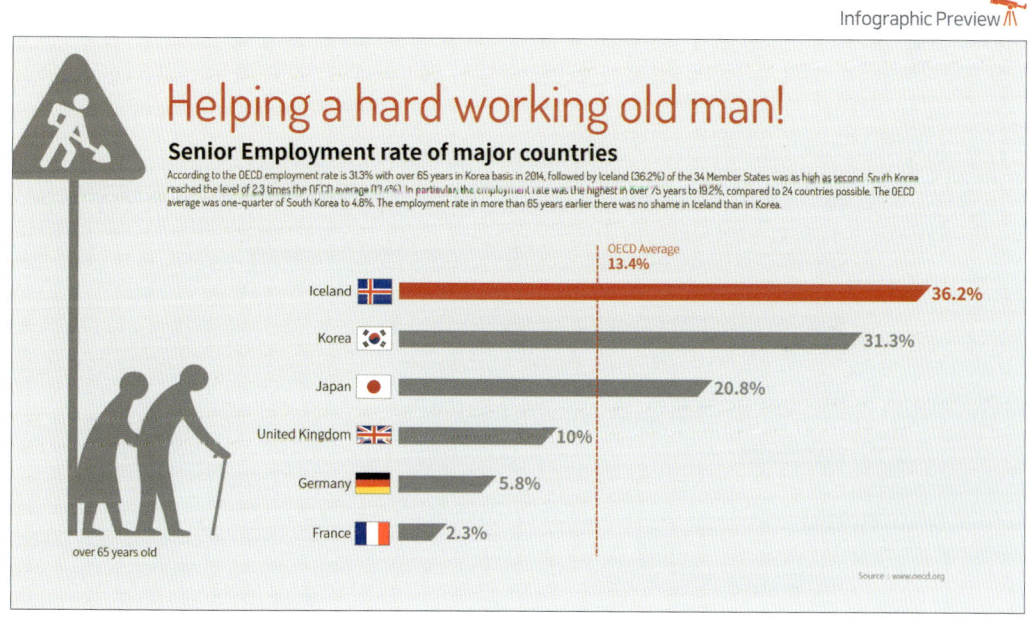

같은 정보라도 관점에 따라 시각화도 다르게 나타난다. 장년층의 취업률 상승에 대한 관점과 고민이 뉴스 그래프에도 나타나기 마련이다.

※ 회자쓰 포스트(post.naver.com/wooseokjin)에서 예제 다운로드와 동영상, 실전 팁까지 저자들이 꼼꼼히 알려드립니다.

02 그래프 값 정렬하기

주요 국가들의 장년층 취업률이 상승하고 있는 상황을 이야기한다고 가정해 보자. 각국의 데이터를 통해 취업률이 가파르게 상승하고 있다는 신호를 주고 싶다면 값을 정렬해야 하는데 이때는 순차적으로 처리하고 평균값을 OECD로 설정하여 값을 비교할 수 있도록 한다.

장년층 취업률이 빠르게 성장하고 있는 국가들을 통해 '청년층을 위협하는 장년층 취업'이라는 메시지를 주고 싶다면 값이 높은 국가부터 순차적으로 정렬하자. 그러면 더욱 불안한 느낌이 든다. 정렬을 변경한 차트는 [복사]한 후 [붙여넣기] - [선택하여 붙여넣기]를 실행하여 [확장 메타 파일]로 붙여넣고 [그룹 해제]를 하여 일반 도형으로 변경한다. *차트를 분해하는 방법은 29~30쪽을 참조.

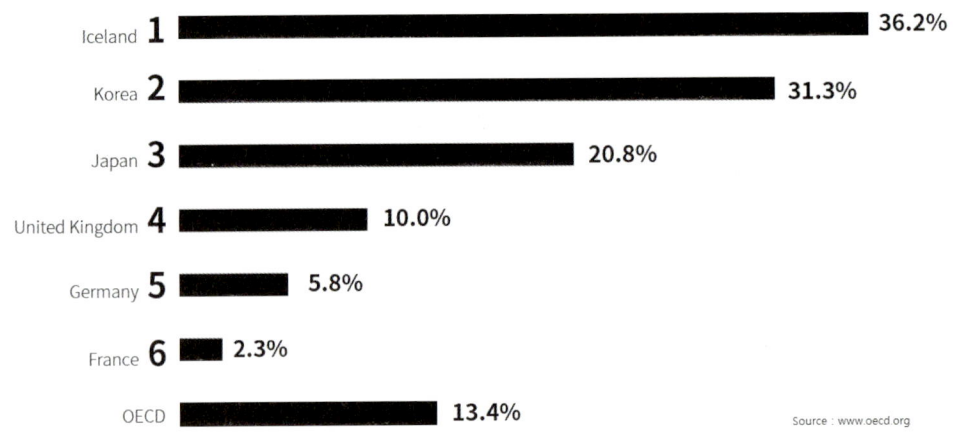

Source : www.oecd.org

Infographic TIP
차트와 그래프의 값을 정렬할 때 이름과 알파벳 순서로 정렬하다 보면 메시지가 분산되는 상황이 발생하게 된다. 그러므로 어떤 메시지를 전달할 것인지를 명확하게 설정하고 여기에 어울리는 값 정렬이 필요하다.

03 필요 요소 선별하기

기준 값이 되는 OECD 수치는 그래프와 같은 방식으로 보여주는 것보다는 전체 그래프에게 적용되도록 세로 라인으로 만들어서 전체 값과 평균값이 정확하게 보이도록 하는 것이 더 효과적이다. 각 국가, 순위, 기준값 등이 우선적으로 처리해야 하는 필수 요소가 된다.

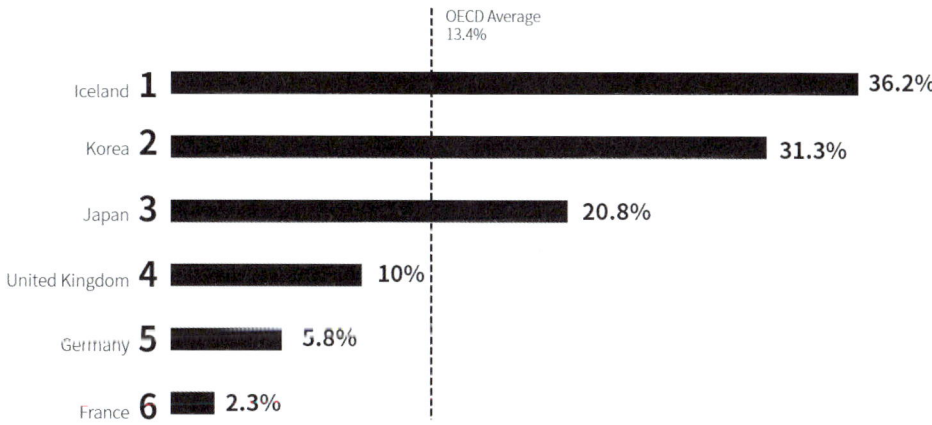

필수 요소로 뉴스 그래프를 모두 완성한 후 좀 더 시각적인 효과를 적용하고 싶다면 각 국가의 국기를 온라인으로 검색하여 가져와서 배치하면 된다. 그래프 위에 올릴 예정이므로 배경이 투명한 아이콘 이미지를 가져와야 하는데 국기 소스는 www.iconfinder.com에서 'flag'로 검색한 후 해당하는 국기들을 PNG 파일을 다운로드한다.

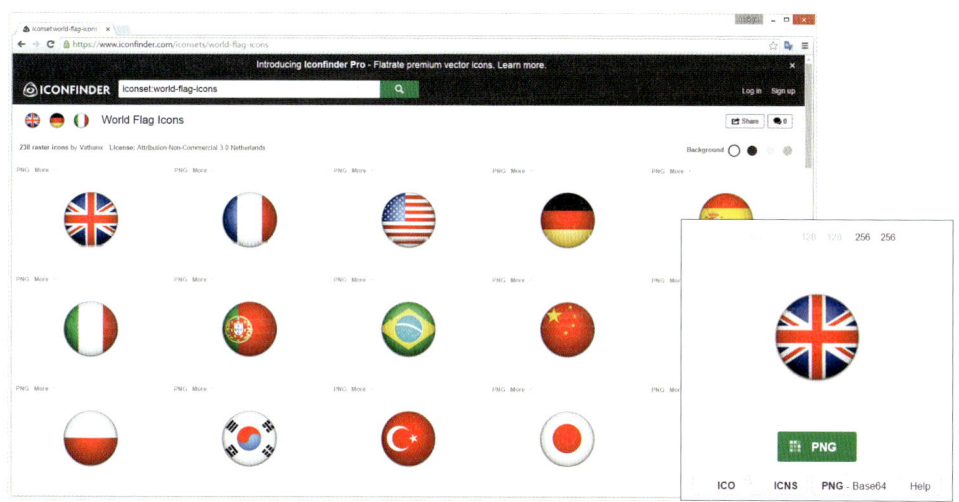

Infographic TIP en.wikipedia.org에서도 국가 관련 이미지(국기, 엠블럼, 지도 등)를 다양하게 구할 수 있다. 배경이 투명한 PNG 파일을 구하면 배경색이 있는 슬라이드에도 효과적으로 사용할 수 있다.

04 국기 아이콘 만들기

PNG 아이콘은 배경이 투명하고 그림자 처리가 되어 있어서 다양한 인포그래픽 작업에 잘 어울린다. 필요한 아이콘을 다운로드하여 가져오고, 만약 제공되는 국기가 없다면 위키피디아에서 찾아 가져온 후 [자르기] - [도형에 맞춰 자르기]를 실행하여 정원으로 자르고 크기를 조절하여 다른 국기 위에 올리고 [그룹]하여 사용한다. *도형에 맞춰 이미지를 자르는 방법은 102~103쪽을 참조.

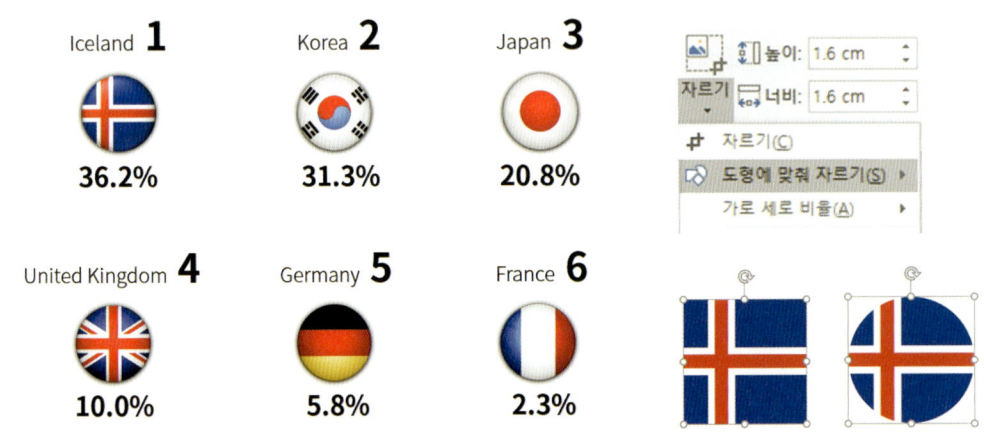

Infographic TIP 사각형 모양으로만 자를 수 있었던 [자르기] 기능은 파워포인트 2010 버전부터는 다양한 도형 모양으로 자를 수 있게 되었다. 특히 원 모양으로 자르는 기능은 사진 활용도를 높이기 때문에 자주 사용되고 있다.

만들어진 국기 아이콘은 그래프 오른쪽 끝 일정한 위치에 배치한다. 되도록 국가 이름이 먼저 보이게 한 후 순위와 수치, 마지막으로 국기가 보이도록 조절하면 정보를 빠르게 읽을 수 있게 된다.

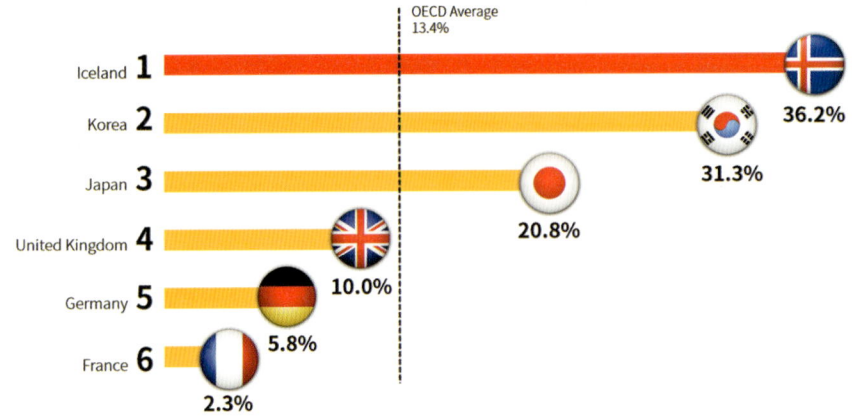

만약 배경색을 적용해야 한다면 무채색 중에서 중간 밝기 정도의 회색을 적용하거나 채도가 낮은 컬러를 적용해야만 가독성이 유지된다. 배경색이 있는 경우는 중요한 값만 컬러로 강조하고 나머지는 무채색으로 처리하여 시각적인 강약을 유지하는 것이 좋다.

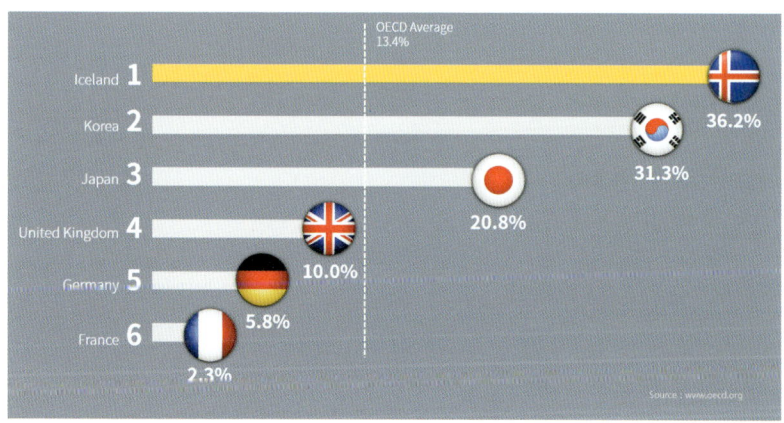

05 픽토그램 조합하기

검색해서 얻은 픽토그램이 말하려는 메시지를 모두 담아내기 어렵다면 조합하면 된다. 일하는 모습을 보여주기 위해서 'work'를 검색하고 노인을 상징하기 위해서 'old people'을 검색한다. 일하는 사람이 표지판 속에 있다면 기둥을 만들어서 실제 표지판처럼 만들어서 배치하자.

source : thenounproject.com에서 'work', 'old people' 검색

Infographic TIP

인포그래픽 제작을 위해서 아이콘과 픽토그램을 찾을 때는 원하는 대로 완벽한 상태를 구하는 것은 어려운 일이다. 그러므로 아이콘과 픽토그램은 상황과 주제에 맞게 조합해서 완성한다고 생각하고 각 요소를 찾아 분해, 결합, 조합 등을 통해 전달하려는 메시지에 맞는 결과를 얻도록 하자.

06 인포그래픽 완성하기

만들어진 픽토그램과 그래프를 도큐먼트로 이동시켜서 배치하고 제목과 리드 문구를 작성하여 완성한다. 마지막으로는 그래프의 간격 키워드와 숫자의 정렬 상태 등을 점검하여 어색하지 않도록 최종 조율한다. 픽토그램은 너무 강하게 보이지 않도록 배경보다 조금 어둡거나 밝게 처리해준다.

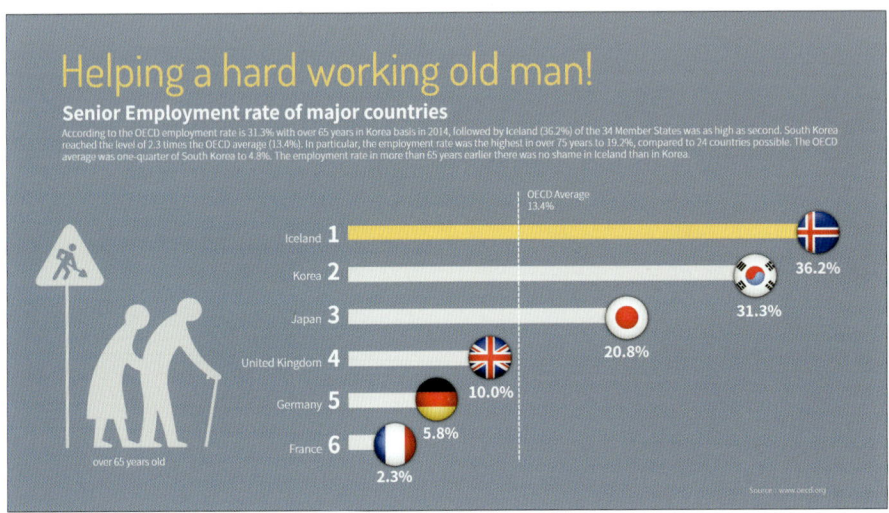

07 다양한 형식의 국기 이미지 구하기

국기 이미지를 사용할 때는 구글보다 위키피디아에서 검색하여 다운로드하는 것이 유리하다. 'OECD'를 검색하면 해당 국가들이 링크되는데 클릭하면 각국의 상징 이미지를 쉽게 구할 수 있다.

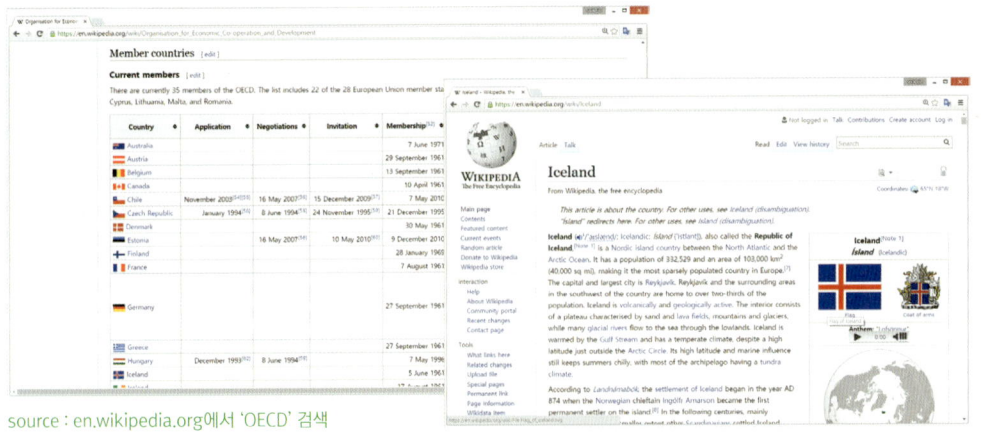

source : en.wikipedia.org에서 'OECD' 검색

Infographic TIP — 위키피디아는 전체 정보를 검색할 때 사용하고, 위키미디어 커먼즈는 공개된 저작권 이미지를 검색할 때 도움이 된다. 고유명사 이미지 검색은 구글보다 더 정확하고 큰 이미지를 구할 수 있다.

위키피디아에서 검색한 후 결과 이미지 페이지에서 'More details'를 클릭하면 위키미디어 사이트로 연결된다. 여기서는 다양한 크기의 PNG 파일을 다운로드하거나 원본 파일인 SVG를 다운로드하여 잉크스케이프에서 EMF로 저장하여 파워포인트에서 사용하면 된다.

source : commons.wikimedia.org

08 그래프 변형하기

값이 '빠르게 오르고 있다', '증가하고 있다' 등의 표현을 그래프에 심어주고 싶다면 도형으로 치환한 그래프를 선택한 후 마우스 오른쪽 버튼을 클릭하여 [점 편집]을 실행한 후 우측 상단 점을 클릭하여 옆으로 이동해 보자. 그 결과 속도감이 느껴지는 막대그래프가 완성된다.

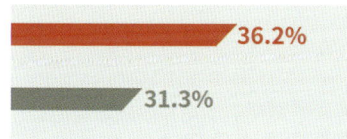

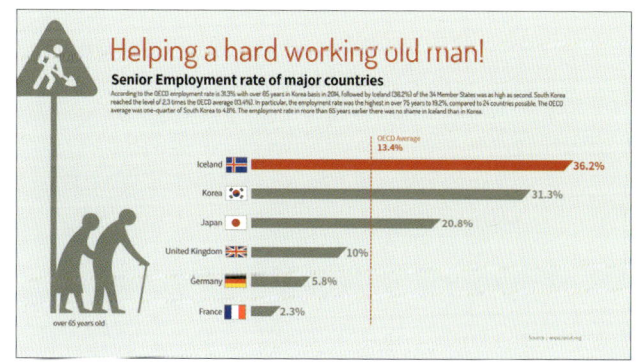

Infographic TIP

점 편집이 어렵게 느껴진다면 파워포인트 도형 중 삼각형 도형을 다각형 도구로 만들어서 같은 색을 적용하고 그래프 우측에 붙이고 그룹하여 완성하자.

28 제목과 키워드로 큰 그림을 그려내는
Headline 인포그래픽

주어진 Fact와 Data를 잘 정리하여 제시하는 것은 상대의 이해를 도울 수는 있지만 빠른 설득과 판단을 요구하기에는 부족함이 생기기 마련이다. 이런 경우 상대방은 정보의 큰 그림을 제대로 볼 수 없기 때문에 많은 내용을 다 읽은 후 전체의 맥락과 의미를 파악해야 하는 불필요한 에너지 소비를 하게 된다. 정보의 큰 그림을 빠르게 제시하는 좋은 방법 중 하나는 전체 메시지를 설정하고 제목을 색다르게 써 보는 것이다. 제목은 이성적인 제목과 메시지 주장형 제목으로 구분하여 쓰고, 전체 내용을 구분 짓는 키워드를 함께 사용하면 정보에 대한 빠른 판단과 메시지 전달에 도움이 된다.

01 전체 내용을 관통하는 문장과 키워드 쓰기

스타트업이 어떻게 성공할 수 있는지를 조사하여 발표 해야 한다고 가정해보자. '스타트업 기업의 성공과 실패', '스타트업 사례 분석을 통한 성공 요소'와 같은 이성적인 제목만 달고 내용을 숫자로 구분하여 작성한다면 청중들이 흥미를 가질 수 있을까? 만약 전체 제목을 '스타트업, 무엇이 그들의 성공과 실패를 결정짓는가?'라고 붙인다면 도발적이고 재미있다. 또는 '스타트업 성공의 비밀 Make & Move'라는 제목도 신선하다. 내용을 Make와 Move로 구분하고 '게임 컨트롤러'라는 메타포로 구조를 만든다면 근사한 인포그래픽 밑그림이 그려질 것이다.

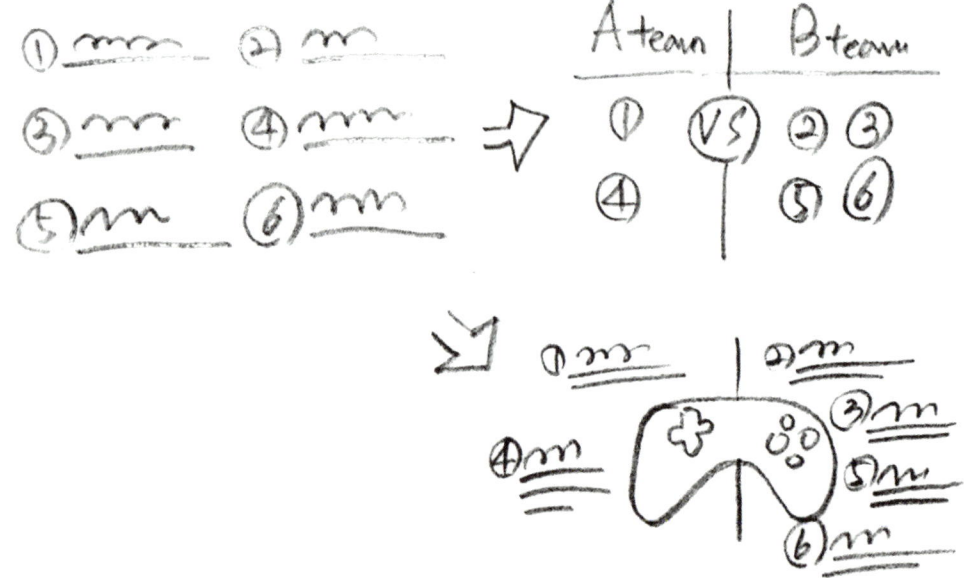

Infographic Preview

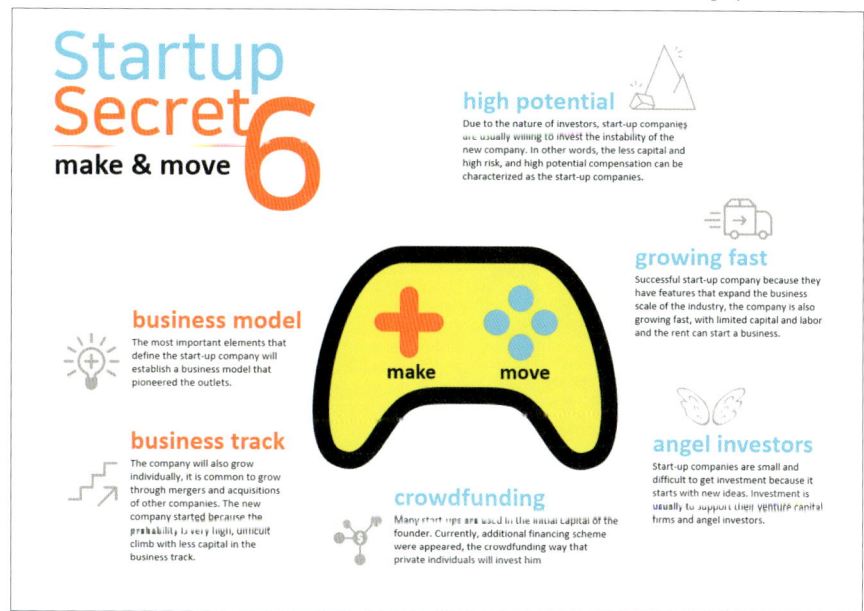

인포그래픽에서 큰 제목은 방향을 제시한다. 두 개로 크게 나누어진 키워드는 빠르게 정보를 판단할 수 있도록 돕는다.

Infographic Preview

동일한 의미를 가진 다양한 사물과 현상을 발견할 수 있다면 정보를 구조화시킬 수 있는 능력이 있다는 뜻이다.

※ 회자쓰 포스트(post.naver.com/wooseokjin)에서 예제 다운로드와 동영상, 실전 팁까지 저자들이 꼼꼼히 알려드립니다.

02 제목과 문장으로 큰 그림 그리기

'놀라운 비밀을 발견했다!', '새로운 기준을 제시하겠습니다!'라는 의미를 담은 제목은 언제나 흥미를 유발한다. '비밀'이라는 단어와 '6'이라는 숫자는 단순하지만 대변하는 내용은 방대하다. 또한 'Make & Move'와 같은 단어는 많은 내용을 큰 그룹 키워드로 나누어서 정보를 확실하게 구분해주는 역할을 하게 된다. 결국 무엇을 말하려는지 그림이 그려지고 정보를 담을 바구니가 준비된 것이다.

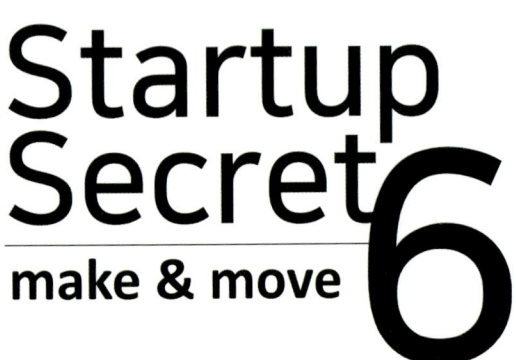 

Infographic TIP

하나의 제목에 이성적인 내용과 메시지를 포함할 수 있다면 가장 좋은 헤드라인이 될 것이다. 그렇지 못하다면 2개의 제목(메시지가 강조되는 주장형 제목과 정보를 판단할 수 있는 이성적인 제목)을 작성하도록 하자. 정보 디자인에서 제목은 언제나 방향을 제시한다는 것을 잊지 말자.

03 상징 아이콘 찾아 활용하기

'startup'을 검색하면 1차적으로 연상되는 상징 결과들이 나타나지만 전체적으로 봤을 때 제목에 어울리는 인포그래픽 상징으로는 부족하다. 좀 더 재미있는 것이 필요하다.

source : www.thenounproject.com

스타트업 기업은 어떤 회사인지 상상을 해보자. 새로운 일, 지식 산업, 게임, 신기술, 투자, 목표, 크라우드 펀딩 등 다양한 단어가 떠오른다면 인포그래픽 정보 구조에 어울릴만한 단어를 결정하자. 최종적으로 게임을 선택했다면 'game', 'remote control', 'game pad' 등을 차례로 검색해서 인포그래픽에 어울리는 아이콘을 찾아서 SVG파일을 다운로드하자.

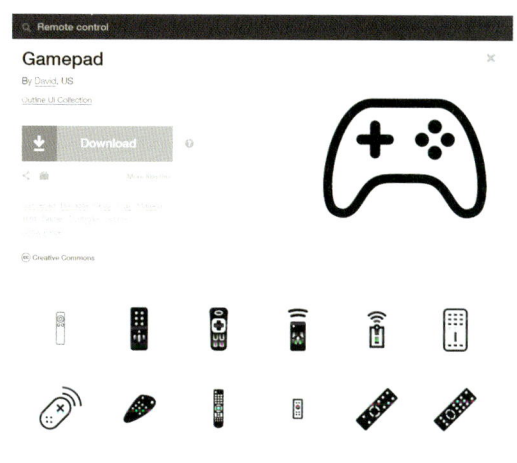

Infographic TIP 메타포는 여러 의미를 복합적으로 가시고 있을 때 사람들의 호기심을 자극한다. 게임 컨트롤러는 단순히 [게임]을 의미하기도 하지만 스타트업 기업들이 대결을 통해 지고 이기는 것을 반복한다는 의미도 가질 수 있다.

잉크스케이프를 이용하여 EMF 형식으로 변환한 후 파워포인트로 가져와서 그룹 해제로 도형으로 변환한다. 게임 컨트롤러에 길러를 적용하기 위해서 [자유형] 도구로 컨트롤러 테두리 안쪽을 클릭하여 다각형을 만든 후 [맨 뒤로 보내기] 기능으로 뒤쪽으로 이동시킨다. *잉크스케이프를 활용하여 도형으로 변환하는 방법은 142쪽을 참조.

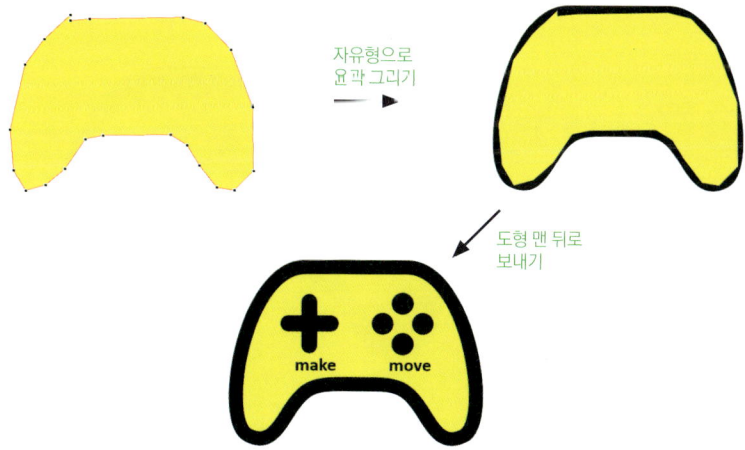

04 소제목과 아이콘으로 본문 작성하기

전체 정보를 6개 항목으로 제시한다면 각 항목에 해당하는 이성적인 제목을 작성하고 알맞은 아이콘을 찾아 조합한다. 결국, 6개의 항목이 중요하다는 것을 말하는 것이지만 그중에서도 더 중요한 것, 스타트업 시작에 필요한 것, 스타트업 성장에 필요한 것 등으로 구분해서 정의하면 효과적이다. 즉 빠른 이해를 위해 6개의 항목을 Make와 Move라는 두 개의 키워드로 편을 가르는 것이다.

business model
The most important elements that define the start-up company will establish a business model that pioneered the outlets.

high potential
Due to the nature of investors, start-up companies are usually willing to invest the instability of the new company. In other words, the less capital and high risk, and high potential compensation can be characterized as the start-up companies.

business track
The company will also grow individually, it is common to grow through mergers and acquisitions of other companies. The new company started because the probability is very high, difficult climb with less capital in the business track.

angel investors
Start-up companies are small and difficult to get investment because it starts with new ideas. Investment is usually to support their venture capital firms and angel investors.

crowdfunding
Many start-ups are used in the initial capital of the founder. Currently, additional financing scheme were appeared, the crowdfunding way that private individuals will invest him

growing fast
Successful start-up company because they have features that expand the business scale of the industry, the company is also growing fast, with limited capital and labor and the rent can start a business.

05 컬러 배색 결정하기

키워드를 크게 Make와 Move로 구분했으니 컬러도 두 가지 상반되는 배색을 하면 조화가 된다. 시작한다는 의미의 열정의 오렌지, 안정적으로 성장한다는 의미의 하늘색을 모티브로 하면 대조적인 배색이지만 내용과 잘 어울릴 것이다.

06 인포그래픽 구조 만들기

게임 컨트롤러를 페이지 중앙에 배치하고 왼쪽은 Make에 해당하는 내용을, 오른쪽에는 Move에 해당하는 내용을 배치하고 제목도 오렌지와 하늘색으로 조절하고 크기와 정렬을 가다듬는다.

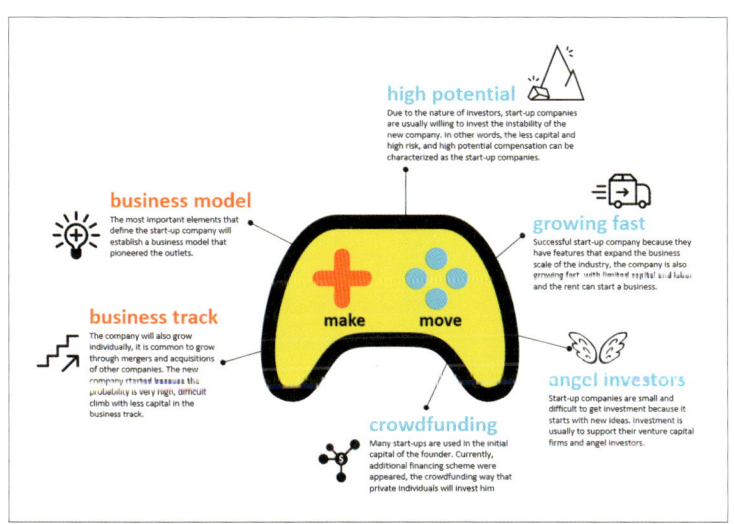

전체 제목을 만들어서 좌측 상단에 배치하고, 정보의 내용이 잘 보이도록 아이콘 컬러와 글줄의 길이, 항목의 위치 등을 세밀하게 조정하여 인포그래픽을 완성한다.

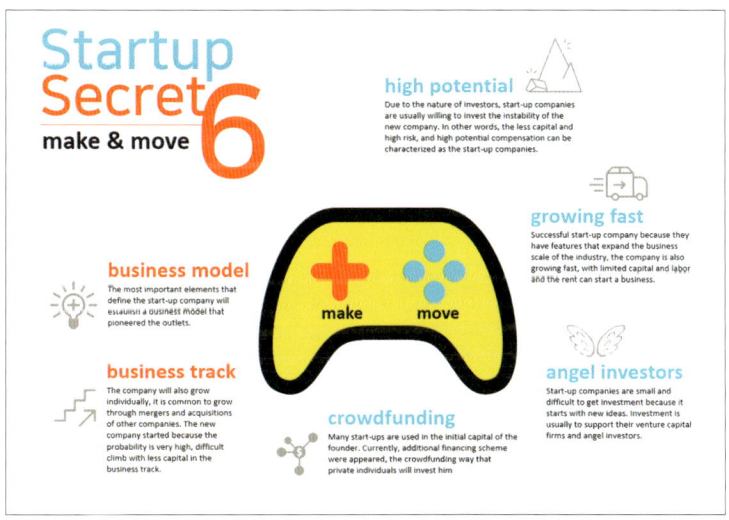

07. 같은 헤드라인으로 다른 메타포 사용하기

만약 게임과 전혀 관계없는 사업 아이템이라면 어떻게 해야 할까? 이때는 '새로운 성공 방정식', '성공하는 비밀', '새로운 아이템으로 출발해서 함께 큰 기업으로 완성한다'는 스타트업이 가지는 근본적인 메시지에 집중해야 한다. 운동경기 중에서 스타트업이 가지는 특징을 연결해 보면 볼링 핀을 떠올릴 수 있다. 앞쪽 3개의 핀은 시작에 해당하는 중요한 Make를 뜻할 수 있고, 뒤쪽은 Move에 해당될 수 있기 때문이다. 오픈 클립아트에서 검색하여 WMF 파일을 다운로드하자. *사이트 접속이 원활하지 않을 경우는 포스트에서 다운로드.(post.naver.com/wooseokjin 참조)

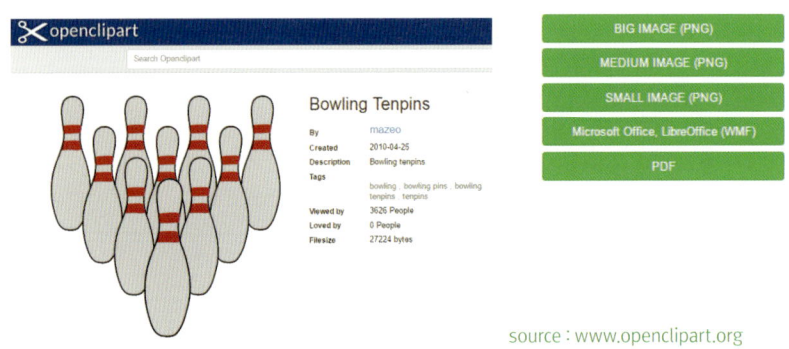

source : www.openclipart.org

그런데 핀은 10개고, 말하려는 항목은 6개라서 문제가 생긴다면 뒤쪽 네 개의 핀은 의미 없는 핀으로 간주하여 컬러를 변경해 주면 된다. 당연히 앞쪽 핀은 강조해 주어야 한다.

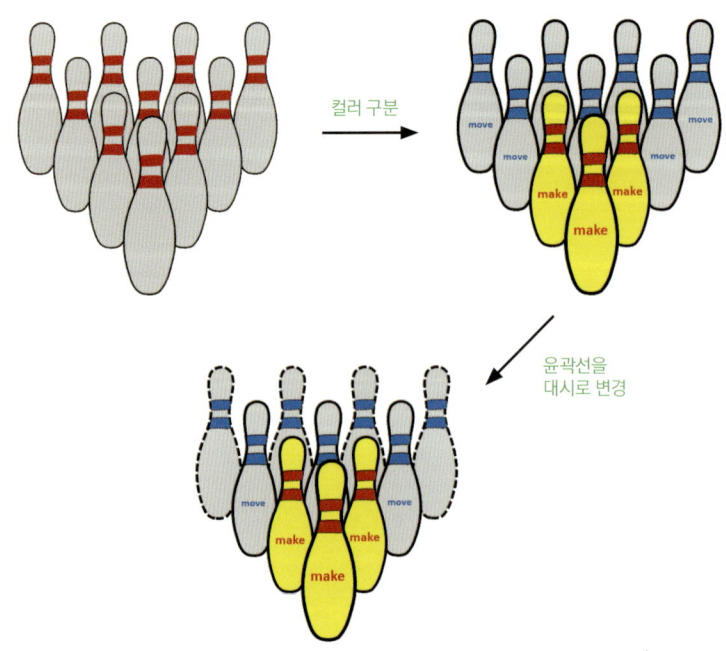

2개 항목이 Make로 설명되어야 하므로 앞쪽 두 개의 핀은 컬러를 노랑과 빨강 배색으로 강조하고, 뒤쪽 4개의 핀은 회색과 파랑, 그리고 나머지는 밝은 회색 음영으로 처리해서 의미가 없는 것으로 보이도록 하자.

빨강과 파랑이라는 대조되는 배색을 사용해서 헤드라인, 소제목에도 적용하고 전체 구조를 조정하여 인포그래픽을 완성한다. 게임 컨트롤러를 메타포로 만들었던 결과물과 이미지는 다르지만 전달하려는 핵심은 그대로 유지된 셈이다. 이처럼 같은 의미를 가진 다른 사물, 상황을 찾는 훈련을 꾸준히 해야만 정보를 구조화하고 시각화하는 능력자가 될 수 있다.

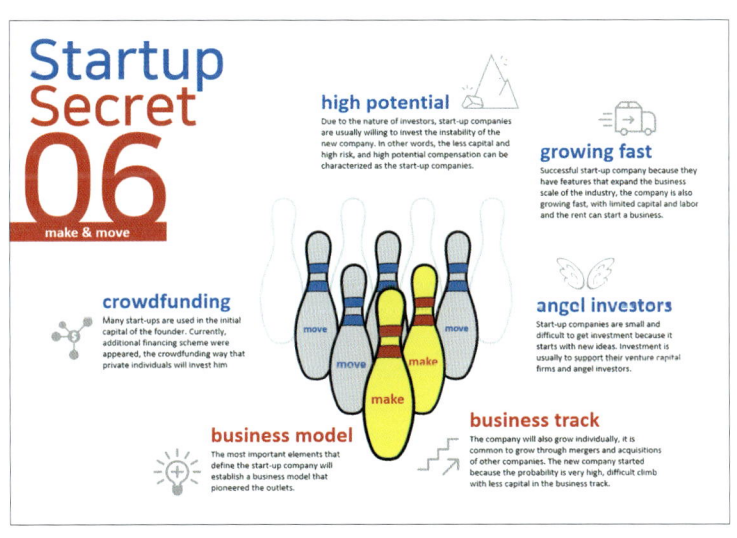

스마트폰에서 인포그래픽 아이디어를 모으는 방법
핀터레스트로 찾는 인포그래픽

핀터레스트(pinterest.com)는 시각적인 북마크 도구로 웹, 모바일 온라인상에서 창의적인 아이디어를 얻을 수 있도록 도와준다. 특히 관심사에 따라 추천 핀을 제공하기 때문에 즉석에서 보고 느끼고 아이디어를 도출해 낼 수 있다. 핀터레스트는 PC 환경보다 모바일 환경이 더 집중도가 생기는데 안드로이드와 iOS 스마트폰에서 App을 설치하면 자신의 관심사를 등록할 수 있고 인포그래픽, 디자인 등으로 설정하면 App을 실행할 때마다 실시간으로 인기 있는 인포그래픽과 디자인 관련 핀들을 제공받을 수 있다. 핀들을 감상하다가 도움이 될 만한 자료가 있다면 저장하거나 메일로 보내서 자신의 인포그래픽 아이디어에 활용하면 된다.

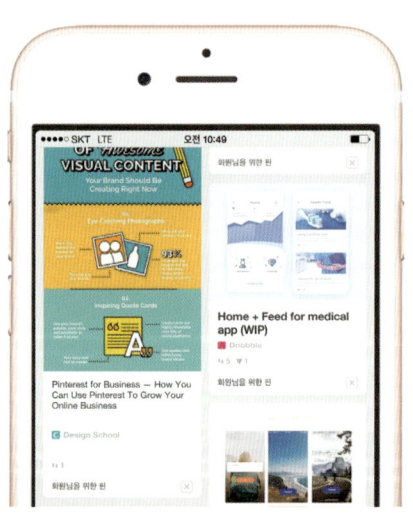

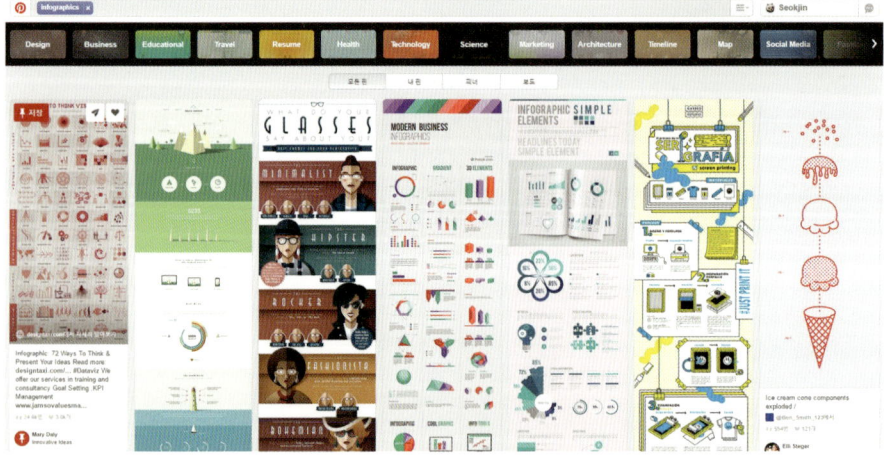

pinterest.com의 PC 화면. 'infographic'으로 검색하거나 Infography 카테고리에서 아이디어를 얻을 수 있다.

출퇴근 시간이나 휴식을 취하거나 심심할 땐 핀터레스트 앱을 수시로 확인해 보자. 구글과 같은 검색 사이트에서는 찾기 어려운 인포그래픽 결과물들을 접할 수 있을 것이다. 특히 세계 각국의 전문가들이 추천하는 인포그래픽 핀을 클릭 몇 번으로 쉽게 접할 수 있는 것은 매우 매력적이라고 할 수 있다. 그들과 핀터레스트 덕분에 업무에 응용할 수 있는 인포그래픽 아이디어와 패턴을 찾아 헤매는 수고를 덜 수 있다.

www.plotmag.com

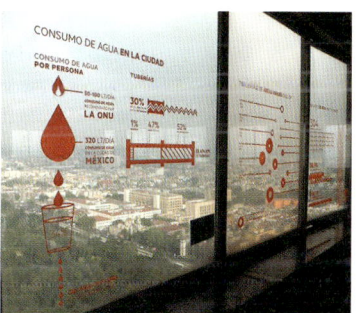

www.designboom.com

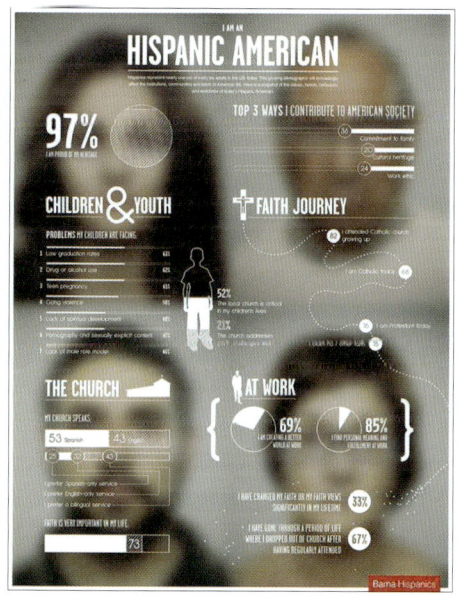

www.barna.org

www.abduzeedo.com

29 One Page 위에 직관적인 정보를 만드는
메타포 차트 인포그래픽

숫자를 표와 차트로 만드는 것은 쉽지만 차트에 결과에 대한 상징과 의미를 담아내는 일은 어려운 일이다. 하지만 문서에서 말하고자 하는 핵심 내용에 대한 연상 키워드만 파악한다면 디자이너 부럽지 않은 감각적인 메타포형 차트 인포그래픽을 만들 수 있다. 특히 상대에게 One Page로 보여줘야 하는 페이지를 만들어야 할 때는 단순히 차트만을 나열하기보다는 차트가 담고 있는 상징과 의미를 적절하게 포함시켜서 인포그래픽을 구현할 수 있어야 한다. 잘 뽑은 키워드 하나가 보고, 제안 발표를 성공으로 이끌 수 있다.

01 정보와 차트에서 연상 키워드 뽑기

사람들에게 좋은 인상을 남기는 인포그래픽은 화려함보다는 상징과 은유가 정보가 조화를 이룬다. 과도한 표현은 정보를 분산시키고 소극적인 표현은 정보를 돋보이게 할 수 없기 때문이다. 우선 주어진 정보 속의 차트가 어떤 의미를 가지고 있는지를 충분히 고민하고 메타포를 선정하자.

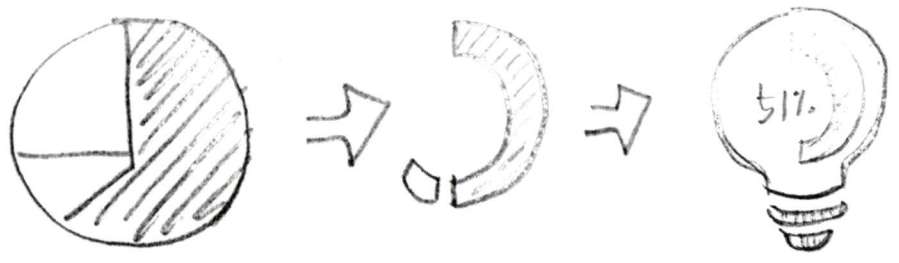

주어진 사실은 '에너지'이고 말하려는 것은 '지속 가능한 에너지 정책'과 '감소한 결과'라면 떠오르는 키워드(열, 에너지, 태양, 바람, 물, 전기 사용, 플러그, 무한대, 충전) 중에서 작업이 쉬운 것을 고른다.

Infographic Preview

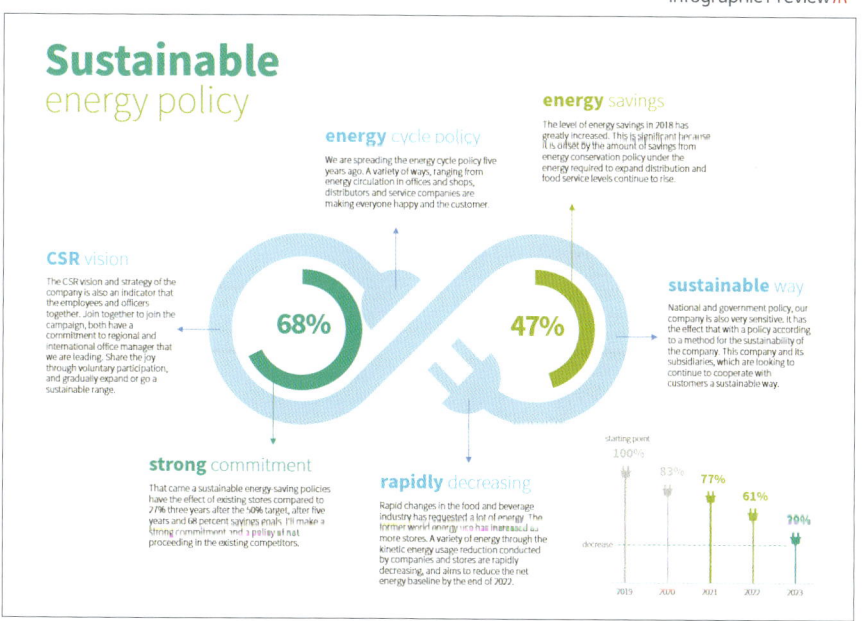

'지속 가능'이라는 단어를 '무한대'라는 키워드로 연상할 수 있다면 전체 큰 구조 이미지로 사용할 수 있다.

Infographic Preview

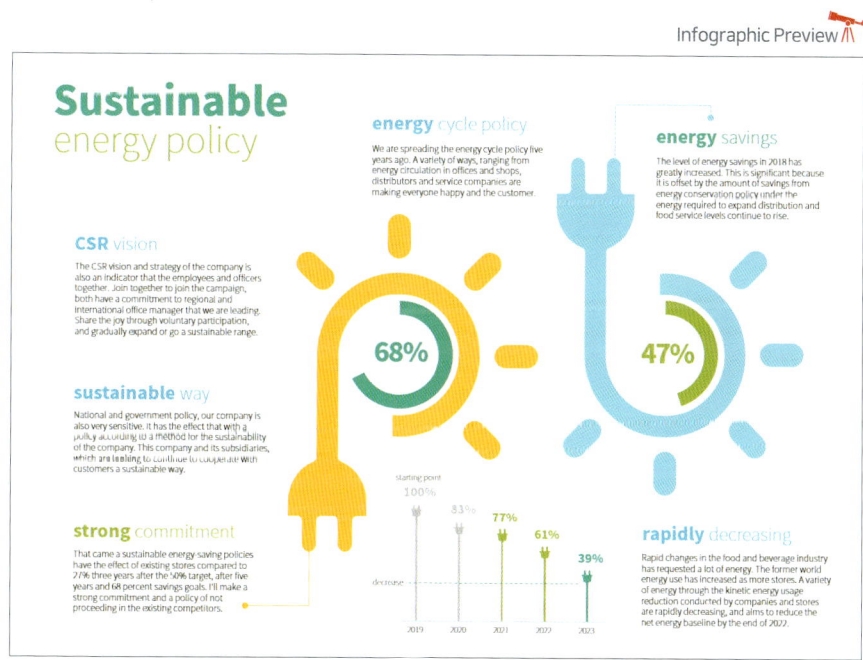

'태양 에너지'와 '플러그'라는 상징과 은유를 전체 구조 및 차트에 적용하면 인포그래픽의 심미성과 일관성을 유지할 수 있다.

※ 회자쓰 포스트(post.naver.com/wooseokjin)에서 예제 다운로드와 동영상, 실전 팁까지 저자들이 꼼꼼히 알려드립니다.

02 기존 문서에서 정보 오류 발견하기

공감하는 인포그래픽을 만들기 위해서는 문서에서 정보 오류를 발견할 수 있는 능력이 필요하다. 사실과 데이터만을 나열한 수준의 문서라면 그 데이터들이 지향하는 목표나 결과를 함께 전달될 수 있도록 수정해야 하고, 너무 많은 컬러를 사용했다면 주제 컬러를 사용해서 통일성을 유지해야 한다.

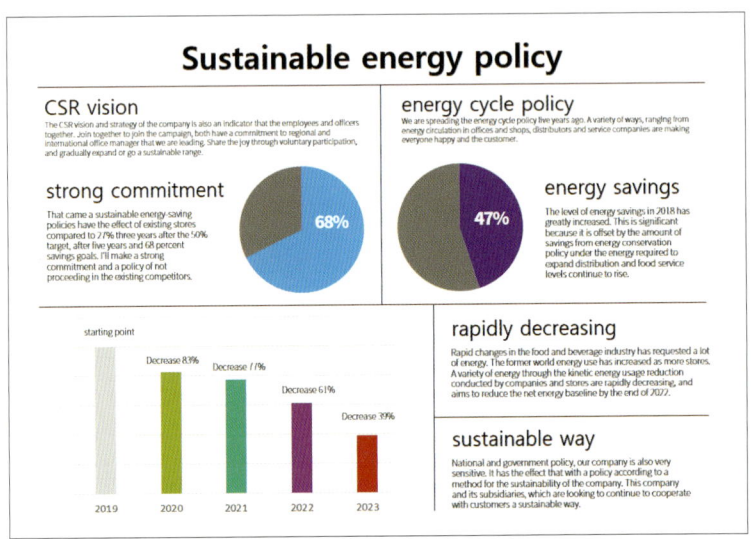

03 영문 키워드로 메타포 검색하기

앞 단계에서 고민해서 찾았던 키워드는 그래픽 요소 검색을 위해서 영문으로 정리해보아야 한다. 영문 키워드는 직접적인 단어일 수도 있고 간접적이거나 추상적인 단어가 더 좋을 수도 있다.

Sustainable **Energy**

Savings

CSR Corporate Social Responsibility

Policy **Decrease**

Infographic TIP

영어사전과 국어사전을 스마트폰 앱으로 설치하거나 포털사이트에서 즐겨찾기로 등록해두고 수시로 검색 변환해서 다양한 키워드를 빠르게 연상할 수 있도록 준비하자.

알맞은 상징을 찾기 위해서 Thenounproject에서 'energy'와 'sustainable energy'로 검색한다. 'energy'로 검색하면 폭넓은 의미의 픽토그램을 찾을 수 있고, 'sustainable energy'는 해당하는 영역을 정확하게 찾을 수 있다.

source : www.thenounproject.com

Infographic TIP

픽토그램을 찾기 전에 머릿속에서 완벽하게 메타포를 떠올려서 찾는 사람은 흔치 않다. 구체적인 이미지가 떠오르지 않는다면 키워드를 잘 뽑은 후 검색을 통해서 상징과 연상을 확장해 나가면서 최종 메타포를 선정하는 방법을 사용하면 된다.

문서 전체를 구조화할 수 있는 메타포를 찾아보자. 지속 가능한 에너지를 상징하는 표준 픽토그램을 사용하면 더욱 좋을 것이다. 또는 태양 에너지를 상징하는 메타포도 전체 맥락 전달이 가능하다.

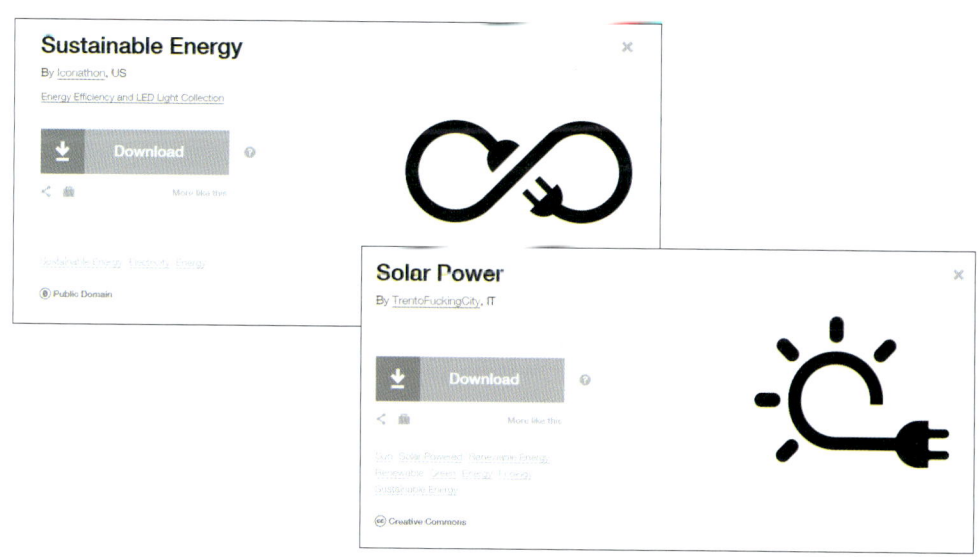

04 메타포형 차트 만들기

주어진 차트는 인포그래픽과 별개의 것으로 보이지 않도록 찾아낸 메타포로 치환시켜 주어야 한다. 막대그래프는 많은 컬러를 사용하기보다는 주제 컬러를 사용하고, 그래픽 요소를 결합한다. 차트를 분해하여 사용하기 위해서 준비된 막대 치트에 각각의 컬러를 적용한다.

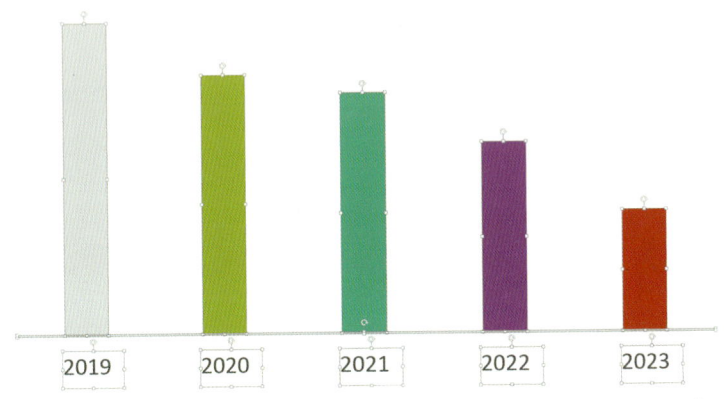

주어진 차트를 복사한 후 [홈] - [붙여 넣기] - [선택하여 붙여넣기]를 실행하고 [확장 메타 파일]로 붙여넣는다. [그룹 해제]를 2회 하여 분해하고 불필요한 요소는 모두 삭제하고 도형으로 변경된 막대그래프는 모두 검정으로 바꾼 후 가로 폭을 얇게 조정한다.

*파워포인트에서 차트를 분해하여 도형처럼 사용하는 방법은 29~30쪽을 참조

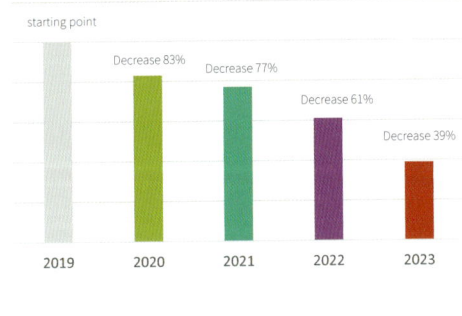

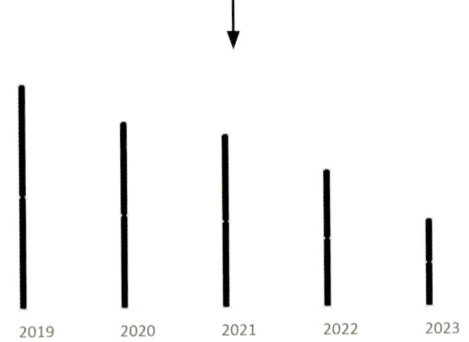

Infographic TIP 파워포인트에서 차트를 도형으로 변환하여 사용할 경우에는 데이터값을 잃어버리게 되므로 반드시 원본 차트는 남겨두고 복사하여 사용하자.

'plug'로 검색한 후 알맞은 픽토그램을 SVG로 저장하고 잉크스케이프에서 열어서 EMF로 사본 저장하여 파워포인트로 가져온다. [그룹 해제] 2회를 하여 도형으로 만든 후 각 막대그래프 상단과 결합하여 메타포형 차트를 완성하면 된다. 필요한 기준과 수치를 입력하여 마무리하자. *SVG 파일을 도형으로 변환하여 사용하는 자세한 방법은 142쪽을 참조.

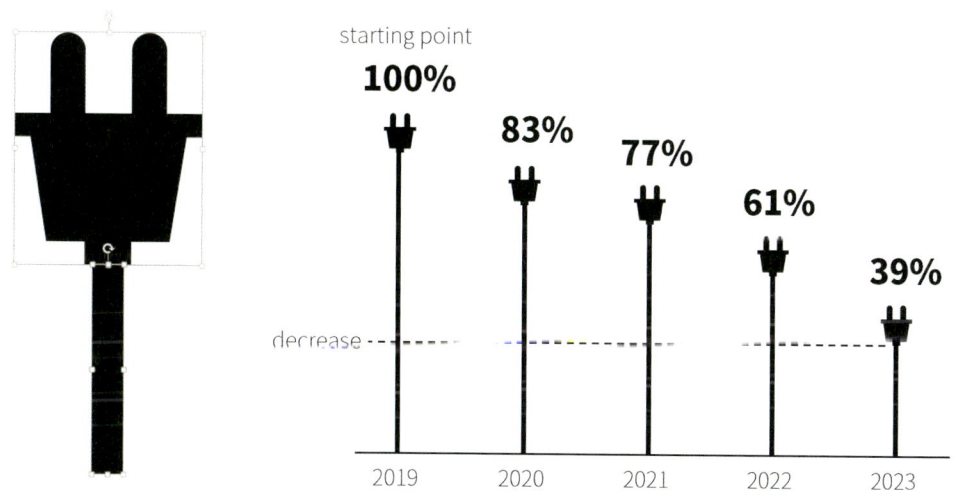

검정으로 차트를 완성한 후에는 의미를 좀 더 풍부하게 만들기 위해 컬러를 변경해보자. 컬러는 주제가 가지는 핵심 키워드와 문장에서 떠올려지는 것이 좋은 컬러다. 기준선을 회색, 변화되는 과정을 연두, 목표를 청록으로 하여 자연친화적인 느낌을 주자. *컬러 선정에 대한 자세한 사항은 188~189쪽을 참조.

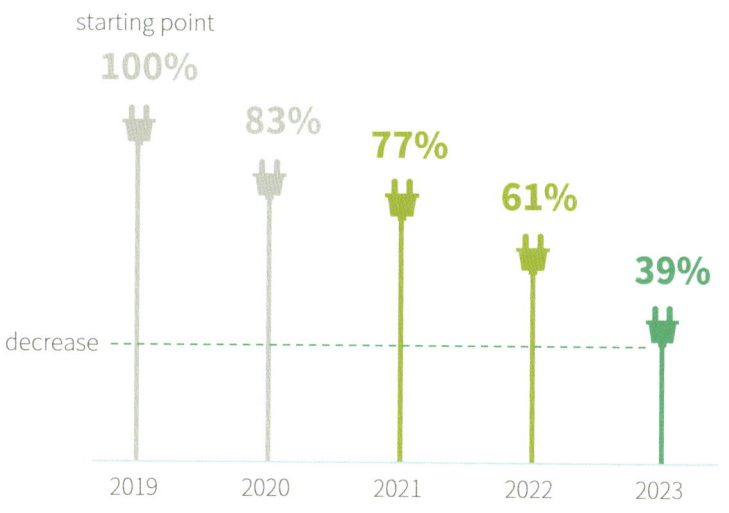

05 차트와 메타포 조합하기

파이 차트에 1~2개 값을 표기할 때는 파워포인트 [원형] 도구를 이용하여 그리자. 노란색 조절점을 드래그하여 해당 값의 위치로 이동시킨 후 중앙에 흰색 정원을 만들면 도넛 차트가 완성된다.

*도형으로 파이 차트를 만드는 자세한 방법은 46·47쪽을 참조.

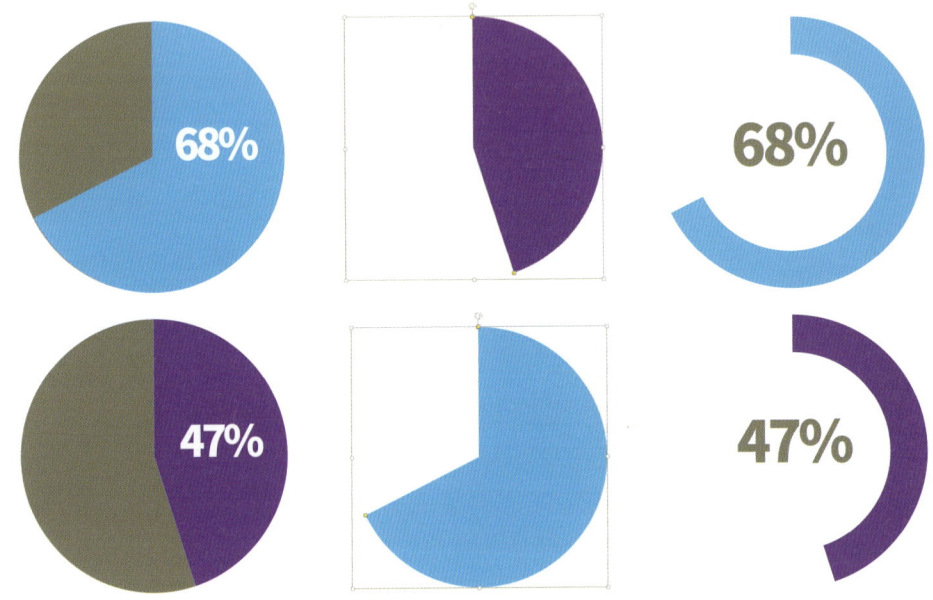

앞서서 검색하여 찾은 Sustainable Energy(지속가능한 에너지) 픽토그램을 다운로드 - 변환 과정을 거쳐 파워포인트로 가져온 후 양쪽 원 안에 만들어진 도넛 차트를 넣어주면 자연스러운 메타포형 차트가 완성된다. *SVG 파일을 도형으로 변환하여 사용하는 자세한 방법은 142쪽을 참조.

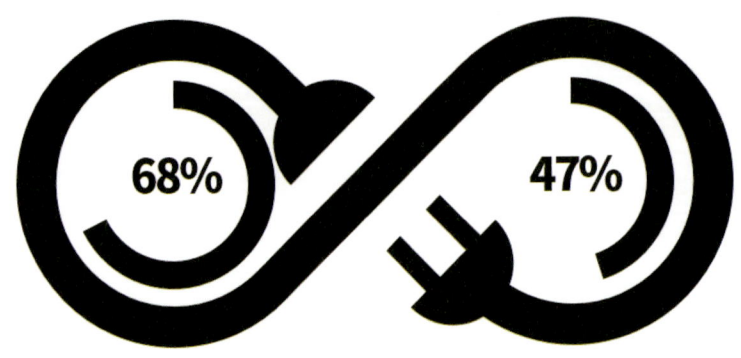

06 One Page 인포그래픽 구성하기

만들어진 메타포형 차트를 페이지 중앙에 배치하고 하단으로는 막대그래프를 배치하자. 여백과 폰트, 정렬 등을 고려하여 제목과 구성하여 각 지점을 만들어서 내용을 항목별로 입력하면 One Page 인포그래픽이 완성된다.

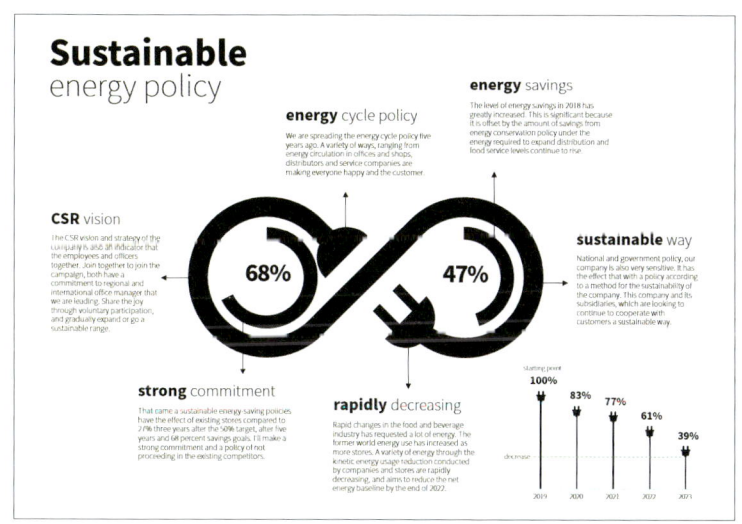

블랙 화이트로 완성한 후 컬러용 인포그래픽이 필요하다면 주제 컬러를 주소색(Main)과 보조색(Sub)으로 구분하여 배색하여 완성한다. 지속 가능 에너지이므로 파랑, 초록, 연두를 사용했다.

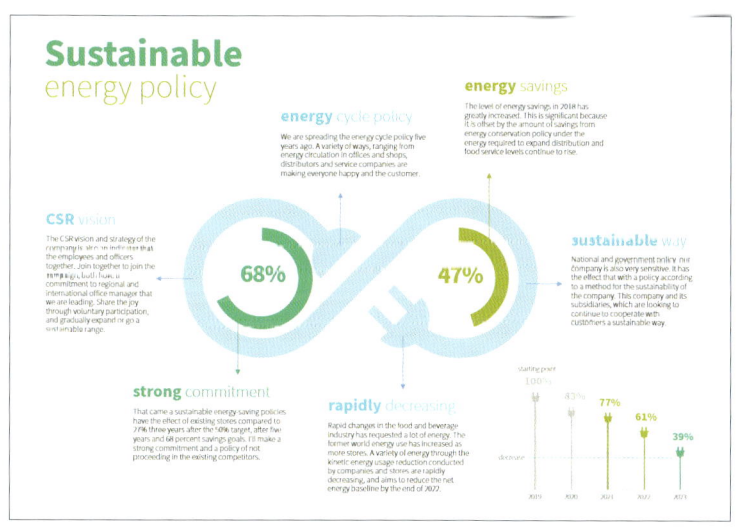

07 메타포 변경하여 사용하기

비슷한 주제의 내용이지만 파트가 다른 페이지를 만들어야 한다면 어떻게 해야 할까? 동일한 메타포를 사용하면 오해를 가져올 수 있으니 같은 주제 범위 내에서 메타포로 활용할 수 있는 그래픽 요소를 사용하면 효과적이다. 안쪽에 파이와 도넛 차트를 넣을 수 있는 둥근 형태를 고르면 된다.

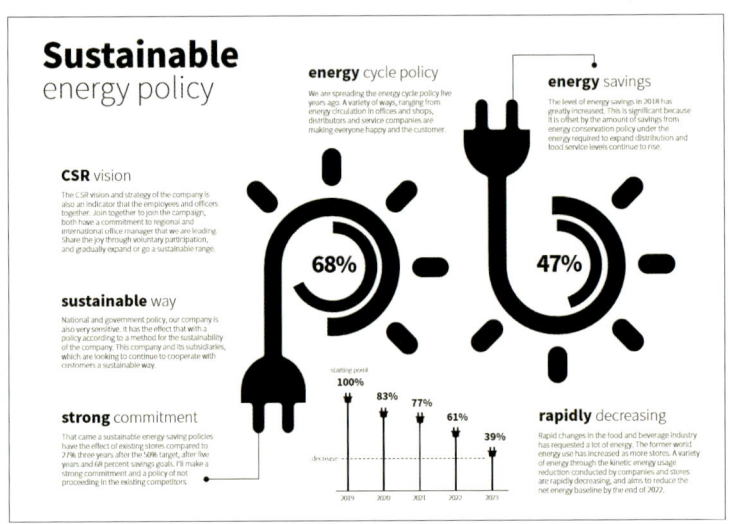

만들어진 인포그래픽 문서를 흑백으로 출력해서 제출하거나 배포해야 한다면 약간의 조절이 필요하다. 흰 종이에 검정으로만 출력하면 모든 요소가 너무 강하게 보이므로 정보는 검정, 보조적인 그래픽 요소는 회색 음영으로 처리해주어야 한다. 그러면 가독성과 주목성이 상승한다.

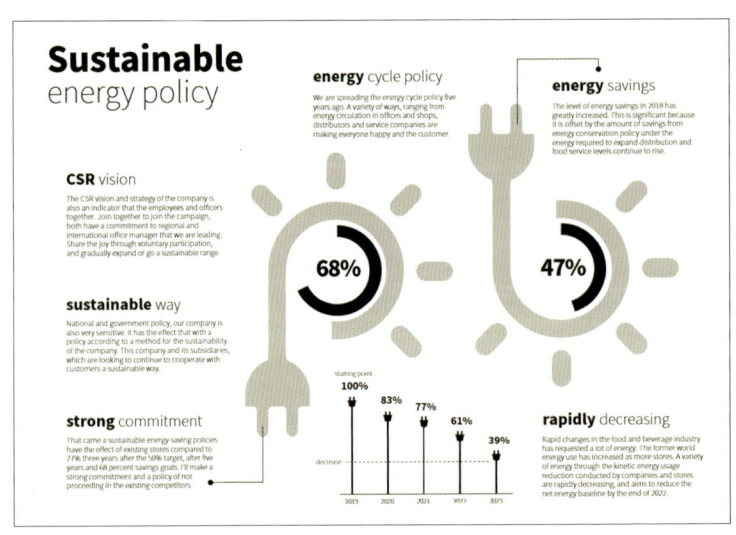

08 컬러 배색 선택하기

'Sustainable Energy'가 주제였으므로 초록, 연두, 파랑 계열의 컬러를 배색하여 완성한다.

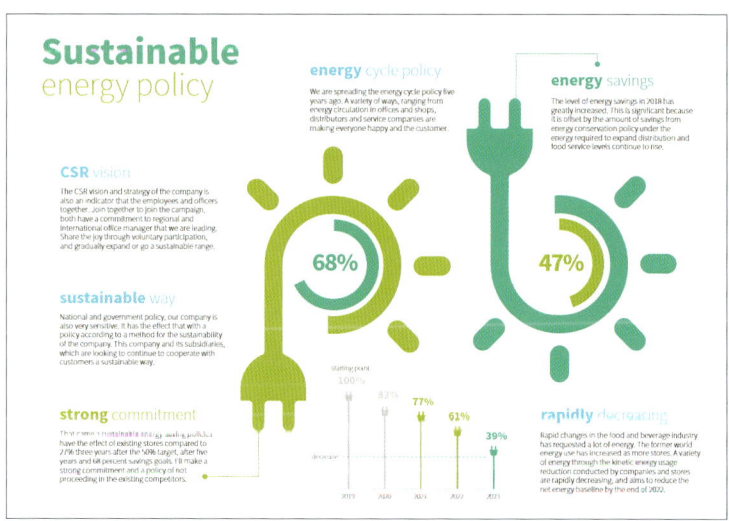

만약 키워드가 'Solar Power(태양, 하늘, 열, 에너지)'라면 친환경적인 컬러 배색보다는 태양, 하늘을 상징하는 컬러를 사용하여 배색해야 한다. *컬러 연상과 공감각을 활용하는 방법은 188~189쪽을 참조.

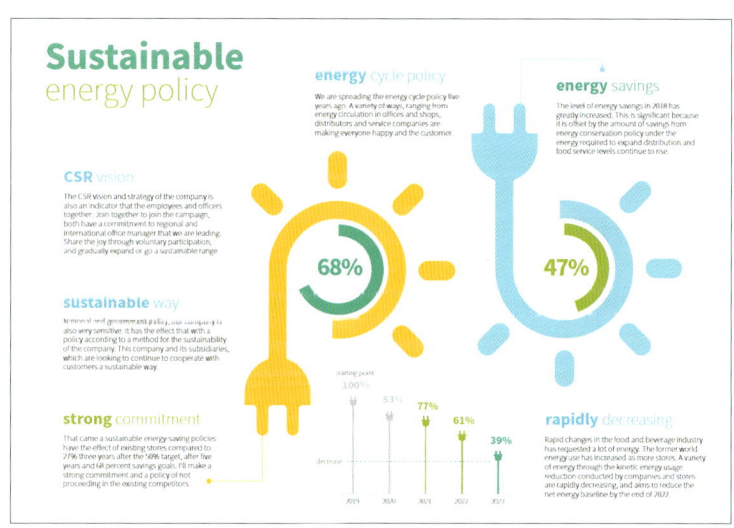

30 숨어있는 위험과 가능성을 알리는
빙하 인포그래픽

세상에 존재하는 모든 것들은 상반되는 성질을 가지고 있다. 빠른 것은 위험하고, 높은 곳은 좁으며, 빨강은 열정적이지만 접근 금지를 말하며, 편리한 것은 비싸기 마련이다. 즉 메타포는 자신을 나타내는 일반적인 연상과 그 반대의 상징도 지니고 있다는 뜻이 된다. 그러므로 인포그래픽에서 메타포를 사용하는 경우 두 가지의 성질을 모두 파악한 후 적절한 방향을 선택하여 사용할 수 있어야 한다. 하지만 사람들은 자주 사용되는 일반적인 성질보다는 반대의 성징을 말해줄 때 더 호감을 갖게 된다. 나무라는 메타포를 사용할 때 '잎이 무성한 떡갈나무'는 평범하지만 '그 겨울 마지막 잎새'는 아련한 감정을 솟아나게 하기 때문이다.

01 보이지 않는 위험과 가능성 말하기

눈에 보이는 문제와 위험, 개선점과 가능성은 누구나 말할 수 있지만 보이지 않는 위험과 가능성은 논하기 어렵다. 이것을 표와 글로 정리해서 보여준다는 것은 더욱 어려운 일이다. 이때 두 가지를 동시에 보여줄 수 있는 인포그래픽 메타포는 대표적으로 '빙하'를 들 수 있는데 빙하라는 메타포가 가지는 속성은 '보이는 부분보다 보이지 않는 부분이 더 많다'이기 때문에 가능한 일이다. COPQ라는 보이지 않는 비용을 최소화하는 전략을 이야기할 때도 빙하는 좋은 인포그래픽 메타포이면서 동시에 적절한 패턴이 된다.

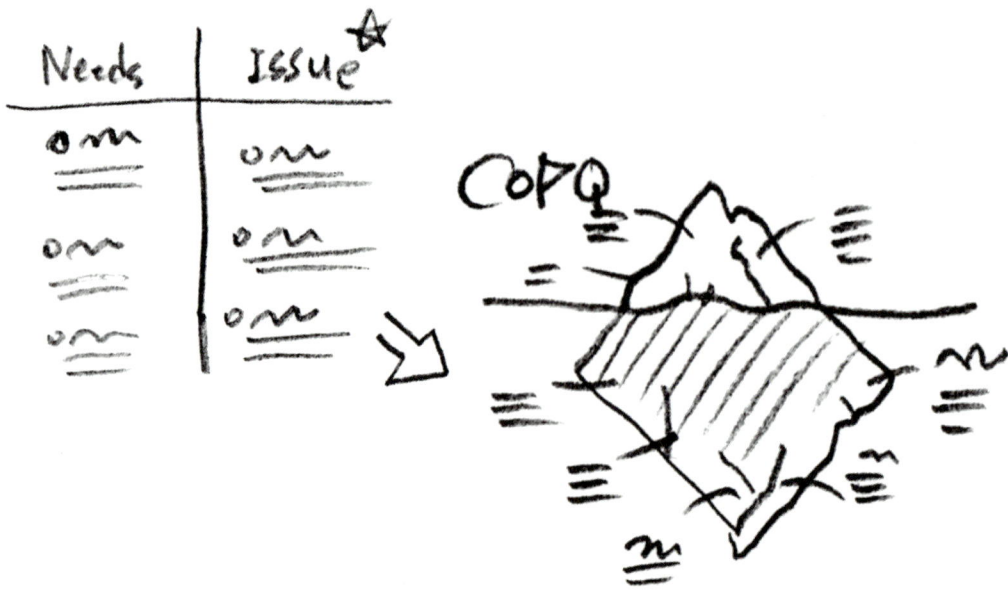

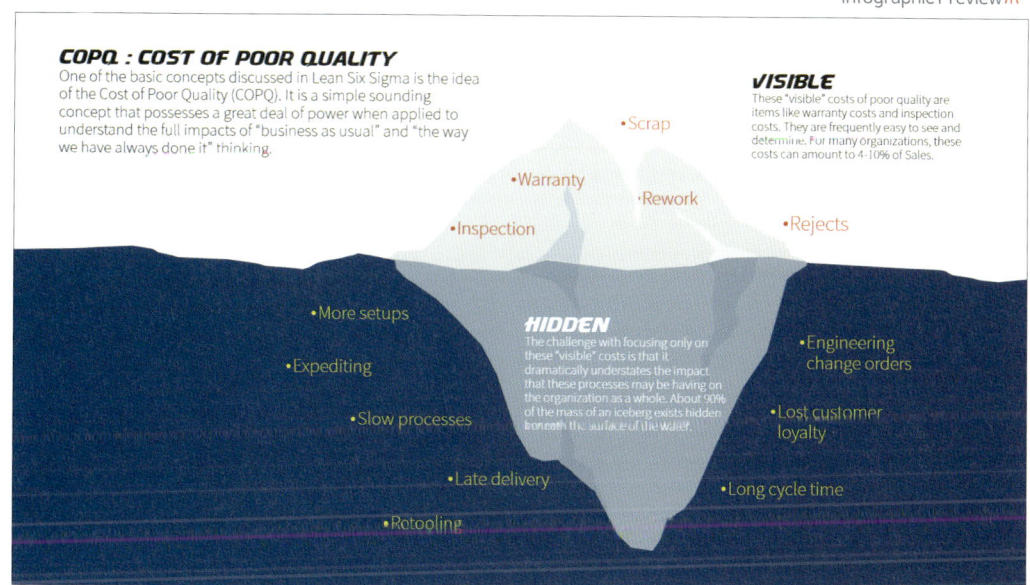

벡터 방식의 인포그래픽 제작은 수정과 변형이 편리하다는 장점을 가지고 있지만 감성을 자극하는 힘은 부족하다.

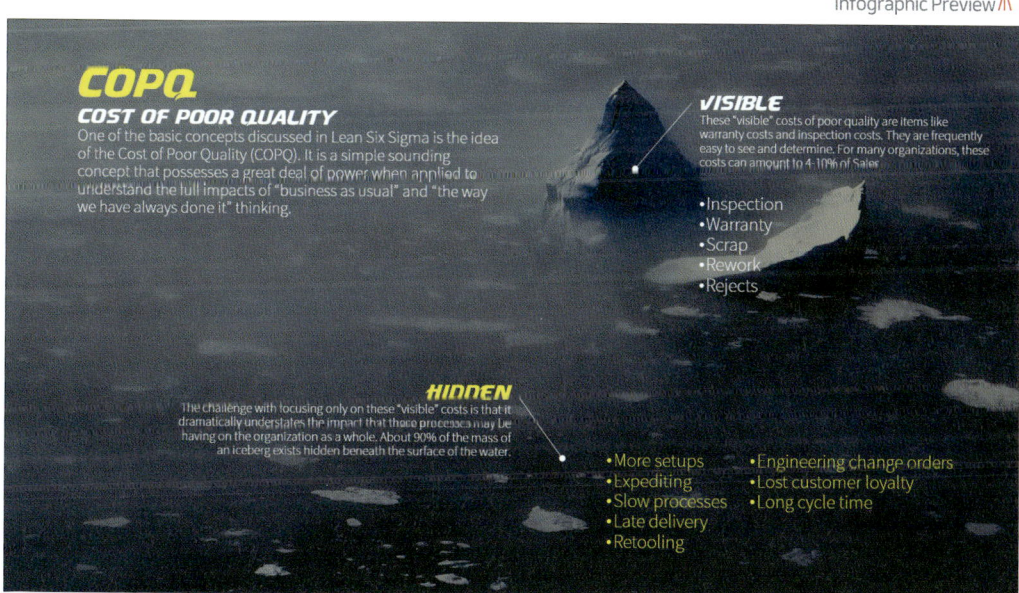

이미지를 사용하는 인포그래픽은 제작의 어려움이 따르지만, 공감각과 감성을 불러일으키는 효과를 극대화할 수 있다.

※ 회자쓰 포스트(post.naver.com/wooseokjin)에서 예제 다운로드와 동영상, 실전 팁까지 저자들이 꼼꼼히 알려드립니다.

02 정보 구조 스케치하기

전달하려는 COPQ는 Cost of Poor Quality의 약어로 문제와 관련한 모든 비용을 의미한다. 빙하로 인포그래픽을 만들기 전에 현재 상태에서 보이는 비용과 보이지 않는 가려진 비용을 구분해 본다. 구분한 결과는 빙하의 위아래로 구분하여 나열한다. 물 위쪽에 보이는 비용 절감 항목을, 물 아래쪽에 보이지 않는 비용 절감 항목을 작성하면 된다.

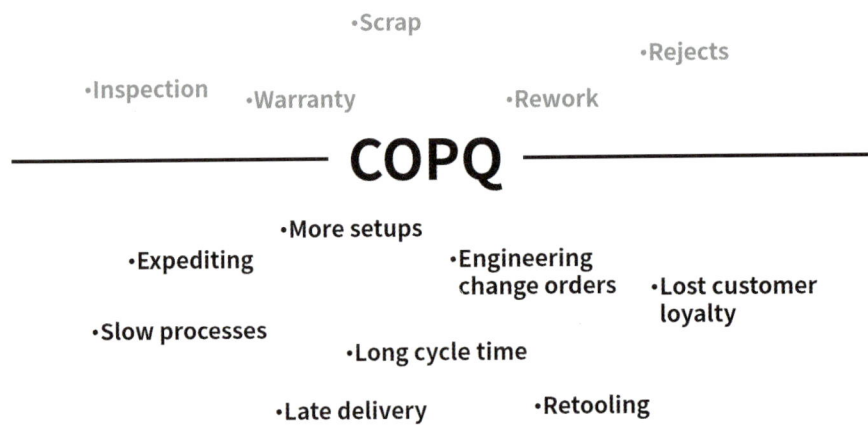

03 빙하 메타포 구하기

벡터형 빙하 이미지를 구할 때는 thenounproject에서 'iceberg'를 검색하자. 검색 결과에서는 수정 변경이 가능한 픽토그램을 선정하고 SVG를 다운로드한다. 다시 잉크스케이프에서 EMF로 저장하고 파워포인트로 가져온다. *SVG를 변환하여 도형으로 사용하는 방법은 142쪽을 참조.

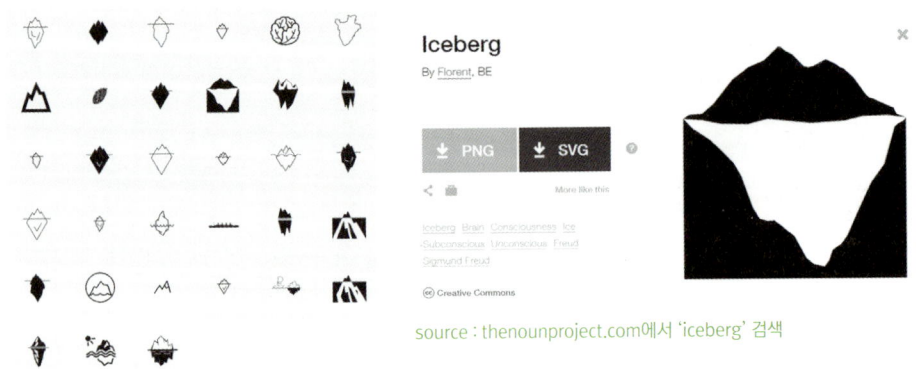

source : thenounproject.com에서 'iceberg' 검색

Infographic TIP 수정이 불가능한 픽토그램, 즉 하나의 오브젝트로 구성된 픽토그램은 그룹 해제 후 컬러와 크기만 조절할 수 있기 때문에 변형 작업이 어려워진다.

04 벡터형 빙하 구조 만들기

가져온 빙하 픽토그램은 [그룹 해제]를 2회 적용하여 도형으로 분해하고 필요 없는 요소는 삭제한다. 슬라이드 중간에 배치하고 양쪽에는 [자유형] 도형 그리기(자유 도형, 자유 곡선)를 이용하여 슬라이드 크기를 벗어나도록 크게 그려서 바다 부분을 만든다.

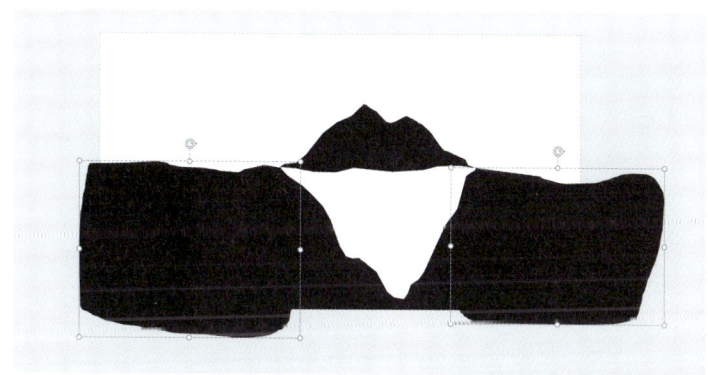

빙하를 포함한 바다를 완성했다면 정리해 두었던 내용을 옮겨서 빙하 위 항목(보이는 비용 절감)을 배치한다. 이때 빙하의 위치는 정 중앙보다는 좌측이나 우측으로 살짝 치우치게 배치하는 것이 더 매력적으로 보이게 된다.

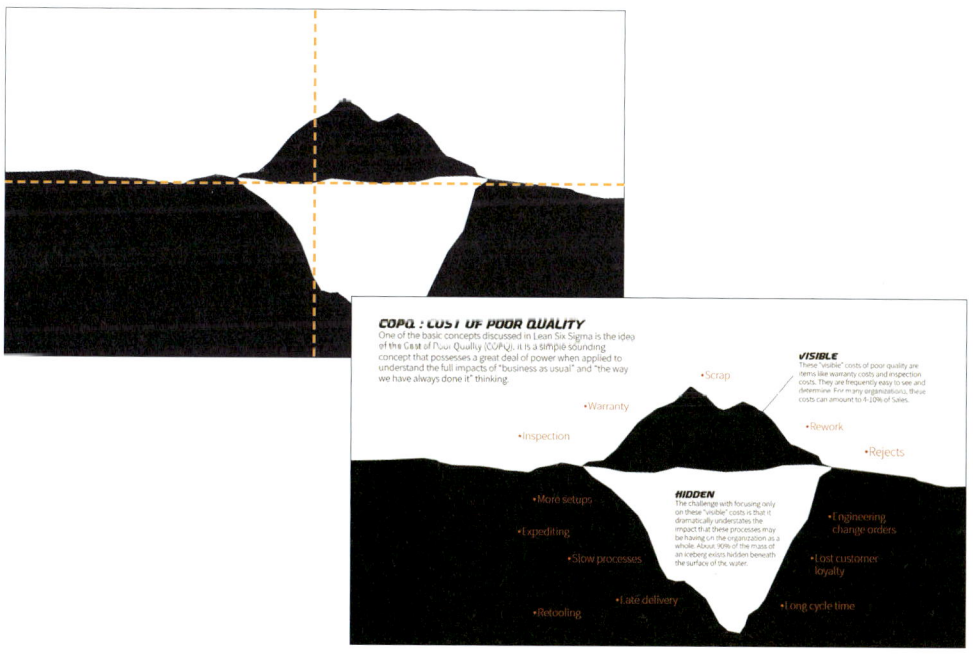

05 벡터형 빙하 인포그래픽 완성하기

흑과 백으로도 충분히 설명이 가능하지만 바다와 빙하라는 이미지를 좀 더 강조하고 싶다면 컬러를 변경해보자. 바다는 바깥쪽 도형에 파랑을 적용하고 빙하는 밝은 회색이나 파랑이 살짝 첨가된 Cool Gray를 사용하고 위쪽보다 아래쪽이 빙하를 더 어둡게 적용하면 된다. 이때 바닷속 빙하는 [자유 곡선]으로 그린 후 [맨 뒤로 보내기]하여 완성한다.

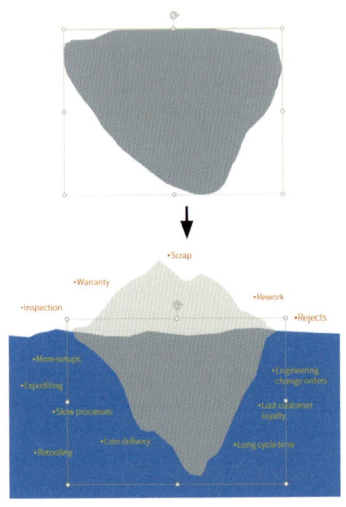
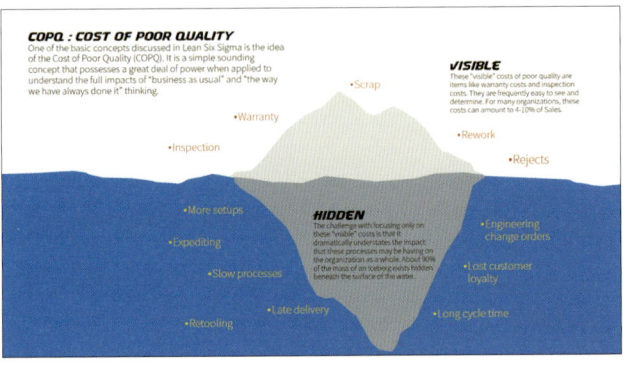

빙하라는 느낌을 강조하려면 [자유형] 곡선으로 그린 후 컬러를 좀 더 밝거나 어둡게 적용하자. 바다 위와 바닷속의 빙하에 따라 그 밝기를 조절하여 자연스러운 빙하가 만들어지도록 수정한다.

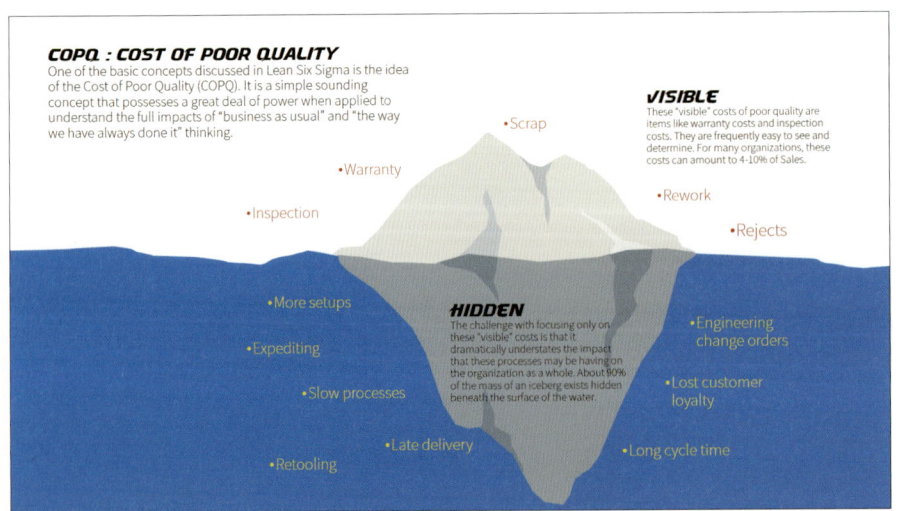

Infographic TIP 픽토그램에서 흰색으로 보이는 부분은 흰색이 적용된 것이 아니라 뚫려 있어서 흰색 배경이 보이는 것이므로 그 영역에 컬러를 적용하고 싶을 때는 다른 도형으로 비슷한 영역을 만들어서 채워줘야 한다.

06 정보의 양과 메시지에 맞는 레이아웃

만약 보이지 않는 비용 절감 항목을 강조하고 싶다면 바닷속 영역을 좀 더 넓게 처리하는 것이 좋다. 그러므로 아래쪽 파랑이 적용된 바다 영역을 화면에서 위쪽으로 이동시킨다. 그러면 바다가 더 많이 보이게 되므로 자연스럽게 강조될 것이다.

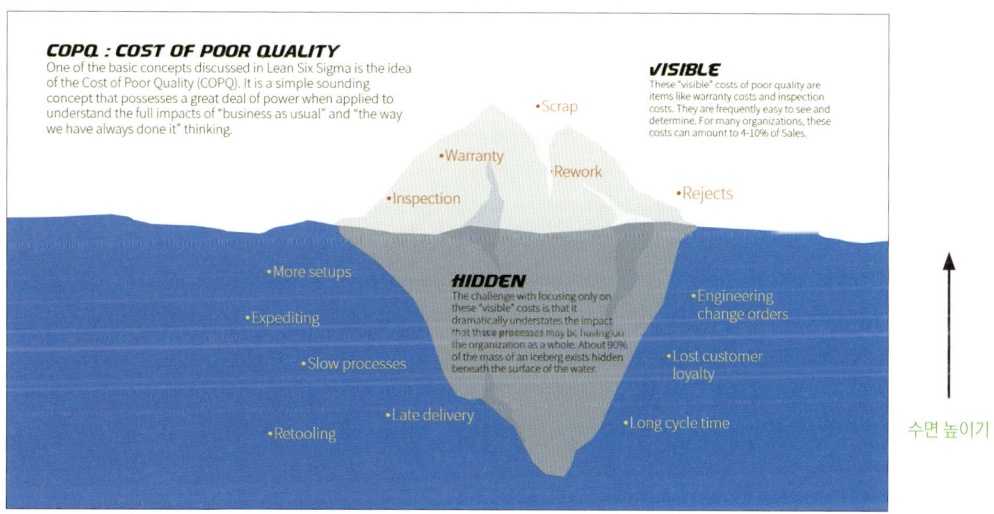

보이지 않는 위험이라는 메시지를 강조할 때는 바다의 컬러를 좀 더 어둡고 깊게 처리할 필요가 있다. 짙은 Dark Blue는 심해를 연상하도록 유도하면서 '보이지 않는 위험이 잠재되어 있다', '위험한 요소를 제거하면 우리에게 기회가 생긴다.' 등의 메시지를 자연스럽게 전달할 수 있기 때문이다. 컬러가 주는 긍정과 부정의 공감각을 잘 활용하자. *컬러 공감각에 대한 사항은 188~189쪽을 참조.

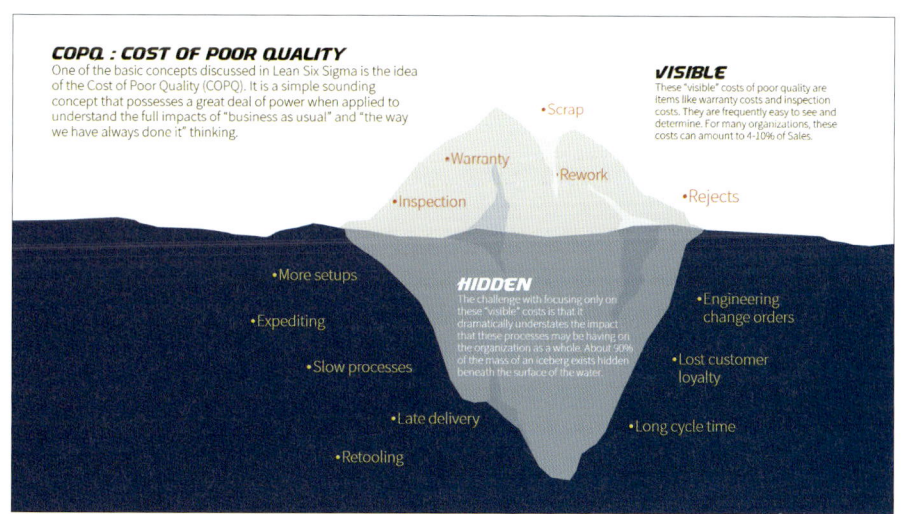

07 이미지 인포그래픽 만들기

인포그래픽을 접하는 고객과 청중들이 정보를 보면서 스스로 감정을 느낄 수 있도록 하고 싶다면 이미지를 사용하는 것이 효과를 볼 수 있다. 상업적으로도 저작권이 자유로운 이미지 사이트인 pixabay에서 'iceberg'를 검색해 보자. 그중에서 여백이 많은 이미지를 찾으면 된다.

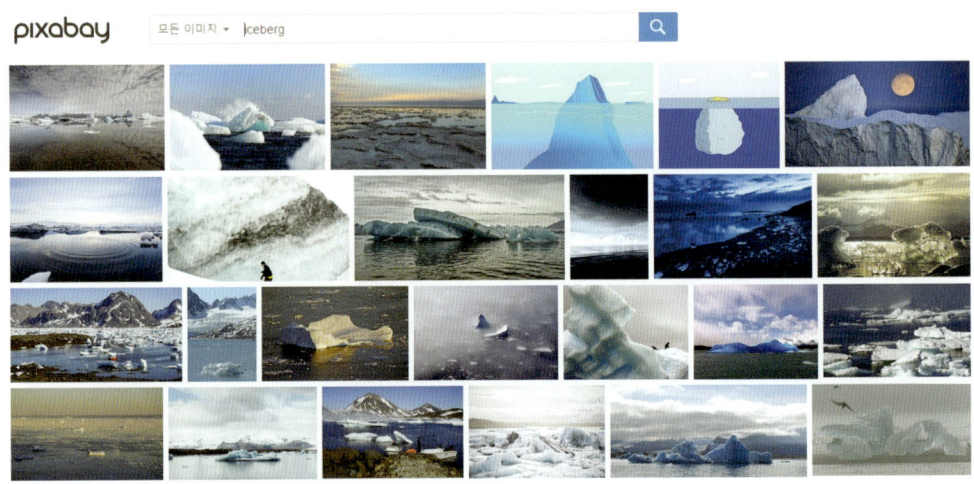

source : pixabay.com에서 'iceberg' 검색

이미지 결과 중에서 바다 위쪽에 빙하가 살짝 보이는 이미지를 선택한다. 그리고 [무료 다운로드]를 클릭한 후 [원본]을 다운로드하여 파워포인트에 삽입한다. 인포그래픽 배경으로 사용되는 이미지는 되도록 큰 사이즈로 다운로드해야만 작업이 자유로워진다.

Infographic TIP — 인포그래픽으로 사용되는 이미지, 즉 배경이 되는 이미지는 여백이 50% 이상 포함되어야 한다. 인포그래픽은 많은 정보를 담아내기 때문에 복잡하거나 여백이 없을 경우는 가독성에 문제가 생기게 된다.

08 이미지 트리밍으로 배경 만들기

사진 이미지는 그대로 사용하는 것보다는 목적에 맞게 트리밍(구도에 맞게 자르기)을 통해 원하는 부분이 강조되도록 사용하는 것이 바람직하다. 이번 작업도 가장 큰 원본 이미지를 가져온 후 슬라이드에 빙하가 강조되도록 트리밍한다. 정확하게 트리밍하기 위해서는 좌측의 [미리 보기] 창을 확인하면서 이미지 위치를 조절하면 된다.

그 결과 원본 이미지보다 더 긴장감이 있는 이미지가 연출된다. 정리해 두었던 내용을 트리밍된 이미지 위에 배치하고 중요도에 따라 컬러를 변경한다.

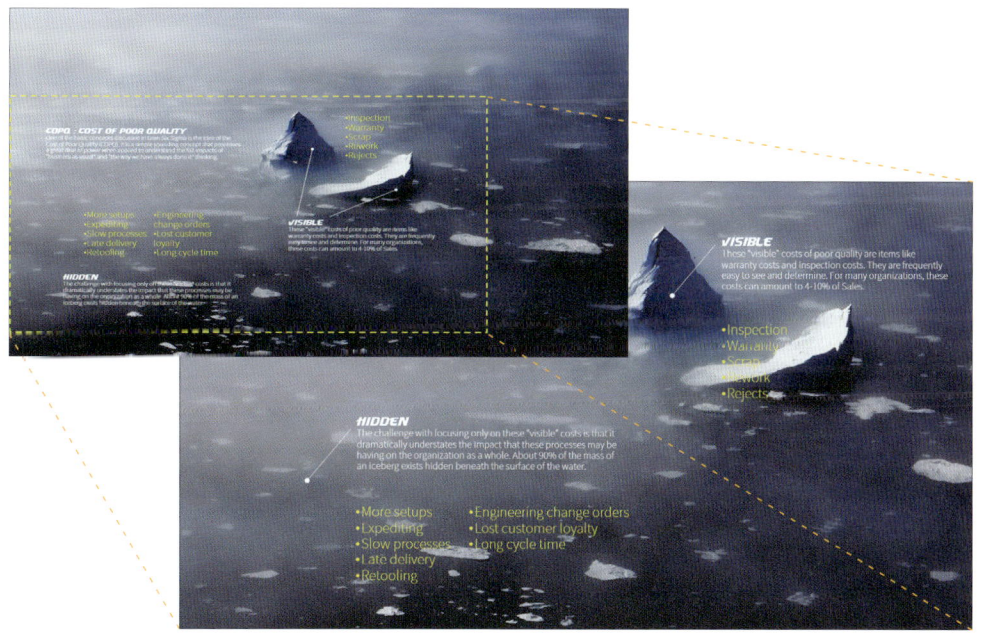

09 이미지 대비 값을 높여서 정보 강조하기

이미지를 인포그래픽 배경으로 사용하는 경우 가장 많은 고민은 정보가 잘 보이지 않는다는 것이다. 이때는 검은색 셀로판지를 이미지 위에 얹는다고 생각하고 검은색 사각형을 만들어서 투명도를 적용한다. 투명도는 글자가 잘 보일 수 있는 정도로 조절하면 된다.

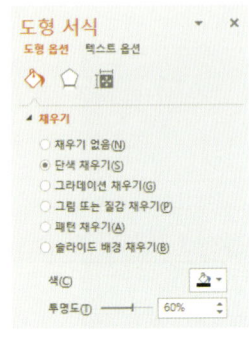

이전 결과물과 비교해 보면 빙하 이미지는 더욱 긴장감이 생기면서 제목과 내용 글자는 좀 더 선명하게 읽히는 것을 알 수 있다. 보이는 위험 항목은 흰색을 적용하고 보이지 않는 위험 항목은 노랑으로 처리하여 정보의 강약을 조절한다.

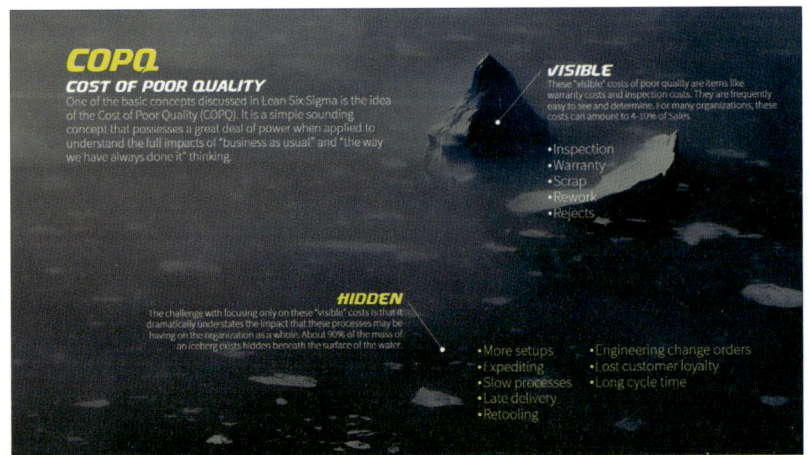

Infographic TIP 사람이 색을 인지할 때는 색상, 명도, 채도라는 색의 3요소에 자극을 동시에 받는다. 그중에서도 민감도를 따져보면 명도 - 색상 - 채도의 순으로 자극을 받게 되므로 인포그래픽에서도 명도의 차이를 가장 먼저 조절하여 명쾌한 결과물이 되도록 하자.

최종 인포그래픽 결과물을 완성하기 위해 이미지의 위치 전체 구도, 정보 내용의 위치와 크기, 컬러 등을 충분히 고민하자. 더 멋진 인포그래픽보다는 더 정확한 메시지를 담은 인포그래픽, 핵심이 잘 읽히고 명쾌한 인포그래픽을 완성하는 것이 목표가 되어야 한다.

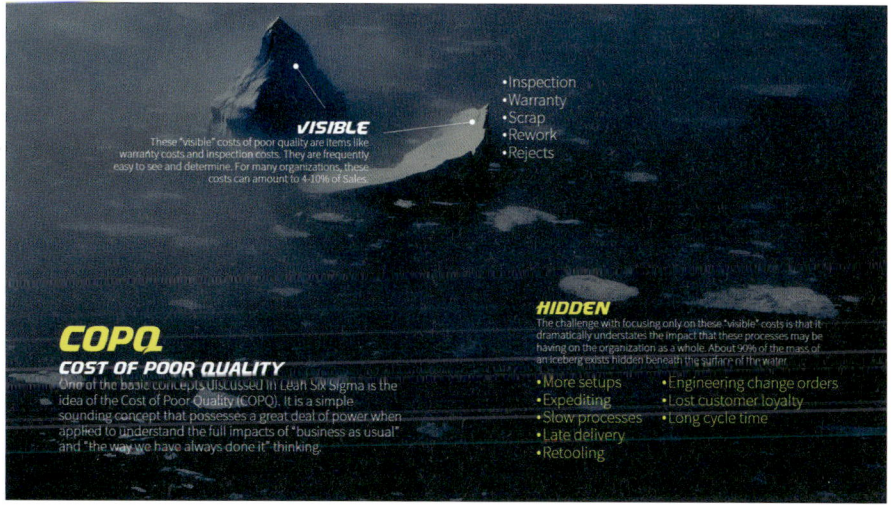

font : Masque, Noto sans

이미지형 인포그래픽은 사진의 선택에 따라서 전달되는 느낌이 매우 다르기 때문에 후보가 되는 몇 개의 이미지를 선별한 후 정보를 담아보자. 그리고 각자 이미지들이 어떤 목소리를 내는지 파악한 후 최종 우승자를 결정하는 센스가 필요하다.

source : pixabay.com에서 'iceberg' 검색

직관적인 정보에 메시지와 감정까지 담아내는
인포그래픽 사진 선별 기준

사진을 활용한 인포그래픽은 효과적이다. 하지만 사진을 잘못 사용하면 사용하지 않는 것보다 더 위험한 결과를 만들게 되고, 정보와 메시지, 시각화까지 모두 잃게 된다. 그러므로 사진의 사용은 항상 조심스러워야 한다.

pixabay.com과 pexels.com에서 사진 선별하기

무료 이미지 사이트를 많이 알고 있는 것 자체가 능력이 될 수는 없다. 그중에서 가장 적합한 사진을 골라낼 수 있는 눈을 가지고 있을 때 진짜 능력자라고 할 수 있다. 사진을 선정하는 기준은 크게 두 가지로 구분하는 게 좋다. 첫 번째는 전달하려고 하는 정보와 메시지를 담아낼 수 있는 연상과 상징성을 가지고 있어야 한다. 둘째는 정보를 담을 여백이 충분한가를 고려해야 한다. 예를 들어 소셜 커머스 시장의 추이를 감성적으로 보여주고 싶다면 스마트폰을 사용하는 사람의 이미지 중에서 여백이 많은 이미지를 골라서 그 위에 정보를 담아내면 된다.

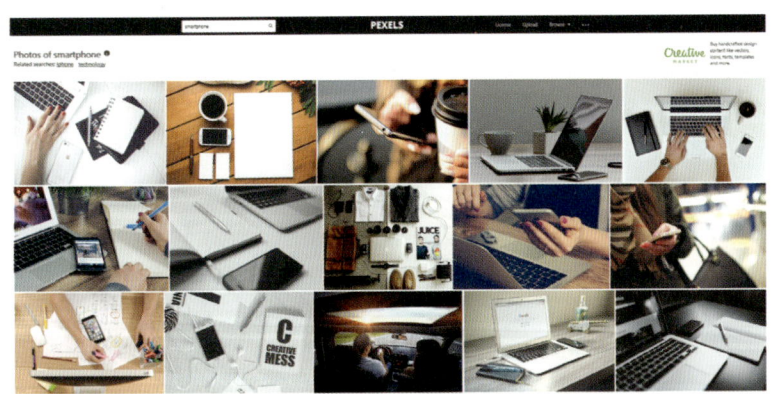

www.pexels.com에서도 저작권이 자유로운 고품질의 이미지를 구할 수 있다. 'smartphone'을 검색한 결과

인포그래픽에 사용할 사진을 선정하는 기준은 일차적으로 목적에 맞는 상징성, 이차적으로는 정보를 담을 수 있는 여백 확보라고 할 수 있다. 사진은 밝거나 좀 더 어둡게 보정하여 사용한다.

사진을 고를 때 너무 멋지고 환상적인 장면을 담은 것을 고르면 오히려 거부반응이 느껴지게 된다. 그러므로 작가가 찍은 완벽한 것 보다는 조금은 빈틈이 있고 자연스럽게 연출된 사진이 사람들에게는 편안함을 줄 수 있다.

회사 소개서와 자기소개서를 제시해야 한다면 실제 소개서를 쓰는 장면이 연출된 이미지가 안성맞춤이다.

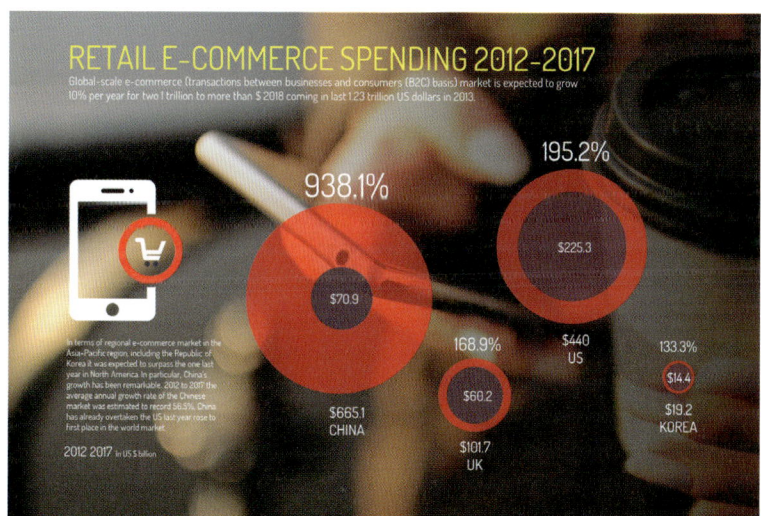

소셜 커머스를 우리 주변에서 떠올려 보자. 커피를 마시며 스마트폰으로 쇼핑하는 여성이 그려진다.

31 배경이 투명한 이미지로 시각화하는
PNG 도해 인포그래픽

배경이 투명한 PNG 형식의 이미지는 시각화 재료로서 그 활용도가 매우 높아서 프레젠테이션과 보고 제안을 넘어 인포그래픽에서도 전체 배경 이미지와 요소 이미지로서 매력을 뽐내고 있다. 이미지 배경이 투명하다는 것은 문서와 슬라이드 백그라운드에 다양한 색이나 이미지를 연출하는 것도 가능하며, 자르기 기능을 통해서 다양한 이미지 도해를 만들어내는 것도 충분하기 때문이다. PNG 이미지를 자유자재로 사용할 수 있다면 벡터 방식의 픽토그램에서 전달되는 딱딱하고 이성적인 차가움을 부드럽고 따뜻하게 변화시킬 수 있다.

01 단순한 도해를 이미지 도해로

스마트 아트 기능과 도형을 활용해서 만든 도해에 글자를 입력하는 것만으로 사람들에게 정보의 매력을 전달하기는 어려운 일이다. 이때는 배경이 투명한 PNG 파일을 활용하면 사람들의 시선을 끌 수 있는 이미지 도해를 쉽게 만들 수 있다. 예를 들어 6가지 컬러 푸드에 대한 이로움을 강조하는 보고서, 또는 교육용 프레젠테이션을 작성한다고 가정해보자. 6개 도형으로 이루어진 도해 위에 각 컬러 이름을 넣고 각 컬러 푸드에 대한 설명을 하거나 전체 이미지 사진을 보여주고 그 옆에 정보를 담아내는 수준이라면 보고와 프레젠테이션은 낙제점이다. PNG 이미지로 구출을 시도해보자.

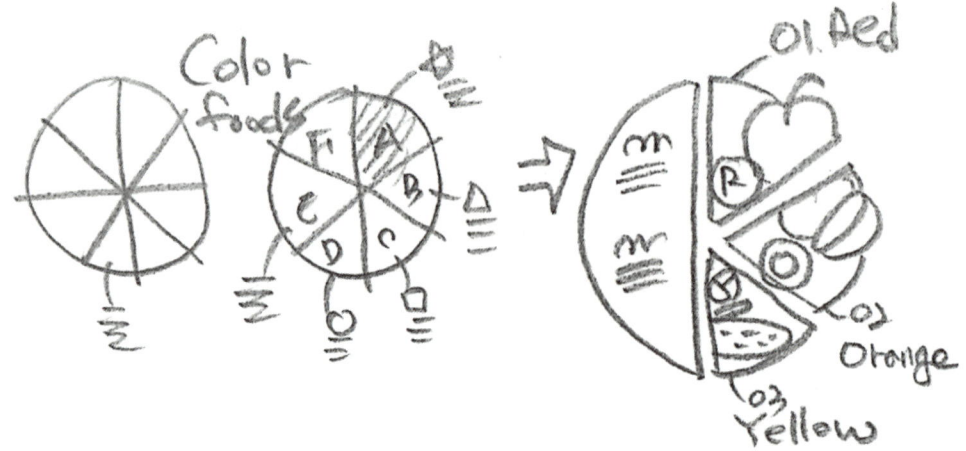

항상 전달할 핵심 정보를 완성한 후 기본 도해를 그려보고, 그 이후에 이미지 도해를 고민해야만 정보의 중요성을 잃지 않게 된다.

6조각의 파이 차트를 분해한 후 도형으로 만들고 그 위에 PNG 이미지를 잘라서 배치해 보자. 적은 노력으로 큰 시각 효과를 누릴 수 있다.

만들어진 이미지 도해는 다시 분리하여 각 파트별 세부 페이지를 연출할 수 있다. PNG 이미지의 장점을 최대한 활용할 수 있어야 한다.

※ 회자쓰 포스트(post.naver.com/wooseokjin)에서 예제 다운로드와 동영상, 실전 팁까지 저자들이 꼼꼼히 알려드립니다.

02 파이 차트로 균등한 도해 만들기

균등한 원형 도해는 파이 차트로 손쉽게 제작할 수 있다. 6개의 컬러 푸드 도해를 만들어야 하므로 파이 차트를 삽입하고 항목을 6개로 하고 같은 숫자를 입력하면 6개로 구분된 차트가 완성된다.

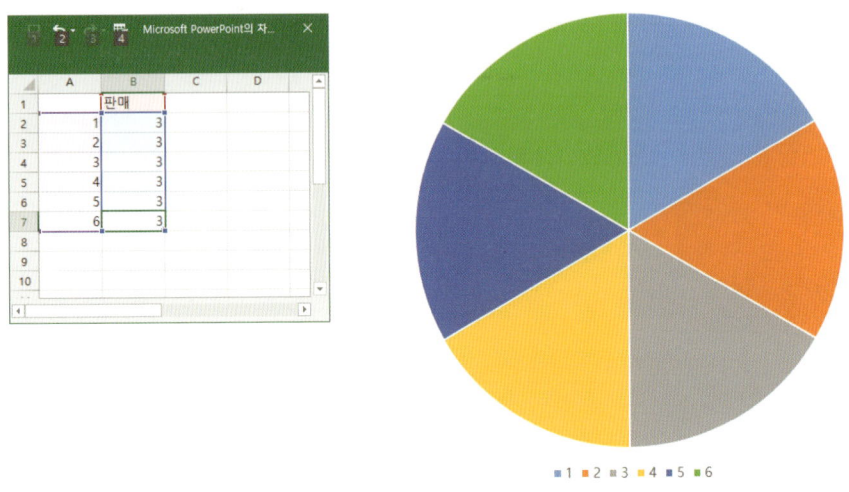

Infographic TIP | 균등한 원형 도해를 만들 때는 파이 차트 데이터 입력에 같은 숫자를 원하는 개수만큼 입력하면 된다.

만들어진 도해를 복사하여 [홈] - [붙여넣기] - [선택하여 붙여넣기]를 실행한 후 [그림 - 확장 메타파일]로 붙여넣는다. 두 번 그룹 해제를 하여 도형으로 완전히 바꾼 후 각 컬러를 적용하고 컬러 이름을 입력하자. *차트를 분해하여 도해를 만드는 방법은 146~148쪽을 참조.

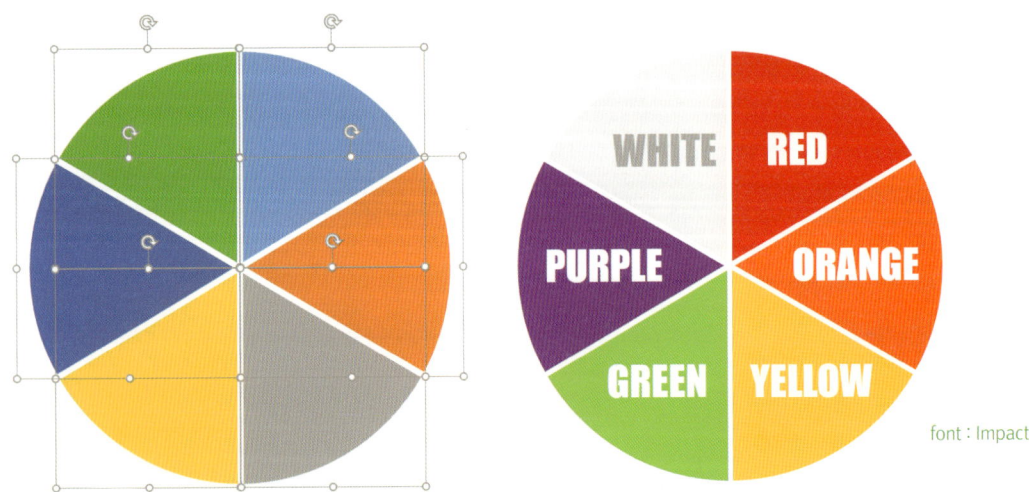

font : Impact

03 pngimg.com에서 PNG 이미지 구하기

pngimg.com은 고해상도 사진들의 배경을 모두 없앤 후 PNG 파일로 만들어서 무료로 배포하는 사이트인데 일반적으로 오랜 작업이 필요한 까다로운 이미지들도 잘 정리하여 수록되어 있다. 다양한 분류에서 찾거나 검색하여 해당 이미지 페이지로 들어가서 마우스 오른쪽 버튼을 클릭하여 다운로드하거나 복사하여 문서에 붙여넣기 하면 된다.

수록된 모든 사진들은 배경이 투명하므로 파워포인트에 가져온 후 다양한 배경 위에 올려놓거나 배경색을 채우기, 부분 자르기 등을 이용하여 다양한 결과물을 만들어 낼 수 있다.

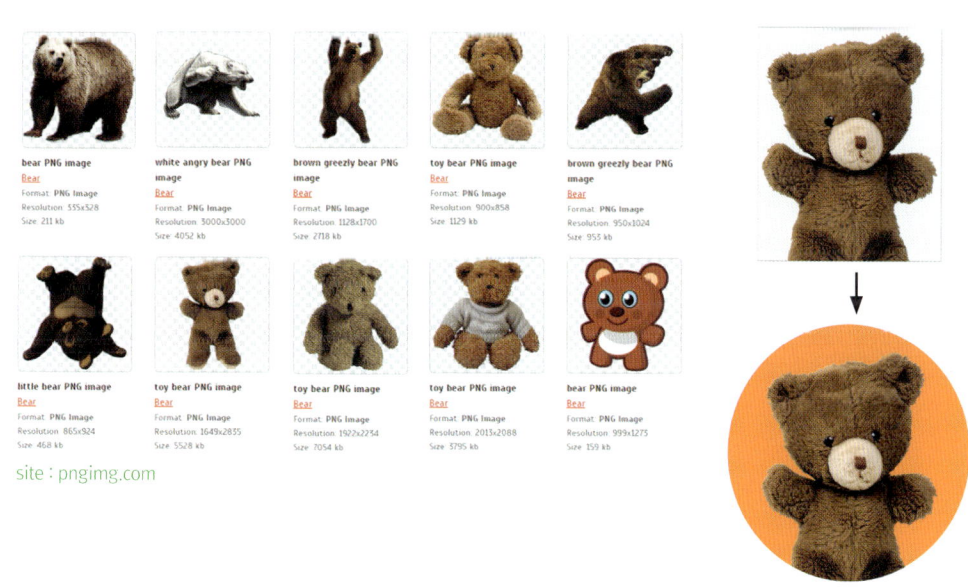

site : pngimg.com

04 이미지 잘라서 연출하기

우선 각 컬러에 해당하는 사진 이미지를 찾아서 세부 페이지까지 들어간다. 원하는 사진이 있다면 마우스 오른쪽 버튼을 클릭하여 [이미지를 다른 이름으로 저장]한 후 파워포인트에 이미지 삽입하거나 [이미지 복사]를 하여 직접 파워포인트에 붙여도 된다.

가져온 이미지들은 [서식] - [자르기] 기능을 이용하여 일부분을 잘라내고 잘라낸 부분을 도해 라인에 맞게 배치하여 각 컬러 푸드를 완성한다. 이때 이미지 연출은 각도가 중요하므로 잘라내기를 하기 전에 반대 방향으로 회전시키고 잘라낸 후 다시 회전하여 위치를 맞추는 방식을 사용한다.

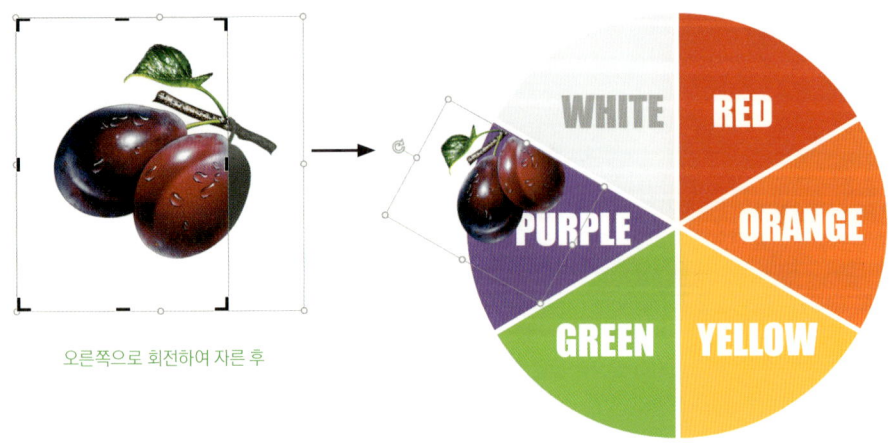

오른쪽으로 회전하여 자른 후   도해 각도에 맞게 좌측으로 회전하여 배치

6개의 도해 각도가 모두 다르므로 해당하는 이미지들을 연출하기 위해서 각도를 조절하여 잘라내야 한다. 잘라낸 이미지들을 최종적인 PNG 파일로 만들고 싶다면 복사한 후 [선택하여 붙여넣기]에서 PNG 파일을 선택하여 적용하면 잘라낸 상태가 최종 파일이 되는 PNG 이미지가 된다.

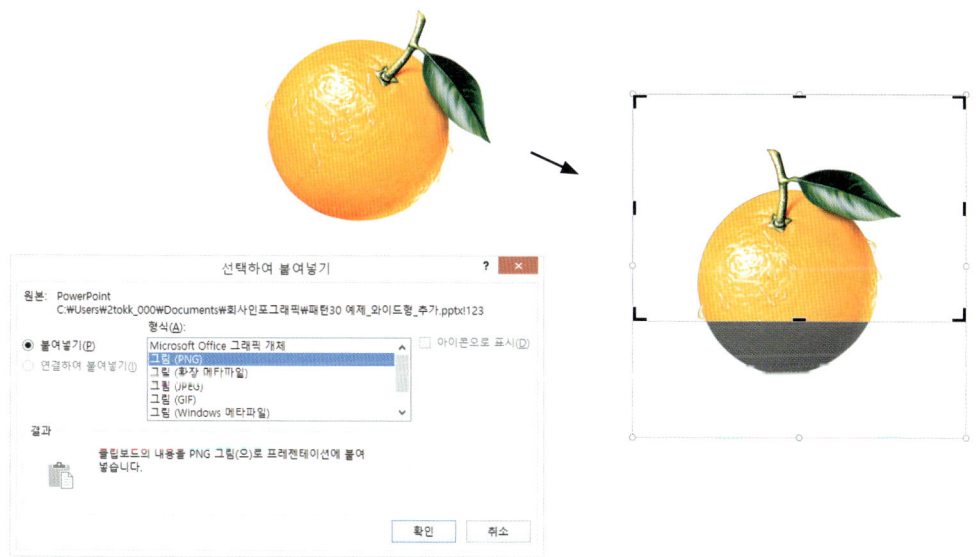

05 이미지 도해 구성하기

각 컬러 푸드에 해당하는 과일과 채소를 선별한 후 가져와서 잘라낸 후 이미지 도해를 구성한다. 이때는 이미지와 컬러 글자들이 살짝 겹치도록 하여 재미를 부여한다. 순서는 [정렬] - [맨 앞으로 가져오기], 또는 [맨 뒤로 보내기] 기능을 사용하자.

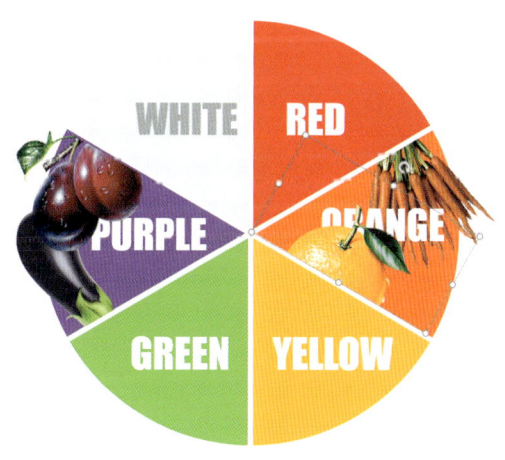

전체적으로 과일과 채소의 크기를 고려하여 풍성한 느낌을 연출한다. 예를 들어서 크기가 작은 과일일 경우 실제 크기로 배치하면 너무 작아서 어색할 수 있으므로 살짝 과장하여 구성하는 편이 오히려 공감을 자극하는 효과적인 방법이 된다.

Infographic TIP — 인포그래픽 전문가들도 도해를 만들 때 어떤 배치가 더 호감이 높은 지 한 번에 알 수는 없다. 모든 구조와 배치는 상황에 따라 달라지므로 시간을 들여서 여러 가지 구조로 조합해보는 노력이 필요하다.

06 이미지 도해 완성하기

최종 문서를 완성하기 위해 만들어진 도해를 페이지로 옮기고 해당 헤드라인과 내용 COPY를 작성한다. 상단에는 컬러 바를 배치하여 전체 컬러 푸드의 상징을 보여주면 효과적이다.

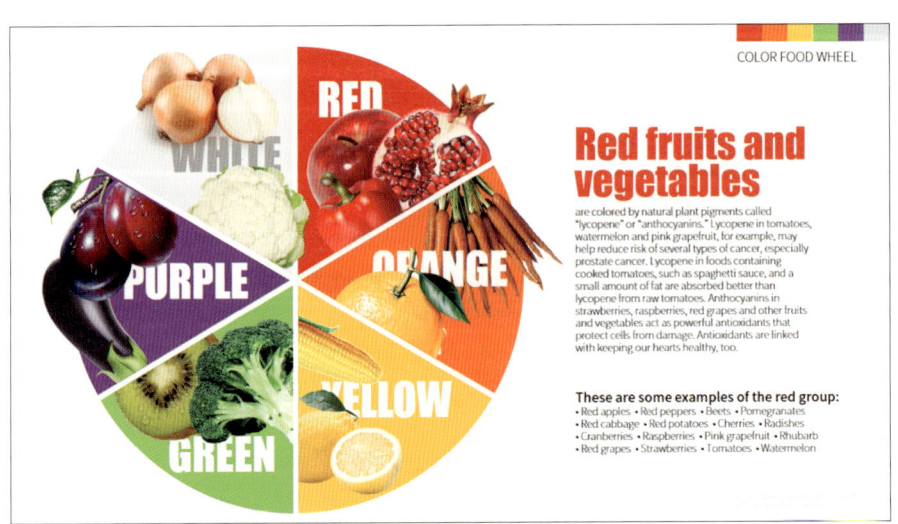

font : Impact, Noto sans

이미지 도해를 완성했다면 세부 설명 페이지에서도 적극적으로 활용하면 구조와 시각화의 일관성을 높일 수 있다. 6개의 조각을 분리한 후 한 개씩 크게 확대하여 각 컬러 푸드의 세부 페이지를 만들면 된다. 배경이 투명한 PNG 이미지이므로 페이지를 쉽게 연출할 수 있도록 도와준다.

font : Impact, Dosis, Noto sans

07 통합형 이미지 도해 만들기

전체를 설명하는 표지용 도해 슬라이드와 세부 내용을 전달하는 슬라이드를 통합해서 만드는 방법도 효과적이다. 6개의 항목을 원형 도해가 아닌 세로 사각형으로 구성한 후 각 컬러 바에 해당하는 과일과 채소를 잘라서 배치한다. 세부 슬라이드를 만들 때는 해당하는 특정 컬러 바가 크게 면적이 되도록 변형한 후 내용을 기재하여 완성하면 된다.

인포그래픽에 자유롭게 사용 가능한
PNG 이미지 검색하기

투명한 배경을 지원하는 PNG 이미지 파일은 인포그래픽 제작에 큰 도움이 준다. 손쉽게 구할 수 있는 아이콘들도 모두 배경이 투명한 PNG 이미지로 제작되어 있다. 벡터 방식과 달리 픽셀 이미지 방식이기 때문에 크기 확대 축소와 변형을 하면 이미지에 손상을 가져오므로 되도록 큰 이미지를 가져와서 1:1, 또는 축소하여 작업해야 이미지 손실을 막을 수 있다. pngimg.com 외에도 저작권이 자유로운 이미지를 구할 방법을 알아 두자.

www.google.com 이미지 검색
가장 손쉽게 PNG를 구할 수 있는 방법은 구글 이미지 검색을 이용하는 방법이다. 검색창에 'bear png'처럼 [단어 + PNG] 형식으로 확장자까지 입력하면 빠르게 결과물을 얻을 수 있다. [검색 도구]에서 크기와 유형을 선별하면 더욱 구체적인 결과물을 얻게 된다. [사용 권한]에서 저작권 필터링을 하면 자유롭게 사용할 수 있는 이미지도 얻을 수 있다. PNG 이미지는 저장 방법에 따라 배경이 투명하지 않을 수도 있으므로 미리 보기에서 배경이 격자무늬로 투명하게 보이는 것을 선택하면 된다.

'bear png'를 검색한 결과

commons.wikimedia.org
국가, 국기, 지도, 심벌, 로고와 같은 고유명사는 위키미디어에서 검색하는 것이 효과적이다. 검색 결과에서 [More details]로 들어가면 200~2000 픽셀 크기의 PNG 파일을 다운로드할 수 있다.

'coca-cola'를 검색한 결과

www.bing.com 온라인 그림 검색

파워포인트 [삽입] – [온라인 그림]을 실행하면 Bing에서 이미지와 클립아트를 검색할 수 있는데 여기서도 구글 이미지 검색과 마찬가지로 확장자까지 검색하고 [Creative Commons]를 설정하면 저작권이 자유로운 이미지 결과를 얻을 수 있다. 선택하고 [삽입]을 누르면 파워포인트 슬라이드에 삽입된다.

www.pngall.com

pngimg.com처럼 다양한 주제 분류에 따라 배경이 투명한 PNG 파일을 모아서 제공하고 있다. 개인 사용자들은 자유롭게 이미지 사용이 가능하다.

인포그래픽의 핵심은
빛나는 정보로

빛나는 정보와 최소한의 그래픽으로
각자 지닌 헝클어진 실의 첫머리를 찾아 나서는 것,
그것을 우리는 인포그래픽이라고 부릅니다.

문제 해결의
실마리를 푸는 것